求真务实 勇攀高峰

林忠钦 著

上海交通大学出版社
SHANGHAI JIAO TONG UNIVERSITY PRESS

内容提要

　　本书是林忠钦同志任上海交通大学校长期间各类场合讲话稿选编,主要分为:迈向一流、选择责任、勇担使命、育人为本、创新图强、饮水思源、科教兴国7个方面内容,较为全面地体现了林忠钦校长在办学治校、教书育人、科技创新等方面的思考。本书适合从事高等教育和科技工作的读者阅读。

图书在版编目(CIP)数据

　　求真务实　勇攀高峰:林忠钦文集 / 林忠钦著.
上海 : 上海交通大学出版社,2025.3. -- ISBN 978-7-313-
31693-6
　　Ⅰ. G64-53
　　中国国家版本馆 CIP 数据核字第 20246P1F00 号

求真务实　勇攀高峰:林忠钦文集
QIUZHEN WUSHI　YONGPAN GAOFENG:LIN ZHONGQIN WENJI

著　　者:林忠钦

出版发行:上海交通大学出版社　　　　　　地　　址:上海市番禺路 951 号

邮政编码:200030　　　　　　　　　　　　电　　话:021-64071208

印　　制:上海颛辉印刷厂有限公司　　　　经　　销:全国新华书店

开　　本:710 mm×1000 mm　1/16　　　　印　　张:30

字　　数:371 千字

版　　次:2025 年 3 月第 1 版　　　　　　　印　　次:2025 年 3 月第 1 次印刷

书　　号:ISBN 978-7-313-31693-6

定　　价:80.00 元

2017 年 2 月 23 日,在全校教师干部大会宣布任职后的合影

2017 年 7 月 2 日,出席本科生毕业典礼

2017 年 12 月 29 日,出席设计学院成立大会

2018 年 6 月 10 日,出席上海交通大学 77、78 级校友入学 40 周年纪念活动

**2018 年 7 月 18 日,在上海交通大学教育思想大讨论总结会
暨本科教学工作审核评估启动会上做主旨报告**

2018 年 8 月 29 日,出席李政道研究所实验楼建设启动会

2019 年 5 月 9 日,出席江南造船(集团)有限责任公司—上海交通大学
船舶智能制造联合实验室合作协议签约仪式

2019 年 11 月 15 日,出席中欧国际工商学院理事会 2019 年度会议的合影

2019 年 11 月 23 日，组织上海市科学技术委员会、闵行区人民政府、
上海交通大学三方共同参加"大零号湾"全球创新创业集聚区建设研讨会

2019 年 11 月 27 日，出席与国家电力投资集团有限公司深化战略合作协议签约仪式

上海交通大学海洋学院成立周年大会合影留念 2019年12月1日

2019 年 12 月 1 日，出席海洋学院成立周年大会

2020 年 4 月 16 日，出席上海商用飞机系统工程科技创新中心第一次理事会会议

2020 年 7 月 29 日，接待华为首席执行官任正非一行来校访问

2020 年 8 月 25 日,出席与中国船舶集团有限公司战略合作协议签约仪式

2020 年 9 月 6 日,出席 2020 级研究生开学典礼

2021 年 1 月 6 日,出席 2021 年科研工作会议并为首届上海交通大学"十大科技进展"获奖团队颁奖

2021 年 4 月 8 日,出席新校史博物馆开馆仪式

2021 年 4 月 8 日，出席闵行区人民政府、紫竹高新技术产业开发区、上海交通大学、瑞金医院区域医疗资源整合提升合作签约仪式

2021 年 5 月 14 日，赴海南调研三亚崖州湾深海科技研究院，并与三亚崖州湾科技城管理局会谈

2021 年 5 月 20 日，在翁史烈院士九十华诞学术思想座谈会会后的合影

2021 年 6 月 24 日，出席 2021 年本科毕业生就业座谈会

2021 年 8 月 18 日，出席上海市经济和信息化委员会、闵行区人民政府、上海交通大学与宁德时代新能源科技股份有限公司四方签署未来能源研究院战略合作框架协议仪式

2021 年 8 月 19 日，出席上海交通大学未来技术学院揭牌仪式

2021 年 9 月 11 日,在新生宿舍进行迎新慰问

2021 年 11 月 12 日,出席曾毓群校友捐赠母校上海交通大学签约仪式

2021 年 11 月 30 日,出席李政道研究所所长任命宣布大会,并于会后合影

2021 年 12 月 7 日,出席纪念钱学森 110 周年诞辰专题展开幕式

2022 年 1 月 14 日，出席上海交大–潍柴动力–中国重汽
未来商用车创新联合研究中心揭牌仪式

2022 年 2 月 26 日，在出席上海商用飞机系统工程科技创新中心
第三次理事会（扩大）会议前参观实验室

2022 年 3 月 13 日凌晨，在会议室查看校园防疫地图，连夜研究学校防疫工作

2022 年 5 月 17 日晚，在校园"战疫"期间实地查看考试考场安排

2022 年 11 月 1 日,出席上海交通大学张江科学园启用仪式

2022 年 11 月 18 日,出席上汽通用五菱汽车股份有限公司—上海交通大学
新能源汽车智造联合实验室合作签约暨揭牌仪式

2023 年 2 月 6 日,出席上海交通大学"大海洋"
推进工作领导小组 2022 年度工作会议

2023 年 2 月 21 日,在全校教师干部大会宣布卸任后的合影

序　一

　　本文集是林忠钦同志担任上海交通大学校长期间的文稿选编，涵盖了他对建设中国特色世界一流大学的战略思考、改革谋划和砥砺实践，字里行间饱含着诚挚深厚的爱校之情和全力推动母校发展的赤子之心。

　　林忠钦同志是从上海交大成长起来的优秀干部和专家，在交大扎根坚守四十余年。他自 2004 年起先后担任副校长、常务副校长，2017年起担任校长，对学校满怀深情厚谊。他担任校长的六年，是我国科教事业进入新时代蓬勃发展的六年，也是上海交大加速迈入世界一流大学行列的六年。面对时代机遇和历史使命，他继承和发扬"求真务实、奋力拼搏、敢为人先、与日俱进"的交大精神，沿着历届党政班子共同绘就的发展蓝图谋篇布局、担当实干，团结带领全校师生医务员工笃行不倦、矢志探索，推动学校在高起点上实现了更高质量的发展。

　　六年来，学校完成了创建世界一流大学"三步走"发展战略的第二步，全面实现了"综合性、研究型、国际化"的办学目标，整体实力稳居国内高校前列、跻身世界一流大学行列。核心师资队伍规模和水平全面提升，本科生招生和培养质量显著提高，博士生培养数量和质量得到广泛认可，办学财政收入、科研经费、论文发表和被引用数量等再上新台阶，发表顶级期刊论文成为常态，学校在四大世界大学排名中全部进入世界百强。学校担当科技自立自强使命，"海上大型绞吸疏浚装备的自主研发与产业化"项目荣获 2019 年度国家科学技术进步奖特等奖，

"高性能镁稀土合金及其关键技术研发与应用"项目成果获得 2020 年度国家技术发明一等奖，国家自然科学基金项目数连续十四年位列全国高校第一。2020 年 12 月，学校第十一次党代会进一步确立了加快构建"综合性、创新型、国际化"格局的办学方针，按照"两个十五年"的安排对"三步走"的第三步发展道路做出具体规划。

六年来，林校长聚焦学校内涵式发展谋篇布局，有序推进各项改革任务；围绕国家急需，谋划部署四大专项行动计划并亲自推动"大海洋"和"大零号湾"建设取得重大成效。深远海国家重大科技基础设施通过可行性研究评估，上海长兴海洋实验室建设全面启动，与中国船舶集团有限公司合作建立前瞻技术研究院，与自然资源部第二海洋研究所、中国极地研究中心合作提升学校海洋科学学科水平；推动与教育部和自然资源部的合作，承担教育部海洋装备集成攻关大平台建设任务，初步形成基础研究与应用研究一体化、海洋工程与海洋科学综合化的"大海洋"格局。强化创新策源，积极服务上海建设具有全球影响力的科技创新中心，推动学校与上海市、闵行区紧密联动，共建"大零号湾"科技创新策源功能区，为师生校友科技成果转化和创新创业搭建平台，促进上海交大与上海城市发展深度融合、共生共荣。

六年来，林校长积极谋划学校空间布局，为未来长远发展蓄势赋能。致力打造基础科学研究沃土，大力建设李政道研究所、张江高等研究院等，探索交大特色的大科学研究范式，打造面向未来的变革性交叉平台；与国家电力投资集团有限公司强强联合，共商共建智慧能源创新学院，探索产教融合平台和办学特区建设新模式；与宁德时代新能源科技股份有限公司合作共建溥渊未来技术学院，打造国际化前沿交叉学科的教学和科研平台；抢抓发展机遇，推进闵行校区北校区未来技术策源创新区、崇明校区、医学院浦东校区等建设，为学校长远发展开拓新空间；新建设计学院、海洋学院等，不断完善综合性学科布局。

六年来，林校长坚持推进高水平教育对外开放，着力构建"全球交大"国际化办学格局。在复杂多变的国际环境下，找准参与全球教育治理的切入口，优化国际合作布局，推动重点领域国际交流合作，学校国际影响力持续扩大。不断健全中欧国际工商学院、上海高级金融学院治理体系，为两个学院的长远健康发展奠定坚实基础；推动与美国密西根大学签署新一轮十年合作协议，交大密西根学院作为中国高等教育国际化办学的典范，持续发挥示范和溢出效应；巴黎卓越工程师学院建设稳步推进，办学质量受到中法两国业界的高度认可；开创与莫斯科航空学院的合作办学，拓展了国际化合作办学的新空间和新模式。

从 2020 年 3 月担任上海交通大学党委书记起，我与林忠钦校长合作共事三年有余，我们二人延续交大党政同心、团结奋进的优良传统，建立起了深厚的情谊。回忆共事的点点滴滴，林校长身上赤诚朴素的家国情怀、科学严谨的务实作风和无私忘我的奉献精神令我印象深刻。特别是 2022 年上半年，我们一起与全校师生坚守校园百余日，同甘共苦、不舍昼夜，更是一段永远难以忘怀的珍贵记忆。薪火相传、接续奋斗，今日交大正在加快迈向世界一流大学前列的道路上阔步前行，我们将倍加珍惜历代交大人、历届交大领导班子艰苦奋斗奠定的基业，奋力开创事业发展新局面，为全面建设社会主义现代化国家、全面推进中华民族伟大复兴作出交大人的贡献。

是为序。

上海交通大学党委书记

2024 年 3 月

序 二

第一时间收到林忠钦校长的文章合集并受邀作序,我很是荣幸。这本合集是林校长在任期间系列文稿的精心选编,凝练了他在办学治校、教书育人、科技创新、合作交流等方面的思考与智慧,一篇篇文章既是他为交大发展殚精竭虑、谋篇布局的体现,也是他心系母校、忘我付出的缩影,仔细阅读,感触颇深。

林校长是恢复高考后第一批交大学子,从学生到老师、从基层干部到校领导,将四十余年的青春和心血都奉献给了学校,受到全校师生医务员工的广泛认可、拥护和敬重。他从 2004 年开始担任副校长,2017年担任校长,为学校近年来的发展作出了重要贡献。我自 2018 年 9 月来交大担任常务副校长,协助林校长开展工作四年有余,深切感受到他投身学校事业发展的奉献精神和赤诚情怀,以及日常为人处世的低调沉稳、务实担当。他常说:"交大就是我的人生",令人感动和钦佩。

在担任校长的六年时间里,林校长带领全体师生医务员工创新进取、笃行实干,学校保持快速发展的态势,各项事业不断取得新成绩、打开新局面。他坚持"让每个学生更优秀"的教育理念,深化"学在交大"教学综合改革,努力让每一位同学都能实现教育的增值、不出国门就能享受世界一流的高等教育;坚定不移地把人才强校作为发展主战略,推进人才"分类发展、多元评价",构建"人人皆可成才、人人尽展其才"的发展通道,长聘体系制度进一步完善,学校高层次人才数量居全国高校前列,转身遇见大师的氛围已然形成;瞄准国家重大需求和世界科技前沿,把创新型大学建设作为新时代发展的战略基点,全面推进有组织科研的体制机制探索与改革；谋划推动"大海洋"专项行动计划，打造深远海大设施等海洋强国"国之重器"；与上海市、闵行区共建"大零号湾"科技创新策源功能区，形成"环交大"创新创业生态体系；发挥高水平研究型大学作为基础研究主力军和重大科技突破生力军作用，布局建设一批高水平交叉学科平台，如今的李政道研究所、张江高等研究院等已成为基础研究原始创新高地。

今天的上海交大，整体实力稳居国内一流高校前列、跻身世界一流大学行列，并进一步明确了下一阶段"两个十五年"的奋斗目标。这是历届领导班子和全校师生医务员工团结奋斗、共同努力的结果，其中也凝聚了林校长的心血与汗水。林校长虽然离开了领导岗位，但他的智慧、经验依旧是推动学校发展的宝贵财富。这本合集的出版，生动展现了他对母校的拳拳之情以及心系学校长远发展的殷殷之意，其中蕴含的战略谋划、工作理念、实践思考等，对于学校未来的发展具有重要的指导意义与参考价值。

薪火相传，接续奋斗。我从林校长手中接过的不仅是高起点的事业舞台，更是一份"饮水思源、爱国荣校"的精神传承。我将勤勉尽责、开拓进取，同学校党政班子一起，带领全体师生医务员工坚定不移地沿着历届党政班子绘就的发展蓝图奋勇向前，为交大加快迈向世界一流大学前列接续奋斗！

是以为序，亦自勉之。

上海交通大学校长、中国科学院院士

2024 年 3 月

思源致远　携手并进

——在上海交通大学教师干部大会上的发言

（2017年2月23日）

尊敬的钟海东局长、林蕙青副部长、尹弘副书记，

亲爱的老师们、同志们：

刚才，中组部钟海东局长宣布了党中央、国务院对我的任命，林蕙青副部长、尹弘副书记分别发表了重要讲话，对我今后的工作提出了希望和要求。我衷心感谢中组部、教育部和上海市委、市政府对我的信任，也感谢全体交大师生对我的信任，同时我也深深感到肩上的责任重大。

我是一名土生土长的交大人，在"饮水思源"碑旁学习，在"与日俱进"日晷前工作，在"思源湖"畔生活，这里有对我谆谆教导的师长，有对我关怀备至的领导，有与我并肩奋斗的同事。是交大教会了我如何学习、如何做人、如何做事，给了我广阔的事业舞台，使我有机会为祖国建设和学校发展做些工作。在这四十年间，"饮水思源、爱国荣校"的校训已经融入我的血脉，我深深地感到，没有国家的英明政策，就没有交大今天的成就；没有交大给我的机遇，就没有我个人的种种荣誉，我对交大永远心怀感恩。在今后的工作中，我唯有以更加饱满的热情、更加积极的态度投入工作，为交大建成中国特色的世界一流大学鞠躬尽瘁，如此才能报答交大对我的厚爱，才能报答组织对我的信任，才能不辜负国家对交大的期待！

在交大学习工作四十年，我深切认识到，交大是一所具有光荣历史的学校，从成立之日起就始终与国家和民族命运息息相关、荣辱与共；交大是一所有责任担当的学校，一代代交大人继承"求真务实、努力拼搏、敢为人先、与日俱进"的精神品格，为国家经济、社会、科技、文化、国防以及人类健康事业作出了卓越贡献；交大是一所充满激情与梦想的学校，立志在中华民族伟大复兴的时代，建成世界一流大学，为振兴中华、造福人类作出更大的贡献。

此时此刻，我要感谢何友声书记、翁史烈校长、王宗光书记、谢绳武校长等老领导，在你们的努力下，交大高瞻远瞩地建设了闵行新校区，率先跻身 211、985 工程高校行列，为后来的发展奠定了坚实基础！我要感谢马德秀书记、姜斯宪书记和张杰校长，在你们的带领下，"一流大学"和"一流医学院"的建设稳步迈进，学校整体实力稳居国内高校前列，我也很有幸在你们的领导下工作，从一名普通教师成长为一名大学的管理者，你们对我的指导和帮助，我将永远铭记于心！我要特别感谢张杰校长，感谢他留给我一个高起点的事业舞台，他志存高远的理想情怀、广阔多元的国际视野、抢抓机遇的敏锐意识、执着坚定的改革精神、忘我投入的工作态度，都是我永远的学习榜样！

高等教育是一种社会存在，当我们在评价一所大学时，主要看它培养出来的人才和创造出来的知识为国家、为社会、为人类所作出的贡献。大学的社会价值在于通过"知识增值"促进经济社会和人类文明的进步。我们为了青年学生成长、成才传授知识，促进了他们知识能力的增值；我们深入未知领域探索知识，推动了人类认识和改造世界能力的增值；我们按照社会需求转化知识，支撑了产品价值和社会效益的增值，我们面向国际社会传播知识，体现了民族文化和国家软实力的增值。"知识增值"的本质是指大学通过知识的传承与创新，为国家、为社会所作出的贡献。一百二十年来，交大的发展始终与国家的发展同向同行,学校未来发展也必须扎根中国大地,将面向世界科技前沿与面向国家重大战略需求紧密结合起来,为实现中华民族的伟大复兴服务。我们要抓住"双一流"建设的战略机遇,坚持立德树人,为国家重点行业和一流教学科研机构输送具有中国情怀与全球视野的领军人才;我们要整合基础研究和科技研发力量,承担国家重大工程,为创新型国家建设作出世界级贡献;我们要整合学术资源和医疗资源,围绕人类健康与重大疾病问题开展联合攻关,为人类文明的延续贡献更多的福祉;我们要进一步发挥人文社科资政启民的作用,为促进中华文化传播,完善中国社会治理,贡献交大智慧。交大应该成为在创新型国家建设和民族复兴进程中作出关键性贡献的创新型大学,把建设世界一流大学的美丽画卷,绘制在波澜壮阔的祖国大地上。我将与全体交大师生为早日实现这一伟大目标而共同努力!

"士不可以不弘毅,任重而道远",中央将我放在这么重要的岗位上,我一定会牢记重托,自觉在思想上、政治上、行动上与以习近平同志为核心的党中央保持高度一致,增强"四个意识",坚持社会主义办学方向,坚决贯彻执行党委领导下的校长负责制,与以姜斯宪书记为"班长"的班子成员一道,紧紧依靠广大教职医务员工,同心同德、励精图治,为早日将上海交通大学建设成世界一流大学而不懈奋斗!谢谢大家!

饮水思源　接续奋斗

——在上海交通大学教师干部大会上的发言

（2023 年 2 月 21 日）

尊敬的彭金辉副部长、王嘉毅副部长、刘多副市长，

亲爱的老师们、同志们：

刚才，中组部领导宣布了党中央、国务院关于校长职务任免的决定，我完全拥护中央的决定。几位领导同志的重要讲话，高度肯定了交大过去几年的发展进步，并提出了殷切希望，也对我个人的工作表现给予了高度评价，我认为，这是对交大全体师生医务员工的肯定和鼓励。

2021 年以来，我多次向组织提出新老交替的请求。今天，中央决定由丁奎岭同志接任校长，充分体现了组织对交大的重视与关怀。丁奎岭同志具有丰富的管理经验，品德优秀，能力突出，来交大工作四年多，深度参与了学校的改革与建设，在教书育人、管理服务、师资队伍建设、科研平台建设、资产管理等方面都做了颇有成效的工作，推动了学校事业的快速发展，赢得了广大师生医务员工的高度认可。我非常高兴把接力棒传到丁奎岭同志手中，也一定会全力支持他的工作。我相信，在振斌书记和奎岭校长的带领下，交大一定能继往开来，勇攀高峰，早日实现全面建成世界一流大学的宏伟目标。

时光荏苒，2017 年 2 月，根据中央安排，我从张杰校长手中接过接力棒，担任母校校长。能有机会在近花甲之年担此重任，服务母校、回报母校，是我今生最大的幸福和荣光。回首过往，我自 1978 年 2 月考

进交大，在此学习和工作了四十五年。饮水思源，在这四十五年间，我从一个学生转变为教师，再成为管理工作者，我非常感谢、感恩学校对我的哺育和培养。

四十五年弹指一挥间，我见证和经历了交大的巨大变化。从以教学为主型的单科性工科大学，转变为教学研究型大学，到如今已发展成一所涵盖工理医管人文社科的综合性大学，且稳居国内高校前列，跻身世界一流，正在向世界前列迈进。各类办学指标的国际比较，从曾有几十倍的差距，到比肩世界一流大学，实现了跨越式的发展。

四十五年前，校园主要是徐汇校区，教学与科研等办学条件都很简陋。如今，不仅有闵行、徐汇、黄浦等多个校区，还有十二家高水平附属医院，在闵行、临港都有一批科创园区，学校深度融入国家和上海的建设发展，办学条件已完全可以媲美世界一流大学。

四十五年前，我们的师资队伍规模很小，还经历了一段人才严重流失的时期，即使到了 2000 年，我们的博士毕业生仍然不把留校作为首选。2010 年以来，我们最优秀的博士毕业生才能留校。如今，我们可以从全世界选拔最优秀的博士来校任教。

四十五年前，我们每年仅招收 1 000 多名本科生和少量研究生，学生培养质量尚未得到世界普遍认可，我们的博士生到国外一流大学做博士后还非常困难。而如今，我们每年招收一万多名本科生和研究生，为国家培养人才的数量和质量都有了大幅跃升；我们培养的博士也得到了国际同行的广泛认可，可以到世界顶尖大学做博士后，甚至是担任教职。

四十五年前，我们的教师和研究生在国外期刊上发表论文很困难。二十年前，我们全校（作为第一作者单位）发表的 SCI 期刊论文也仅有数百余篇。而如今，我们每年发表的 SCI 论文已经超过一万篇，论文数量已达世界前列，质量也在快速提升中。

四十五年前，我们从事科研的教师不多。20世纪80年代的人事制度改革，大大激发了教师的科研积极性。90年代以来，学校的科研经费和科研成果数量快速攀升，为国家重大工程，以及国防军工事业作出了重要贡献。近年来，我们有一大批教师，正在努力攻克推动国家科技进步的关键核心技术，着力解决国家经济社会发展难题和世界前沿科学问题。如李政道研究所、张江高等研究院等，正在开展引领性的原始创新工作。

四十五年前，我们的科研成果仅停留在实验室里。随着国家的快速发展，在国家和上海市相关政策的激励下，学校释放了巨大的科技成果转化活力，我们的师生、校友创办了一大批高水平科创企业，为国家和区域经济社会发展增添了动力。尤其是"大零号湾"科技创新策源功能区，为学校创建世界一流大学，助推上海全球科创中心建设发挥着重要作用。

四十五年前，我们刚刚开始重启国际交流，通过不断学习，我们交流合作的层次越来越高。如今，我们已经与一批世界一流大学开展了平等互利的交流合作，互相学习、互相促进、共同发展。

回首学校四十五年的历史变迁，是为了更好地前行。我相信，再过若干年，上海交通大学一定能够建成世界顶尖大学。我们将为国家发展输送一大批卓越创新人才，为国家高水平科技自立自强提供一大批关键核心技术，作出更加重大的贡献。我们的研究成果将能够真正推动人类社会文明的进步。我们将吸引全世界最优秀的学生来校学习，培养的博士能够在世界顶尖大学任教。到那时，上海交通大学将成为上海、成为中国的一张更加闪亮的名片。

交大四十五年的巨大进步，是历届校领导一棒接一棒接续奋斗的结果。学校党政班子始终凝心聚力，相互支持，紧紧抓住了每一次历史机遇，使学校得以乘势而上，快速发展。我能够有机会在这个接力赛中跑上一棒，为学校发展作出一点贡献，是我莫大的荣幸，让我的一生感到充实。

回望四十五年的交大生涯，令我心潮澎湃、百感交集。我在这里学习、工作、生活，交大的烙印深深地刻在了我的身上、我的心里。一路走来，我亲眼见证并亲身参与了学校的快速发展，并贡献了自己的心力。可以说，交大就是我的人生。值此离任之际，我有太多的感谢想要表达。

首先要感谢党中央、国务院、教育部和上海市委、市政府等各级领导。正是你们一如既往的正确领导和关心厚爱，使交大有机会不断迈上新的台阶、创造一个又一个的辉煌。

我要感谢每一位老领导和老同志。你们以"功成不必在我"的胸怀与担当，奋发有为、砥砺前行，为交大的快速发展奠定了坚实的基础。我要特别感谢何友声书记、翁史烈校长、王宗光书记、谢绳武校长、马德秀书记、姜斯宪书记、张杰校长等老领导对我的培养，我有幸在你们的领导下工作，从一名普通教师成长为一名大学的管理者，为母校的发展贡献出了自己的智慧与力量。

我要感谢每一位并肩工作过的校领导班子成员。党政同心、清正和谐的氛围，是交大长期快速稳健发展的基石。我们一起为学校的发展殚精竭虑、忘我付出，争做"团体冠军"，不断开拓通向未来的道路，共同肩负起我们这代人所承载的历史使命。我要特别感谢姜斯宪书记和杨振斌书记，两位书记作为领导班子的班长，以极高的政治智慧与担当为学校的发展举旗定向，成为推动学校各项事业发展的坚强后盾。在工作中，我们坦诚相待、团结奋进，积累下了深厚的战友情谊。

我要感谢每一位投身学校建设发展事业的师生医务员工。每一代交大人，都有自己所肩负的时代使命。广大师生医务员工继承交大优良传统，敢为人先、脚踏实地，一茬接着一茬干，做出了不负时代的工作业绩。尤其是在抗击新冠疫情中，同志们众志成城、共克时艰，保证了学校正常的运行与平稳发展。在此还要特别感谢医学院和附属医院同志们的星火驰援与无私奉献。这段特殊时期的共同战斗经历，将成为载入交大史册的难忘记忆。

我还要感谢所有心系学校发展的广大校友和社会贤达。大家通过献计献策、慷慨解囊等各种方式，为学校的发展添砖加瓦、贡献力量，让交大的事业充满活力，蓬勃发展。

同志们，与交大共同走过了四十五年，我愈加深刻地感受到，交大是一所具有深厚底蕴和光荣传统的学校，"饮水思源、爱国荣校"的校训和"求真务实、努力拼搏、敢为人先、与日俱进"的精神品格，深深印刻在了每一代交大人身上，我以自己是一名交大人而深感荣耀！卸任校长以后，我将作为一名普通教师在学校工作，继续教书育人，继续为国家科技事业的进步做一些力所能及的工作。

饮水思源、接续奋斗。相信在新的征程上，在杨书记和丁校长的带领下，全体交大师生医务员工团结一心、锐意进取、奋勇争先，一定能早日实现将交大全面建成世界一流大学的宏伟目标，一定能为中华民族的伟大复兴作出彪炳史册的更大贡献！

母校的明天一定会更加美好！谢谢大家！

目　录

第五部分 创新图强

第六部分　饮水思源

第七部分　科教兴国

第一部分　迈向一流

坚持"综合性、研究型、国际化"方针
加快建设中国特色世界一流大学
——在 2017 年校领导班子暑假务虚会上的报告

（2017 年 8 月 2 日）

姜书记要我从校长的角度，来系统讲讲对学校未来发展的想法。我担任校长五个多月以来，一直在思考这个问题，但想得还不够系统和深入。学校会议定在这个时间，我就把现在的思考向大家汇报一下。

从宏观角度来考虑，想想学校在几十年的快速发展过程中有哪些经验、哪些不足；我们未来的发展一定要有所取舍，要有所为，有所不为；我们要探讨改革的破与立，讨论今后怎么改；还有政策的松与紧，松与紧是辩证的，主要牵涉到学校对学院的授权与规范管理的问题；然后是工作中要有急有缓，怎样来集中力量办大事。概括而言，就是从得与失、取与舍、破与立、松与紧、急与缓这些方面来考虑。我从学习到工作已经有四十年，前十年是在学习，对学校的事情不太清楚。我今天首先从三十年工作的所见所想来回顾学校的发展，其次对学校未来三十年的发展愿景做些思考，再次主要讲我们接下来重点研究哪些问题，最后主要讲近期具体推进的若干工作。

一、学校三十年发展的回顾与认识

在三十年回顾里，分为以下四个方面：

第一方面，说一下九字方针。

九字方针就是"综合性、研究型、国际化"。我们学校从百年校庆就提出建设世界一流大学的"三步走"战略，然后到 2004 年第八次党代会提出九字方针，这也是个逐步推进的过程。我们查了学校发展的历史资料，九字方针的提出大概有这么一些重要时间节点：1986 年学校开展了全校性的教育思想大讨论，提出了要办综合性大学；1987 年启用闵行新校区；1990 年，在"八五"规划中提出建设世界一流大学；1993 年，在百年校庆之前，明确提出了"三步走"战略；1994 年，召开了交大战略发展研讨会；1996 年和 1999 年分别启动了"211"和"985"建设。1999 年确定了与密西根大学的合作关系，这里特别把 1999 年提出来，我们学校过去一直提与麻省理工学院合作，王宗光书记 1999 年带队到密西根大学访问，在倪军的推动下，双方谈得很好。王书记在美国访问期间，多次指示严隽琪院长和我，叫我们做合作工作的路线图（road map）。王书记一行回校后，严隽琪院长就率领我们机械学院代表团到密西根大学访问，把王书记的想法基本落实了。2004 年马书记来校工作以后，在第八次党代会上就确定了九字方针和人才强校主战略。这是推进的历史过程。

这九个字中，"综合性"最主要的是确定了我们学校的学科结构，"研究型"确定了我们学校的价值定位，"国际化"确定了我们学校的发展路径。

关于"综合性"。在 1949 年以前，我们学校其实是综合型大学，有工科、理科、管科，学科体系比较完整。经过 1952 年学科调整和 1956 年学校西迁，我们学校在 1959 年以后就成了以船舶为特色的单科型工科大学。在改革开放以后，我们学校才开始恢复建设管科、数理化等学科（我和姜书记刚进校学习的时候，数理化基础教研室就在包兆龙图书馆那个位置）。到了 20 世纪 90 年代，学科建设才开始逐渐展开，在此过程中,大家也经历了一个对建设综合性大学必要性的认识的过程,因为建设综合性大学会分散学校资源。那时,我作为一名年轻教师,对此感悟也不深。2000年以后,盛焕烨副校长开始布局学校文科建设,他在办公室里挂了一面学科布局图,我们开玩笑说,他到处"插彩旗":这个点还没有建、那个点又要加快建,用不同颜色的旗子做标记。经历了这样一个过程,我们学校有了70多个学科。2008年第二次学科评估之后,有一些学科的评估结果不理想,我们意识到学科太多了。经过充分研究,我们认为学校建设60个左右的学科比较合适。这样,综合性布局基本上完成,不再做大的调整。

关于"研究型",从1981年到现在三十多年,学校经历了一个快速发展过程,我们可以看看三十年来的发展数据对比。

1981年的时候,我们学校的年收入只有1 400多万,科研经费不到100万,2000年的科研经费超过2亿,2015年的科研经费为30多亿,科研经费的收入逐渐占学校总收入的三分之一。科研工作已经成为学校的主要工作,研究型大学基本形成。

1996年时学校每年招收的博士只有几十人,在"211工程"评审会上,杨叔子院士提了一个重要意见,说交大的博士生数量和学校地位极不相称,博士生教师比例也很低。学校随后出台了一系列奖励和鼓励政策,提高教师培养博士生的积极性,提升学校接收博士生的学习和住宿条件。此后,博士生的数量快速上升,达到了国内相同高校的同等规模和水平。

2000年的时候,第一作者单位是交大的SCI论文只有100多篇,学校出台鼓励政策,一篇SCI论文奖励1万元,其中1 000元是现金,9 000元作为经费。几年以后,学校的SCI论文就超过了1 000篇,论文奖励政策也做了调整。国家自然科学基金项目数在1996年的时候全校也就是40多项,到现在超过1 000项。特别令我印象深刻的是,1998年的时候,国家自然科学基金委员会工程与材料学部的年度评审会在我们学校里召开,当时机械组一个也没有评上。20 世纪 90 年代,具有博士学位的教师比例在 20%左右,至今已达 90%以上。当时没有人愿意留校到交大任教,现在要留校已经非常不容易,因为我们可以选择全球最优秀的博士生到交大任教。从各种指标也可以看出来,学校真是发生了翻天覆地的变化,研究型大学的特征已经完全展现出来。

关于"国际化"。我们也做了国际对标,做了一个与密西根大学二十年数据的比较:在博士学位授予数上,二十年前我们差不多是密西根大学的十分之一,现在已经比它多一点了;在学校的年收入方面,我们在 1999 年时,差不多是它的二十分之一,现在是其四分之一;SCI 论文数量,包括合作论文数量,过去是它的三十分之一,现在是它的 80%;SCI 论文被引数我们过去是它的 2%,而现在是它的 60%;篇均被引用是论文质量的反映,我们需要加快提高。此外,我们的中欧国际工商学院、密西根学院、巴黎高科卓越工程师学院都办得很好,体现出我们学校国际化办学正在全面展开。

从总体来看,我们可以从软科世界大学学术排名(ARWU)和武书连排名来看学校的变化,一个国际的、一个国内的,我们学校的排名都在持续上升。ARWU 从 2003 年开始排名,当时我们学校排在 400 多名,到 2017 年,我们排名接近前 100 名。从武书连排名也可以看出交大在国内高校综合实力的提升,在 20 世纪 90 年代初的时候,我们排第 26 名,后面连着上升,2004 年排到了第 7 名,我们和第二医科大学合并之后,学校排名上升到第 4 名,后来就一直稳在第 4 名,但我们与清华、北大、浙大还有较大的差距。

第二方面,我讲一下我们过去三十年围绕发展目标采取的一些战略和措施。

我们学校从"八五""九五""十五"到"十一五""十二五"规划,有过很多发展战略,其中重复度比较高的,是六个战略。这六个战略在不同时期也有不同的特点:人才强校战略一直作为主战略,国际化战略从1999年开始我们就一直坚持,闵行发展战略在学校办学重心转移过程中发挥了重要作用,还有交叉集成、服务社会和文化引领等战略,就不一一提了。

在实施这些战略的过程中,也采取了很多措施,其中有六个措施取得了比较大的效果:一是我们的奖励激励机制,就像我刚才讲的,对科研论文、重大项目、科技成果、教学成果、人才称号等各方面进行奖励和激励,在一定时间内发挥了重要的作用;二是学科布局,我们完善了工科,像土木、建筑、环境都是后来慢慢完善起来的,在理科方面,数理化从基础教学教研室发展起来,生物完全是后面发展出来的,人文社科是重新建的,然后合并了农学院、医学院;三是在学术要求方面,差不多在过去二三十年中,对教师的学术要求和教学要求是不断提高的、对博士生发表论文的要求也不断提高;四是在规划落地方面非常有力,原来讲"规划规划,墙上挂挂",而现在把规划与年度考核挂钩,与年度绩效考核相结合;五是科研基地的落地,过去十多年里一直强调,每个学科都要建立一个省部级以上实验室,过去一直说的,到现在差不多都实现了,特别是工科,还设置了一些交叉学科平台;六是设立了一些办学特区,刚才提到的密西根学院和巴黎高科卓越工程师学院等国际化办学特区,还有致远学院、高级金融学院等办学特区,都是重要突破。

回顾过去三十年的发展历程,我们管中窥豹,就围绕博士培养的一些历史性变化,与大家一起分享。20世纪80年代,在指导博士生方面,博导是教授的一个大台阶,那时都是由教育部学位办来评聘的,是很高规格的学术身份;1995年之后,国家把博导的评聘权交给了大学,学校为了激励各位博导教授多招博士,出台了每带一个博士生每个月多给100元工资津贴和一定培养费的激励政策。2000年以后,所有的博士培养补贴都取消了。2010 年以后，博士生名额成了学校里最紧俏的资源，像机械与动力工程学院，现在要求导师为每个博士每年出 5 万元培养费，这也是学习了国外大学的办学经验，密西根大学 15 年前大约是每个学生每年出 4 万美金，现在是 8 万美金。可以预见，再过几年，学校里的大多数学科指导博士生都得出钱，至少工科必须出钱，像机械与动力工程学院出的钱还得提高，这就是规律。在博士生留校方面，20 世纪 80 年代，博士生比较少，大多数都能留校，但遗憾的是，我们那时留校的博士生，后来差不多都离开了学校或者出国了；到了 90 年代，博士生留校就更少了，大多数都出国或去企业工作；2000 年以后，由于国家的"211 工程"和"985 工程"建设，学校条件发生了改变，对博士生留校的吸引力就增加了；2010 年以后，博士生想要留校就比较难了，学校开始注重博士毕业后的学术积累和海外留学经历，要求比较高了，同时博士生的去向也逐渐合理，不把出国作为特别优先的选择了。我们期望到 2020 年，交大的博士生应该成为各高校师资的重要供给地，成为世界大学师资的供给地，这样就更加接近一流大学的发展规律。

在博士论文评审方面，20 世纪 80 年代，例如在 1984 年，我们学校只有 3 个博士生毕业，每个博士的论文要送 80 本出去评审，到了我 1989 年博士毕业的时候，需要送出去 40 本；到了 90 年代，送出去评审的数量降到了 10 本左右；2000 年以后，学校受到 1998 年首届全国优秀博士学位论文评选惨败的刺激，出台了交大博士论文的八项规定，增加了盲审、发表 SCI 论文等要求，此后这个做法就一直延续下来。但是，我预计，我们对论文发表的要求也会逐渐取消，因为现在矛盾的焦点已经发生了变化，过去发表论文是一个考核要求，现在不少情况下，博士生把发表论文作为一个目标追求，往往降低了他对学术的追求，虽然发表论文的要求可以规范每一个博士生的毕业水平，但也会降低最优秀博士的学术追求。博士培养是学校办学中的一个重要组成部分，我们通过博士生的招生、博士生的毕业去向、博士生的毕业要求等维度可以看到我们所经历的变化,这可以作为一个专题去开展研究。

第三方面,谈一谈对学校当前办学状态的认识。

在综合性方面,我们实现了学科的布局,但是学科门类的发展不平衡,工科、理科、生命医科、文科差别比较大,还不能说办成了综合性大学。我们要培养复合型人才,开展多学科研究,进行综合性社会服务,推动跨文化交流,这些都要求我们在学科综合性方面进一步加强。要在加强工科的同时,带动其他学科同步提高,使学校的发展更加平衡。

在研究型方面,我们目前在教师、经费、论文等方面,从数量上来讲已经位列世界前 50 名左右,但是,我们在教师平均学术水平、论文的篇均被引用、顶级期刊论文数量等指标上,大概都在 100 名。我们在服务国家和区域发展的能力方面,还缺少具有不可替代作用的领域,我们更缺乏世界级的知识原创能力和学术氛围。我们可以看以下几组数据,10 年的论文发表数达到 6 万余篇,可以排到世界第 27 位,总的被引用数是 60 多万,排在第 149 位,高被引论文数为 180 篇,排在第 180 余位,篇均被引用数排在第 577 位,从这些数据来看,虽然我们的数量是上去了,但质量仍亟待提高。

在国际化方面,我们已经与 150 所大学开展了合作,有了一定的合作广度和深度,但是我们的外籍教师人数还比较少,还缺乏国际化办学氛围,包括部门网站、办事流程、英文成绩单等都还有提升空间。这里特别要提英文网站,很多学者在与我们交往的过程中,会浏览我们学校、学科、教授的英文网站,他们的反馈是信息更新不及时,网站几乎不能用,要提高我们学校的国际影响力,就必须改进这一点。从大学的学术贡献上来讲,主要用论文发表的数量和质量来评价,而中国的大学在承担知识创新的使命之外,还承担了服务国家战略的任务,对于知识应用方面,这点就很难用论文数据来体现。我认为从国际大学排名角度来讲，还是低估了我们学校的学术贡献，我们学校的排名大约在世界第100位，与普渡大学比较接近。我们为了能够跑得更快，就要与顶尖大学展开积极合作，并以学习为主，特别是加强师生的交流。

第四方面，对过去三十年的一些总结。

我认为可以用三句话概括学校过去三十年的发展，不一定准确。从改革开放到1996年，学校塑造了交大人敢于拼搏争先的精神和文化氛围，特别在以学科为龙头和提高教师从事科研积极性这两方面，是尤其突出的名片。从1996年到2005年这十年，奠定了研究型大学的基础，包括学科布局、博士生规模、论文发表机制建设等方面。从2005年到2014年这十年，我们服务国家战略的意识显著增强，师资队伍水平得到全面提高，各项办学指标得到大幅度提升，国内外学术声誉与社会影响得到大幅度提高。

之所以有这样的快速发展，我们在"双一流"申报材料中也做了总结，有这样四句话很重要：我们过去三十年始终坚持党委领导下的校长负责制，有一个和谐团结的领导集体，我们有规范有序的管理体制，我们有科学完善的决策程序，我们有高效有力的执行体系。这些体现了交大的特点与文化，特别是交大的执行力，充分体现了我们相比兄弟高校的优势。我们学校的教学科研体系和后勤保障体系，都充满了一种拼搏的精神。我一直在想这种拼搏精神用什么来表示与展现？最近这段时间招生办公室给我发了很多专报，我在专报里发现很多很感人的话，现挑选几段在这里读一读。宁夏招生组感言："为期一周的招生，虽短却又漫长。招生是对脑力和体力的严峻考验，全程的忘我投入，情绪随着招生任务的进展而跌宕起伏，这是招生的艰难所在，更是招生的魅力所在。"北京招生组感言："招生，像冒险片，充满脑力和体力的较量；像悬疑片，充满未知、跌宕起伏；像剧情片，故事不断；像家庭片，不乏温情；像文艺片，全是对梦想的思考与碰撞。"河南招生组感言："百廿之名校,纳英才于中原。前有高山,名曰清北,后有追兵,旦浙中港。居于死生之地,纵横捭阖,挥斥方遒,前仰高山,后抵追兵,保我上交三足鼎立之位。"山西招生组的行动准则是"拼智慧、拼体力、拼速度、拼效率"。其实,每个招生组,都写得出这样的感言,由于时间关系,我就先分享这些,可以看得出来,在这么一段时间里,全校各学院都在为招生作贡献,大家就为了这个而拼搏,真的很令人感动。其实,科研部门更是如此,为了拿下项目、为了争国家奖,经常也是拼尽全力,令人感动,但是我们还要看到我们仍有很多的不足。前段时间我也讲了一些,在此也做个提炼:我们注重顶层设计,整体实力稳步提升,但质量和内涵有待深化;我们实施分层建设,部分学科接近一流,但学科生态有待完善;我们坚持人才强校,高层次人才聚集,但引领作用有待提升;我们坚持立德树人,培养质量不断提高,但学术志向有待引导;我们服务国家战略,创新能力不断增强,但创新贡献有待加强;我们促进合作交流,国际声誉大幅跃升,但学术话语权有待增强;我们推进综合改革,治理结构日趋完善,但院系活力有待激发。用这七句话来总结一些发展中的不足,当然还不够全面。

二、未来三十年发展愿景与若干问题

首先谈发展愿景。

上海交通大学的发展始终要与国家的发展同向同行,要积极探索中国特色、世界一流的交大之路。在人才培养方面,我们要坚持立德树人,为国家重点行业和一流教学科研机构输送具有中国情怀与全球视野的领军人才;在科学创新方面,我们要整合基础研究和科技研发力量,承担国家重大工程,为创新型国家建设作出世界级贡献;在社会服务方面,我们要整合学术资源和医疗资源,围绕人类健康与重大疾病问题开展联合攻关，为人类文明的延续贡献更多的福祉；在文化传承方面，我们要进一步发挥人文社科咨政启民的作用，为促进中华文化传播，完善中国社会治理贡献交大智慧。

在当前，建设中国特色世界一流大学是我们的历史使命，也是我们的担当。无论是世界科技产业革命的快速变化，还是国家重大发展战略需求、上海全球城市建设，都体现出国家和区域经济社会发展对世界一流大学的需要比以往任何时候都更加迫切。

我们学校在二十多年前 ARWU 排名中，排在第 500 名左右，目前到了近 100 名，三十年后我们的排名会怎么样？我认为，我们在 2020 年应该稳步进入百强，这个目标是能够实现的；到 2035 年，我们希望能够进入世界一流大学前列，能够冲击世界 50 强；到 2050 年，我们希望能够建成卓越的大学，能够进入前 30 名，甚至更前面。以这样的发展过程来说，要实现 2020 年的目标，只要我们能够沿着轨道依靠惯性滑行就能实现，这点我们可以很自信地说。要实现 2035 年的目标，就不是这么容易，要做好布局，要调整好机制，要保持中高速发展才能实现。要再走得更远，实现 2050 年的目标，靠现在的办法是不行的，必须要有超前布局，要实现引领式的发展，这就是今天讨论这个问题的意义所在，学校间的竞争是不进则退，因为大家都在发展。

其次讲讲问题，说一下当前制约学校发展的瓶颈问题。

总结过去三十年的不足，是值得我们思考的，这关系到二十年以后，那时的交大人怎么评价我们今天的工作。从问题来讲，目前比较突出的大概有这些：

（1）学校领军人才断层，大树下不长草。这句话含义特别深刻。校本部这块，院士层面基本都是 20 世纪 50 年代毕业的，60 年代毕业留校的教师没有出现院士，80 年代出国进修的教师也没有冒尖的，我们学校的断层比其他学校的断层更加明显，其他学校中，年龄在 70 多岁的一群人,也就是 80 年代第一批出国的人才,很多成了各自研究领域的中坚力量,而我们却没有。

(2)改革开放后我们培养的翘楚很少,学界院士也少,反映出我们的学生缺少学术追求。我们的学生在政界出类拔萃的治国英才也不多。我们 1957 年到 2015 年当选院士的本科校友中,与同等级的几个学校相比,我们明显少很多;在长江学者和杰青等青年人才的学缘结构分析中,我们与其他学校相比也有差距。

(3)学校没有一个校级的交叉研究机构能够成为国内有重大影响的研究基地,这和我们的工科特色不符。我们缺少技术成果转移成功的企业,这也与强势工科学校的地位不相称。

(4)我们工科在国内的地位正在下滑。我们一度认为我们工科的地位是清华第一我们第二,现在这个地位受到了严重挑战,因为我们缺少对行业有重大影响力的研究成果,从十大科技进展、国家奖、在大集团工作的领导人和业务骨干、高被引论文数、论文引用比例、长江学者、优青、杰青等数据上,我们与多个学校相比都有差距。

(5)学校科研以项目为引导,但学校不太会自主设计课题、选择方向。一方面,老师们习惯了积极参与竞争,其科研工作都跟着经费走,较少能够从长计议,缺乏成为一流学者的追求;另一方面,老师们也太辛苦,承接科研项目数量太多,研究点过于分散。长期的快速发展造成我们学校的文化较为浮躁,不够淡定。

(6)学校对教师的晋升和激励以科研为主,高层次教师给学生授课没有成为必然要求,对文科高层次教师也没有要求。

再次谈谈今后需要理顺的若干关系。

这些关系包括规模发展与内涵建设的关系;数量增长与质量提升的关系;改革创新与稳定发展的关系;学校治理与学院办学的关系;教学工作与科研工作的关系;人才引进与培育使用的关系;长聘教职与常

规体系的关系;优质服务与制度管理的关系;国际评价与国内认可的关系。这九个关系需要进一步研究。

最后说说现阶段需要重点研究的一些问题。

对应之前提到的九个关系,希望有九个方面的问题可以得到解决,具体的后面再展开。这九个方面问题包括提升服务国家战略能力;教师对教学的投入;高层次人才的教学要求;教师从容的科研态度;师生员工的获得感;高层次人才的又红又专;"双肩挑干部"的培养;制度建设与特事特办;机关服务学院的意识。

三、需要重点研究的若干问题

围绕上述九个问题,具体展开为以下六个方面 21 个问题。

(一)学科建设

在学科建设方面可分为三个类型:第一类是一流学科建设,包括工科、医学、管理与经济学科,不是一流就不建,这句话我们差不多讲了将近十年,再过几年就真的要做到了,目前我们有四五个学科可能连合格都做不到,这样的学科就要下决心去调整;第二类学科是承担一流学科建设和人才培养兼顾的学科,像数理化生等基础学科就是这样;第三类学科主要承担人才培养功能,像文史哲外体育等。

(二)学科方向整体规划

从学校层面上来讲,要形成更加清晰的层次,包括四个维度:一是学科群,包括两大方面,一方面是转化医学,另一方面是海洋,其中转化医学已经有了一定雏形,海洋是大海洋学科,要把全校相关力量都纳入建设;二是要确定世界顶尖学科方向,目前定位在前十,今后逐步前移,数量也逐渐增加;三是要明确服务国家战略的重点领域,像航空发动机、重型燃气轮机等;四是要确定一批交叉学科研究。从学院层面上来讲,学院要清晰三个层次,一是当前重点是什么,二是要培育的优势学科有哪些,三是要做好布局。

(三)各类学院的长聘体系建设模式研究

长聘体系建设在过去几年开展了大量工作,正在不断完善,我认为数理化生等基础性学科更多地可以参照国外的发展模式,对于大多数工科需要有所调整,文科要形成新的做法,像安泰经济与管理学院和凯原法学院等自成体系的学院,不强求和学校标准一样,只要有自成体系的一些办法就行。

(四)建立交大领军人才的培养机制

我们要解决大树底下不长草的问题。我们对院士或准院士都要提要求,培养接班人。学校要研究的核心问题是,领军人才的助手要得到认可和激励;还要调整高层次人才引进机制,经过了那么多年的引进,在许多学科已经形成了一定的规模,后续的问题是要用好高层次人才,学校要做顶层设计;要根据学科发展方向的需要来引进人才,不盲目引进,对引进人才要有更有力的支持和明确的要求。

(五)可持续的薪酬增长机制

我们学校的薪酬增长连续做了好多年,但还是没有形成可持续、稳定发展的制度。今年中央巡视组对学校提出了一些问题,接下来我们需要对学院、机关、直属单位、各级干部的薪酬增长等方面进一步完善管理机制。

(六)教师的多元评价

各类教师都要有考核侧重点,基础研究教师应以论文和国际影响为重点,应用研究教师应以解决重大工程问题为重点,工程技术教师应以工程应用效果为重点,对全身心投入课堂教学和工程实践的教师也要有相应的奖励机制。这次教书育人奖设立之后,就是希望学校各层面对全身心投入教学的教师的认可度得到明显提升,评选要制度化,做出效果来。

（七）学术型干部的培养发展

学校需要加强对又红又专的学术型干部的培养，现在的学术型干部中做到又红又专的不多，特别是要加强青年教师的管理能力和政治意识的培养，还要特别防止青年学者的学术水平和地位提高了，其个人利己意识膨胀，缺乏合作精神，现在遇到的一些年轻人中，就有这样的苗头。在引进人才上，应该以学术性岗位为主，不宜以管理岗位为前提，有时候引进院长、副院长，最好还是引进来先做教授，得到大家认可了，再培养担任管理岗位。另外，要打通学术与管理岗位的转换渠道，在这方面机械与动力工程学院有些做法还是值得学习的，年轻教授在学院做一段时间服务，做完了就回去做教授，服务几年，能下能上，不要把副院长当一个官，这样更有利于学校的长远发展。

（八）优秀人才的培养模式

我们要特别强调价值引领，在过去很多年里，我们在学生志向抱负的培养上是不够的。我们特别要培养学生的家国情怀和行业情怀，特别在今后不要在全校层面刻意追求出国深造率。我们要创新地培养一些人才，加大复合型人才培养力度，加强学术型人才的宽口径基础，加强应用型人才的多学科交叉，加强培养创新创业型人才，我们需要研究各类人才的培养思路和模式。

（九）建立学生学术追求的文化

在这点上主要有三个层面：学校层面，要有价值引领的文化倡导；在教师层面，要有志存高远的言传身教，我自己做过几年思政教师，20世纪90年代初期的本科生我接触得比较多，后来参加杰青、长江学者评审，发现没有我们学校自己培养的学生，可能是因为当时的老师缺乏让学生追求学术的言传身教，所以在今天，我们要特别强调此点；在学生层面，我们要加强对他们志存高远的理想追求的培养。这三个层面都要有具体做法和办法去落实。

（十）学校的国际化战略

国际化办学可以分三个层次，一是重点合作，要有实质性内容；二是一般交往，就是你来我往；三是顶尖大学间的交流，主要是学习战略、布局和谋划未来。关于重点合作交流，我考虑能否确立 10 个左右的战略合作伙伴，做好全球布局，在美国和欧洲地区都有点，并且拿出资源来做，拿出经费、博士生名额来做，要下功夫，不能泛泛来做，不能做了半天没有收益。

（十一）研究学校质量建设的内涵

一是论文数量与质量的要求，有些学科论文发表数量已经到了一定规模，就要控制篇数。近期的工作重点是提高篇均被引用数量，提高论文质量。临床医学和工程学科都要淡化对博士生发表论文的数量要求，强调质量。当然对有些弱势学科，可能还要用一段时间来提高论文发表数量。二是发表论文的规范化，包括论文署名，希望医学院、附属医院的论文发表要署名上海交通大学；同时，借撤稿的事件要强调，不能随意署名；还有论文的投递方式，要规定不能委托第三方代投，论文的语言服务，能否请外国语学院来做，学校可以投入相应的资源。三是科研项目质量要求，我们不鼓励承接 50 万以下的横向小项目，对于不鼓励的举措就是，提高管理费比例，甚至对教师承担项目的数量予以一定的引导和限定。

（十二）校级交叉平台的建设机制

无论是在国内还是国外，一个有重要影响的研究方向，必须集中建设。在学院靠自然状态的生长，难以培育出世界一流的顶尖研究方向。必须形成人才、设施集中的管理团队，管理有序，研究工作有计划、有布局，才可能出系列的研究成果，出有分量的大成果。我校在过去的三十多年里，建立了 10 多个校级研究所（中心），大多不太成功。我校在2008 年推出鼓励交叉学科研究基地 10 条，但效果不理想。今后可以主要探索两种发展形式：一种是类似 Bio-X 研究院的实体性研究所，在管理机制上，人财物可以相对独立，但学科建设和学术必须归属学院，学院领导要兼任研究所领导，要有一定的监督，不然就会游离在外。另一种是非实体性研究所，我们想把闵行转化医学平台的管理机制作为试点，设立一个管理服务机构，为相关研究团队服务。

（十三）研究技术成果转化的推进机制

我前面提到我们学校科研成果转化没有孵化出太成功的企业，近年有若干教授在校外建立了成果转化的企业，游离在大学科技园和产研院知识产权公司管理之外，这有其历史发展的必然，也有尽快加强管理的必要。加强管理的必要性主要体现在：其一，这些知识产权属于学校，一旦严格追究都有瑕疵，我们应该帮助老师们去掉瑕疵、轻装上阵；其二，学校应该在企业做大的关键时期予以必要的帮助，给老师们加油鼓劲；其三，学校应该建立成果转化的渠道，理顺机制，把一批高水平科研成果推向社会。我花大力气做上海智能制造研究院，就是想在这个方面做一些探索。

（十四）研究校地合作的策略和政策

我们目前在闵行、临港等地都有合作项目，未来还要做大，研究院的经费能否计入学校财务收入，如何进行校外基地的规范管理，如何考核与承认校外基地的学术贡献，都是我们接下来要回答的问题。

（十五）三个经管学院的协调发展

现在学校里有安泰经济与管理学院、上海高级金融学院和中欧国际工商学院三个商学院，但目前来讲，三个学院竞争多、合作少。今后要促进师资双聘、课程共享、科研合作，适度划分培训市场，进行差异化发展，营造协调发展的局面。

（十六）附属医院的协调发展

我们需要研究附属医院之间，附属医院与医学院之间，附属医院与校本部之间的协调发展关系。我特别要讲学科关系,临床医学学科都是医学院在进行管理,做得很好。但是心理学是精神卫生中心和学校直接发生合作,需要思考如何发挥医学院的作用。此外,学科建设经费、高层次教师管理、学科基地的申请和建设,以及项目申报与管理、研究生名额分配、教师晋升与聘任的标准和要求、发表论文的署名规范化等,主要还是以医学院管理为主,希望学校和医学院共同来推进这些工作。

（十七）管理队伍规模和发展路径

学校的事业在发展,学校机关队伍的规模还是要适度扩大,请黄震副校长和人力资源处再研究"十三五"期间机关规模,特别是学院的机关规模。对机关的管理人员和服务人员,要建立不同的职业发展路径,管理人员主要是职务提升和职称晋升,服务人员主要是积累年资,设计相应的岗位等级,文员可以设置初级、中级、高级,要规范化。还有要给机关人员建立稳定的薪酬增长机制,年度平均增长和年度业绩增长相结合,需要出台文件和制定薪酬增长的管理办法。

（十八）学校的财务可持续增长和发展机制

学校近年来的结余资金连续增加,呈现良好的财务态势,没有结余资金会造成学校运行困难,过大的结余资金是严重的价值贬值,也是一种浪费。如何把控和利用结余资金,建立可持续发展的机制和制度,是一个迫切需要研究的课题。

（十九）完善现代大学管理制度

一个好的大学管理制度,应该是"制度建立、制度执行、制度监督"三者分离,比如教务处,现在既制定制度,也执行制度,做得好坏都是自己说了算。目前,要把建立制度和执行制度分离太难,但能否建立一个独立的监督评估机构,我请刘念才同志对"985工程"三期做了一次系统评估,如果可行,可以进行更加全面的评估。此外,要发挥学术委员会的评估和监督作用,研究一些激励制度。

（二十）国内外大学战略研究

以前大学排名主要以数量和规模为主，我们是受益者，但未来会越来越强调质量评价，我们要研究策略，不然会落后，研究国内外相关大学的发展策略，才能持续保持学校的竞争力。

（二十一）国内外大学排名研究

全世界的大学对大学排名都很重视，它既是大学办学成效的反映，也可以发现不足。近期，刘念才同志提供了一个高被引科学家报告，我校高被引科学家在国内并列第 13 名；进一步的研究发现，我校优势学科缺少高被引科学家，我校有 10 篇高被引论文的教授很少，高水平教授不重视论文发表，反映了我校论文发表的碎片化，没有重视在主流期刊发表论文；更进一步的研究发现，我校的科学前沿研究存在一定的偏差。这些观点很尖锐，但也不一定正确。另外，虽然我校发表 SCI 论文总数和高水平论文总数均位居国内第一，但其实存在着极大的隐患，需要及时调整学校发表论文的政策和导向。QS 世界大学排名分析报告表明，我校师生比得分很低，留学生得分也很低，严重影响了我校的国际声誉。

四、近期重点推进的若干工作

近期的若干重点工作，主要围绕以下十五个方面开展。

（一）转化医学研究院的机制

大楼的建设紧锣密鼓，争取 2019 年完成高质量验收工作。本年度研究院进入全面建设阶段，建立可行的工作机制、谋划交叉学科布局是当前极为紧迫的工作。

（二）推进医学院浦东校区建设

浦东校区建设是医学院发展的一个历史机遇，要顺势而为，不要错过这个历史机遇。

（三）推进李政道研究所的立项

上海市、教育部、科学技术部、国家自然科学基金委均有明确的支持态度，但落实上海市领导要求、发展和改革委员会立项的意见仍处于一个困难的阶段，我们必须利用上海市科学中心建设的大势，希望在2017年9月召开协调小组会议，推动上海市率先启动研究所建设工程。

（四）全面规划和启动海洋领域的交叉学科研究

交大未来的发展是两大学科群，一个是转化医学，另一个是海洋。转化医学已经展开了一定的态势，海洋还没完全展开，未来的交大应该以海洋领域称雄于世界，围绕海洋科学、海洋工程和海洋经济开展战略研究和技术研究，策划和引领国家级基地和研究计划，要为海洋强国建设作出重要贡献。在这方面，国家的需求是迫切的，我们要努力承担起责任。

（五）若干办学重要指标的突破措施

包括顶级期刊论文发表常态化，荣获国家科学技术奖一等奖，增加高被引科学家等，都是当前需要尽快破解的问题。现在国内好多学校已经做到了顶级期刊论文发表常态化，而我们还没做到；国家科学技术奖一等奖多年都没有突破，高被引科学家刚才也提到与兄弟学校比有一定差距，这些都是我们的关键指标。

（六）高端智库建设

学校建立了一些高端智库，但高端智库发挥的作用还不够。智库等于"庙"，有了"庙"，现在缺"住持"与"和尚"，"住持"要由像样的人担任，我负责两个智库的建设，都缺"住持"，没有人能够全力推进相关工作。"和尚"是指普通教师，普通教师的核心问题在于如何认可他的贡献，没有论文，好多年最多拿个批示，这些东西到底该如何认可，这个问题是我们现在需要解决的。特别是当学校要逐渐成为综合性大学的时候,对国家的贡献要有所体现。

(七)教学的中心地位

有了教书育人奖以后,这方面工作得到了很大的推动,在此基础上还需要进行全员育人的试点工作,明确对长聘体系教师的课堂教学工作量和质的要求。

(八)全面提高本科生培养质量

我们的招生如何更好地布局发展,除了招到好的生源以外,更加要注重提高学生学习增值和学生满意度,特别在今年我们要推进新工科办学模式。

(九)研究全面提高博士生培养质量的办法

在荣誉计划的基础上,全面提高博士生培养质量,学院可根据自身特点自行制定论文发表要求。

(十)提高师生员工的获得感

在子女入学、暑托班、师生健康、宽松的氛围、良好的服务等方面,要有具体措施。

(十一)落实后勤管理改革工作的推进

相关工作如青年教师公寓、学校假期的餐饮、学校的停车场地等。

(十二)校友关系与基金会

需要大大加强学校与校友间的联系,重视校友的小额年度捐赠,利用校友为学校提高国内外声誉。

(十三)学校与学院的管理关系

学校对学院要给以充分的信任,对学院给以充分的授权,明确学院是办学的主体。反过来讲,学院要有责任担当精神和高度的自律,应该主动接受学校的监督。

(十四)加强国际宣传,提高国际声誉

对学院、学校主办的高层次国际会议给予高度支持,提高国际声

誉,完善英文网站、中英文选课系统、中英文对照的文件体系,加强与欧洲的合作交流。

(十五)全面启动"双一流"建设

"双一流"建设可分四个层次:一是继"985工程"和"211工程"之后,调整了新的学科建设机制,现行的学科建设机制已经持续四年,下半年需要根据学科评估和建设成效,对学科建设层次进行调整;学院层面的人才培养和国际化建设已经启动两年,需要做一次内部评估,并做出相应的调整。二是学校层面的重点是对各类建设经费需要做好统筹,师资队伍建设一直沿用"985工程"三期的政策,对人才引进科研启动费和薪酬等需要进行研究和调整;人才培养和国际化等方面的工作有一些延续,新项目即将开始;科技创新和文科建设工作方面有一些延续,需要做较大的完善和调整,加快论证,尽快实施;校园文化建设和条件保障有了初步的方案,需要进一步研究和论证。三是校级交叉学科项目是学校未来发展的增长点,也是薄弱点,需要加快研究,形成实施方案。四是酝酿策划一批对接上海需求的高质量建设项目,争取上海市竞争性配套资金。

学校在持续不断发展,我们要挖掘潜在优势,持续快速发展,我们目前处于力争第三的状态,总是想从跟随式发展向引领式发展跃升,但对于交大来说,更重要的是要抓好国际化的策略,才能实现引领式的发展。

我任职以来对学校整体工作做了一些思考,许多想法并不成熟,希望大家对长远的发展和近期的工作都做一些思考,对各自相关的工作做一些补充,完善这些思考,形成我们班子整体的工作思路,有利于推动学校近期的工作和未来的发展。

我为什么要回顾学校前三十年的发展历程,展望后三十年的发展,因为前三十年交大快速奔跑,快速提升,难免会产生一些浮躁和疲惫,我们需要思考一些问题，把学校的整体心态静一静，才有利于今后长远的发展，为今后三十年走得更高更远奠定基础。

今后希望我们能用八个字作为追求，就是自信、宽容、和谐、精致。

自信，可以关注交大的大学排名，但对自己要更自信。

宽容，学校里还是要宽容失败，但不是宽容懒惰。

和谐，学校条条战线都全面开花，在资源分配等方面还要争取更加和谐。

精致，尽管工作成果颇丰，但很多地方还是略显粗糙，还有大量事情可以做得更好。

高举旗帜 坚定信心 加快建设
中国特色世界一流大学
——在 2017 年秋季学期干部大会上的报告

（2017 年 9 月 13 日）

在今年的暑假务虚会上，学校领导班子总结了学校过去三十年的经验与不足，认真研究学校未来三十年的发展愿景和关键问题，进一步明确了当前需要全力推进落实的重点工作。下面，我将在务虚会研讨的基础上，重点从以下三个方面展开今天的报告。

一、新形势下的工作思路分析

过去三十年，在历届老领导们的带领下，不同时期的交大人一步一个脚印地勇毅前行，在接续奋斗中实现了持续快速发展。从改革开放初期至 1996 年，交大人秉持敢为人先、与日俱进的优良传统，在改革开放进程中勇立潮头，率先接收境外贤达捐赠、率先组团出访学习调研、率先启动新校区建设，并提出了建设世界一流大学的宏远目标和"三步走"战略，以拼搏争先的精神状态，全面开启了快速发展进程。从 1996 年至 2006 年，学校牢牢把握一系列重大历史机遇，成为"985 工程""211 工程"的首批建设高校，完成上海农学院的并入工作，在上海市与教育部的共同支持下，与第二医科大学实现强强联合，全面深化学校办学格局与办学布局的转型升级，奠定了建设研究型大学的坚实基础。

从 2006 年至今，学校紧紧围绕"综合性、研究型、国际化"九字方针，全面扎实推进人才强校等一系列重大战略，各项办学指标实现了大幅增长，师资队伍水平得到全面提高，国内外学术声誉和社会影响得到大幅提升，服务国家战略需求的意识显著增强。回顾交大自改革开放以来的发展历程可以发现，学校过去三十年的持续快速发展，得益于和谐团结的领导集体，得益于科学完善的决策程序，得益于规范有序的管理体系，得益于高效有力的执行体系。回顾过去三十年的发展，我们可以自豪地说，上海交通大学是中国高等教育改革开放的马前卒、创新发展的探路者，交大的发展也始终与国家的发展同向同行。

回顾过去是为了更好地展望未来，未来的三十年，将是学校力争实现"三步走"战略目标的关键历史阶段。过去三十年的快速发展让我们有充分的底气相信，只要保持现有的发展态势，并在若干方面进一步取得突破，交大在 2020 年就能在全球权威大学排名中均稳步进入世界百强，如期实现"跻身世界一流大学行列"的里程碑目标。但围绕第二步"2035 年进入世界一流大学前列"的目标，学校将进入冲击世界 50 强的新阶段，这将是一个"百舸争流、不进则退"的过程，不能简单利用发展惯性实现，而是需要认真谋划做好布局，针对时代发展带来的新任务、新需求、新目标，调整工作机制，尤其要更加重视内涵与质量建设。为了如期实现"2050 年建成顶尖世界一流大学"的历史性奋斗目标，我们必须超前布局，实现学科引领、发展行业、服务国家、贡献人类的目标。

探索中国特色世界一流大学的交大道路，我们要坚持立德树人，把为国家输送具有中国情怀与全球视野的领军人才作为发展愿景；要整合力量承担国家重大工程，把为创新型国家建设作出世界级贡献作为发展愿景；要联合攻关人类健康与重大疾病问题，把为人类文明进步贡献更多福祉作为发展愿景；要提升咨政启民的能力，把为促进中华文化传播和完善中国社会治理贡献交大智慧作为发展愿景。围绕这些发展愿景,我们要解放思想、坚定自信、从容不迫、改革创新,并对当前的办学思路形成更加广泛的共识:在办学方向上,要始终扎根中国大地办大学,坚持立德树人、落实"四个服务";在指导思想上,要把立德树人、教书育人作为根本任务,把服务国家、造福人类作为价值追求,把内涵发展、提高质量作为工作主线,把依法治校、制度激励作为根本保障;在实现路径上,要进一步挖掘潜在优势,提升质量内涵,超前谋划引领未来的发展模式。

在当前的具体工作中,无论是工作的谋划还是落实,我们都必须要处理好以下九对关系:一是规模发展与内涵建设的关系,随着办学空间、师生人数等规模要素逐渐增长,标志着学校将进入发展深水区,要尽快挖掘新的增长动力源。二是数量增长与质量提升的关系,不同学科要从实际出发,清晰认识自身当前所处的发展阶段,以实事求是的严谨精神,找准数量增长与质量提升的侧重点。三是改革创新与稳定发展的关系,既要不断发现当前需要破除的瓶颈问题,积极改革创新,也要及时把好经验好做法转化为长效机制,增强发展的稳定性。四是学校治理与学院办学的关系,在实践中不断深化对"院为实体"的理解与认识,学校的总体统筹与学院的自身活力都要充分发挥,既要避免"一抓就死",也要避免"一放就乱"。五是教学工作与科研工作的关系,既要正视当前存在的"重科研、轻教学"实际现状,更要通过不断完善考核机制与评价导向,使教学工作与科研工作形成"相互促进、相辅相成"的良性循环。六是人才引进与培育使用的关系,努力打造"'进'者悦而尽才、'远'者望风而慕"的人才高地。七是长聘教职与常规体系的关系,进一步完善梳理学校"多元评价"体系,为广大教师搭建"同台竞技、公平合理、尽展其才"的事业舞台。八是优质服务与制度管理的关系,切实提升学校整体服务管理水平。九是国际评价与国内认可的关系，认真分析不同类型、不同角度、不同导向评价对学校发展现状的问诊把脉，实现"以评促建"。

二、工作开展情况与推进部署

2017年上半年，全校师生医务员工在学校党委的领导下协力同心、奋力拼搏，有力推动了各项工作的全面开展，具体包括以下几个方面。

第一，全面加强党的领导和建设，全面从严治党，强化"立德树人，教书育人"鲜明导向。学校办学治校思想和举措更加明确，召开全校"立德树人、教书育人"部署推进会，凝聚共识、系统部署；成立党委教师工作委员会和党委教师工作部，统筹加强教师思想政治工作；利用毕业、开学、校庆三大典礼活动强化价值引领，坚定师生"四个自信"。提高政治站位，把接受巡视抓好整改作为首要政治任务，全校各级单位在学校党委领导下，坚持问题导向，从严从紧落实巡视整改工作。加强基层党建，持续推进"两学一做"学习教育活动，强化基层党组织规范化建设。

第二，系统谋划"双一流"建设方案。学校被正式确定为"双一流"整体建设高校，要围绕国家"双一流"建设总体要求，坚持"中国特色、世界一流"，坚持"学科带动、整体提升"，坚持"深化改革、激发活力"。集聚全校智慧，谋划布局学科群，以优势学科为主干，以特色学科、新兴学科、需求学科为支撑，以学科群模式促进学科交叉融合，健全学科生态体系，覆盖全校在建学科，带动学校整体发展。高质量完成"双一流"整体建设方案和学科建设方案编制，全面推进"双一流"建设。

第三，深化人才强校主战略。坚持"多元评价、多维发展"，落实《上海交通大学关于深入推进人才强校主战略的实施意见》，完善各类人才办法、实施意见和发展路径，稳步推进长聘体系建设，充分尊重不同学科特点和发展阶段,制定科学合理的学术要件指标和并轨规则,逐步形成"同台竞技、同轨运行"的氛围。

第四,积极推进各项事业发展。人才培养质量进一步提高,生源质量稳步提升,本科招生在 18 个省份录取线高居全国高校前三,创历史最好成绩;本科教学与研究生培养改革深入推进,启动博士生教育的"致远荣誉计划",完善校院两级本科教学质量控制体系,改革博士生招考方式,完善本科直博、硕博连读和申请考核制;不断丰富学生第二课堂学习活动内涵,积极备战第十五届"挑战杯",加快推进学生创新中心建设,为引导更多本科生参加课外科创实践搭建高质量平台;丰富大学生校园文化活动,持续打造网络文化工作品牌。学科与科技创新能力不断强化,国家自然科学基金获批项目数、经费数继续位列全国第一,成为全国首家获资助项目突破千项的高校,国家重点研发计划立项数达到既定目标,国家社会科学基金重点项目位列上海市第二;区域光纤通信网络与新型光通信系统国家重点实验室通过评估,上海市内分泌肿瘤重点实验室、上海市口腔医学重点实验室、上海市糖尿病重点实验室评估获得优秀;转化医学国家重大科技基础设施(上海)建设按计划推进,闵行大楼主体结构建设初步完工,瑞金大楼建设全面展开;智库咨政启民影响力不断提升,陈宪教授受邀参加李克强总理主持的国务院经济形势座谈会并做主题发言,徐剑教授在上海市政府常务会议上做专题报告,极地与深海发展战略研究中心正式成为国际海底管理局观察员,实现了我国"零"的突破;校地校企合作更加深入广泛,在国家重点发展领域确立 20 个重点合作单位,开展"项目—基地—人才"三位一体产学研协同创新,分别在四川成都、安徽淮北、山东烟台、江苏苏州成立地方研究院。国际交流与合作全面开展,与 3 所世界一流大学签署联授博士项目,与爱丁堡大学、伦敦大学学院等英国一流高校合作成立中英国际低碳学院,与俄罗斯莫斯科航空学院达成两国学生共同参与的双学士学位培养协议。管理与服务质量进一步提升,统筹推动六大板块 50 条 98 项综合改革任务,"院为实体"改革入选教育部教育综合改革典型案例,"分类发展"改革入选上海市教育综合改革典型案例;各项校园基建项目按计划有序推进;学校年度预算收支执行情况良好,综合预算改革全面开展,财务管理放管服政策深入落实;校友与筹资工作如火如荼,新增西雅图、多伦多、硅谷等地区校友会,新签约千万元以上捐赠 6 项。

三、秋季学期需重点落实的工作

本学期,各单位要继续扎实推进各项既定常规工作和改革任务。下面我就四项重点工作的推进思路和要求做简要介绍。

第一项重点工作,是落实"价值引领"的工作体系。

学校"价值引领,知识探究,能力建设,人格养成"四位一体人才培养理念的核心是"价值引领",构建落实价值引领的工作体系,需要各个层面凝聚共识、协力推进。

在学校层面,要注重顶层设计、加强导向。形成环环相扣、连接紧密的工作体系。落实以学生为中心,为学生服务的文化,提高学生的满意度。将"立德树人、教书育人"的要求细化到教师工作规范,修订完善长聘体系与荣誉体系评聘、专业技术职务聘任、职级晋升条例。进一步明确高层次人才参与教育教学的要求,把学生培养作为第一职责,推出一批当代教学名师。完善学校相关考核制度,在二级单位年度考核中,加大"立德树人、教书育人"工作成效的比重。

在院系层面,要注重落实要求、落实责任。各院系要根据学校导向,结合自身情况,修订完善职称聘任要求和操作办法。在教师年度考核中,细化"立德树人、教书育人"的具体要求。构建"新生入学—在读期间—毕业阶段"价值引领工作链,院长书记给新生主讲一次专业教育课,倡导高层次人才担任辅导员和班主任,并发挥引领作用。加强对本院系优秀教师典型的挖掘、宣传,发挥典型引领作用。

在职能部门层面,要注重明确责任、协同推进。教务部门要完善教育教学质量评价体系,改进学生评教制度,科学准确地反映教学质量。后勤服务保障部门要参与教学楼文化、食堂文化、宿舍文化的打造,建设与世界一流大学人才培养相适应的硬件配套设施——环境育人。校友工作部门要加强与毕业校友的联系,建立优秀毕业学长指导在校学生的联动机制。各部门对学生培养都负有重要责任,进一步营造"以学生为中心"的文化氛围,提高职能部门服务师生的质量,形成合力育人局面。

在教师层面,要注重明确要求、人人有责。研究生导师不仅要追求一流的学术声誉,更要追求一流的人才培养声誉,以培养比自己更优秀的学生为使命。任课教师要把三尺讲台作为学生培养的神圣岗位、不仅注重专业指导,更要注重言传身教。思政教师和辅导员既要贴近学生,也要贴近专业,提高自身专业素养,加强与专业教师的联动。

在学生层面,要注重全面覆盖、全程贯穿。要鼓励本科生树立远大抱负,提高知识增值,充实学术追求。要着重培养硕士研究生的学术研究能力,鼓励进一步深造。要引导博士研究生树立远大的科学志向,塑造坚韧的科学探究精神。要强化硕博连读生"不能当逃兵"的意识。要激发高年级学生作为"学长"的荣誉感与责任意识,发挥正向的朋辈引导作用,相互激励、共同成长。

在落实"价值引领"的工作体系的过程中,既要正视我们当前存在的差距,以今年进入中国科学院院士候选人名单为例,其中没有一位我校的本科毕业生,同时,更要认清这项工作是一项"功成'必不'在我"的长期事业,虽然人才培养成效要二十年后才见分晓,但今天的我们必须要从现在做起，努力提高学生的志向，努力提高学生的学术追求，努力提高学生获取博士学位的比例。

第二项重点工作，是改革科研导向，提升科研格局。

关于学校未来的科研布局，我想从学校和学院两个层面展开。在学校层面，要着力向以下四个方向布局：一是能在未来担当学校及全球的影响力、成为全球最顶尖的优势学科集群，建议先主攻"大海洋"和"大健康"两个方向；二是有潜力冲击世界顶尖学科方向，目标先定位全球前十，再逐步前移，在学科方向数量上按照实际建设情况择优培育，宁缺毋滥，数量逐渐增加；三是服务国家重大战略的重点领域，例如航空发动机、重型燃气轮机等；四是前沿的交叉学科研究，例如人工智能，无人操控，脑科学与类脑研究等。在学院层面，各学院要明确重点科研方向：一是要明确当前重点，这是当前经费和成果的重要产出来源；二是要有针对性地培育未来优势方向，为五年以后的成果产出打下基础；三是要有前瞻性地布局未来，为十年以后的成果产出埋下种子。

我们要正视当前学校科研中的一些偏差。比如学校的科研完全以项目为引导，更多的精力投入在全方位积极参与"命题作文"的竞争，缺少自主选题机制，因此很难有重大原创性的研究方向和课题。再比如教授往往跟着经费走，承接科研项目数太多，研究点过于分散，难以集中力量积累出大成果；教师过于辛苦，较少能够从长计议，缺乏成为一流学者的追求。针对这些问题，学校科研工作改革的目标应该包括：一是不鼓励教师过多地追求科研经费，鼓励教师要有稳定的研究方向；二是每位教师要有鲜明的特色研究内容，做出标志性的工作；三是工科教师要有稳定的应用对象，成为行业关键技术的提供者；四是不鼓励承接小的横向项目，对教师承担项目的数量给予限定。

此外，推进以问题为导向的创新体系研究，要以国家需要为导向，超前布局、主动策划，不断提升学校以问题为导向的创新能力，例如我国海洋工程的关键设备 60% 以上需要进口,学校要与行业主流企业共同努力,制定未来五年和十年降低设备进口率的路线图和措施,向国家建议立项,引导产业发展;自动化控制学科能否组织科研团队围绕海洋平台的控制系统开展专题研究,改变我国海洋工程装备制造业出力大、获利低的局面,把我校自动化控制学科多年的理论研究成果引向工程应用;重型火箭的研制和批量生产能力是国家的重大示范工程,学校要与航天集团合作,围绕工艺布局,关键设备等制定规划和实施方案,提出重大项目的思路,促进国家早日立项。

第三项重点工作,是争取若干办学关键指标的突破。

一是争取顶级期刊论文发表常态化。在过去五年里,我校 *Nature*、*Science*、*Cell* 三大期刊论文发表数仅为 3 篇,远落后于其他对标的兄弟高校。今年,我校三大期刊论文发表情况有了较大进步,以我校为第一单位的文章已有 3 篇,还有 1 篇作为共同通讯作者的 *Science* 论文。我们要更加有组织地引导和鼓励教师积极开展原创性前沿研究,鼓励教师要有做出一流基础研究工作的勇气。同时,也要为教师完成顶级期刊论文发表做好有组织的服务工作。今年上半年,学校举办了一次辅导交流班,30 位具备基础并有意向给三大顶级期刊投稿的教师参加,下半年将继续开办辅导交流班,并不断提升辅导交流的频次与实效。

二是提高我校高被引科学家数量。根据 2017 年基本科学指标数据库(ESI)报告,我校高被引科学家仅 3 名,在国内排在并列第 13 名,明显落后于学校在国内的实际办学地位。通过进一步地分析发现,我校优势学科缺少高被引科学家,拥有 10 篇及以上高被引论文的教授很少。高水平教授不重视论文发表的现象,反映了我校论文发表的碎片化,没有重视在主流期刊发表论文,通过更进一步的分析研究还可以发现,我校的科学前沿研究也存在一定的偏差。在我校发表 SCI 论文总数和高水平论文总数均位居全国第一的背景下,高被引论文数量的缺少，反映了学校科研导向的结构性缺陷及隐患，需要及时调整学校发表论文的政策和导向，针对目前由学院自行制定的 A、B 档论文文件，还需要加强更有针对性的引导。

三是争取国家科学技术三大奖一等奖的突破。自 1990 年至今，我校已经有 27 年没有以第一完成单位获得国家科学技术奖一等奖，严重地影响了我校的国内学术声誉和校内士气，亟须全校上下共同努力，争取早日突破。获得国家科学技术奖一等奖实际上反映了科研工作与行业结合的紧密程度和科技水平，也反映了管理部门的组织能力和规划能力。近五年来，各兄弟高校在该奖项上都有突破与进步，这对我们而言，既是压力也是动力。

第四项重点工作，是抢抓机遇对接上海科创中心建设。

对接和服务上海建设具有全球影响力的科创中心，既是交大作为上海"城市名片"应主动担当的使命，也是学校为建成卓越的世界一流大学做长远布局的重大机遇。目前，在具体任务上，要加快推进李政道研究所、张江科学园和医学院浦东校区建设。

李政道研究所是落实习近平总书记批示的重要建设任务。2014 年底，李政道先生向习近平总书记建议在上海建立开展前沿科学研究的研究所，并得到了总书记批示，后在（时任）国务院副总理刘延东的重视与关心下，启动推进。2016 年 11 月，李政道研究所正式成立，先期要开展粒子物理、天体物理、量子物理三个方向的研究，李政道研究所首任所长、2004 年诺贝尔物理学奖获得者弗朗克·维尔切克已到校开展工作。在教育部、科学技术部和上海市的共同指导与推进下，已初步确定在张江科学城建设李政道研究所，并作为上海科创中心的重要内容，争取在今年开工建设。

张江科学园是响应上海市委、市政府号召的学校重点建设项目。张江科学园建设，将配合张江科学城规划，同时发挥上海光源、蛋白质中心等作用,优化调整现有布局,建设独立、完整的园区,规划总建筑面积为 10 万平方米,争取年内开工。根据当前规划,张江科学园将先由三个科学中心和两个创新平台构成,侧重于匹配张江科学城的产业布局。

医学院浦东校区是深化"部市共建",推动交大医学院创建世界一流医学院的重要战略布局。医学院浦东校区建设将以世界一流医学院为参照标准进行高水平、高规格建设,目前建设规划地块位于上海国际医学园区西南角,争取年内立项。

在即将如期实现"2020 年跻身世界一流大学行列"里程碑目标的冲刺阶段和即将开启"2035 年进入世界一流大学前列"新征程的蓄势阶段,我们要更加追求"自信、宽容、和谐、精致"。自信,就是既要坚持既定的战略目标,咬定青山不放松,也要坚持适合自己的道路,任尔东南西北风。宽容,就是既要以海纳百川的胸怀,开创百花齐放的繁荣局面,也要以虚怀若谷的心态,倡导知难而进的挑战精神。和谐,就是既要建立协同发展的工作体系,也要营造和谐包容的工作氛围,事成于和睦。精致,就是要不断挑战永无止境的学术前沿,永远追求精益求精的校园环境。

在 2017 年下半年,我们要以昂扬向上的精神状态迎接党的十九大胜利召开,以深入学习贯彻党的十九大精神为统领,推动学校各项事业的新发展、新进步;要不断加强党的领导和建设,落实全面从严治党要求,把"立德树人,教书育人"推向纵深,向改革发展目标聚焦发力,用勤奋踏实的工作谋求突破。我相信在全校师生医务员工的共同努力下,我们一定能凝心聚力、再创佳绩!

以评促建　提升学科建设水平
——在第四轮学科评估总结大会上的讲话

（2017 年 12 月 29 日）

第四轮学科评估的结果基本上真实反映了我校当前学科建设水平，我校学科建设的总体趋势是向上健康发展的，近年来取得的成绩有目共睹，主要表现在：综合性大学名副其实，四大板块发展更加均衡。工科、生命医学、管理学科的主干地位进一步巩固，理科快速崛起，人文社科势头良好。

学科评估也反映出我校学科建设还有很大的提升空间。主要存在的问题有：冲击顶尖学科的储备学科数不足，传统优势工科提升乏力，生农医药、人文社科均呈现两极分化现象，部分学科的发展与交大整体地位不相匹配。

同时，我们也不能被各种评估所左右，而要做到正确认识。学科评估的目的是以评促建，学科建设仍然任重而道远。我校应进一步深化改革，查找当前学科建设中所存在的深层次短板，促进学科内部的调整、整合和优化，提升学科建设水平。具体而言，要对下一阶段学科建设的工作进行分类推进，主要包括以下三个方面。

1. A+计划

挖掘有提升潜力的学科，强化资源投入，切实加强学科建设，促使更多的学科进入 A+行列，这是今后两年工作的重中之重。信息与通信工程、控制科学与工程、计算机科学与技术均已获得国家科学技术三大奖,发展势头良好。按照参评学科数还会继续增加的趋势看,在下一轮学科评估中计算机科学与技术有 5 个 A+名额的可能性很大,我校软件工程、网络空间安全两个学科还可以做支撑,应重点把计算机科学与技术列入 A+建设学科。医学院内部应调整资源配置,对口腔医学进行政策、资源支持,口腔医学从 B+到 A+的跨越发展还是有可能的。当然,这 5 个学科还需在服务行业发展方面作出更大的贡献。已经进入 A+行列的学科应该发挥带头作用,为学校学科建设做好示范。

2. A 计划

鼓励更多的学科进入 A 档,提升优秀学科率,是提升大学整体水平的关键。生态学的发展势头渐起,土木工程、化学工程与技术是“双一流”建设学科,都有一定的基础。按照参评学科数还会继续增加的趋势看,在下一轮学科评估中护理学有 6 个 A 类名额的可能性很大。设计学发展趋势见好,需尽快帮助其设立一级学科博士点。这些学科应找准存在的关键问题,突破学科管理中的弊病,学习同类学科建设管理的先进理念和措施,强化责任,集中优势补短板。

3. B 计划

遏制住 B-学科继续退步的趋势。一方面,要逐步解决食品科学与工程、中国语言文学、风景园林学一级学科博士点授权问题。医学院应该调整内部资源配置,对公共卫生与预防医学学科建设进行适当支持。另一方面,要逐步消除 C 类学科,要与 C 类学科进行一一“对话”,部分学科明确以进入 B 类为建设目标,再给予两年的建设期,下一次学科评估进不了 B 类的学科予以限期整改,建立学科问责机制,停招研究生一年,部分学科撤销或停建;建议调整撤销部分建设成效不大的学位点,进一步优化学科生态体系。对未参评的学科开展学位中心自评估工作,根据学科发展状况及对相关学科的支持情况进行分类建设,希望下轮评估时我校所有学科能够全部参评。

明确重点持续攻坚　凝心聚力再谱新篇
——在理科和生命科学相关院系专题调研中的讲话

（2018 年 1 月）

2018 年 1 月,围绕理科和生命科学相关学院与学科建设发展的问题,林忠钦同志带队开展了一系列调研,本文为在部分学院调研座谈会上的讲话。

（一）物理与天文学院

物理与天文学院在过去一年里各方面都有很大进步,有些方面进步很显著,所取得的成绩可以用三句话来概括。

一是学科评估结果总体令人满意。当前,新的学科评估分类方法对我们学校来说是有利的。接下来一个阶段,我校的物理学科将迎来稳步发展期,期待在未来能进入新的爆发期。对于物理学科未来的引爆点,我认为还是在人才,通过近几年的引进与培养,物理与天文学院已经是人才济济。但是,相对人才聚集,成果的产出还没有爆发出来,如果我们人才的成果产出爆发了,物理学科新的一轮爆发期就来了。院长和书记要提前规划,如何引导成果产出爆发。

二是学院的文化更加和谐。物理系曾经有很和谐的学院文化,景益鹏院士做院长后,也为这种和谐的文化氛围作出了巨大的贡献。

三是在科研产出上也有些让人提气的成果。比如王宇杰的论文,对物理与天文学院是很提气的。

　　总体来说,学校对物理与天文学院过去一年的工作,给予高度肯定,但同时也要给些压力,因为在你们有进步的同时,化学化工学院和数学科学学院的进步速度也很快。下面,对于今后物理与天文学院的发展,我提几点要求。

　　一是关于人才培养。对于学校的人才培养工作,物理与天文学院起到了很大的作用,也有很大的责任。对于学生而言,进入大学后是否能很好地去系统学习物理,关乎他们整个学术道路的成长,你们教得好不好,对学校理工科学生的作用尤其重大。而对于学院自己的学生来说,他们愿不愿意继续从事物理研究,也取决于你们的教学,如果绝大多数学生不喜欢物理,不热爱物理,那就是教学的失败。这点对研究生来说更重要,将决定他们是否会持续走学术道路。

　　二是关于理科大楼。能拥有这样一个空间,我想你们之前都很难想象,但现在的空间分配机制,我觉得未必合理,对你们来说也是个考验。我建议,现在分配的很多中心和实验室,凡是未来计划要归入张江高等研究院和李政道研究所的,一旦那边的办公楼建成,就都要搬过去,群楼里只能留办公空间,不能再有实验室。李政道研究所将有5万平方米的空间都是与物理相关的;张江高等研究院有10万平方米的空间,许多实验室也都与物理相关。我认为这个建议是可行的,需要去研究如何具体推进与落实,不然闵行校区的空间永远不够用,而且现在从闵行到张江的距离也可以接受了,40分钟就能到。关于理科大楼如何协同使用好是个大问题,学院班子要好好研究。

　　三是关于科研产出。我希望2018年物理与天文学院的国家奖要有所突破,2019年起要每年都有,从我到学校工作后这么多年,物理与天文学院从没有拿过国家奖。现在,学校每年拿省部级一等奖30个以上,每年拿国家奖四五个,如果拿不到,对未来发展是有影响的。冲击国家奖,不仅是实力的问题,还是文化、勇气和魄力的问题。

四是关于年轻人的成长问题。目前来说，学院在杰青、特聘教授方面还不错，但要更加重视青年人才的培养，要有后继无人的忧患意识。

（二）数学科学学院

针对数学科学学院的发展，我讲几个问题。

一是正确认识学科评估。数学科学学院在 2017 年所取得的成绩可圈可点，虽然经过曲折和困难，但学院学科进入"双一流"建设学科和学科评估取得 A 的结果，都是振奋人心的好事。这次数理化都取得了不错的成绩，下次希望数学学科能更上一层楼。同时，也要建设好统计学科，我觉得两个学科的打法不一样，数学学科在励建书老师的引领下比较国际化。建设统计学学科要统筹好学校的资源，学校里与统计学相关的资源很多，比如金融、信息，包括机械与动力工程学院做的质量研究院。关键是要有人积极去做谋划和推动，具体方案要由你们提出来，平时也要有交流，不然做不起来。

二是搞好数学科学学院的教学。全校的数学教学非常重要，在我看来，理工科学生后面的学术做得好不好，与数学学得好不好直接相关，现在我们这些高层次人才，当年都是数学学得好的，数学基础对他们从事学术道路非常重要。如果我们的数学和物理教得好了，我们人才培养的成才率就会大大提高。

三是如何进入理科大楼。这件事情赵震同志要把工作做充分，做好，很多事情要想在前面，做在前面，争取早点进去。

（三）化学化工学院

首先，谈谈化学化工学院过去一年的成绩。化学化工学院在过去一年里获得的成就令人振奋和高兴，可以说是"前所未有"。从前化学化工学院的相关学科相比学校其他学科而言是弱势学科，但本次学科评估中有个 A- 了，化学和化工两个学科都进了"双一流"建设学科，令人非常兴奋。

在论文发表方面,化学化工学院表现一直都很亮眼,无论是数量还是质量都不错。无论人均,还是总数,抑或卓越、优秀论文数量都不错,唯一还缺少顶级期刊论文。

在队伍建设上,这两年化学化工学院处在上升的势头,无论是人才计划,还是人才引进,都在上升期,包括在引进院士方面也有所斩获。

在教学方面,学校这些年很重视本科教学,抓科研和抓教学都是不容易的事,但相比较而言,抓科研两三年就能见效,而抓教学要二十年才见效,在这方面,我觉得化学化工学院在全校范围内算做得好的。你们已经开始想这个问题了,在理科学院里已经走在前面了。

其次,谈谈希望学院近期需要努力解决的问题。

第一个问题,国家奖。目前来讲,对化学化工学院最重要的,是获得国家奖。其实,学院有很多成果,但冲击奖项的信心还不够,今年马紫峰、崔勇等同志申报了,希望能有好的结果。

第二个问题,高水平论文。学院对 *Nature*、*Science* 论文发表数量要有个年度目标,现在看是有可能的,而且学校最早的高水平论文也是从你们这里出来的,但再后来就没有了。现在材料科学与工程学院、物理与天文学院、电子信息与电气工程学院都陆续有了,你们没有,这个要好好总结。另外,关于高被引科学家很少这一问题,宏观看,你们论文不少,高水平科学家也不少,这方面你们要做些分析。

第三个问题,大楼的搬迁。大楼的搬迁要有新思路,我要求物理与天文学院必须 5 月份开始,暑假完成搬迁工作。但化学化工学院也要形成新思路,要有新格局;包括数学楼的使用,对怎么用好要进行思考,简单来说,过去学校因为经费紧张,通过让企业使用校内场地的方式,获得了一些资助,但今天我们不再陷入经费紧张的窘境,只要需要,装修费用都是学校出的,学院发展学校都会支持,但是在经费使用上要有新格局、新思路,特别是一定要自己来使用。在空间的问题上,大家都要向机械与动力工程学院学习,学校的空间不够用,就要向社会去争取,而不是把企业拉到学校里来,对于新楼的使用问题,我要听一听你们的方案。

再次,谈谈化学化工学院长远发展的目标。

一是要有好的学院文化。学院过去基础不错,凝心聚力,但一度也有些波折,这个你们都比我体会深刻,总的来讲,希望学院党政班子要带领全体师生一起往前走。

二是关于学科发展的目标,最近研究生院和规划处都在制定各学科的发展目标。我对化学化工学院 2020 年的要求是,两个学科要各进一步,在下轮学科评估中拿到 A。

三是关于学术方向。我们一方面要讲数量,另一方面还要讲有潜力的学术方向,这是长远的规划,决定能走多远的。国内有一位同行专家对你们的评论是,你们的实际水平高于同行对你们的印象。这有两个意思,一是发展太快导致别人没反应过来,二是宣传还不够。所以,你们要树立自己的品牌方向。

最后,谈一些更加宏观的。

我讲两个方面的攻坚战。一是博士生的名额配置,机械与动力工程学院是每人交 5 万元,然后定哪些情况可以免去,不然都要支付。这是一个要破解的难题,学院需要研究出一套准则。二是人才培养,我们今天讲学科评估的成绩也好,讲国家奖也好,都是一时一地的事,真正的人才培养是长远的工作。我们学校最值得骄傲的,是数学培养了吴文俊,化学培养了徐光宪,机械培养了钱学森,这才是我们的骄傲,所以未来要大力培养学生的行业情怀。

（四）生命科学技术学院

刚才,大家给生命科学技术学院很多掌声,表扬多了,压力也大。从我的角度来讲,学院有这几个方面的问题。

一是生命科学技术学院这些年的国家奖申报的积极性不高,在邓子新院士之后一直没有突破。我觉得不是实力的问题,而是心理压力有些大,就像当年机械与动力工程学院一样,一开始都以为只有学科带头人才能冲击重点基金,而现在生命科学技术学院在冲击国家奖上,也存在类似问题,连张大兵同志都没有信心,以后大家要更加自信。

二是在优青、杰青入选上,过去生命科学技术学院表现非常优异,但今年入选人数少了,以后要努力恢复。

三是论文发表数量上有下降趋势,要保持关注,院领导可能在政策导向上需要认真研究。

四是学院的学科建设不容易,基本科学指标数据库(ESI)的好几个学科评价优异都有你们的贡献,但其中一些规律性的东西值得研究,不能仅仅停留在前1%,要继续研究该如何再往前进一步。

接下来,再提几方面的要求。

一是希望邓子新院士作为"双一流"学科群的群主,抓好学科群建设,你们是学科建设的高原,甚至是高峰了,眼睛不能只看生命科学,还要顾着农学。

二是研究如何和 Bio-X 研究院协调好,共同发力。

三是关于与中国科学院上海板块的合作,包括名额的问题,你们要主动谋划推进,共同促进发展。

最后,提几点建议。

一是学科评估要冲双 A+,就要研究相关学校学科板块的建设情况,做好资源重构,这个希望学校规划发展处配合一起做好研究。

二是不仅仅关注冲 A+或 A,这些都是阶段性的,更长远来说,要研究好近期发展和长远发展的关系。最近,我们花大力气在张江,但这个布局在最近的学科评估上肯定用不上,这是为未来布局的。我们现在花大力气在张江高等研究院和李政道研究所,都不是为 2020 年,而是为学校今后的发展，为学校进入前 50 名、前 30 名进行布局的。当然，每个学科有不同的情况，有的学科还在考虑如何生存，但生命科学一定要考虑长远的发展，考虑对学科群建设有什么引领作用，对世界发展有什么作用，因为你们具备这样的条件和基础。

三是你们一直讲博士生名额不够，我建议你们要研究博士生培养的机制，过去我们一直认为博士生是为了完成项目而需要的，但这是阶段性的特征，我们博士生的培养也经历了一个变化的历程，从 20 世纪 90 年代初的没有积极性，到 90 年代后期"211 工程"建设开始奋起直追。在博士生的培养上，要回归本源，学科建设最终的目标是培养出杰出的人才。

（五）农业与生物学院

农业与生物学院这一年陷入了困境，可以说处处是困境，比如"双一流"也是合并在其他学院建，学科评估也成为学校的洼地，没有 A 类学科，还有 C-，申报博士点也没通过，我们努力推也推不上。我们看到这里面都是瓶颈和困难，最主要的是引进人才的困难。学校方面是给的人员费偏低，无法提供住房保障；学科方面是整体水平较弱，不能吸引人，这些使得学院发展难上加难。此外，农业与生物学院发展还有一个特殊的困难，就是农学不是上海的重点发展学科，大家会对上海发展农学有疑问。其实，大家都是奋斗出来的，曾经交大的机械学科也是非常弱的，在 1997 年的时候，我做副院长，教育部开始搞一级学科博士点的评审，我们排到第 8 名，后来一步一步往前进，2002 年到第 5 名，后面再一点点上来。几年前，马书记让我讲当院长的经验，我讲的就是筛子理论，把各种因素筛一下，其中重要的给以支持，不重要的不给支持，那么学科建设也就简单了。

对农业与生物学院的未来，我提三点建议。

一是在学院工作方略上，要做到几个好：弄好资源、想好对策、找好方向、借好外力。在这里,我重点讲借好外力。由于学院不大,更要思考怎么用巧力。在社会上,大家都觉得交大什么学科都好,关键是这种名声在外的优势弄得不好,力借不上,反而被削弱,这个要智慧地去面对。过去几年中,你们借的外力不多,被削弱的反而不少,一个学科这样的话肯定不行。发展肯定要借外部力量,而不能被东挖西挖。找好方向,不能别人做什么,你就跟着做什么,要树立方向,学院在发展方略上要好好琢磨。

二是关于学院的建设目标。农业与生物学院在 2020 年学科评估中有两个目标:一是一定要有 A 类学科,二是一定要消除 C 类学科。对于学校来说,肯定是大量资源投给争 A+学科,至少是 B 类冲击 A 类。学校的发展肯定是好的争取更好,差的要调整。

三是关于人才培养。现在很多学院提出本科生、博士生名额不够,但是要用好这些名额也需要智慧。比如航空航天学院也要本科生名额,我说不能简单地要求增加,应该要把本科生当硕士生培养,把硕士生当博士生培养,恰当的师生比,一对一地关心,才能把学生培养好。我们的本科生那么优秀,如果真能做到这样,转出学院的就会很少。学院在这方面只能更加用心,付出更多。比如,机械与动力工程学院抱怨学生都愿意去电子信息与电气工程学院,我说,那你们要更加用心和努力,改变这一现状。对农业与生物学院而言,就需要比机械与动力工程学院更加努力了。

我就讲上面这些方面,你们假期务虚会要好好研究,要拿出具体措施来,不能简简单单张口要学校支持,不能因为你们弱就支持,而是要让学校看到一支欣欣向荣,努力向上的队伍,学校才会考虑一些特殊情况。今天批评和压力比较多,希望你们把这些化为动力,下次学科评估农业与生物学院一定要取得好成绩。

聚焦关键再发力　深化改革再出发
——在 2019 年校领导班子寒假务虚会上的报告

（2019 年 1 月 24 日）

在过去一年中,学校取得了不错的发展成就。在本学期即将结束之际,我们对照学校发展规划召开务虚会,为更好开启明年的工作和未来的发展商讨良策。在发展的道路上,我们要看看自己走过的路,再想想还要走的路;要看看别人走过的路,再看看别人正在走的路;最后,期待我们自己的路能够走得更快更好。聚焦关键再发力,深化改革再出发,在发展的道路上我们要做的事很多,必须找到关键点,其中有很多不能仅仅依靠当前的固有思路,必须持续推进深化改革。

一、发展现状与外部比较

（一）发展现状

我从学校国际排名的变化情况和"十三五"规划任务的推进情况两个角度对学校当前的发展现状进行分析。

首先,是近年来我校在四大世界大学排名的变化趋势。在 QS 世界大学排名中,我校自 2015 年起稳中有进,保持在国内第 4 名;在泰晤士高等教育世界大学(THE)排名中,我校在 2016 年和 2017 年有较大提升,2018 年进步减缓;在 ARWU 排名中,我校 2018 年进步明显,并继续保持上升势头;在 U.S. News 世界大学排名中,我校在 2018 年略有进步,回到国内第 4 名的位置,但国际名次比 2015 年和 2016 年退步了 10 名左右。

其次,是"十三五"规划任务推进情况。我校"十三五"规划涵盖了人才强校、协同发展、国际化、文化引领四大发展战略,以及学在交大、多维发展、融合创新、制度激励四大发展策略,共计 48 项工作,包括八大建设重点的 33 项工作和四个保障举措的 15 项工作,目前 45 项工作已经落实或正在实施,强化交叉学科推进政策、完善学术创新组织体系、改进学术创新激励机制 3 项工作进展相对较为缓慢。在关键指标方面,"十三五"规划目标共计 38 项指标,目前有 74% 的指标进展符合规划预期,具体情况如下:在一流学科、一流师资指标方面,总体完成情况较好,基本科学指标数据库(ESI)前百分之一、前千分之一、前万分之一学科数和高被引科学家人次四项指标已提前完成 2020 年的目标,涉及一级学科评估的两项指标和海外博士师资比例指标目前仍面临挑战。在一流教学指标方面,国家级教学成果奖、国际认证的专业/学科数两项指标提前达到目标,来自世界 200 强高校的留学生、研究生比例等两项指标完成情况符合预期,新增国家级教学基地的进展较为缓慢。在一流科研指标方面,科学引文索引/艺术与人文引文索引(SSCI/A&HCI)论文数、千万级以上项目数提前完成目标,到校科研经费数等 6 项指标完成情况符合预期,新增国家级科研基地、*Nature* 和 *Science* 论文(第一/通讯作者)数量的指标完成仍要提高增速,理工科国家级科学技术一等奖、人文社科教育部高等学校科学研究优秀成果一等奖两项指标有待实现突破。在一流贡献、一流声誉指标方面,国际科学奖、获捐赠总额、理工科国际期刊建设、人文社科国际期刊建设等进展较为缓慢。总体来看,在"十三五"规划目标指标中,还有 13 项进展缓慢,应当引起重视,采取相应措施提高增速,争取达到预期目标。

(二)分析比较

近年来,围绕建设世界一流大学的共同目标,国内兄弟高校均开展了一系列卓有成效的改革与布局，其中有不少对我校下一阶段的建设发展有一定的启发借鉴作用。

清华大学围绕对接国家和地方重大需求，成立了一系列以交叉创新为导向的科研机构；围绕全球战略的实施，全面推进海外中心和学院的建立，扎实推进学生海外实践课程；推进工科发展计划，着力聚焦强化工程教育基础研究、促进学科交叉和提升工程教育。

浙江大学在浙江省的大力支持下重点布局新兴前沿优势学科，成立之江实验室，争取信息学科国家实验室，发布"双脑计划"，并获批牵头建设国家重大科技基础设施"超重力离心模拟与实验装置"；积极开展多校区布局和建设，全面推进宁波校区和海宁国际校区建设；积极创新组织管理，推进国际影响力提升计划、顶尖大学战略合作计划、留学Top 计划等声誉提升计划，聚焦大平台、大项目和大成果，推进资源配置与评价机制改革，推出整合跨学科科学家力量的"16+X 创新联盟计划"。

复旦大学潜心教学，打造"复旦本科"品牌；新成立科学技术研究院，整合原有科技处、医学规划与科研管理办公室和军工科研办相关职能，旨在强优势、补短板、抓增长；脑科学前沿科学中心日前获教育部批准，成为国家"珠峰计划"首个前沿科学中心；积极推进医疗健康领域重大专项；争取多方资源共同支持，推进上海医学院改制建设。

南京大学重点布局优势学科，集中力量推进"三院两室"计划；强调问题导向凝练、注重项目过程管理、保障持续投入支持的"卓越研究计划"成果初现，成立人工智能学院、自然资源研究院、脑科学研究院，积极培育交叉学科，打造新的学科高峰；校领导班子带头树立危机意识，带队多方调研学习。

中国科学技术大学创新体制布局交叉学科，由潘建伟院士领衔的量子领域研究不断取得重大突破，启动高新校区建设项目，重点发展新医学、新工科；重新布局补短板，在拟建一批世界一流学科的同时，统筹建设相关领域和学科群;青年人才引进与青年人才培养工作齐头并进、协同发力。

中山大学在广东省地方政府的支持下,"倍增计划"势头迅猛,对标清华、北大等国内第一方阵高校,制定发展目标,力争三年后可比办学指标"再倍增";全面推进广州、珠海、深圳三校区建设。

总体而言,我校正处于前有标兵、后有追兵的激烈竞争状态中,百舸争流、不进则退。清华大学、北京大学在很多方面已经甩开其他高校若干身位,浙江大学正在逐步拉大与我校的距离。在发展策略上,各兄弟高校非常重视在人工智能、大数据、生命医学等新兴领域的布局,在工科领域,挑战交大的若干传统优势学科,在人才引进和培养的举措上,善于利用地区优势,在投资和孵化大项目、大平台、有代表性的重大科研成果上卓有成效。

二、综合改革及工作成效

改革是学校发展的根本动力,"十三五"以来,学校坚定实施人才强校主战略,全面推动综合改革,扎实开展各项重点工作,不断聚焦质量内涵,加快推进"双一流"建设,取得了一系列显著效果。

2014年出台的《上海交通大学综合改革方案》,拉开了学校本轮综合改革的序幕。2015年,学校明确综合改革的六大版块,50条98项改革任务逐步启动。2016年,学校进一步凝练和启动"学在交大""多元评价""院为实体"三大专项改革。2017年,学校编制《上海交通大学全面深化综合改革方案》,进一步明确三大专项改革推进思路。2018年,三大专项改革稳步推进,进一步明确了若干重点攻坚任务。

学校综合改革的六大板块包括现代大学制度、人事制度、人才培养、科研体制、国际化办学和资源配置,各项改革任务除个别因外部政策无法启动外，均已全面推进。三大专项改革中，"学在交大"改革重点聚焦形成立德、好学、乐教的机制与成效，"多元评价"改革重点聚焦荣誉/长聘体系建设和分类发展体系建设，"院为实体"改革重点聚焦综合预算和协议授权机制的落实与完善。综合改革启动近五年来，已经取得了一定的成效，主要包括：

坚持社会主义办学方向、坚持立德树人根本任务更加坚定鲜明。一是党的领导和建设更加有力，坚持和完善党委领导下的校长负责制，巩固凝心聚力、奋发有为的干事创业氛围。二是师生思想政治工作不断加强，强化教师"立德树人、教书育人"鲜明导向，凸显学生的价值引领为育人根本。三是全面从严治党取得显著成效。

一流师资队伍初步形成。一是人才引进和培育都富有成效，已经具有一定数量的优势和发展规模，长聘体系实现院系全覆盖，长聘教师人数占全校教师的三分之一。二是树立一批潜心育人、教学相长的新时代教学名师，建成"三大奖"校内荣誉体系，立德树人蔚然成风。三是广大教师冲击一流、对接国家战略的追求更加自觉，*Nature*、*Science*、*Cell*三大期刊论文发表渐成常态。四是一批青年人才成长为学校办学的中坚力量，在争取自然科学基金、重点研发计划等方面发挥重要作用，潜能巨大。

人才培养战略地位显著提升。一是"学在交大"深入人心、取得实效，学生努力学习、刻苦钻研的学风良好，教师立德树人、教书育人的意识增强。二是本科生源质量一流、各省高考前千分之一才能入校就读；本科毕业生质量优秀，得到世界一流大学认可。三是拔尖人才培养成效突出，致远学院拔尖人才培养十年评估全优；发挥溢出效应，"致远荣誉计划"覆盖面不断扩大。四是人才培养国际化特色鲜明、学校声誉显著提升，密西根学院、巴黎卓越工程师学院等办学特区成为学校办学品牌，文化创意产业学院、中英国际低碳等学院快速发展，学位留学生规模、质量不断提升。

学科建设逐步进入全面提升水平阶段。一是学科布局基本完成了优化调整,实现了综合性大学的办学格局;学科数量进一步压缩,学科布局进一步优化。二是学科整体水平稳步提高,各门类学科齐头并进,第四轮学科评估 A+学科与 A 类学科实现四大学科板块全覆盖。三是学科综合实力显著提升,稳健迈向世界一流,ESI 和四大世界大学排名持续提升。四是各学院学科建设不断深入,已经形成自主抓学科的良好态势,学校获批学位点自主授权,博士点基本实现各学院全覆盖。

科研逐步实现内涵式发展。一是科研数量规模大幅提升,基本完成研究型大学的基础和构架,科研经费、平台基地规模、科研人员层次提高。二是从事科研的积极性充分激发,主动创新的氛围日渐浓厚,论文发表数量、自然科学基金获批数量多年保持领先,冲击顶级期刊论文的潜在群体持续增加。三是理、工、生、医的科研从争取数量转向聚焦质量发展,已经形成基本态势,重大项目、国家奖、行业奖数量提升,军民融合、企业合作不断深入。四是文科科研实现了若干特色优势领域的突破,特色智库建设取得成效,若干智库已具备一定影响力,文科重大项目、经费取得突破。

国际化办学特色得到高度认可。一是全球合作伙伴由数量增长和区域扩大转向高质量发展和深层次合作,选定 20 所左右重点战略合作伙伴,逐步开展种子基金、联授学位等深层次合作。二是教师与世界一流院校和科研机构联合攻关前沿问题、发表论文成为常态,国际合作的论文数量和质量不断提升。三是国际合作的论文数量和质量不断提升,在校学位留学生的专业结构更趋均衡。四是国际化对学生的成长成才起到重要作用,本科生在读期间海外游学比例接近半数,并向深度访学转型。

校院两级的管理和服务更加规范有序。一是基本建成校院两级财务管理服务体系,立足需求的学院综合预算框架不断完善,学院自主理财的意识和能力逐步提高。二是持续深化"院为实体"的理念和改革举措,职能部门"放管服"的意识更加自觉,协议授权改革取得初步成效。三是不断完善现代大学制度体系,建立健全校院两级学术委员会体系、内部控制体系等。

三、重点任务和关键改革

在过去近二十年里,学校经历了"填谷补缺、资源驱动"的"十五"时期,"数量提升、指标驱动"的"十一五"时期,"数质并重、目标驱动"的"十二五"时期,正在经历"质量为先、使命驱动"的"十三五"时期,在2020年如期实现跻身世界一流大学的阶段性目标后,将迎来"提升品牌、价值驱动"的"十四五"时期,朝着更加宏远的建设世界顶尖大学的目标进发。

再过一年后的2020年,将是学校完成"三步走"第二阶段的收官之年、"双一流"建设第一个阶段目标的收官之年、"十三五"规划的收官之年、第五轮一级学科评估的实施年,能否圆满完成学校一系列建设规划目标,2019年是最后的攻坚窗口。学校正处于加快实现数质转变,积极开拓发展新局面的关键转换阶段。立足当下,要聚焦内涵求质量,面向未来,要改革攻坚求突破。

加强党的全面领导,深化综合改革,应充分体现在各个领域的工作理念与导向中。在学科建设方面,要从结构调整深化为机能整合,构建更高质量的学科生态;在师资队伍建设方面,要将多元评价的机制深化为创新激励的导向,打造更有利于人才成长的体系;在人才培养方面,要将学风教风的进步深化为学生全面发展的成效,成就更多栋梁之材;在科学研究方面,要将数量规模的势能深化为质量内涵提升的动能,追求更高的科研品质与贡献;在国际化工作方面,要将引进吸收的积累深化为走向世界的底气,不断提升学校的全球影响力;在大学治理方面,要将规范管理的成效深化为重心下移的实效,进一步充分激发院系办学的活力。

坚持问题导向,是学校深化改革的核心。对于老大难问题,有些问题得到一定程度的解决,仍需扭住不放、持续推进;也要清晰地认识到,仍有些问题经过多次研究,还没有找到解决办法和有力举措,或者未达到预期,需要继续攻坚。对于发展的新形势新要求产生的新问题,需及时反应,超前研究谋划,不能让新问题变成老问题。研究谋划、改革攻坚、持续推进,是解决问题的基本方法,如何通过研究谋划,聚焦分析关键问题,明确改革攻坚重点,并在持续推进中切实解决问题、推动发展,需要渗透到学校改革发展的各个方面。

(一)学科建设

在学科建设方面,要首先聚焦分析以下两个关键问题。

一是如何支持更多学科冲击顶尖?这一问题的表现是,在第四轮学科评估中,我校成为第二方阵领头羊,但整体上与清华大学、北京大学、浙江大学的差距拉大;各学科发展不均衡,A类学科比例不够高,C类学科数量过多。针对这一关键问题的破题点在于如何提升工科的国内地位?如何促进三个经管类学院的协调发展?如何进一步优化学科布局,加速提升人文学科水平?

二是如何深入推动学科交叉、建设学科交叉平台?我校面向未来的超前布局已落后于兄弟高校,校内学科交叉仍存在一些制度性障碍,交叉研究基地建设的成功典型不多。针对这一关键问题的破题点在于如何实质性推动人工智能等新兴交叉学科建设?如何强化医工、医理交叉,实质推动转化医学建设?

基于以上关键问题,学科建设方面需要短期内重点研究和谋划的任务包括：转化医学、"大海洋"、智能科技、合成生物学等实质性推进；一流医学学科、一流医学院建设以及各学科板块的发展提升。需要持续推进的工作包括：全面推动"双一流"建设、推进学科群建设；推进上海"高峰高原"学科建设计划；落实学科建设 ABC 计划；提高工科的国内地位；推进医学院地方高水平高校建设；推进医学院浦东校区建设；重点建设若干校级交叉平台等。

（二）师资队伍建设

在师资队伍建设方面，要聚焦分析以下三个关键问题。

一是如何提升引进优秀人才的吸引力？这一问题的表现是，"四青"人才计划申报的成功率偏低；与部分兄弟高校相比，我校引进高层次人才的吸引力有所减弱，在薪酬、住房、职称上没有明显优势；动作稍慢，看准的优秀人才就"流失了"。针对这一关键问题的破题点在于如何为优秀人才提供良好的成长平台，弥补人才引进吸引力方面的短板？如何在激烈竞争中，更加精准地引进优秀人才？

二是如何充分发挥高层次人才作用？这一问题的表现是，领军人才学术引领、团队建设，对中青年人才的培育等作用发挥不够；人文社科高层次人才对核心通识课程建设作用发挥不够；高层次人才在国内外有话语权或在学术舞台活跃的不多；有的承接项目过多，研究点分散，难以形成学术品牌。针对这一关键问题的破题点在于如何提高领军人才引领学科发展方向的能力，增强带动团队成员发展的自觉？如何引导人才开展一流学术研究，提高国内外学术话语权？

三是如何加强中青年教师培育？这一问题的表现是，冲击"四青"的人才储备不足，与兄弟高校差距扩大；青年人才梯队建设，存在断档断层危机；对中青年人才缺少持续支持机制。针对这一关键问题的破题点在于如何帮助青年人才快速成长？如何加强青年人才引进和人才梯队建设？

基于以上关键问题,师资队伍建设方面需要短期内重点攻坚的任务包括:落实充分发挥高层次人才育人作用的工作举措;全力做好今年的院士申报工作,力争取得好成绩。需要短期内重点研究谋划的任务包括:形成加强培育领军人才(学术带头人)的工作体系与工作机制。需要持续推进的工作包括:增加高被引科学家人数;做好各类人才计划申报并提高成功率;长聘体系和荣誉体系教师的评聘和引进;完善人才引进的顶层设计;加强中青年人才培育,建立不逊色于世界一流高校的青年人才成长持续支持机制;建立青年骨干、杰青、长江学者、院士级人选等遴选与提升机制;加强优秀博士后培养等。

需要特别强调的一项重点研究工作是,如何加强培育领军人才或学科带头人。要对领军人才或学科带头人的基本素养和培育重点进行精准定位。具体而言,在学术水平方面,要注重学术功底、学术视野、学术品位、战略研究能力;在学术影响力方面,要注重研究领域话语权、行业话语权;在团队领导力方面,要注重传帮带年轻梯队的担当与能力,打造学术共同体、利益共同体;在个人品质方面,要注重本领够硬、情商够高、毅力够强、品行够好。

(三)人才培养

在人才培养方面,要聚焦分析以下三个关键问题。

一是在"四位一体"形成共识的前提下,价值引领如何落到实处?这一问题的表现是,本科生的学术志趣还不够强烈、学术氛围还不够浓厚,研究生的学术追求还不够高远;学生的专业精神、行业情怀还有待加强。针对这一关键问题的破题点在于如何让价值引领与培养方案、课堂教学、实践教育紧密融合?如何让学院学科的专业基础教育、专业前沿教育更具吸引力?如何充分发挥导师、专业教师的作用,对学生产生潜移默化的教育引导作用?

二是教育教学受到更多重视,课程"含金量"如何提高?这一问题的表现是,基础课程的难度、深度不够,本科生的学业挑战度不够;课程考核以考试为主,过程考核的要求单一;学生抬头率不高,教师授课的效果不好;优质核心通识课程数量不够。针对这一关键问题的破题点在于如何加强课程的整体设计,丰富内容、拓展内涵,提升"含金量"?如何加强课程的过程考核,合理增负,提升学业难度和挑战度? 如何推动一批优秀师资投入到优质基础课程、专业基础课、核心通识课程建设?

三是在博士生规模达到研究型大学水平的前提下,博士生培养质量如何提升? 这一问题的表现是,最优秀的本科生不愿意读博士;攻读博士以发文章取得学位为目标;学术硕士与专业硕士同质化。针对这一关键问题的破题点在于如何提升博士生的培养定位、培养水平、培养过程? 如何推动博士生导师制度改革?

基于以上关键问题,人才培养方面需要短期内重点攻坚的任务包括:博士生培养专项改革。需要短期内重点研究谋划的任务包括:优化思政教师队伍结构;新形势下推进学生会和社团改革。需要持续推进的工作包括:完善落实"四位一体"工作体系;实施一流本科专业建设计划;推进优质课程增长、教学质量提升计划;推动思想政治课改革、课程思政;推进"致远荣誉计划";推动"致远书院"建设;提升学生学术追求;提高重点领域和行业就业率;提升学生竞赛获奖覆盖率和"含金量"等。

需要特别强调的一项重点研究工作是,如何实施博士生培养专项改革。当前,博士生培养面临的具体问题:博士生名额难以满足教师的需求,名额不够分;数量不少,但培养质量不够高;有些弱势学科招收的博士生太少,不能满足底线要求;有些导师的学生数量过多;有些学生的在读时间过长等。

因此,在这项改革工作中,要关注以下重点:在培养要求上,要明确培养目标,不能把博士生仅仅当作科研项目的主力军;要重视培养学术志趣、学术素养、学术志向;要建立文科博士生培养规范、学术要求,指定必读书目和论文。在招生制度上,工科和生命学科可以通过收费注册制度进行调整;理科应该建立完善的助教(TA)和研究助理(RA)制度,完善招生制度,博士生先入学,资格考试后再指定导师;要研究人文社科相关制度,特别向智库倾斜。在名额分配上,根据前三年的名额,给出一个基数;要明确弱势学科的保障性名额基数;可以针对荣誉计划、高被引科学家、长江学者、杰青、优青等给予增量名额;对引进的高层次人才应给予当年的博士生名额保证。

(四) 科学研究

在科学研究方面,要聚焦分析以下两个关键问题。

一是如何建立持续催生标志性成果和产生重大贡献的科研平台?这一问题的表现是,在基础研究方面,缺乏超前的领域布局;在关键技术方面,在重大突破领域,还没有在国家层面做到不可替代的成果。针对这一关键问题的破题点在于如何超前布局若干重大基础研究平台?如何提升团队作战能力,将研究拓展至行业关键? 如何建立"科学问题—关键带头人—相应团队"的选育机制和相应创新支撑体系?

二是如何提升文科教师开展研究的积极性? 这一问题的表现是,文科虽在重点项目上有显著的增量,但成果数量、整体水平不够;文科教师从事科研的偏少,研究方向缺乏凝练和聚焦;智库建设对政府决策的影响力还不够。针对这一关键问题的破题点在于如何发挥综合学科优势为文科发展提供新动力? 如何实现文科建设压力有效传递? 如何围绕当代社会发展问题,进行国家战略咨询研究,提出建言? 如何建立学校层面的推动高端智库建设机制? 如何评价参与智库研究教师的贡献?

基于以上关键问题,科学研究方面需要短期内重点攻坚的任务包括：国家一等奖的突破和国家奖的获奖数量提升。需要持续推进的工作包括：提升论文发表质量，促进原创性成果产生，提升高被引论文数量和篇均被引数；进一步优化自然科学基金结构和质量；加快培养聚集一流人才和创新团队；大力推进科研创新平台和基地建设；加强与重要地区、重点行业合作；进行高水平的国际合作科研；提升文科整体水平与高端智库建设等。

需要特别强调的一项重点研究工作是，如何探索提升内涵质量的科研组织机制和模式。当前，我校科研工作的内涵质量亟待提升，尽管教师、经费、论文等方面的体量上，我校已经达到了世界前 50 名左右的水平，但教师的平均学术水平，论文的篇均被引数，顶级期刊论文数量等方面处于 150 名开外，在服务国家战略需求的能力方面仍缺少发挥不可替代作用的领域，更加重要的是，我们还缺乏世界级的知识原创能力和学术氛围。具体问题：顶级期刊论文数量不够多，未能形成以原创问题为导向的科学研究；重大项目策划能力较弱，推进不力，未能形成影响国家科研格局的态势；重大科技成果转化成效不足，对行业产业创新发展的支撑乏力。

因此，在这项改革工作中，要关注以下重点：在科研导向上，要落实前沿问题导向和战略需求导向；要研究探求重大科学问题、国家战略需求和行业重大需求，提前培育项目，力争在国家重大专项立项之前，提前占据制高点。在组织模式上，要将"项目牵引"转变为"自主培育"，主要方式包括：以重大问题为核心，跨单位跨学科组建大科研团队，集中力量攻关；了解行业需求，有机整合各团队优势，解决关键问题。在政策氛围上，要建立鼓励跨学科领域创新、十年磨一剑的校院两级科研评价体系；要配套特殊的经费投入、政策支持等保障体系。

（五）国际化

在国际化方面，要聚焦分析以下三个关键问题。

一是国际化办学对学校综合实力的提升。围绕建设中国特色世界一流的目标,学校国际化办学的定位、重要举措、预期成效还不够明晰。二是国际影响力和国际话语权。学校在国际教育界有影响力的品牌不多;在国际学术关键领域的话语权不够。三是留学生质量。目前,来自发达国家的学位留学生比例还不够高;留学生入口和出口的质量与世界一流大学有差距。

基于以上关键问题,国际化方面需要短期内重点研究和谋划的任务包括:提升国际化办学水平、全球影响力,形成新时期交大国际化战略和重要举措。需要持续推进的工作包括:深化战略合作、联授学位、种子基金等重点项目;试点建立 1~2 个海外联络点;加强国际学术话语权;提升留学生教育质量;推进"一带一路"国家间的合作;推进新加坡研究生院建设等。

(六) 大学治理

在大学治理方面,需要聚焦分析的关键问题是"院为实体"的改革成效如何满足发展需要和基层期待?这一问题的表现是,对"人"方面的权责下放,院系聚焦关注、期待较大;对"事"方面的权责下放,院系承接意愿不强;院系财务状况、治理能力水平存在不同程度差异。针对这一关键问题的破题点在于如何在提升整体师资队伍水平的同时,推进人事引进、考核等核心政策的下放?如何促进院系健全内控体系,提升决策、管理与服务能力?想要破局,需要进一步有效运行内部控制体系,形成反馈机制;同时,不断凝练有益经验,深化"院为实体"改革,充分激发院系办学活力。

从关注数量到质量的转变,需要从思想和认识、体制和机制,资源分配等各个方面进行一系列的深入改革。要针对问题明确下个学期重点研究的项目任务,并在一个学期后把若干研究工作凝聚成为若干工程,形成持续推进的工作,只要久久为功地持续推进三至五年,一定能够使学校的内涵建设取得显著成效。

"改革关头勇者胜,气可鼓而不可泄。"2019 年是极其重要的时间节点,我们不仅要保持兢兢业业、担当作为的热情和干劲,也要焕发解放思想、创新求变的智慧和勇气,在深化改革中攻坚克难,以优异成绩迎接新中国七十华诞!

坚定自信接续奋斗　继往开来迈向一流

——在 2020 年春夏学期干部大会上的报告

（2020 年 3 月 25 日）

今年 3 月 17 日,中组部宣布了党中央的任免决定,杨振斌同志任我校党委书记。因年龄原因,姜斯宪同志不再担任党委书记。我衷心感谢姜书记对学校改革发展所作出的重要贡献。振斌书记和我有信心与全体校领导班子同志一道,团结带领广大师生医务员工开拓进取、奋发有为,推动学校在建设中国特色世界一流大学的征程上永续发展、再创辉煌!

寒假前召开的务虚会上,学校领导班子深入分析了学校科研工作的进展及当下面临的若干瓶颈,思考和讨论了面向未来的重要工作布局。下面,我在务虚会研讨的基础上,重点从以下三个方面展开今天的报告。

一、上年度工作总体回顾

2019 年,是中华人民共和国成立七十周年,我们以习近平新时代中国特色社会主义思想为指导,不忘初心、牢记使命,聚力"攻坚、突破、谋划",全面推动了学校各项事业稳步向前,取得了良好的工作成绩。

(一)学校圆满完成三项重点工作

第一,学校党委围绕为党育人、为国育才,紧扣立德树人根本任务,认真学习贯彻习近平总书记在"不忘初心、牢记使命"主题教育工作会议上的重要讲话精神，牢牢把握主题教育目标要求，提高政治站位、聚焦主题主线、强化责任担当，深入开展主题教育，广大干部师生坚定了教育报国的信念，提振了干事创业的精气神。

第二，以中华人民共和国成立七十周年为契机，学校举行了专题座谈会、升国旗仪式、"青春为祖国歌唱"等系列庆祝活动，以优秀校友典范为榜样，举办黄旭华、吴文俊事迹展览，凝聚力量、鼓舞人心。

第三，全校协同完成经济责任审计工作。2019 年 6 月至 12 月，接受审计署对姜斯宪同志和林忠钦同志任期的经济责任审计。各职能部门、院系、直属单位齐心协力、积极配合、认真细致、有效沟通，确保本次审计工作顺利完成，促进学校内控体系完善和综合治理能力提升。

（二）深入推进落实改革发展攻坚任务

围绕学校中心工作，聚焦改革发展难题，学校在 2019 年初制定了 11 项攻坚任务计划。学校以攻坚为牵引，深入推进落实各版块重点工作，取得一系列成效。

（1）提升基层党组织围绕中心工作抓党建的能力和水平：试行院系党组织会议规则，明确二级单位党建重点任务，开展支部建设质量提升计划，基层党组织围绕中心抓党建的意识显著加强、机制不断完善、能力持续提升。

（2）充分发挥高层次人才育人作用：强化人才引进及考核评聘中的教学要求，倡导竞争上课机制，有效推动了高层次人才授课且授好课。

（3）完善人才培育和引进的体制机制：推出人才队伍建设六大举措，指导院系落实高层次人才按需设岗、精准引进，逐步优化人才成长环境。

（4）围绕"强基础"推进本科培养计划修订：实施基础课程分级教

学,加强思政理论课建设,以化学专业为试点,研究制定并实施培养计划、课程内涵和质量等改革内容。

（5）实施博士生培养专项改革:推进博士生奖助体系、名额分配等改革,完善导师考核体系,博士生培养目标、过程和结构得到进一步优化。

（6）实质性推动新兴交叉学科建设:推进医工交叉,做强做大上海交通大学交大之星"STAR 计划"。策划和推进若干学科交叉平台立项建设,并研究落实相应支持机制。

（7）探索构建先进的大科研组织管理体系:开展全校科技工作大讨论,设立专项基金,加强科技发展、重点前瞻、融合集成的战略研究和培育支持。

（8）全面提升学校国际学术声誉:推出校院两级提升论文质量举措,高水平论文发表渐成常态,ESI 排名进入世界百强,学术声誉进一步提升。

（9）研究并落实国际化办学新策略:实施新时期国际化发展战略规划。促进本科生海外深度访学,新加坡研究生院完成挂牌,学校正式加入环太平洋国际大学联盟。

（10）完善内控体系及建设监督平台:梳理重要风险点,建立校级重点领域核心风险防控机制,完善综合监督平台,健全二级单位内控体系,财务支出审计全覆盖。

（11）全面提升管理和服务效能:对接师生需求建设50 个"实事项目",加快推进36 个业务系统上线,管理和服务的精细化、信息化水平得到提升。

（三）推动学校发展,实现持续增长突破

学校进一步强化贡献和质量导向,既鼓励"十年磨一剑"的厚积薄发,也推动"一步一台阶"的持续增长。

在科研建设方面,2019年,我校7项成果荣膺国家科学技术进步奖,其中"海上大型绞吸疏浚装备的自主研发与产业化"项目获特等奖,实现历史性突破。学校自然科学基金项目总数达1 250项,连续十年全国第一,其中医学、工科项目数均列全国第一。

在人才队伍建设方面,长聘体系建设走向成熟和深入化,形成一定体量和规模。目前,学校长聘教师在聘人数占比超过全校师资的40%。在此基础上,学校去年推行"首席研究员"和"人文社科实践应用系列",破除唯论文的评价导向,进一步深化分类发展改革,在健全和完善学校专业技术职务聘任体系方面迈出了坚实的一步。

（四）立足长远,加强谋划布局

在百舸争流、不进则退的态势下,为实现新的更大突破,就要不断创新理念、深化内涵。2019年,学校召开了新时期发展战略咨询会,凝聚各方智慧,立足长远,在若干方面加强了谋划与布局:加强就业引导方面,做好推动博士生高水平学术就业。继续深化人才强校主战略,明确人才工作的未来方向。开展科技讨论,积极推进科研体制机制改革。集聚学科优势,开展、推进"大海洋""大健康"专项行动计划。推动成果转化,布局"大零号湾"科创示范区。

二、特殊时期的主动担当

（一）战"疫"时刻展现担当作为

面对突如其来的重大疫情,在党中央的坚强领导下,我校广大师生医务员工众志成城、共克时艰,关键时刻显担当! 值得高度赞扬的是,我们身边的许多人都挺身而出、勇挑重担、坚守岗位,在疫情防控、医疗救治、建言献策、在线教学、科研攻关等多条战线上,都作出了交大人的贡献!

学校于 1 月 23 日成立防控工作领导小组,持续加强统筹防控,精心部署、广泛动员,摸排师生情况,夯实应急保障,做好联防联控,强化值班值守,防控工作扎实细致、富有成效。

1. "最美逆行者"驰援战"疫"前线

附属医院的广大医护员工,以"国有难,召必应,战必胜"的英雄气概,冲在抗"疫"最前线。自除夕以来,570 余名交大白衣勇士驰援武汉,占到全市援鄂医疗队总人数的三分之一以上。

2. 在线教学打造"学在交大"

特殊时期,全体交大人迎难而上、合力攻坚,在交大历史上首次开展大规模在线教学。从正月初二开始,学校上下快速形成共识、推出有力举措,校院两级和广大师生积极响应、全心投入,历经一个多月的精心准备,于 3 月 2 日全面启动大规模、高质量的在线教学。"教育教学摆在首位、交大名师走到台前、交大学子积极配合",这种充满干劲的状态和鼓舞人心的氛围,非常值得我们珍惜,并且长久保持下去。对于在线教学探索中形成的启示、积累的经验,也非常值得我们深入研究与总结,加以巩固并发展。目前,在线教学工作开展平稳有序,取得了预期成效,更重要的是,教学工作得到了前所未有的高度重视,教书育人的中心地位更加实至名归。在此,向大家的辛勤付出再次致以衷心感谢!

3. 科研攻关战线奋勇担当

学校相关单位大力开展科研攻关,推进科技成果转化、临床应用。一批成果广泛应用于抗"疫"第一线,为战"疫"取得胜利贡献了交大的科技力量。学校在此期间启动"医工交叉研究基金新型冠状病毒防治攻关专项",开通应急专项快速通道,随时受理,及时对疫情防治相关研究进行资助。

4. 建言献策提供交大智慧

充分发挥综合的学科优势与专业的智库功能,积极应对疫情,主动发声、积极建言，得到上级部门和社会各界的肯定与好评。到目前为止，学校的文科智库中心设立"智库引导性"委托课题10项，发布"防治专项"软课题20多项；副部级以上采纳信息专报近40篇次。作为中宣部直报点，组织14家瞭望工作室和骨干专家，累计报送200多篇，承接中宣部、上海市委宣传部约稿近20次，多篇报道被中宣部、上海市委宣传部综合采用。

5. 校园保障全天候高效运行

数百位机关干部和后勤保卫工作人员，放弃了寒假休息，带着"师生安好，便是晴天"的心愿，扎实勤奋地开展各项工作，为校园疫情防控提供最坚实的支撑和保障。

信息化部门加快技术开发运用，不断优化办学"虚拟空间"，大大减轻疫情所造成的物理空间隔离的影响，有力保障了防控期间教学、科研和管理工作的正常开展。尤其是在全面开展在线教学的前两天，Canvas系统大流量并发，引发访问拥堵。学校网络信息中心、教育技术中心等单位同志夜以继日、抢时间调试，为在线教学的通畅运行提供了及时、有力的技术支持。

积极策划、广泛宣传。截至目前，学校在《人民日报》、中央电视台、新华社、"学习强国"等主流媒体上发布新闻1 500余篇次，多次登上《新闻联播》和相关媒体的头版、头条等重要版面，营造了良好的舆论氛围。3月1日，开展在线教学第一课，5万名师生"云端"相聚、反响热烈，24小时观看量突破600万，登上微博"热搜"，有效提升了学校的社会声誉。

同舟共济、加强合作。疫情发生以来，先后有30多家世界一流大学或大学联盟来函，表达问候和支持，并明确将继续深化合作与交流。学校关注全球疫情发展，向89家大学或大学联盟致信，送去问候与关怀。

（二）非常时期主动应变、稳中求进

非常时期，我们既要毫不放松落实防控工作，也要加快推进教学改革、强化创新贡献、坚持开放合作,关键是要练好"三项内功"。

一是教学工作的内功:及时总结提炼经验,强化教学改革研究。

二是谋划布局的内功:着眼学校、院系及学科长远发展的需要,深入研究制定发展战略与规划布局,部署推动若干重大任务。

三是校院治理的内功:结合主题教育中梳理的瓶颈问题,通过疫情防控、在线教学等实战检验,进一步完善治理体系,提升治理水平。

(三) 现阶段的五项具体工作

当前这个阶段,学校和各单位要在以下五个方面做好具体工作。

一是持续做好在线教学,确保与课堂教学"实质等效"。提升在线教学质量,继续上线新课程;保障本科生毕业设计高质量完成。

二是持续关心关注学生需求,研究制定工作方案。做好博士生、本科毕业生等不同学生群体的返校安排;做好研究生毕业生相关工作,保障毕业生顺利就业;研究海外双学位、交换生、留学生等学生群体的相关方案。

三是持续开展疫情防控和救治的科研攻关,加强成果转化、建言咨政;加紧推进重大科研攻关项目,有序推动实验室正常运行。

四是探索通过在线方式加强国内外合作交流,尽量减少疫情对交流合作的负面影响;坚持鼓励高水平、高质量的国际合作研究,持续提高我校国际学术声誉和影响力。

五是继续扎实做好校园疫情防控工作,做好教职工全面恢复到校工作的整体安排与支撑保障。

三、本年度重点任务部署

2020 年,是中国实现"两个一百年"奋斗目标的历史交汇期,学校也将从"重点突破、优势凸显"逐步迈入"全面提升、整体一流"的发展新阶段。我们要坚定自信、团结一心，努力拼搏、勇攀高峰，开启新一轮跨越式发展。当前，学校正处于改革发展的关键时期。2020年，学校将迎来"双一流"建设阶段成效检验，是"十三五"收官和"十四五"的谋划之年，也是第五轮学科评估的评估年。在这样一个关键年，全体交大人要更加坚定自信，更加关注质量，更加突出贡献，加强战略谋划，争取更大作为，开拓学校发展新局面。

我们要始终坚持走好中国特色世界一流的交大之路，坚持"量质并进、以质为先"的发展主线，坚定自信，持续快速发展，攻坚有成，突破重点难点，推进各项事业再上新台阶。在做好疫情防控期间各项工作的基础上，要加强对全年工作的统筹，力争全面如期完成2020年重点目标任务，持续推进各项攻坚任务和各个版块重点工作，并取得明显进展和成效。接下来，我就学校七个方面的12项年度重点任务和6项重点专项工作的推进思路和要求做简要展开。

（一）2020年度重点任务

1. 党的领导和建设

以筹备召开交大第十一次党代会为契机，凝聚全校干部师生医务员工的智慧和力量，谋篇布局、锐意进取，加快推进中国特色世界一流大学建设，奋力谱写新时代上海交通大学改革发展新篇章。

党的领导和建设重点任务是巩固深化主题教育成果。建立和落实不忘初心、牢记使命的制度，持续推进"两学一做"学习教育常态化制度化，健全理论学习、基层调研、检视整改等长效机制。持续落实整改工作，抓好校领导班子长期推进整改项目和专项整治。

2. 师资队伍建设

为培育更多优秀学术带头人和青年才俊，提升学术影响力和人才竞争力，2019年人才工作会议明确了新时期工作努力目标和行动方案。今年，要具体落实人才队伍建设的若干举措，不断深化人事制度改革,为学校各项工作上水平提供有力支撑。

师资队伍建设的重点任务是高层次领军人才培育。制定"领军人才培养计划",遴选各个层次优秀骨干教师,作为重点培养对象。针对每位重点培养对象制定一人一策培养计划,明确培养责任人,在科研团队、科研平台、科研成果发表、教书育人等方面给予重点支持,扩大其学术影响力。制定相应方案,做好重点培养对象的思想引领和关心关爱,培养德才兼备的优秀人才。

3. 人才培养

为持续深化"立德树人、学在交大",落实教育思想大讨论"育人十大举措",2019年强化就业引导、启动了本科培养"强基础"改革、开展了博士生培养专项改革。今年,要进一步强化价值引领、深化教育教学改革,不断完善高水平人才培养体系建设。

人才培养有三项重点任务:一是加强学生思想政治教育。完善"三全育人"工作机制和实施方案,强化工作责任体系,夯实思政教师抓主责主业,打造示范学院、示范项目。持续推进博士生高水平学术就业和毕业生赴重点单位就业,打造选调生选育输送全链条。将爱国主义教育作为重要内容,融入开学典礼、新生第一课、毕业典礼、校庆等重点环节。深化课程思政,推动各类课程与思想政治理论课程同向同行,形成协同效应。进一步厘清研究生思政工作的内涵,探索思政教师队伍与导师队伍合力育人的有效机制。二是全面推进本科教育课程改革。总结化学专业改革试点的经验,制定全校培养计划改革的指导性文件,大力推进一流专业建设。协同推进强基计划、"致远荣誉计划"、大平台培养。紧扣"加强基础、跨界交叉,挤水铸金、质量控制"主线,完成自然科学实验班专业培养计划修订。全面开展一流本科课程建设,突出课程创新性,增加课程挑战度,建成"金课"50门。三是系统推动研究生教育改革。召开研究生工作会议,推进研究生教育行动计划。

完善研究生教育质控体系，大力加强研究生课程内涵建设。持续推动研究生培养定位、结构调整等方面改革。

4. 学科科研

为了推动内涵式发展，在 2019 年科技工作大讨论基础上，召开了 2020 年科研工作会议，初步建立了促进原始创新、能力提升的科研组织模式。今年，我校将加快落实科技改革，实现若干重点突破，全面完成"双一流"建设阶段性总结。

学科建设有五项重点任务：一是"双一流"建设与总结。对照"双一流"建设方案，全面总结建设成效和工作经验，完成总结报告并上报。制定建设绩效评价方案，完成教育部、财政部、上海市绩效评价。持续推进"上海市高水平地方大学"建设，做好上海市"高峰高原"学科建设计划的绩效评价。二是"大设施、大基地、大平台"建设。推动转化医学瑞金基地投入运行，完善闵行基地运行机制，形成瑞金—闵行基地一体化工作体系，为通过国家验收做好准备。完成张江科学园"三中心两平台"建设方案论证，研究管理运行机制。加强李政道研究所研究队伍建设，加快实验平台和科研设施论证，为 2021 年全面进驻做好前期准备。启动海洋装备研究院（深海重装集成攻关平台）建设，推动变革性分子前沿科学中心建设。三是科研品质提升。继续保持自然科学基金的领先地位，进一步优化项目结构，提高人才计划和大项目的数量。加强重点研发计划的组织策划，争取保持优势地位。积极对接上海科创中心建设，实现上海市重大专项的突破。加强校院联动、精心组织，争取国家科技奖再获佳绩。加强资源整合，推进与行业大企业合作，强化对合作单位的重大科技贡献。建立校院联动的科研"大平台"工作机制，完善科研院、产研院一体化工作体系。四是人工智能研究院建设。推动原创基础研究、应用场景示范、技术成果转化、高端人才培养、广泛国际合作五个高地建设，全面提升我校人工智能的影响力。推动学校人工智能研究院、上海人工智能研究院、苏州人工智能研究院、宁波人工智能研究院协同发展,形成产学研用创新链。系统推进上海人工智能重大专项研究,做实数学基础、机器认知等 12 个研究中心,带动我校人工智能技术的全面发展。落实人工智能研究规划,在跨院系合作、交叉学科博士生培养、数学与工科结合研究等方面,形成示范效应。五是文科科研水平提升。加强文科智库建设,重点围绕超大城市治理与危机管理、流行病防控机制等方向形成特色研究优势。优化文科科研组织管理模式,努力增强文科教师科研活力与能力,显著提升国家社会科学基金立项、重要奖项申报、高水平论文发表。提升学科话语权,通过主动布局推送,在解读中国实践、构建中国理论、促进中国话语传播等方面产出一批标志性成果。

5. 国际化办学

为促进新形势下国际合作与交流,提升学校综合实力和全球影响力,2019 年召开了国际化工作会议,在拓展海外布局、建设海外中心、深化战略合作、推进深度访学等方面达到了预期目标。今年,要进一步完善面向未来的国际化策略,并加快实施落地。

国际化办学的重点任务是研究落实国际化办学策略。制定国际化办学行动方案,推动实质性国际合作的举措落地。完善海外中心布局,做好新加坡研究生院的教学和研究工作。推动与瑞典皇家理工学院、慕尼黑工业大学、西北大学、悉尼大学、巴黎综合理工学院、南洋理工大学等校的博士生联合培养。

6. 大学治理

党的十九届四中全会指明了国家治理现代化的方向,为推进教育治理体系和治理能力现代化提供了重要指引。近年来,学校深化"院为实体"改革,取得了实效。今年,学校要着力完善一流大学治理体系,既要提升统筹治理的水平,又要坚持推动管理重心下移。

大学治理的重点任务包括坚持和完善党委领导下的校长负责制，进一步完善院系治理体系，增强院系党组织的政治功能和组织力。不断深化"院为实体"改革、增强改革获得感，进一步落实"放管服"举措，加大简政放权，强化校院协同、明晰权责。推进治理能力现代化，在充分激发办学活力的同时，充分利用信息化手段，建立校院两级防范风险的长效机制。提升管理服务效能、回应师生关切，持续建设"实事项目"。

7. 实事工程

2019 年，在广大师生、全体交大人的共同努力和支持下，我们在打造精致美丽的校园与和谐共进的氛围方面，取得了积极进展。今年，要继续围绕师生关切，提升服务质量与品位，营造人文情怀与科学精神交相辉映、师生校友凝心聚力的校园文化。

（二）2020 年度重点专项工作

重点专项 1："十四五"规划编制

"十四五"是全面开启新征程的第一个五年，是我国科创领域全面攻克"卡脖子"问题的关键时期。我们要主动谋划，在对接国家发展需求中作出交大贡献。

我们的每一个五年规划都推动学校进入新的快速发展阶段，学校"十三五"规划形成了"1+18+31+X"的体系。学校启动了"十四五"总体规划编制，各版块要制定版块专项规划，各学院办学单位要编制本单位的规划。

各单位要全面对照"十三五"规划完成情况，总结经验与不足，也要把握国内外形势、国家发展要求，以及相关高校、学科规划动态，科学合理制定"十四五"规划，明确发展目标及关键指标。

重点专项 2：第五轮学科评估工作

学科评估是对学校一流大学和一流学科建设成效的全面检验，反映师资队伍建设、人才培养、科学研究、社会服务、学科影响力等方方面面的综合水平。它不仅影响学校办学声誉，更是促进学科发展、优化学科布局的重要契机。

前四次学科评估，我校一次上一个台阶。此次评估继续突出人才培养质量评价，强调社会服务与贡献，我们一定要再上一个台阶，取得新的更大进步。

根据教育部的工作部署，第五轮学科评估计划将于 5 月份启动。届时，学校将召开评估动员大会，组织学院、学科对话。全校上下都要做好充分的准备工作，必须全力以赴、再创佳绩。

重点专项 3："混合式"教学改革

不断强化校院联动的教学工作体系，支持和鼓励广大教师深化教学改革，把学习和掌握的在线教学方法应用于今后的教学过程中。

推出一批新时期的交大名师，创造有利条件让更多优秀教师给更多学生上课，发挥典型示范效应。通过"混合式"教学，提升学生自主学习的积极性，让更多的学生奋楫争先。引导学生养成预习和复习的习惯，及时检验学习情况。优化培养方案和课程教学设计，实现"挤水铸金"。

加快推进线上线下教学研究，融入课程思政元素，优化"混合式"课程的系统设计与实践，探索"大班授课、小班辅导"的教学模式。

重点专项 4：深化博士生培养体系改革

提升博士生的学术志向与社会责任感，培养勇于担当使命、潜心学术创新、具有国际视野的博士优秀人才。加强"教书育人、立德树人"，促进导师队伍建设。加强博士生培养全过程的质控，提升博士生培养质量。加强与国际一流大学的联合培养，鼓励博士生积极参加高水平学术会议，提升博士生的国际视野与学术竞争力。

重点专项 5："大专项"行动计划

"大海洋""大健康""大零号湾"是学校未来若干年持续重点推进的工作，通过制定"大专项"行动计划，明确发展目标和年度目标，明确责任部门和责任人，坚持一张蓝图干到底。"大海洋"专项要成立海洋装备研究院，全面启动"深蓝计划"，争取签署部部共建协议。"大健康"专项要成立转化医学研究院，争取大科学设施验收，全面启动"STAR 计划"。"大零号湾"专项要成为上海南部科创中心的核心示范，列入上海市战略重点工作，本年度落实一定规模的创业空间，成立"市—区—校"推动工作机构和工作机制。

重点专项 6：信息化建设

信息化技术在维持学校正常运行中发挥了重要作用，有力降低了疫情带来的不良影响，让全校师生切身感受到了变化与便利。今年信息化建设的主要任务是规范数据治理，完善工作平台，健全体制机制。

老师们、同志们，2020 年是"十三五"各项任务和指标全面完成之年，任务繁重，我们要牢记初心使命，强化担当作为，持续攻坚突破。只要我们坚定信念、凝心聚力、接续奋斗，就一定能够战无不胜、勇往直前，早日实现建成中国特色世界一流大学的奋斗目标！

凝聚共识　统筹谋划　加快建设世界一流医学院

——在医学院暑期务虚会上的讲话

（2020年8月9日）

今天,我很高兴来到上海儿童医学中心参加医学院2020年暑期务虚会。近年来,在暑期召开务虚会已经成为学校和医学院持续深化综合改革、提升办学治院水平的一项重要举措。借助这个工作机制,各位同志对医教研管等各条线的工作进行全面总结和深入思考,畅谈观点、交流意见、碰撞思想,充分集思广益、凝聚发展共识、统筹谋划布局,为推动学校、医学院和附属医院各项事业的改革发展提供智慧支撑和强大动力。本次暑期务虚会恰逢我们全力做好"十三五"规划收官、科学编制"十四五"规划的关键时期,我相信今天的汇报和讨论必将对医学院和附属医院未来五年的改革发展产生重要意义和积极影响。

"十三五"规划建设时期,学校坚持质量为先、使命驱动,积极探索中国特色世界一流大学交大之路,在教育教学、科技创新、管理服务等各个领域均取得了显著成效,逐步跻身世界一流大学行列,为迈向"全面提升、整体一流"的战略目标奠定了坚实基础。我们非常欣喜地看到,在这一重要发展时期,医学院和附属医院对提升学校核心竞争力、综合办学实力和国际影响力等各方面都发挥了重要作用。办学模式方面,坚持发挥"两个共建"体制机制优势,落实"两个遵循",瞄准"两个一流","交医模式"得到业内广泛肯定和高度认可,医学教育改革排头兵的地位不断巩固,为探索综合性大学建设高水平医学院的"交大之路"作出积极贡献。人才培养方面,医学院坚持立德树人、铸魂育人,积极推进"致远荣誉计划"生物医学科学专业建设;在教育部临床医学专业认证过程中,代表中国接受世界医学教育联合会(WFME)全程观摩,获得高度认可;在 2018 年临床医学审核评估中,获得教育部专家的一致好评。卓越医学创新人才培养体系为学校落实"四位一体"育人理念、推进拔尖创新人才培养,赋予了更加丰富的建设内涵和创新思路,"学在交大、行在交医"蔚然成风。师资队伍建设方面,医学院积极响应学校人才强校主战略,构建"人才特区"和"学术特区",推进"双百人"计划、启动破格晋升计划、实施博士后激励计划,推动专业技术职称制度改革,建立健全师资队伍多元化发展模式,育引并举加快人才队伍建设,有力推动学校整体高层次师资队伍建设迈上新台阶。学科建设方面,临床医学、口腔医学、基础医学、药学 4 个学科入选国家"双一流"建设,3 个学科进入教育部第四轮学科评估 A 档,8 个学科入选上海市"高峰高原"学科建设计划,在 ESI 医学学科排名中连续八年位列全国第一;不仅有力支撑了学校生农医药学科板块的整体水平,也为学校优化学科布局、提升学科质量作出了重要贡献。科学研究方面,转化医学国家重大科技基础设施建设取得突破,智慧医疗研究院、精准医学研究院等 8 个一流的研究中心完成布局,国家自然科学基金项目数量和资助经费稳步增长,连续九年位列全国医学院校第一,获得国家级科研奖项53 项,SCI 论文总数连续十年位列全国医学院校第一,在 *Cell*、*Nature*、*The New England Journal of Medicine*、*The Journal of the American Medical Association* 等顶级期刊上发表多篇高水平论文,有力提升了学校的整体科研水平和学术影响力。国际合作方面,中法联合医学院、上海—渥太华联合医学院实体化运行,"八年制临床医学法语班本博连读项目"成为国内首个中外合作培养医学博士项目,分别与耶鲁大学、爱因斯坦医学院、哈佛大学合作共建免疫代谢研究院、单细胞组学与疾病研究中心、癌症系统生物学国际实验室等世界一流科研平台,倡导建立东南亚医学教育与医疗卫生联盟,依托国家热带病研究中心成立"全球健康学院",国际合作的办学格局持续拓展、国际影响力持续提升。医疗服务方面,13家附属医院以解决疑难杂症为重点的高品质医疗服务能力不断增强,成立22个专科医联体,获评"首届上海医改十大创新举措",中国医院发展研究院成为上海市唯一的医疗卫生领域"上海高校智库一类智库",社会服务贡献度不断攀升。

尤其令人感动的是,面对汹涌而来的新冠疫情,医学院及附属医院第一时间响应国家号召,先后选派8批569名医疗骨干一夜成军、火速驰援武汉前线,积极选派182名医护力量支持上海市公共卫生临床中心,抓紧建设附属医院发热门诊,为打赢疫情防控阻击战筑起坚强的白衣长城。医学院和附属医院在这场举世瞩目的严峻斗争中,不仅涌现出大量舍身忘我的先进个人和优秀集体,产出了诸多卓有成效的科研成果,也书写了无数可歌可泣的感人故事,生动有力地传承和弘扬了"选择交大,就选择了责任"的使命担当,为学校贡献了弥足珍贵的令人骄傲的荣耀和精神财富。

"十三五"期间取得的建设成绩和疫情防控重要成果,离不开医学院和附属医院全体师生医务员工付出的大量心血和宝贵智慧,借此机会,我代表学校向大家致以衷心的感谢和诚挚的敬意!

同志们,"十四五"时期既是我国全面建成小康社会、实现第一个百年奋斗目标之后,乘势而上开启全面建设社会主义现代化国家新征程、向第二个百年奋斗目标进军的第一个五年,也是学校稳步跻身世界一流大学行列,加快迈向世界一流大学前列的再次发力阶段。当前,世界百年未有之大变局和新冠疫情蔓延交织叠加,进一步加剧了国际环境的复杂程度、加快了利益格局的深刻调整,中美之间的摩擦已经由贸易领域向教育、科技等其他领域蔓延渗透、愈演愈烈。中华民族的伟大复兴必定不是轻轻松松、敲锣打鼓就能实现的,国家之间的竞争归根结底是人才的竞争、科技的竞争,我国高等教育对提升国家综合实力和国际竞争力的重要性正日益凸显。随着国家"双一流"建设进入深水区,国内顶尖高校百舸争流、奋楫争先的态势也已形成。高水平医学院及医学学科建设是综合性大学实现高质量发展、加快迈向一流的有力支撑和重要增长极,已经成为大家的普遍共识;我们开创的"交医模式"正逐步为越来越多的兄弟高校所关注和研究,我国高等教育领域面临着新的变局,如果我们稍有犹豫和懈怠,原有的先发优势就会被大大削弱,已经形成的比较优势也会很快失去。

同志们,只有培养出一流的人才、为国家发展和人民幸福作出一流的贡献,才能称之为一流大学、一流医学院、一流医院。如何科学统筹制定发展目标,用好用足医学院和附属医院各项已有优势,系统谋划提纲挈领的发展战略,拿出切实管用的建设思路和改革举措,努力在危机中育新机、于变局中开新局,是我们科学编制"十四五"规划所面临的一项重要课题。借此机会,我想谈几点意见。

一是瞄准目标愿景,坚持同频共振,牢牢立足建设"两个一流"的战略全局谋划发展。自上海交通大学和上海第二医科大学强强合并、成立新的上海交通大学医学院以来,加快建设"两个一流"就成为学校和医学院为之不懈奋斗的共同目标。站在新的历史起点上,必须正确看待、深刻理解"两个一流"的辩证统一关系:一流大学为一流医学院建设提供了更高更广的发展平台和更多维度的丰富资源,一流医学院优化了一流大学的建设格局、为一流大学建设注入强劲动力,"两个一流"缺一不可、相辅相成、相互促进。其中,附属医院作为密不可分的重要教育科研单位,也应当同步达到世界一流水平。面向 2035 年和 2050 年,学校经过审时度势、综合分析,分别制定了"进入世界一流大学前列"和"建成顶尖世界一流大学"的战略目标。"十四五"时期是关键的起步阶段,学校将坚持"品位提升、价值驱动",围绕初步建立具有中国特色的卓越人才培养体系、初步形成高峰耸立、高原迭起的一流学科生态、大幅提升攻坚克难创新策源的服务贡献能力、开始成为思想引领和文化传播的原创首创地的四个方面美好愿景,贯彻落实"人才强校、交叉创新、开放融合、文化引领"四大发展战略以及六项重要举措,努力实现"整体实力稳居世界一流、四大世界大学排名逐步跻身70强"的发展目标。医学院和附属医院在制定"十四五"规划时应当突出目标导向。要找准目标方向,对照学校既定的阶段性发展目标,将医学院第十一次党代会确定的战略目标进一步具体化、细化,科学制定"十四五"时期建设目标,做到与"两个一流"建设同向同行。要注重协同联动,紧密对接学校四大发展战略,在"大健康""大智能"(人工智能)、超大城市治理(智库建设)、"大海洋""大零号湾"等重大行动计划及转化医学重大科学设施建设中加强有效联动,切实增强"十四五"规划的全局性、系统性和协同性。要深化建设内涵,在设计关键指标时更加注重立德树人、更加强调内涵质量、更加突出服务贡献,自觉把各项重点任务统一到建设"两个一流"的发展大局中来。

二是聚焦短板弱项,深化改革创新,科学制定"十四五"期间的建设思路和关键路径。"两个一流"的建设进程是一场接力赛,既要注重全面总结"十三五"建设时期的建设成效和有益经验,也要突出问题导向,对照"十三五"规划建设过程中存在的不足和缺憾,深入挖掘和剖析各项重点问题背后的深层次原因,为谋划"十四五"规划找准病灶症结。要勤于调查研究,把调研作为规划发展的重要基础,围绕医教研管等各条线各领域一线同志的心声和关切,充分尊重基层首创精神,积极向师生医务员工问建议、问良策,向调查研究要答案、要方法。要敢于改革创新,注重深刻把握医学教育和医学学科建设的客观规律,把改革定向、创新驱动作为谋划和推动"十四五"时期发展的关键一招。坚持立足中国、放眼全球,强化对标对表意识,找好全球医学教育的参照系、坐标轴,紧跟未来发展趋势和前沿教育理念,加强综合分析和系统研判,充分讨论、归纳、凝练,形成"十四五"期间的主要建设思路。要善于精准发力,在刀刃向内的自我革新中充分发扬斗争精神,坚持多措并举、多管齐下,向长期制约医学院和附属医院改革发展的顽瘴痼疾开刀,不断提升"十四五"规划的针对性、前瞻性和可持续性,着力把"十三五"建设时期存在的短板和弱项逆变为"十四五"时期的建设业绩和发展优势。

三是注重规划成效,凸显使命担当,切实将"十四五"规划转化为加快迈向世界一流的强大效能。"两个一流"不是喊出来的、不是等出来的,是扎扎实实干出来的;规划的生命力在于实干、在于实效,制定并落实"十四五"规划,必须突出结果导向。要确保有效可行,规划中的阶段性目标、建设思路、发展战略、重点任务以及关键指标的制定,都应当坚持实事求是、脚踏实地的原则,注重结合医学院和附属医院的发展实际进行精准谋划、分类施策,杜绝大而空的口号和不切实际的构想,确保"十四五"规划的各项发展举措可操作、可落地、可见效。要加强组织落实,"一分部署,九分落实",各级领导干部既是发展蓝图的起草人,也是各项规划的落实者,要坚持深入一线、靠前指挥、履职尽责、抓好落实,做好"十四五"规划的"后半篇文章",充分发挥"十四五"规划在未来五年改革发展中的"指南针"作用,做到久久为功、善作善成。要彰显使命担当,借助编制和落实"十四五"规划的宝贵契机,再次吹响进军世界一流的嘹亮号角,进一步调动和激发全体师生医务员工投身"两个一流"建设的积极性、主动性和创造性,积极营造干事创业的良好氛围和发展环境,团结引领大家增强一流意识和进取精神,提振士气、集思广益、凝心聚力,以高站位的使命担当、高标准的工作要求和高质量的成效业绩,为医学院和附属医院的改革发展贡献源源不断的强大动力和创新智慧。

　　同志们,扎根中国大地、建设世界一流,是几代交大人的宏伟夙愿,也是学校、医学院和附属医院共同肩负的崇高使命。学校将一如既往地坚定支持医学院和附属医院在"两个一流"建设中勇当排头兵、先行者。我相信,只要全体师生医务员工团结一心、群策群力,坚持一张蓝图绘到底、一茬接着一茬干,我们就一定能够拿出经得起历史检验的建设思路和方案,在"十四五"时期取得更加优异的成绩,为加快建设世界一流大学和一流医学院作出更大的新的历史贡献!

对学校发展新阶段的认识
——在 2021 年校领导班子寒假务虚会上的报告

（2021 年 1 月 27 日）

去年 12 月，学校圆满成功地召开了第十一次党代会，全面总结了成绩经验，深入谋划了未来发展。党委工作报告构建了"综合性、创新型、国际化"办学新格局的战略任务；提出人才强校、育人为本、交叉创新、开放融合、文化引领五大发展战略；明确了按"三步走"的战略目标接续奋斗，并将第三步划分为"两个十五年"，描绘了面向 2035 年、2050 年的远景目标，制定了面向 2025 年的建设目标。在此次寒假务虚会上，我谈谈对学校新发展阶段的认识。

1996 年，学校在百年校庆期间提出上海交通大学"三步走"战略：第一步（1996—2010 年），完善布局，基础夯实；第二步（2011—2020 年），重点突破，优势凸显。第三步（2021—2050 年）要实现全面提升，整体一流。学校第八次党代会确定"综合性、研究型、国际化"的九字办学方针。历经"十五"至"十三五"二十年的努力，相继实现了"三步走"战略目标中的第一步和第二步，建成了"综合性、研究型、国际化"的一流大学。

二十年来，学校办学的规模稳健增长。在校生规模超过 4.4 万人，研究生与本科生的比例也逐年提高，学位留学生增长了 6.4 倍。专任教师中博士比例接近 90%，教师的学历层次和国际化程度大幅改善。学科内涵持续深化。目前，在建一级学科 56 个，一级学科博士点由

2000 年的 8 个增至 47 个,覆盖 10 个学科门类。学科水平大幅跃升。ESI 学科排名从 2011 年的第 344 名升至第 88 名,位列全国第 4 名。ESI 前千分之一、前万分之一学科相继实现突破,ESI 前百分之一学科从 2004 年的 4 个增至 19 个,位列全国第 4 名。学科高峰日益显现。在第四轮学科评估中,A 类学科 25 个,17 个学科入选"双一流"学科,位列全国第 4 名。17 个学科入选上海市"高峰高原"建设学科名单。师资水平整体提升。2007 年实施长聘教师以来,长聘体系教师总人数占全校专任教师的近一半。博士后队伍规模破千,蓄水池作用有效发挥。财政收入与科研经费跨越式发展。2020 年学校财政收入的总规模是 2010 年的 3 倍,是 2005 年的 5 倍;科研到校经费的规模是 2010 年的 2.5 倍,是 2005 年的 7 倍;文科科研经费的规模过亿,是 2010 年的 4.5 倍,是 2005 年的 10 倍。创新活力显著增强。国家自然科学基金项目数量快速增长,2020 年获资助的项目数量是 2000 年的 24 倍。2020 年创历史最好水平,科学中心项目实现零的突破,新增杰青项目首次突破两位数,新增优青项目升至全国第二。高水平成果持续涌现。高水平论文数量快速增长,SCI 论文由 2000 年的 389 篇增到 8 119 篇,增长了近 20 倍;SCI 论文和卓越论文数量均为全国第一,*Cell*、*Nature*、*Science*(以下简称"CNS")论文发表实现常态化;SSCI/A&HCI 论文数量大幅增长,2019 年的数量是 2006 年的 56 倍。二十年来,科技成果获奖数量稳步增长,国家科学技术奖共计 99 项,上海市级奖共计 408 项。2019 年,"海上大型绞吸疏浚装备的自主研发与产业化"项目荣获国家科学技术进步奖特等奖,实现历史性突破。文科科研质量不断提升。在国内哲学社会科学最高水平刊物《中国社会科学》期刊发文从无到有,人文社科高等级奖项数量逐年增加,多个学科实现突破。整体实力跻身世界百强。学校办学的整体水平与国际地位不断跃上新的台阶,在四大世界大学排名中三个排名进入百强,排名均值为第 83 名。在 ARWU

排名中,我校由 2004 年的第 461 名上升至 2020 年的第 63 名。

总体来看,"综合性、研究型、国际化"的办学格局逐渐形成、不断发展,九字方针有力推动了交大建设成为中国特色世界一流大学的历史进程——由单科型的工科学校变成工、理、医、管、文、社等门类齐全的综合性学校;由 20 世纪 80—90 年代中期之前的教学型大学,通过二十多年的努力,逐步变成科研型大学。加强国际对标,逐步得到国内外的高度认可,若干办学特区形成溢出效应。

在新的历史时点上,学校第十一次党代会审时度势、长远谋划,提出要准确把握我国发展新的历史方位,紧紧抓住可以推动学校持续快速发展的时代机遇,于变局之中勇开新局,加快构建"综合性、创新型、国际化"的办学新格局,推动事业新发展。"综合性""国际化"仍需持续建设,"创新型"是"研究型"的继承发展、内涵深化,对学校未来的长远发展意义重大。

在"综合性"学科布局方面要巩固提升。目前,各学科版块的发展仍不够均衡,要继续增强优势,补齐短板。学科综合优势有待进一步发挥,各个学科版块要加强交叉融合,实现多学科"耦合发展"。

要进一步强化凸显"国际化"办学优势。国际学术声誉、全球影响力对标世界一流大学,仍有较大差距。学校国际化氛围、国际化对整体办学水平提升的作用有待加强。

要加快实现"创新型"转变。向"创新型"转变应具有的特征,包括从"跟随"到"引领",从"资源驱动"到"创新驱动",从"数量增长"到"质量提升的转变"。"创新型"大学的建设路径,是以"创新人才培养"为根本,以"原始创新"和"服务国家"为驱动,三者紧密联通、相互转化。创新人才培养,创立新的学科体系、知识体系、人才培养模式和方式都要变革。升级传统学科的人才培养能力,既要对接学科前沿,也要对接社会、产业需求。提升原始创新能力,勇于挑战世界最前沿的重大科学问题、理论问题;力争产出推动人类社会进步的诺贝尔奖级标志性成果。服务国家战略需求,要对接国家需求,布局若干关键核心技术、战略高技术攻关方向;解决"卡脖子"问题,以及经济社会各领域的现实问题。"创新型"大学的支撑体系包括创新的人才队伍、创新的布局拓展、创新的体制机制和创新的文化氛围。

到 2025 年,学校要建成"综合性、创新型、国际化"的世界一流大学。为实现愿景目标,学校要着力推动人才强校、育人为本、交叉创新、开放融合、文化引领等五大战略。不断推进九大建设任务。我们要按照"三步走"和"两个十五年"绘制的蓝图接续奋斗。要用"两个十五年"来走好学校发展的第三步:第一个十五年(2021—2035 年)进入世界一流大学前列。第二个十五年(2036—2050 年),跻身顶尖世界一流大学行列。

同志们,学校发展进入新阶段,国家需要我们融入全面建设社会主义现代化国家的洪流,进一步发展需要我们开启迈向世界一流大学前列的新征程。学校树立了由"补齐短板"到"打造高峰",由"量的积累"到"质的飞跃",由"国内竞争"到"国际比肩"的新目标。新阶段有新内涵,我们要以中国特色作为迈向世界前列的根本优势,以高远追求引领学科发展预期的目标实现,以强化功能作出更加不可替代的创新贡献,以提升影响建立更被广泛认可的全球品牌,以育人为本突出更加旗帜鲜明的大学使命!

凝心聚力　近悦远来　打造高水平人才高地
——在 2021 年学校人才工作会议上的报告

（2021 年 12 月 7 日）

党的十八大以来，党中央做出了人才是实现民族振兴、赢得国际竞争主动的战略资源的重大判断，做出了全方位培养、引进、使用人才的重大部署。2021 年 9 月 27 日至 28 日，中央人才工作会议在北京召开，习近平总书记发表重要讲话，强调要"深入实施新时代人才强国战略，全方位培养、引进、用好人才，加快建设世界重要人才中心和创新高地，为 2035 年基本实现社会主义现代化提供人才支撑，为 2050 年全面建成社会主义现代化强国打好人才基础"。

从人类历史上来看，科技和人才总是向发展势头好、文明程度高、创新最活跃的地方集聚。16 世纪以来，全球先后形成 5 个科学和人才中心，包括 16 世纪的意大利、17 世纪的英国、18 世纪的法国、19 世纪的德国，以及 20 世纪的美国。面向 21 世纪，能否在中国形成新的科学和人才中心是我们需要思考的问题。

加快建设世界重要人才中心和创新高地，必须把握战略主动，做好顶层设计和战略谋划，制定三个重要时间节点的近、中、远期目标。到 2025 年，在关键核心技术领域拥有一大批战略科技人才、一流科技领军人才和创新团队；到 2030 年，在主要科技领域有一批领跑者，在新兴前沿交叉领域有一批开拓者；到 2035 年，形成我国在诸多领域人才竞争的比较优势，国家战略科技力量和高水平人才队伍位居世界前列。

要进一步在深化人才发展体制机制改革、加快建设国家战略人才力量、全方位培养、引进、用好人才方面花大力气，下大功夫。

上海市在 2021 年 11 月 26 日召开了人才工作会议，强调要胸怀"国之大者"，下好人才"先手棋"，举全市之力加快推进高水平人才高地建设；抓好战略科学家这个"关键少数"，培养更多领军人才，带动更多创新团队；抓好青年科技人才队伍这个"源头活水"，为他们创造更好条件、提供更有力支持。

一、人才工作总体成效

学校在 2004 年确定了人才强校主战略，2007 年构建引育并举的人才金字塔体系，2016 年推出人才强校 2.0 版，推进分类发展、多元评价，2019 年召开全校人才工作会议，2021 年建设更加定型的长聘体系制度。经过多年的努力，一流师资队伍建设的顶层制度设计的"四梁八柱"已经形成。我们是全国最早建立长聘体系的高校之一，全国最早实施分类发展、多元评价的高校，核心目标就是要打造一流大学的核心师资队伍，营造人人皆可成才的用人环境。

学校持续打造人才金字塔和培育金字塔。人才金字塔包括讲席教授、特聘教授，长聘教授、长聘副教授，长聘教轨副教授、助理教授。培育金字塔包括：学科领军人才（领军人才计划）、重点发展人才（致远育才计划）、骨干潜力人才（优才培育计划）、新进青年人才（启航培育计划）。学校构建多维度的人才发展通道，推动代表性成果评价，建立了师资队伍、研究队伍、支撑队伍、管理队伍、思政队伍等 5 个类别 8 个体系的发展通道。针对代表性成果评价的制度改革全面铺开，已经制定了 1 个指导意见、4 个程序性文件、18 个系列聘任办法的制度体系。参照事业编制的职业年金，建立劳动聘用人员的企业年金，在提高劳动聘用人员的获得感和认同感的同时,缓解了编制对人才工作的压力,集中力量引进优秀人才。

学校长聘体系的建设效果显著,长聘教授及以上占正高总数的50%,约占全体教授总数的63%。高层次人才和四青人才数量稳步增长,高被引学者入选数稳定增长。人才队伍在学校的各项事业中发挥重要作用:通过引进和培育,已经形成与建设世界一流大学相适应的一流核心师资队伍,长聘体系实现全覆盖;涌现出一批潜心育人、教学相长的新时代教学名师,获教书育人奖490人次,立德树人蔚然成风;广大教师自觉面向世界科技前沿、国家重大需求、国民经济主战场,成果卓著,CNS论文发表数量显著增长,2020年为29篇,2020年荣获国家奖8项;一批青年人才成长为学校办学的中坚力量,在自然科学基金、重点研发计划等方面发挥重要作用,潜能巨大。

二、人才工作存在的问题

虽然学校人才工作取得了诸多成绩,但同时也存在许多问题,主要表现在以下五个方面。

一是人才引进缺乏顶层设计,工作机制需要不断完善。具体包括高层次人才引进的顶层设计不足,没有布局重点方向;人才引进绿色通道的工作机制和模式需要完善;不同层次学科发展的规模和投入机制需要研究。

二是具备冲击院士实力的人才储备不够。具体而言,学校对顶尖人才的培育机制还需要进一步强化;顶尖人才在凝练学术方向、带领团队建设和发展方面存在不足。部分学科的院士人才储备尤其要加强,工科的引育力度需要加大。

三是四青人才体量已具规模,但快速成长为领军人才的通道不畅。

总体而言,四青人才成长为领军人才的比例偏低。四青人才快速成长通道不够顺畅的原因有很多,学校为优秀人才提供良好的成长环境不足,有组织的培养不够;学校领军人才对中青年人才的学术引领的作用还不够,等等。

四是潜心教书育人名师不多,引导教师争做"大先生"的氛围不够。潜心教学、热爱教学、关心学生的教风还需要加强,包括荣誉体系教授的上课率不够;核心课程的教学团队传帮带作用发挥不明显,国家级优秀课程的数量不足。

五是人才引进综合把关不够,意识形态、师德师风把关还需协同。人才引进把关存在盲区,多部门协同机制不够完善。

三、拟出台《新时代深入推进人才强校战略的实施意见》

2004 年,学校党委确定了人才强校主战略,并设立高层次人才聘任委员会;2007 年,学校决定将优秀人才的引进和培养工作放在加强内涵建设的首要位置,构建引育并举的人才金字塔体系;2016 年,制定《上海交通大学关于深入推进人才强校主战略的实施意见》,为学校创建中国特色的世界一流大学奠定了坚实基础。近年来,学校仍持续不断推进人才强校主战略。

新时代以来,深入推进人才强校主战略的必要性更加凸显,建设更具时代性、系统性的人才工作体制机制,这既是深入贯彻中央人才工作会议精神和紧密对接国家重大战略部署的需要、参与上海建设世界重要人才中心和创新高地的需要,也是落实学校"十四五"人才规划和新时代人才强校主战略的需要。学校新制定的《新时代深入推进人才强校战略的实施意见(讨论稿)》主要有 7 个章节:坚持党管人才,做好顶层设计和战略谋划;紧抓战略机遇,大力吸引和培养顶尖人才;对接国家需求,创新培育战略人才力量;优化人才评价,激发各类人才的创新活力;加强服务保障,精细化提升人才服务的质量;加强就业引导,培养学生的学术志趣;加强组织保障,夯实单位责任的落实。

四、"十四五"重点推进的工作

学校新时期人才工作的基本思路和总体要求是:党管人才、凝心聚力,前瞻布局、质量为先,引育并举、全程支撑,用好用活、形成生态。人才工作要完成四大转变:人事制度方面,由率先探索改革转为更加成熟定型;人才引进方面,由快速集聚增长转为突出高精尖缺;人才培育方面,由个人成长发展转为形成支撑体系;人才环境方面,由优化管理服务转为营造成长沃土。

"十四五"期间重点推进的工作主要有以下 5 个方面。

一是加强政治素质把关,坚定学术判断自信。要加强引才政治和意识形态把关,多部门协同,完善引才师德师风的政治把关;重视文科引才的政治态度和意识形态。要坚定引才学术判断自信,充分信任学校、学院两级学术共同体的判断力,坚定引才自信。

二是做好引才顶层设计,精细谋划引才战略。加强院系引进人才的顶层设计,以高精尖缺为导向,根据院系重点发展方向和学科布局,有目标、有侧重地引进优秀的高层次和青年人才。进一步发挥院系引才的主体作用,院为实体,校院协同,抓住机遇,切实加大人才引育力度。

三是完善引才机制,坚持引进最优秀的人才。抓住有利的国际环境,引进来自世界顶尖机构的最优人才。支持院系加强引才投入,完善学院引才支持机制,在学校平均标准的基础上追加投入,鼓励学院充分调动各方面的资源。探索发掘重要人才机制,对学校的重点需求或有重大影响力的人才要及时发现和快速引进。建立高端引才的快速响应机制,建立专题会议机制,对高层次人才和特别优秀、需要特别支持的青年人才引进的必要性和支持方案应及时判断决策。

四是加强培育力度,健全人才多级培育体系。完善人才培育"金字塔",形成分梯队、全链条的人才培育体系:领军人才计划面向申报院士冲刺阶段的领军人才;致远育才计划面向具有领军潜质的中青年骨干人才;优才培育计划面向具有本学科骨干潜质的青年人才;启航培育计划面向新入职的青年教师。

五是完善教学激励政策,加强教学名师培养。弘扬新时代交大名师,引导教师成为热爱教育事业、潜心教学的"大先生",要让荣誉体系教授走上讲台,上好一门通识课。加强教学政策支持,完善教学岗位教师职称晋升通道,做好优秀教学经验总结,在打造核心课程的过程中,做好教学团队建设。

"国势之强由于人,人材之成出于学。"当前,我国进入了全面建设社会主义现代化国家、向第二个百年奋斗目标进军的新征程,我们比历史上任何时期都更加渴求人才。然而,我们必须清醒地认识到,学校的人才工作同新形势新任务相比还有很多不适应的地方。

我们要进一步提高站位、坚定方向,以更大的决心、更主动的举措、更完善的制度,强化卓越创新人才的引育成效,为建设世界重要人才中心和创新高地贡献交大力量。

谋篇布局再图强　砥砺奋进正当时

——在学校第十八期中青年骨干培训班上的报告

（2021年12月8日）

我很高兴受邀来给中青班的同志们作交流，今天交流的内容主要结合学校的发展历程，与同志们一起交流学校的事业发展。

一、学校近二十年发展回顾

从"十五"到"十三五"，二十年来，学校始终坚持党的领导，坚持社会主义办学方向，坚持党政同心，保持与日俱进、昂扬奋进的精神状态，深入推动综合改革，扎实开展"双一流"建设，努力探索建设中国特色世界一流大学之路，在人才培养、师资队伍、学科建设、科学研究、国际化办学、大学治理等六个方面都取得了显著成效。

学校第八次党代会提出"综合性、研究型、国际化"的九字办学方针，启动实施人才强校主战略，办学重心向闵行战略转移。继1999年上海农学院并入，2005年与上海第二医科大学强强合并；2002年成立法学院、国务学院、媒设学院，不断完善文科布局；2006年成立密西根学院，提升国际化办学水平，学校完成了综合性的学科布局，大幅提升了学术研究水平，全面拓展了国际合作与交流的广度和深度。

学校坚定目标、追求卓越，长线布局、阶段突破，综合实力每五年上一个台阶。"十五"期间是填谷补缺，资源驱动；"十一五"期间是数量提升,指标驱动;"十二五"期间是数质并重,目标驱动;"十三五"期间是质量为先,使命驱动。到现在"十四五",学校是品位提升,价值驱动,力争跻身世界一流大学行列。

在人才培养方面,学校始终坚持立德树人,培养拔尖创新人才。"十五"期间是调整人才培养结构,优化研究生与本科生比例。"十一五"期间是提高人才培养质量,提高研究生生源质量、提高博士论文质量。"十二五"期间是提升人才培养的国际化水平,包括海外游学比例、留学生数量。"十三五"期间是强化立德树人,落实"四位一体"育人理念,做好就业引导(学术就业)、提升留学生质量。

学生结构更加合理。全日制在校生 4.6 万人,研究生和本科生比由 2001 年的 0.49 上升至 2021 年的 1.46。留学生规模和结构逐步优化,2021 年学位留学生人数是 2001 年的 5.4 倍。

人才培养模式不断创新。2001 年推行本科生研究计划(PRP);2002 年成立 ACM 试点班;2006 年成立密西根学院,探索"以我为主"的国际合作办学模式;2008 年构建"三位一体"人才培养体系,实施基础学科拔尖人才计划,成立致远学院;2011 年成立 IEEE 试点班;2013 年成立钱学森班;2014 实施"致远荣誉计划",建立工科大平台;2015 年推进"学在交大"改革,自然科学试验班招生;2016 年获首批国家"双创示范基地";2017 年强化以价值引领为核心的"四位一体"育人理念和工作体系;2018 年开展新时期教育思想大讨论,推出育人十大举措,强化就业引导;2019 年推动高水平学术就业;2020 年开展在线教学,探索混合式教学模式,成立智慧能源创新学院、李政道班;2021 年成立溥渊未来技术学院。学校始终致力于做到不出国门就能让学子享受世界一流的高等教育。

价值引领深入人心。学生的学习动力和学术志向大幅提升,本科生直接读博比例从 2011 年的 3.3% 提高到 2020 年的 11.38%。2011—

2020 年,到西部地区就业的本科生比例从 3.0%提升到 7.26%,选调生人数从 17 人增加到 204 人,全校就业引导率逐年提升。"选择交大,就选择了责任"成为交大人的自觉遵循。

在师资队伍建设方面,学校始终坚持人才强校主战略,打造一流师资。"十五"期间是提升专任教师队伍的学历和职称结构,重点是提高博士教师比例、提升高级职称比例。"十一五"期间是提升专任教师队伍的国际化水平,重点是引进海外高水平人才。"十二五"期间是高水平师资队伍的建设,建设引育并举的人才金字塔体系。"十三五"期间是师资队伍创新能力的全面提升,建设荣誉和长聘系列高层次人才队伍。

师资队伍结构持续优化。专任教师博士学位比例由 2001 年的31%增长至 2021 年的 92%。海外博士专任教师的比例由约 6%增长至33%。长聘体系师资队伍初步建成,多维人才发展通道日益完善。长聘教职、专职科研、工程技术、职员、思政教师等多渠道发展,进一步完善了师资队伍结构,推动多元评价、分类发展的人事制度改革,助力人人皆可成才,人人尽展其才局面的形成。

在学科建设方面,学校不断优化布局与结构,建设一流学科。"十五"期间是强化学科综合布局,加强文科、医科类学科布点。"十一五"期间是着力加强主干学科建设,优化学科布局。"十二五"期间是文理跃升,实现学科板块的均衡发展,提升一级学科的评估排名。"十三五"期间是促进交叉,构建学科发展的生态体系,提升 ESI 前千分之一学科、优质学科的比例。

优化学科布局与结构。交大在建一级学科 56 个,覆盖理工医文四大板块。一级博士点 47 个,占比 84%,覆盖 10 个学科门类。学科高峰日益凸显。17 个学科入选新一轮"双一流"学科。在第四轮学科评估中,我校拥有 25 个 A 类学科,四大板块均有 A+学科。17 个学科入选上海市"高峰高原"建设学科。若干学科跻身世界一流。ESI 学科总排名从 2011 年的第 344 名跃升至第 77 名,位居全国高校第 4 名。ESI 前百分之一学科从 12 个上升到 21 个,位居全国高校第 4 名。ESI 前千分之一学科从 2 个上升到 8 个。工程学进入 ESI 前万分之一学科。四大世界大学排名平均入围学科超过 70%,排名前 50 的学科超过 20%。

在科学研究方面,学校始终坚持服务国家发展战略,提升科研规模与质量。"十五"期间是扩大科学研究规模,增加在国际刊物发表论文的数量。"十一五"期间是提升科学研究竞争力,着力提升论文被引总量、自然科学基金项目数量。"十二五"期间是提升科学研究水平和质量,提升篇均被引、重大科研项目数量。"十三五"期间是提升科学研究影响力,增加顶级期刊/高被引论文;提升国家奖的数量和质量,增加国家特等奖和一等奖。科研项目数量稳步增长,近二十年科研经费总量稳步增长,2020 年到校经费数超过 48 亿,提高近 20 倍。自 2010 年,国家自然科学基金项目数连续 12 年保持全国第一(自 2017 年,总数超千项,经费超 10 亿)。国家社会科学基金立项数持续增长,文科经费 2017 年首次破亿,2020 年接近 1.7 亿。

高水平成果持续涌现。高水平论文数量快速增长,SCI 论文由 2000 年的 389 篇增至 9 557 篇,增长了近 24 倍。SCI 论文与卓越科技论文数均为全国第一,CNS 论文发表实现常态化。SSCI/A&HCI 论文数量大幅增长,2020 年的数量是 2006 年的 59 倍。这里也有一个过程,2000 年前,学校的老师们不会写 SCI 论文,"十五"期间学校用奖金鼓励老师们写 SCI 论文,到"十一五"期间取消了现金奖励,到"十二五"已经是压数量提质量,到"十三五"学校鼓励 CNS 论文发表。

国家科学技术奖实现重大突破。"海上大型绞吸式疏浚装备的自主研发与产业化"项目,获 2019 年度国家科技进步奖特等奖。新一代高强度、耐高温和长寿命镁稀土合金,应用于新一代空天装备,获得

2020年度国家技术发明一等奖。服务国家重大战略需求的能力不断提升。与中核工业集团有限公司（以下简称"中核工业"）、中国航天科技集团有限公司（以下简称"航天科技"）、中国船舶集团有限公司（以下简称"中船集团"）、中国商用飞机有限责任公司（以下简称"中国商飞"）等30余家大型国企或重点单位签署战略合作协议。

在国际化办学方面，学校始终坚持以我为主，拓展和深化全球布局。"十五"期间是积极开展国际合作，主要是"走出去，引进来"。"十一五"期间是国际化办学拓展，开展实质性国际合作办学。"十二五"期间是提升中外合作办学质量，聚焦对等，与顶尖大学合作。"十三五"期间是全球布局，建海外中心，全面提升国际声誉和影响力。

国际合作办学持续拓展。2000年与密西根大学合作办学，2006年成立密西根学院，成为国际化合作办学的典范。2012年与巴黎高科技工程师学校集团合办学院，2016年被中法两国政府评为中法大学合作优秀项目。2017年与莫斯科航空学院合办中俄联合研究院，开设莫航班。国际合作全方位展开。联授博士学位高校15个，双学位合作高校50个，设立科研合作基金17个。

在大学治理方面，学校始终坚持深化改革，不断完善治理结构。"十五"期间是分级管理，院系合并促进交叉，落实管理责任制。"十一五"期间是规范管理，校院两级管理体制，推动"院为实体"改革。"十二五"期间是目标管理，简政放权服务转型，加强绩效管理。"十三五"期间是系统治理，协议授权，责权分担，全面深化综合改革。

三大专项改革成效显著。"学在交大"强化立德树人，实现更多的教育增值、更好的学习体验。"多元评价"助力人人尽展其才，打通更具发展导向的人才通道，建立更具创新导向的激励机制。"院为实体"激发了基层活力，促进产生更强的发展意愿，更适配的资源政策。

过去二十年，学校按照"三步走"的战略蓝图，持续接力、不断跨越，强化了立德树人、价值引领的核心地位,形成了特色鲜明的拔尖创新人才培养体系,汇聚了一批具有国际水准的高水平师资,建成了若干世界一流的优势学科和学科群,产出了一批有重大影响力的科技创新成果,构建了具有交大特色的国际化办学体系,探索了中国特色世界一流大学的治理模式。学校的核心竞争力、办学实力与地位、国际影响力均大幅提升,逐步跻身世界一流大学行列,圆满完成了前两步战略目标,为第三步"全面提升、整体一流"奠定了坚实基础。

二、当前国内外形势分析

当前,实现中华民族伟大复兴的战略全局和世界百年未有之大变局,两个大局相互激荡。从国际来看,世界百年未有之大变局加速演进。国际环境错综复杂,世界经济陷入低迷期,不稳定性、不确定性明显增加。新冠疫情的影响广泛深远,逆全球化、单边主义、保护主义思潮暗流涌动。科技创新成为国际战略博弈的主要战场,围绕科技制高点的竞争空前激烈。从国内来看,开启了第二个百年奋斗目标新征程,立足新发展阶段、贯彻新发展理念、构建新发展格局,推进高质量发展。高水平科技自立自强是关键,推动我国整体科技水平从"跟跑"向"并跑""领跑"的战略性转变,亟待在"卡脖子"技术方面取得重大突破。深入实施新时代人才强国战略,加快建设世界人才中心和创新高地。

学校始终以人才培养为根本,扎根中国、走向世界。推进"十四五"规划建设,启动新一轮"双一流"建设。中国的大学肩负着为党育人、为国育才的使命。高水平研究型大学要把发展科技第一生产力、培养人才第一资源、增强创新第一动力更好地结合起来,发挥基础研究深厚、学科交叉融合的优势,成为基础研究的主力军和重大科技突破的生力军。要强化研究型大学建设同国家战略目标、战略任务的对接,加强基础前沿探索和关键技术突破。

挑战与机遇并存。挑战方面，一是后疫情时代国际合作交流存在较大不确定性；二是世界一流大学的竞争日益激烈，特别是学校排名进入前50名之后，排名提升的难度越来越大；三是学校综合改革触及的问题由浅层次转为深层次，改革步入深水区。机遇方面，一是百年未有之大变局加速演进，国家对高精尖科技领域自主创新的需求更为迫切；二是立足新时代，加快推进教育现代化，以满足人民群众对高质量高等教育的期待；三是上海建设全球科创中心以及卓越的全球城市提供了广阔的发展空间。

学校在1996年百年校庆时提出了"三步走"战略；2020年，已实现前两步目标；第三步将分两个阶段，"十四五"起好步，努力实现"全面提升、整体一流"。迈向下一个百年奋斗目标，时不我待。总体而言，我们与世界顶尖大学仍有较大差距，以四大世界大学排名做一个参考，我们的排名与麻省理工学院、密西根大学、新加坡国立大学还有一定差距。

自百年校庆起，我校以密西根大学为标杆，经过"211工程"和"985工程"建设、首轮"双一流"建设，学校快速发展，办学实力整体显著提升，部分研究方向达到世界先进水平。在国际可比指标上与密西根大学的差距显著缩小；在办学规模上已经相当，但办学质量仍有差距。在人才培养方面，博士学位授予数量超过密西根大学，但是博士生培养质量与密西根大学仍存在一定差距。在顶尖科学家引育方面，缺少诺贝尔奖、菲尔兹奖等全球顶尖科学奖项的获得者，具有国际影响力的全球顶尖人才相对缺乏。在科学研究方面，论文发表数量已超过密西根大学，但论文质量还有较大差距，近三年的CNS论文数量是密西根大学的一半，高被引论文比例比密西根大学低。

我们还存在的不足与问题。在"综合性"方面，跨领域、跨学科的综合交叉机制尚需完善。在"创新型"方面,教育模式尚不能满足卓越创新人才培养要求,师资队伍实力尚未达到国际一流的师资水平,科技创新能力尚不能满足创新驱动的发展要求。在"国际化"方面,尚不能满足走向世界舞台的战略要求。学校急需转换发展动能,创新发展理念,以实现高质量发展。

综合性学科优势有待进一步发挥。学科交叉水平仍不够高,综合性学科优势有待进一步发挥。顶尖学科数量与世界一流大学尚有差距。

卓越创新人才培养成效有待进一步加强。针对国家急需的拔尖创新人才培养方面还有待进一步加强。我校培养的学生当选院士的数量相比其他 C9 高校明显偏低,学术型高端人才缺乏是学校最大的问题。

师资队伍实力有待进一步提升。世界顶级的高精尖缺人才、具有战略视野的学术带头人、具有国际和国内学术话语权的人才还不够多。学校近几年入选国家杰青人数相比其他 C9 高校偏低。

科技创新能力有待进一步增强。我校的科技总体实力与显性指标(投入与产出数量)国内领先、国际一流,但还没有根本实现从量变到质变的转变。科学重大发现和技术重大发明不多,在开创新的学科方向、推动科技重大进步、解决国家"卡脖子"难题等方面贡献不显著。

国际影响力有待进一步扩大。国际学术声誉有待提升,国际学术话语权比较匮乏,国际科学奖项迄今很少。学生的全球竞争力不强,师生到国际组织实习及任职的人数较少。

三、"十四五"期间学校重点工作

学校的中长期建设目标:到 2035 年,要进入世界一流大学前列,在人才培养模式、科学研究水平、社会服务功能、文化引领效应等方面获得国内外广泛认可，各项办学指标和整体实力跻身世界一流大学前列，为实现中国特色社会主义现代化作出突出贡献。到 2050 年，要建成顶尖的世界一流大学，在人才培养成效、科学研究品质、治理体系及办学模式、教育思想等方面赢得全球广泛声誉，成为全球学子向往、大师云集的学术殿堂，为建成中国特色社会主义现代化强国作出卓著贡献。

学校第十一次党代会提出加快构建"综合性、创新型、国际化"办学新方针，"创新型"是"研究型"的继承发展、内涵深化，对学校未来的长远发展意义重大。从"研究型"到"创新型"的三个转变分别是：从数量增长转变为质量提升，发展不是通过规模扩大，而是通过品质提升；从资源驱动转变为创新驱动，科研不是为了完成考核，而是为了探索新知识、发明新技术、创造新方法；从模仿借鉴转变为引领发展，办学模式不是跟踪模仿，而是打造和输出交大模式。

"创新型"大学的建设以"创新人才培养"为根本，以"原始创新"和"服务国家"为驱动，以现代大学治理为支撑保障。"创新型"大学的特点包括个人的创新活力是问题导向的创新驱动；集体的创新能力是基础研究前沿的重大发现与关键核心技术的重大突破；创新文化的氛围，追求理想，追求卓越，从容自信，宽容失败。

学校"十四五"的发展战略包括人才强校主战略，育人为本、交叉创新、开放融合、文化引领。学校"十四五"的建设目标是建设高质量教育创新体系，整体实力稳居世界一流。具体来讲，是形成中国特色的卓越创新人才培养体系，形成高峰耸立、高原迭起的一流学科体系，形成攻坚克难、服务国家的创新策源体系，形成德才兼备、追求卓越创新型的师资体系，形成世界一流大学国际和社会声誉体系，完善面向未来的现代大学内部治理体系。

一是强化价值引领，培养拔尖创新人才。通过"价值引领、知识探究、能力建设、人格养成"的"四位一体"培养理念，贯彻"让每一个学生更优秀""选择交大,就是选择了责任""走出交大,就要勇担使命",培养具有社会责任感、创新精神、实践能力、宽厚基础、人文情怀、全球视野的德智体美劳全面发展的卓越创新人才,成为学术大师、治国英才、业界领袖、文化精英。学校实施了一系列人才培养的创新举措,包括建设致远学院,创造师生互融、学科交叉,自主开放的学术生活新空间;开设李政道班,探索解决我国基础学科优秀人才培养的根本问题;建设溥渊未来技术学院,打造能够引领未来科技发展和有效培养复合型、创新型人才的教学科研高地;建设智慧能源创新学院,探索具有中国特色的产教融合发展新模式;建设科技金融学院,校企共推科技金融学院建设和科技金融业务发展。

二是坚持人才强校,打造一流师资队伍。中央人才工作会议要求深化人才发展体制机制改革,大力培养战略科学家,必须坚持正确的政治方向,下大气力全方位培养、引进和用好人才,打造大批一流科技领军人才和创新团队。学校不断健全师德师风建设的长效机制,持续深化人事制度改革,打造高水平师资队伍。围绕学校的战略规划和学科重点发展方向,提前谋划布局领军人才的培育工作。探索新人才评价体系,把"四有"好老师、"四个引路人"和"四个相统一"作为教师价值导向。

三是深化内涵发展,建设一流学科体系。通过对投入方式、评价机制、支撑条件的改革优化,深层次激发院系自主的发展活力,大幅提升学科创新能级。学校不断深化学科内涵建设,加强交叉学科建设,创新学科建设机制。"大健康"行动计划要依托转化医学国家重大科技基础设施(上海)等科研平台,以重大任务为引领,加强医理工交叉,提升系统支撑能力,建设国家科学中心,实现关键核心技术的重大突破,破解医学领域重大问题。"大海洋"行动计划要发挥学校海洋工程学科的优势,牵头上海市海洋装备的建设,推进与中船集团校企合作的攻坚。推进教育部与自然资源部共建,与自然资源部第二海洋研究所、中国极地研究中心合力加强海洋科学人才的培养与科学研究。由我校牵头,与中船集团合作立项的"深远海全天候驻留浮式研究设施"列入"十四五"国家重大科技基础设施规划,目标打造"陆—海—空—天"立体化海洋观测和科考设施体系。"大信息"行动计划,学校对接上海科创中心建设,与张江实验室、浦江实验室开展合作,在集成电路、人工智能等方面开展前瞻布局。学校人工智能研究院入选教育部重点实验室,形成了集基础理论、核心技术、应用场景、文理交叉的综合体系。

四是深化机制改革,推动科技原始创新。坚持科技创新和制度创新"双轮驱动",以问题为导向,以需求为牵引,在实践载体、制度安排、政策保障、环境营造等方面,破除体制机制障碍,激发科技潜能。学校加强重点领域前瞻布局,推进科技创新基地建设与发展,深化科技体制机制改革。面向未来,建设李政道研究所、张江高等研究院、闵行北校区、长兴海洋实验室等科研平台基地。全面启动创新策源体系建设,布局培育10个重大基础研究成果,10个颠覆性技术攻关成果,借鉴中国科学院先导计划,多方筹措,按需资助,设立责任专家机制,倡导诚信,营造创新文化,优化创新机制。

五是加强社会服务,助力经济社会发展。上海交通大学与大理白族自治州人民政府和云南省科技厅共同签署协议,共建上海交通大学云南(大理)研究院。上海交通大学云南(大理)研究院正式进入省、州、校三方共建时期,建设期为5年,云南追加投入资金2 000万元,科研用地30亩,用房面积10 000平方米。为全面对接上海科创中心建设,在黄浦、张江、临港、闵行、崇明建设一批研究基地与产业园。12家高水平附属医院服务民生,4家高水平附属医院服务五大新城。与30个省市开展战略合作,在17个省市建设地方研究院。着手打造"大零号湾"创新创业聚集区,在"大零号湾"的空间载体建设和产业龙头企业的引进方面取得重要进展，目前已经投入运行的科创载体和配套空间近50万平方米，另有近50万平方米的载体正在建设。产教融合方面，引进宁德时代新能源科技股份有限公司（以下简称"宁德时代"）等行业龙头企业，与广东元知科技有限公司等推进科技成果的转化合作。"大零号湾"预计可开发的近50万平方米的载体正处于规划调整中，建成后可入驻10多家创新创业孵化载体，集聚300余家各类创投机构，布局各类科创服务机构和公共服务平台，不断丰富"大零号湾"全球创新创业集聚区的核心区形态。下一阶段，争取"大零号湾"成为上海市重点项目，推动产学研合作；建立"大零号湾"成果转化基金，扶持科技成果转化；成立"大零号湾"科创学院，邀请李泽湘加盟；建立医疗机器人国家医疗中心；推动瑞金医院南院建设。科研成果助力行业区域发展，创新科技成果转化模式，我校获批"国家发展和改革委员会成果转化专项改革试点"，获批"赋予科研人员职务科技成果所有权或长期使用权试点"，获批"国家知识产权试点示范高校"。扎实推进成果转化，成果转化成效显著。

六是践行文化引领，涵养一流大学品格。学校不断夯实文化体系内涵，丰富文化建设载体，构筑文化传播能力。加强对交大精神品格的凝练，历史起点是"自强首在储才，储才必先兴学"，办学宗旨是"培养第一等人才"，交大校训是"饮水思源，爱国荣校"，办学传统是"起点高、基础厚、要求严、重实践、求创新"，交大精神是"求真务实、努力拼搏、敢为人先、与日俱进"，价值追求是"选择交大，就选择了责任""走出交大，就要勇担使命"。原创校园文体活动激发校园活力。奥运精神引领体育风尚。

七是推进大学治理体系和治理能力现代化。制度建设和治理改革始终是学校改革发展的一条主线。学校第十次党代会指出，要加强制度体系的顶层设计，逐步实现学校治理体系和治理能力的现代化，建立以制度激励为核心的现代大学治理体系。学校"十三五"规划指出，要坚持规划与综合改革相结合，着力构建自主自律、充满活力、富有效率、更加开放的现代大学治理体系。学校第十一次党代会和"十四五"规划指出，要推进中国特色社会主义大学治理体系和治理能力现代化，破解难题、直面挑战，以深化综合改革为总目标，学校持续推动"院为实体"的治理模式，以"分级管理、分级预算、协同发展"为脉络。对机关而言，"院为实体"不是简单的"下放事务"，不是机关工作的"减负"。对院系而言，"院为实体"不是"分而治之"，不是简单的"切割资源"，不是简单的"权力下放"。以前是"校办院"，学院依靠学校的"火车头"带。当下是"院为实体"，学院内生驱动、自主发展的过程，最终要达到"校院协同"，学院自身是"动力源"。未来，"院为实体"办学重心要进一步下移，院系必须有求于机关才能办成的事，越来越少；下放至学院的自主权（相应责任），越来越多；经试点运行效果良好的授权事项，要加大推广；院系的治理能力及规范化、自律性普遍增强。服务能级要上升，学校的各类政策、制度，要及时宣传并"送达"；基层的问题、师生的关切，及时得到回应；提交机关办理的事务，"一门式，限时办理"；院系给予师生的服务，"精细化，以人为本"。最终是强化校院协同、凝聚发展合力。

最后，中青班的学员们，你们都是学校未来发展的骨干力量，我还有一些希望和寄语。

习近平总书记给出了好干部的"五条标准"："信念坚定、为民服务、勤政务实、敢于担当、清正廉洁"。中央巡视对干部提出的要求："要坚定政治立场，要提高政治站位，要增强政治能力，要强化政治责任"。我也有四点寄语，一是德才兼备、以德为先。只有个人品质过硬，才能配其位、展其才。我们要提高政治能力、加强道德修养、弘扬奉献精神。二是登高望远、脚踏实地。希望大家既能低头拉车，也要抬头看路;善于调查研究、善于谋划思考、坚持实事求是。三是直面问题、解决问题。问题是实践的起点,坚持问题导向、坚持改革创新、能够应对急难险重的环境和事态。四是坚持不懈、坚韧不拔。想干事、能干事,最终是要干成事。而这一切的关键在于落实,善于攻坚克难,能够持之以恒。

最后,我写了六句话,送给大家:天道酬勤,勤于思考;育人为本,以德为先;术有专攻,又红又专;敢为人先,善作善成;心有敬畏,戒有贪念;乐于助人,成人之美。

团结一心　众志成城　守护师生健康安全
——在 2022 年校领导班子暑假务虚会上的报告

（2022 年 9 月 4 日）

2022 年 3 月以来，上海经历了空前严峻复杂的新一波新冠疫情。全校师生医务员工团结一心、众志成城，展开了夜以继日的奋战，付出了艰苦卓绝的努力，保障校园和谐稳定，守护师生健康安全，也为打赢大上海保卫战作出了贡献。这段载入史册的经历让人难以忘怀，我们要向携手并肩战"疫"的全体师生医务员工、广大校友和社会各界致以最诚挚的感谢！

一、学校抗疫工作简要回顾

3 月 9 日，东 15 宿舍楼 1 名同学校外核酸检测结果为阳性。闵行校区立即进入闭环管理，启动在线教学，开展第一轮全员核酸检测。3 月 12 日，闵行校区各楼栋封控，足不出户。医学院邵新华、王慧，瑞金医院毕宇芳副院长等带队入驻。闵行区、市教委工作专班入驻。3 月 19 日，闵行校区开展 7 次全员核酸检测，结果为全部阴性，首次实现"清零"。3 月 21 日，校园全面进入第一阶段分区管理，按照 A、B 类管理楼栋。教育超市、罗森便利店陆续开放。4 月初，国务院副总理孙春兰、上海市委书记李强到闵行校区指导疫情防控工作。第一批密接隔离部分学生结束观察，陆续返回校园。5 月，闵行校区所有楼栋均转为

B1 类楼栋管理,校外治疗点在院学生清零。学校正式开放教室预约,首批学生进入实验室开展科研工作。6 月 13 日,校园恢复最基本运行状态。6 月 27 日,学校逐步恢复正常教学、科研工作秩序。7 月,学校建立常态化疫情防控体系。

医学院于 3 月 31 日出现校园内首例核酸检测异常,徐汇校区于 4 月 9 日出现首例核酸检测异常,经过周密部署、全员努力,都快速实现了校园面清零;长宁、七宝、张江、临港、紫竹等校区和校园果断施策、严格管理,守住了校园防线。

面对疫情,学校能够迅速响应,在短时间内控制住了疫情传播,离不开师生医务员工的齐心协力,也离不开社会各界的大力支持。同学们顾全大局,迎难而上,全体同学按照学校防疫工作的安排,切实担负起"保护自己就是保护大家"的责任,听从指挥、积极配合学校打赢了疫情防控攻坚战。同学们始终坚定支持学校的防疫措施,以各种形式表达对学校的声援和感谢之情,疫情之下的校园充满了无数暖心的瞬间。疫情期间 1 万余名学生主动参加志愿服务,为校园战"疫"奉献了自己的力量,用实际行动诠释了交大人的责任与担当。

全体教职员工坚守岗位,无私奉献。广大后勤保障、宿管、安保、物业等一线工作人员日夜坚守岗位,克服住宿和生活条件的困难,全心全意服务师生。全体思政教师和辅导员第一时间投入到战"疫"中,冲在抗疫最前线,时刻守护和关爱着同学们。各院系的教师和机关干部闻令而动、逆行进校,奋战在校园抗疫的各条战线。一间办公室、一张床、一颗无私奉献的真心,支撑起了众多教职员工百余天的校园坚守。在南洋北苑隔离点和健康观察酒店,教职员工们组成现场工作专班,联络保障好每一位师生的生活与学习(工作)。

学校党委坚强领导,建立疫情防控工作领导小组及徐汇校区、医学院工作专班,研究疫情严防死守和关心同学心态的综合之策,研究"内防反弹、外防输入"，缓解同学心态，维持教学科研秩序的系列举措，分阶段、分步骤部署和推进疫情防控工作。召开疫情防控工作例会 84 次，疫情防控指挥部会议 54 次，二级单位负责人会议 13 次，发布指挥部通告等文件 31 份。提供 54741234 和 54749110 电话热线、书记校长信箱等多种渠道，接受师生反映诉求，畅通师生信息渠道，及时研究并推动解决问题，形成学生诉求处理督导日报制度，主动回应师生关切，动态调整防控举措。及时整理汇总师生员工疫情期间的相关数据，掌握全员健康情况。累计汇总整理 93 期疫情防控期间学生诉求处理督导报告，师生关切的问题得到及时反馈解决，学校疫情舆情整体平稳。从 3 月 12 日起至 9 月 4 日，师生信息统计组连续多期师生员工健康情况报告，教工组把 8 类人员全部统计到位。疫情之初，学校及时了解师生的物资需求，集中供应，积极回应师生诉求，动态调整校内超市购物等举措；开展大规模在线教学，落实"停课不停学、不停教"，快速响应、精心准备，校园封闭后全部课程开展在线教学，确保在线教学实质等效；圆满完成课堂、考试、论文答辩、研究生复试等教学的各环节工作。建立交大校外师生联络群 45 个，及时了解并帮助解决校外师生在疫情期间的困难，同时组织师生积极参与社区抗疫，配合学校、街道和居委会做好师生工作。积极向社会传递交大抗击疫情的精神风貌，及时平稳处理各种舆情，交大战"疫"在社会上得到了广泛的正面评价。

在疫情最为艰难的时候，上级领导帮助学校解决核酸检测结果快速认定，异常及密接人员、工地工人转运等重点、难点问题。疫情期间，闵行区工作组、市教委工作组进驻交大，现场指导和参与学校疫情防控，开展了一系列卓有成效的工作。

医学院及附属医院等多支专业医疗队和有关专家火速驰援、雪中送炭。瑞金医院、仁济医院、第九人民医院接力组织专门力量开展闵行校区每日核酸检测，确保检测结果当天反馈，提升了检测效率。众多医院在校园重点人员的流调和筛查,加快核酸异常人员、密接人员、发热病人的转运,医疗技术服务,药品供给,徐汇校区核酸检测等方面给予学校全力支援。在全力筑牢校园疫情防控坚实屏障的同时,为上海疫情防控贡献了"交医力量":附属医院先后派出 12 000 余名医护人员支援全市 40 个集中隔离救治点;医学院 600 余名研究生与高年级本科生支援黄浦、虹口、浦东、普陀、嘉定等区,开展核酸采样工作;40 名基础医学研究生支援宝山 PCR 检测工作,完成 40 余万例样本检测工作;150 余名公共卫生学院的师生支援闵行、黄浦等区以及相关高校,开展流调近 11 000 小时;对口支持华东师范大学等 16 所高校的疫情防控工作,协助完成核酸采样 70 余万人次。

疫情期间,校友及社会各界对我们守望相助。自校园封闭管理以来,截至 7 月 8 日,共收到校友、企业、政府机构、公益基金会等社会各界捐赠物资 240 批次,超过 300 万件;收到疫情防控捐赠资金超 900 万元。

学校能够打赢疫情遭遇战离不开"两内因""两外因"。"两内因"是听从指挥、可亲可爱的广大学生;携手并肩、倾情奉献的广大教职员工。"两外因"是上海市和闵行区及时指导、有力支持;医学院和附属医院火速驰援、全力支撑。上下同心才能无往不胜,实事求是才能精准施策。经受住校园突发疫情的考验,为我们今后应对重大挑战、抵御重大风险增强了底气和力量,也给予了更多启示:重大突发事件第一时间向上级部门汇报,争取有力了指导支持;既要贯彻上级精神,又要充分结合自身实际,制定科学合理的措施;处理重点、难点问题时更加注重听取和借鉴各方面的"实战"经验。

二、若干工作思考

在对疫情防控工作进行回顾的同时,我们也要看到,此次校园疫情防控中也凸显了若干瓶颈问题，这些正是制约学校快速发展的难题。本次务虚会就是聚焦这些瓶颈问题进行深入分析，研究、明晰解决问题的思路和举措。具体如下：

一是对病毒的认识还远远不够，开展高水平的病毒研究迫在眉睫。要加强传染病学和病毒学学科建设的谋划与布局。二是校院管理体制机制有待进一步优化，后勤服务品质有待进一步提升。要进行校园精细化管理与后勤改革。三是徐汇校区学生宿舍的管理涉及多部门交叉重叠，效率有待提高。要实行徐汇校区学生宿舍一体化管理。四是关系校园安全稳定的事件时有发生，学生的心理健康问题日益突出。要加强对学生的关心、关爱与心理健康教育。五是师生齐心抗击疫情的精神应当弘扬，要凝练到学校精神品格之中。

抢抓发展机遇　持续推进一流学科生态体系建设
——在 2023 年校领导班子寒假务虚会上的报告

（2023 年 2 月 8 日）

学科建设水平是学校综合实力的体现,每一轮学科评估都是对学校前期发展的全面评测。学院和学校认真做好第五轮学科评估的工作总结,对制定各学院和学科未来发展的目标至关重要。接下来,根据教育部第五轮学科评估的结果,以及对学校下一阶段学科建设的思考,我重点从以下四个方面展开今天的报告。

一、教育部五轮学科评估的总体回顾

教育部的学科评估平均四年开展一次,2002 年至今已完成五轮评估。第一轮评估于 2002—2004 年分 3 次进行(每次评估部分学科),共有 229 家单位的 1 366 个学科参评。第二轮评估于 2006—2008 年分 2 次进行,共有 331 家单位的 2 369 个学科参评。第三轮评估于 2012 年进行,共有 391 家单位的 4 235 个学科参评。第四轮评估于 2016 年在 95 个一级学科范围内(同一门类绑定)开展,共有 513 家单位的 7 449 个学科参评。第五轮评估于 2020 年采取相近门类绑定的方式开展,全国共有 600 多家单位的 8 000 多个学科参评。学校在历次学科评估中,优势学科的数量不断提升。

第四轮学科评估结束后,学校提出了学科建设的 ABC 计划,即大幅提升 A 类学科数量,B 类学科要进入 A 类,消除 C 类学科。从结果来看,学校 A+学科的数量增加明显,C 类学科消除为零,但 A 类学科的数量离目标还有一小段距离。总体而言,学校第五轮学科评估的目标基本实现。

二、第五轮学科评估指标体系的主要变化

在第五轮学科评估指标体系中,与我校参评学科相关的指标体系共有 4 个一级指标,10 个二级指标和 19 个三级指标。4 个一级指标分别是:人才培养质量、师资队伍与资源、科学研究水平和社会服务与学科声誉。本轮学科评估以"质量、成效、特色、贡献"为价值导向,以定量与定性评价相结合为基本方法,在保持一级学科整体水平评估基本定位和评估体系框架基本稳定的基础上,坚持继承创新。

从历次学科评估一级指标的权重分配可以看出,人才培养与科学研究权重较大,且人才培养呈逐步增加的趋势;师资队伍与社会服务权重较小,但社会服务呈逐步增加的趋势。

在本轮评估的准备工作中,教育部学位中心在学科档次分类、评估指标和权重确定、调查问卷制定等过程中,多次召开专家咨询会,听取专家意见。全国数十万专家参加了主观评价,保证了数据采集的客观、公平、公正。

与前四轮学科评估指标体系相比,第五轮学科评估主要有以下六个方面的调整。

1. 强化人才培养的中心地位

人才培养质量是高等教育的生命线,是衡量一所高校教育教学质量的第一标准。在第五轮学科评估的 19 个三级指标中,人才培养有 9 个三级指标,包括思想政治教育成效、培养过程质量、在校生质量和毕

业生质量等。

2. 破除"五唯"评价

本轮评估体系强调多维度科研成效评价,在学术论文的评价上淡化论文收录数和引用率,聚焦标志性学术成果,突出原创性、前沿性、突破性成果;不将 SCI、ESI 相关指标作为直接判断依据,采取计量评价与专家评价相结合、中国期刊与国外期刊相结合的代表作评价。在评价科研水平方面,不唯论文和奖项,强调科研成果和转化,在科技获奖指标中将重要的国际奖项包含在内。

3. 改革教师队伍的评价

将师德师风纳入评价体系,不再唯学历和职称,不设置人才"帽子"指标,避免以学术头衔评价。将学科方向与代表性教师相结合,教授为本科生上课和指导研究生的情况,平台资源对人才培养的支撑作为改革教师队伍评价的重要观测点。

4. 增加定性评价

第五轮学科评估的评价体系中,包括标志性成果和代表性案例等难以量化评价的指标在内,超过 80% 的指标均有定性评价。定性评价的方式包括基于客观事实的主观评价,在社会服务贡献、学科声誉等方面的同行评价,毕业生、用人单位调查以及境外同行专家的评价等。

5. 优化参评规则

本次评估采取绑定参评学科,规范了成果学科的归属,即要求同一学科门类同时参评;理学、工学门类同时参评;可授予多个门类学位的学科,其所涉及的门类需同时参评等。2016 年 1 月 1 日以后新增的一级学科和仅有"硕士二级"授权的学科可不参评。考虑到 2020 年各地高校的实际情况,教育部将本次评估的信息采集时间由原来的 4 年调整为 5 年。

6. 调整结果公布

与以往不同,此轮评估的结果,教育部采取"点对点"的方式发布,不对外公开。

三、学校第五轮学科评估的结果分析

我校在建学科 58 个,此次参评学科 51 个,海洋科学、生物工程、兽医学、哲学、网络空间安全、集成电路科学与工程、医学技术等 7 个学科未参评。我校在建专业学位类别 32 个,6 个参加了试点评估,16 个参加了首轮评估,10 个未参评。从评估的总体结果来看,我校 A+学科、A 类学科的数量在国内名列前茅。学校的 A+学科保持较高水平,A 类学科的比例明显提升,并消除了 C 类学科。

从各院系和学科的数据来看,25 个学院中,5 个学院进步很大,9 个学院进步较大,11 个学院完成目标。值得一提的是我校的文科学院,在此次评估中进步很大,建设成效显著。当然,也有个别学院或学科未能完成第五轮学科评估目标,需要对照结果仔细分析和研究,查找学科建设存在的不足,提早布局和规划,将不足和问题尽快转化为学科建设的新发力点。

四、对学校未来学科建设的总结思考

(一) 学校当前学科建设的优势和不足

全校各机关部处、学院、直属单位以及各类研究院都为本次学科评估作出了重要贡献,大家齐心协力,准备充分,工作认真,圆满完成了评估工作。从结果来看,学校的学科建设取得了令人满意的结果,具有一定的优势:学校快速发展,整体实力有了很大提升;学科更加均衡、协调、高质量发展;学科建设亮点众多;学科建设举措合理;学科评估组织有力。

同时,我们也清晰地认识到学校学科建设所面临的瓶颈和不足,包括拔尖学科不突出、优势学科不够多,还有极个别学科存在倒退的情况。在人才培养质量上,高质量教材、国家级教学成果奖和国家级一流课程较少,在校生代表作成果和优秀毕业生比较单一;在师资队伍与资源方面,领军人才队伍的数量相对较少,部分学科方向缺乏代表性人物,人文社科类的国家级支撑平台建设进展不大;在科学研究水平方面,高水平论文、国家科研奖产出有待提升,部分学科国家级基金项目欠缺,专利成果转化不够等;在社会服务和学科声誉方面,学科国际声誉的积累还不够,学科特色不明显,人才培养的目标不清晰等。

(二) 对未来学科建设的发展思考

基于以上的分析和思考,我对未来学校学科建设的工作提出以下四点发展思路。

1. 明确下一轮学科建设的目标

要进一步优化学科结构,提高优秀学科比例,从当前的宝石形分布逐步转化为优势学科更加均衡的纺锤形分布。

2. 加强学科建设的跟踪管理

参照"双一流"动态监测,对所有在建学科实施动态跟踪,强化学科建设过程管理;结合院系发展性评估,建立预警机制,实施动态调整。

3. 实施分类协同管理

围绕学科建设,既分类指导,又加强协同。加强对领军人才的引育、国家级科研基地以及国家级奖项的培育;全面提升人才培养的能力与质量;学科方向加强对接国家战略需求、行业产业急需,多途径提升学科的国内外影响力;优秀学科要强化问题导向,要对国家和社会作出重要贡献。

4. 压实院长(学科带头人)的责任

学校、学院、学科根据本次评估结果,组织开展学科建设大讨论,分析当前各学科发展的短板,明确未来建设的突破点,制定政策,优化资源配置。同时,做好全面布局,兼顾发展,形成有特色的学科方向,围绕方向引进高端人才,培育国家重大项目的竞争能力,建设在国内外有影响的科研基地。

老师们、同志们,在学校党委的正确领导下,全校上下勠力同心,砥砺前行,在教育部第五轮学科评估中,取得了令人满意的成绩。大家要继续以国家、地方的重大战略需求为牵引,抢抓学科发展机遇,持续夯实、扩大既有优势,加快构筑若干领域的先发优势,引导各学科提高站位、特色发展,为持续推进一流学科生态体系建设而接续奋斗。

坚定自信持续攀登　全力以赴再开新局

——在 2023 年春夏学期干部大会上的报告

（2023 年 2 月 15 日）

2022 年，党的二十大胜利召开，在学校党委的坚强领导下，我们认真学习贯彻党的二十大精神，同心协力打赢疫情防控阻击战，奋发有为推动学校事业稳健发展。

一、上年度工作总体回顾

一是深入学习宣传贯彻党的二十大精神，激励全校师生团结奋进。2022 年 10 月，中国共产党第二十次全国代表大会胜利召开，学校党委精心组织全校师生收看了党的二十大开幕会，召开全校师生医务员工大会，学习宣传贯彻党的二十大精神。强化责任担当，党建示范创建工作成效显著。学校党委入选第三批"全国党建工作示范高校"培育创建单位。培育先进典型，一批基层党组织入选党建工作"标杆院系""样板支部"。

二是团结一心抗击疫情，保障校园安全有序。2022 年，学校多次遭受疫情冲击，全校师生医护员工团结一心，战斗在疫情防控工作的各条战线上，保障校园学习生活工作安全有序。下半年，全体师生做好自主核酸采样工作，全力组织全国大学英语四、六级考试和研究生招生考试等工作，确保平稳度过感染高峰期。

三是创新能力不断提升，市委领导关心肯定。时任上海市委书记李强调研李政道研究所，鼓励我校勇闯"无人区"，下好"先手棋"，开展世界前沿科学问题研究，形成一批具有世界影响力的重大原创成果。上海市委书记陈吉宁考察"大零号湾"，指出科创园区要更好发挥引领和策源作用，积极推动科技成果转化工作，为上海科创中心建设作出更大贡献。重视教学工作总结，争创教学成果奖佳绩。2022 年，学校有57 个项目获得上海市教学成果奖，其中有 12 个特等奖、22 个一等奖，获奖总数、特等奖获奖数均列上海市高校第一。申报国家级教学成果奖 20 项。

四是加强产教融合校企协同，创新人才培养模式。布局"储能科学与工程"本科专业，获批建设国家储能技术产教融合创新平台，为国家培养能源领域复合型高层次人才。入选首批国家卓越工程师学院，新增 7 家校级联培基地，持续加强校企联培，为国家战略领域培养卓越的专业型人才。优化科创人才培养生态，学生科创竞赛再创佳绩。"互联网+"大赛获 12 项金奖、8 项银奖，创历史佳绩。第十七届"挑战杯"荣获特等奖 2 项、一等奖 2 项。

五是强化人才顶层设计，优化引才育才格局。出台人才强校 3.0 系列政策，引进的师资及研究队伍的质量和数量不断提升，国家和上海市各类人才计划取得良好成绩，长聘体系队伍的数量和质量持续提升。创新能力持续攀升，科技创新工作捷报频传。国家自然科学基金项目总数连续十三年位列全国第一，连续六年超千项。SCI 论文篇数突破万篇，卓越论文连续六年全国第一，高水平论文发表数量稳步增长。

六是积极对接国家重大需求，持续提高科技创新能力。稳步推进国家级和省部级科技平台建设，扎实推进全国重点实验室重组工作。新增国家工程研究中心 1 家，国家医学中心 3 家，教育部重点实验室/工程中心 4 家，上海市重点实验室/服务平台 5 家，其他各类省部级基地 2 家。一批项目和学者得到教育部、上海市和社会、行业认可。教育部拟授奖总数达 25 项,位列全国高校第二;上海市一等奖 33 项,位列全市第一;重点行业学会一等奖 4 项,中国生命科学十大进展 1 项。人文社科建设持续发力,基金论文实现突破。人文社科到账经费首次突破 2 亿元,国家社会科学基金项目立项数大幅提升。重点、一般及青年项目总数位列全国高校排名第三。中文社会科学引文索引(CSSCI)论文发表 790 篇,比 2021 年增加超 100 篇,人文学院、马克思主义学院、凯原法学院和国际与公共事务学院论文发表量超 100 篇。

七是凝聚校友与社会力量,共同推动学校发展。举行医学院成立七十周年大会暨上海国际医学论坛,共商医学院的发展改革大计。举行纪念 1977、1978 级校友毕业四十周年主题活动,构建校友与母校发展共同体。推进校园高质量基础设施建设,完善师生学习生活条件。张江科学园竣工启用,绿色环境楼竣工,执信西斋修缮完成,东 19 样板宿舍按期交付,胡法光体育场修缮一新,南洋北苑天桥落成启用。

学校在人才培养、科学研究、师资队伍、综合等若干关键指标上顺利完成目标任务。第五轮学科评估成绩显著,学科整体实力持续攀升,高峰学科、高原学科不断增加,优秀学科率明显增加,工理医文学科更加均衡、协调、高质量发展。学校国际排名稳步提升,学校保持稳健快速的提升态势,整体实力稳居国内一流高校前列、跻身世界一流大学行列。

二、当前形势的分析与思考

高等教育在中国式现代化建设中起到更加重要的支撑性作用。党的二十大报告指出,要"以中国式现代化全面推进中华民族伟大复兴"。大学要充分发挥人才培养、科学研究、服务社会、文化传承创新、国际交流合作的五大功能,为中国式现代化建设培养时代新人,提供智力支撑,提供人才支撑,为民族复兴作出应有贡献。上海持续率先走好创新发展之路。加快建设具有世界影响力的社会主义现代化国际大都市,是习近平总书记对上海发展的战略定位。近年来,上海继续当好全国改革开放排头兵、创新发展先行者,深化上海科创中心和高水平人才高地建设,强化教育科技人才支撑,厚植创新驱动根基,塑造发展新动能,持续提升城市能级和国际影响力。

大学是教育、科技、人才的关键结合点。党的二十大报告指出,"教育、科技、人才是全面建设社会主义现代化国家的基础性、战略性支撑。必须坚持科技是第一生产力、人才是第一资源、创新是第一动力,深入实施科教兴国战略、人才强国战略、创新驱动发展战略,开辟发展新领域新赛道,不断塑造发展新动能新优势。"党的二十大报告首次对教育、科技、人才进行一体部署,我们要深刻认识全面建成社会主义现代化强国对加快建设教育强国的内在要求,坚定信心、锐意进取,服务国家高质量发展。大学是国家战略科技力量的组成部分。2023 年 1 月,习近平总书记主持中共中央政治局第二次集体学习时强调,"实现科教兴国战略、人才强国战略、创新驱动发展战略有效联动,坚持教育发展、科技创新、人才培养一体推进,形成良性循环;坚持原始创新、集成创新、开放创新一体设计,实现有效贯通;坚持创新链、产业链、人才链一体部署,推动深度融合。"

大学是城市振兴发展的强大支撑。2007 年 5 月,习近平总书记任上海市委书记期间调研交大时强调,城市与大学要水乳交融。大学是城市振兴发展的强大支撑,是城市活力、城市魅力、城市实力与城市动力的重要体现。城市的综合竞争力很大程度上取决于大学实力。2022年 12 月,中共上海市委召开学习讨论会,市委书记陈吉宁主持会议并强调,科技创新是上海现代化建设的关键,要以更强的责任感、紧迫感,以更大力度谋划推进具有全球影响力的科技创新中心建设。形成科学家敢干、资本敢投、企业敢闯、政府敢支持的创新资源优化配置方式。一个创新的城市应有几个"核爆点"，这里是创新思想的源泉、新赛道的风口点，是全球各类最好创新资源的汇聚区。

深刻认识当前大学的重要使命。一方面，要融入创新发展驱动支撑经济社会发展；另一方面要把握发展战略机遇，做好人才自主培养。要深刻认识科技革命、产业革命的深入推进对教育变革提出的迫切要求，准确把握变革趋势与发展规律，融入创新驱动发展战略，成为经济社会发展的基础支撑和关键力量。要深刻认识国际竞争新形势给教育带来的机遇挑战，在新的国际竞争条件下主动识变应变求变，走好人才自主培养之路，全面提高人才自主培养质量，推进高水平对外开放。

学校因图强而生，因改革而兴，因人才而盛，始终与祖国同向同行。在当前形势下，学校更要坚持以兴邦为任，以育人为本，以创新为魂，提高人才培养质量，完善科技创新体系，服务经济社会发展，坚定自信，加快建设中国特色世界一流大学。以育人为本，提高人才培养质量。必须秉承"让每个学生更优秀"的理念，围绕落实立德树人根本任务，深入推进本科培养四大计划，不断提升研究生培养内涵质量，让学生获得更大的教育增值，培育扎根中国、面向未来的卓越创新人才。必须坚持和深化开放办学，推动实质性国际合作，汇聚海内外高水平师资、打造优秀人才高地，在兼容并蓄、开放共融的大势中不断开创学校发展新格局。使培养的学生能成为国家各行业的骨干，培养的质量能得到社会各界的认可。以创新为魂，完善科技创新体系。要提升优势学科引领实力，强化以三大专项为引领的高峰学科建设，加快打造一批高水平交叉学科平台，实现学科建设的结构性变革和系统性提升。要建立高效率高水平的大科研体系，不断提升科技创新能力和服务能力，持续开拓新方向、新领域，打造平台，集聚一批国际顶尖的人才，挑战世界最前沿的重大科学问题、理论问题。要培育国际认可的领军人物，培育世界级的优势学科。以兴邦为任，服务经济社会发展。要发挥独特的创新优势，把国家发展的急迫需求和长远需求作为科研的选题，培育重大成果，发挥智库作用，合力解决经济社会发展中的重大问题和关键难题。要积极发挥区位优势，构建更加高效的产学研合作体系，进一步强化与城市、地区、行业的合作联动，不断提升学校的社会贡献度。一大批技术成为国家发展的重要依靠，一大批成果切实推动社会发展进步。以学科建设为龙头，提升学校综合实力。近年来，我们始终坚定自信、重视质量、突出贡献，走出了中国特色世界一流大学建设的交大之路。学科建设水平是学校综合实力的体现，在历次学科评估中，学校的优秀学科不断提升，各学科的发展也更加均衡。上周的学校务虚会总结了我校第五轮学科评估的情况，对各学科的具体情况进行了分析。在总结学科评估的基础上，我们要提高人才培养质量、强化科技创新成效、优化师资队伍结构、提升社会服务声誉，以学科建设为龙头，加快建设世界一流大学的步伐。学校优势学科都要成为 A+学科，在建学科都要成为全国优势学科。与上海市互融互促，打造长远发展的战略基点。学校与上海血脉相融，以对接国家和上海战略需求为己任，整合学校优势力量、强化创新策源功能，为上海汇聚海内外高层次人才，发展高端技术、高端产业，服务上海科创中心和高水平人才高地建设。城市与大学呼吸与共，城市因大学而兴，大学因城市而盛。我们要始终保持与上海的同频共振，共生互动，形成需求与供给的良性循环，合力提升区域发展的整体实力，在服务上海的发展大局中勇攀高峰、再创辉煌。建设张江高等研究院、李政道研究所，布局面向世界科学前沿的基础研究。建设"大零号湾"科技创新策源功能区，打造具有世界影响力的"中国创新谷"。加快建设上海长兴海洋实验室、布局临港智能制造、海洋高端装备建设，加快高端产业科技创新的研发与成果转化。建设崇明国际农业与生态学院,对接长三角一体化,助力世界级生态岛建设。

三、本年度重点任务部署

2023 年是全面贯彻落实党的二十大精神的开局之年,是实施"十四五"规划承上启下的关键一年。我们要持续攻坚、奋力前进,坚持"量质并进、以质为先",结合第五轮学科评估情况,锚定目标,加速追赶,推动学校各项事业发展打开新的局面。

本年度有 10 项重点推进工作:一是加强党的领导和党的建设。持续深入学习宣传贯彻党的二十大精神;健全和优化学校党的建设和全面从严治党工作运行机制;加快全国党建工作示范高校建设,推进党建与事业发展深度融合;细化制定监督工作方案,深入二级单位开展专项检查,推进政治监督具体化、精准化、常态化。二是推动本科生教育内涵式发展。推进本研一体化建设,以强基计划为切入点,加强本研贯通培养;推进"大思政课"建设,形成一批课程思政先进典型和优秀成果;加快储能技术等国家战略紧缺人才的专业布局;推进本科教育教学全面质量评价与一流课程体系建设。三是推动研究生教育体系建设。建设研究生导师有效评聘体系,促进导师队伍建设;完善博士生招生名额的分配机制,重点支持优质师资和重点领域;持续优化博士生"致远荣誉计划",全面提升博士生培养质量;强化在校生高水平代表性成果的引导和培育。四是促进学生全面发展,健康成长。进一步完善育人全链条,新增研究生长周期深度社会实践基地 50 个,试点院系就业引导育人成效评估机制;加强双创赛事管理体系建设,力争在全国"挑战杯"和"互联网+"大赛中取得优异成绩;推进德智体美劳全面培养体系,重点加强美育和劳育工作体系;全面加强学生心理健康的教育能力和水平,扩大专业化师资规模。五是持续深化人才强校主战略。持续规范长聘体系师资队伍,规划高水平研究队伍的成长路径;夯实二级单位主体责任,动态调整长聘教轨聘用自主权授权;加强校院协同支持,加大青年人才培育力度;以优化资源配置为抓手,实施二级单位资源配置改革。六是加强学科建设和规划落实。开展学校各专项和各学院学科的"十四五"规划中期评估,明确后期重点任务;迎接教育部"双一流"中期检查,明确18个一流学科建设进展;建立在建学科动态跟踪机制,完成4家学院/研究院的发展性评估。七是全面推进有组织的科研。稳步推进"交大2030"科技创新计划,启动新一轮立项;加强国家重大项目的组织策划,积极争取上海市重大专项;进一步完善学校国防科技创新人才体系,召开国防科技大会;积极推进与中管企业、上海大型企业、品牌民营企业的合作。八是持续提升文科科研能力。召开文科工作大会,总结文科建设经验,推进文科高质量发展;做好教育部和上海市哲学社会科学优秀成果奖申报工作;推进社会科学基金项目和CSSCI论文发表数量稳步增长,产出一批具有学术影响力和话语权的成果;推动新型智库、基地与文科实验室建设,重点做好数字化管理决策重点实验室试点工作。九是不断提升学校办学声誉。做好一百二十七周年校庆校友返校相关工作,进一步提升学校与校友的联系率;进一步深化现有地方合作,推进与广西、安徽、宁夏和山东等省、自治区的战略合作;积极推动师生国际合作交流的常态化,开展重要国际合作高校互访。十是稳步推进校区基础设施建设。在闵行校区,有序推进S4高速沿线校园综合改造,稳步推进北校区土地置换和规划建设;在徐汇校区,做好金融创新大楼的建设规划;医学院浦东校区,成立工作专班做好搬迁前期的准备工作;崇明校区,完善崇明校区设计方案,完成土地产证办理并开工建设;长兴岛基地,全面启动基地建设,部分楼宇完成进驻。

本年度有14项重点落实工作:一是做好"乙类乙管"下的防控工

作。二是开展学科建设大讨论。各学院和学科针对学科评估的要点进行自查,了解学科当前在四个方面19个三级指标的短板。明确近五年学科发展的2~3个突破点,制定相应政策,优化资源配置,补齐短板,争取上一个台阶。三是全力做好国家级教学成果奖的答辩工作,力争实现成绩新突破,争取获奖总数位列全国高校前列。四是推动国家重点实验室重组。现有国家重点实验室顺利通过重组评审,新增全国重点实验室2~3家,完善4个国家工程研究中心的重组方案。五是建设国家卓越工程师学院。建立国家卓越工程师学院运行体系,加强校企合作,构建校企联培合作机制;成立工程类专业学位评定委员会,研究专业学位研究生的评价标准。六是加快产教整合平台建设。全面启动储能技术产教融合平台建设,明确各单位任务,加快实施推进,研究产教融合布局,做好申请准备,争取拓展新领域。七是张江高等研究院和李政道研究所全面运行。张江高等研究院科研平台全面入驻,推进交叉学术平台建设,探索新型运行机制,实现校区总体平稳运行。李政道研究所申报极端物态全国重点实验室,完成三大实验平台建设与验收,提升高水平原创性科研产出。八是做好院士增选"保二争三梦四"工作。研究院士增选政策改革带来的变化,争取好成绩。校院联动布局、精准服务支撑。九是抓好国家科学技术奖申报工作。全力做好国家科学技术奖的申报组织工作,力争在一等奖上有所斩获,实现获奖总数位列全国高校前列。十是加快推进"住在交大"。推进21栋学生宿舍楼设施升级及大修维护,推进"一站式"学生社区总体规划和样板建设,完善徐汇校区学生宿舍管理机制。十一是推进闵行北校区建设,全力推进博士生公寓建设,开工建设溥渊未来技术学院楼群,推进淡水河西侧土地置换,加快人才公寓和战略创新园区规划。十二是实施本科人才培养的四大计划:跃升计划(100%),优化各专业培养计划,加快推进"金课"建设;荣誉计划(10%),完善本研一体化培养体系,引导优秀学生提早参加科研；攀登计划（10%），深化课程分级制度，建立接续的学习营体系；伯乐计划（1%），建立选拔机制，加大投入，制定个性化的培养方案。十三是持续加强学术氛围的营造。科技创新，推动"大师讲堂"等科技创新系列学术活动体系的建设，完成新版科研宣传视频的制作和科技成果展的陈展。人文社科方面，优化"文治堂"等人文社科系列学术活动的体系建设，组织"文治新人"人文社科学术优秀学生的评选活动。励志育人，举办焦点讲坛、励志讲坛等活动，加强学生价值引领和行业教育。十四是持续推动四大专项行动计划。"大海洋"专项行动方面，积极推动深远海大科学设施的可研报告论证工作。全面启动上海长兴海洋实验室建设，4 号楼入驻使用。持续深化与中船集团的战略合作，全面推进前瞻技术研究院的建设。"大零号湾"专项行动方面，推动市政府印发《推进"大零号湾"科技创新资源功能区建设方案》，实质启动未来产业科技园建设，推动区校合作组建"大零号湾"市场化运营主体。"大健康"专项行动方面，推进转化医学国家重大科技基础设施（上海）综合验收，推进生理结构解析、数字医学、糖质科学、军事医学等领域研究计划的实质落地。"大信息"专项行动方面，落实推进部门，明确发展规划，推动信息领域国家科研平台的建设，全面参与张江和浦江国家实验室的建设，构筑 JMRH 新型研究平台。

2023 年度各条线的重点工作包括：党的领导和建设方面，健全优秀年轻干部培养选拔常态化工作机制；推动监督效能转化为管党治校的治理效能；加强年轻党外代表人士的选拔、培养、任用等；全面优化巡视工作体系；提升校内巡视水平。师资队伍建设方面，加强教师与学生思政工作的双轮驱动；研究制定新时期管理队伍的发展规划；完善博士后管理信息化的建设等。人才培养方面，加强智慧课程建设，打造更多"金课"；构建拔尖人才国际学术交流中心；完善卓越医学创新人才培养体系，推进国际研究生招生改革等。学科科研方面，推动科技成果转化改革的后续工作;启动 P3 实验室建设;推动高质量知识产权的培育与转化;加强学校期刊学术话语权的建设等。合作交流方面,启用国际文化中心;保持地方研究院体系经费的稳步增长;加快推进长三角区域合作布局等。大学治理方面,推动海洋水下工程科学研究院、博学楼收储置换;关心关爱广大教职医务员工的身心健康;构建学校内部预算一体化的管理模式;持续推进巡视整改和校企改革"回头看"等。

会议的最后,我要提示大家加强对长期超负荷工作老师的关心关爱。来新民老师 1997 年到校,工作勤勤恳恳、积极主动,为人热情诚恳,在教书育人、科研创新等方面都卓有成绩。今年 1 月 5 日,来新民老师心脏骤停,不幸永远地离开了我们。他的离开对家庭、学校、整个行业,乃至国家都是一个损失。来新民这样的老师任劳任怨,全身心投入到教学科研工作中,希望各二级单位要了解本单位的这些老师,并对他们的日常工作和身体健康给予更多关心,避免发生这样令人痛心的事件。

2022 年,学校经历了疫情考验,全体交大人凝心聚力、众志成城,勇于担当、奋力拼搏,学校事业保持了稳健发展的态势。

2023 年,我们要在学校党委的坚强领导下,以时不我待、只争朝夕的紧迫感,攻坚克难、锐意进取,为全面完成"十四五"规划的目标更加奋发努力!

最后,感谢全体师生医务员工和各位同志对我工作的支持,以及对我工作的不当之处给予的宽容和理解。

第二部分　选择责任

立一等志向　成一等人才

——在 2017 级新生开学典礼上的主题演讲

（2017 年 9 月 10 日）

亲爱的 2017 级同学们：

今天，我们相聚一堂，共同见证你们进入新的人生阶段。首先，我代表 30 万交大人欢迎你们加入这个大家庭，祝贺你们成为一名交大人！

从今天起，你们将开始新的学习生活。新入学的本科生，你们要珍惜在交大百年名校学习的机会，对自己提出新的人生目标，掌握探究新知识的方法，找到热爱的学术方向，成长为具有无穷潜力的优秀人才。新入学的硕士生，你们经过本科阶段的学习，打下了坚实的基础，在研究生阶段要培养学术专长，学会应用知识、解决问题，成为最受行业欢迎的业务骨干和冉冉升起的学术新星。新入学的博士生，要树立远大的科学志向，要善于发现问题，敢于提出新的学术思想，为国家科技进步和社会发展作出重要贡献。学校和你们的导师将为你们创造最好的平台，让博士阶段的学习成为你们远大事业的开端。新的人生阶段需要实现新的转变。在这里，作为你们的校长和师兄，我想提三点建议，希望对你们有所启发。

第一点，要有"审视"的自觉。在座的每一位同学都是同龄人中的佼佼者。但是，进入交大，你们会发现身边的同学都很优秀。这就需要重新审视自己，不能放松，要更加发奋努力，找到适应大学的学习方法，保持勤奋自律、惜时如金,还要相互学习、不畏挫折。我是 1977 年从插队的四川农村考入交大的,身边许多同学远比我优秀,我意识到自己只能加倍努力,虚心向同学学习,才能自信前行。我要对进入交大的本科生讲,大学与高中截然不同,每个人都面临着知识和能力体系的重塑,学习和生活方式的重构。因此,希望你们要有"归零"的意识和勇气,让不断的自我审视成为一种习惯和自觉,在与同学们的互相激励中,重新出发。

第二点,要有"求真"的精神。在学校李政道图书馆展厅中,有这样四句话:"求学问,需学问。只学答,非学问。"简简单单的十二字,朴素而鲜活地道出一个真理:在大学里做学问,只会解答是不行的,更重要的是要学会问问题,要善于提出真问题、挖出本质问题、找出问题真正的本源。大家知道,陶瓷很硬,但是脆;金属铝又轻又韧,却太软。两者优点如何完美结合?以王浩伟教授为代表的几代"交大材料人",从复合材料的形成机理出发,尝试让陶瓷从铝里"长出来",经过三十年的努力,终于研制出原位自生纳米陶瓷铝合金,创造了一种神奇的轻质高强材料。着眼事物的根本和原理,不断提出问题,不断解决问题,这是我们交大人应有的"求真"精神。在座的同学,你们来到交大,希望你们也能够在"求真"上下功夫。当前,人工智能、脑科学等前沿科技正在蓬勃发展,越来越触及人类理解自然界现象和人类自身的"终极奥秘",也势必深刻改变人类未来的生产和生活方式。在这一历史进程中,必然会涌现出一大批极具原始创新精神和能力的优秀人才!交大人应该有舍我其谁的勇气!在这里,我特别想对交大的博士生说,你们是交大科学创新的主力军,是交大学术水平赶超世界一流的先行者,你们要真正承担起开拓前沿、引领创新的责任,你们应该有底气、有信心,成为时代和国家最需要的创造力!在交大读博士不是一件容易的事,硕博连读生更不要怕困难,不要做逃兵。你们经过交大这个"高温炉"的培养,造就一流的研究能力、打下坚实的学术功底,塑造坚韧的探究精神,必将脱胎换骨,终生受用,在推动人类和社会进步中建功立业!

第三点,要有"一等"的追求。我们将要成就怎样的学问、建设怎样的事业,成为怎样的人才? 对于交大人而言,唐文治老校长 87 年前在给毕业生的训词中已经给出了四个"第一等"的期望。岁月沧桑巨变,学校日新月异,唐文治老校长的寄语,始终激励着一代又一代交大人奋勇争先。交大的百廿历史与中国高等教育发展史交相辉映,"一等"是交大的文化基因,也寄寓着"储才兴邦",成就一流强国的卓越梦想。因为对"一等"的追求,交大人上天入海,为强国兴邦铸就重器;格物穷理,为探寻未知孜孜不倦;悬壶济世,为广大人民守护健康;修齐治平,为经世济民殚精竭虑。交大人矢志成就的"一等"不是等第,而是眼界;不是虚荣,而是务实;不是夸夸其谈,而是真正表里如一、知行合一的"第一等"。今天,我要把"一等"这两字送给大家,希望从今天起,大家能骄傲地以交大人之名,砥砺第一等的品行,成就第一等学问、第一等事业、第一等人才!

同学们,大学是一生中极其宝贵的成长阶段,它不仅意味着知识、能力和素质的拓展与提高,更意味着智慧和心灵的启迪,精神和人格的树立。因此,在交大,希望你们都能通过三重历练。第一重,能以"归零"的心态进行自我审视,这是心理成熟的标志,以此为起点才能更加坚忍不拔、勇往直前。第二重,能以"求真"的精神透过表面现象抓住本质问题,这是思维成熟的标志,具备这样的科学思维才能开启探求真理、发现未知之路。第三重,能以"一等"的理想伴随终生,这是价值成熟的标志,在国家民族的强盛中成就自我,这样的人生才能无悔!

各位新同学,愿你们在交大有所悟,有所得,有所成! 愿你们以青春为马,与时代共进! 谢谢大家!

志存高远　惜时如金

——在2018级新生开学典礼上的主题演讲

（2018年9月9日）

亲爱的2018级同学们：

今天,你们即将开启新的人生旅程。我代表学校向大家表示最热烈的欢迎！欢迎大家成为一名交大人！

看着朝气蓬勃的你们,我不禁想起自己当年入学时的情景。四十年前,我们是搭乘绿皮火车、江船海轮,几经辗转、日夜兼程才来到交大。而如今,高铁四通八达,飞机便捷高效,千里之程,朝发夕至,科技的发展,缩短了交大与你们故乡之间的距离。

时代在快速发展。但是,任何时代的青年都需要思考"为什么而读书"。对于这个问题,历代交大人用他们救国图强、振民兴邦的担当和责任,给出了响亮的回答。到了今天,有些人可能会觉得老交大人"实业救国""航空报国"的志向是老生常谈。但是,我们必须清醒地看到,当今世界的格局仍处于大变革的浪潮之中,受制就要挨欺,失语就要挨骂,不突破关键领域的"卡脖子"科技问题,不提升思想文化的影响力、传播力,就无法把国家和民族的命运掌握在自己手里。忧国忧民、奋发图强仍然是当代青年的时代责任,"立一等志向,成一等人才"永远是交大学子的追求。

要成一等人才,离不开奋斗的人生。大学生活极为宝贵,是一个人心理、思维和价值观念的成熟期,如何度过大学时光,将会直接影响你们的人生之路。方式不同,结果大相径庭。我想借此机会,向在座的本科生、硕士生和博士生各提一个问题,希望对大家有所启发。

第一,作为本科新生,你们是否做好了读大学的准备?大学的学习不同于高中,需要通过自主探究式的学习来形成完整的知识结构和宽广的知识体系。在大学,能否找到适合自己的学习方法,建立良好的学习习惯,将影响你们的未来发展。有的同学积极拓宽视野、追本溯源,找到开启知识殿堂的钥匙,学习就会如鱼得水,人也会更加自信从容。有的同学按部就班地学习,满足于顺利完成学业,缺少强烈的求知渴望,久而久之就会失去追求卓越的动力。还有少数同学,不能把握自己的时间,一时沉迷于游戏和玩乐,就很容易造成学业困难,甚至遇到退学的危机,愧对父母的期望,也愧对自己的初心。各位同学,你们从同龄人中脱颖而出来到交大,本身都具备成长为优秀人才的潜质,但四年过后,同学之间很可能拉开差距。勤奋学习与得过且过,主动探究与被动接受,结果四年之后见分晓。我希望各位同学都要给自己设立高的人生目标,要主动学习,从第一学期就要开一个好头,让自己稳步成长为具有无穷潜力的优秀人才。

第二,作为硕士研究生,你们是否充分理解读研的意义?硕士不是本科的简单延长。本科侧重的是学习基础知识,到了硕士阶段,更加注重提高专业知识的应用能力。对于学术硕士而言,不仅知识学习要更加精深,更要加强科研训练、提升学术素养,为今后从事更高水平的研究,练就扎实的基本功。同时,也要注重培养学术志趣,热爱专业是学习研究的第一驱动力,会帮助你在学术道路上走得更远、飞得更高。对于专业硕士而言,不仅要掌握专业知识,更要具备解决实际问题的工作能力。只有立足行业,才能让自己未来的事业更具前景、更加开阔。当然,确实有些人把硕士阶段作为一个逃避选择的观望期,也有些人把硕士文凭作为应对求职的敲门砖,但是作为交大学生,就不要随波逐流,没有坚定的追求终将要面临选择的困难；要能够摒弃短视和功利的选择，把时间花在培养学术专长和应用能力上。我希望，在座的硕士生同学都能够通过自己的努力，真正成为冉冉升起的学术新星和最受行业欢迎的骨干中坚。

第三，作为博士研究生，你们是否有攻坚克难的勇气？大家可能都听说过，交大读博难。就我自己带博士生的经历而言，有了"难"的磨炼，才能成就栋梁之材。交大的博士生就要有勇攀科学高峰的志向，能够解决基础前沿与技术攻关问题，做出具有影响力的原创性成果；就要走别人没有走过的路，解决前人解决不了的难题，创造尚未创造出来的知识。20世纪上半叶，高速飞行成为航空工程中亟待攻克的难点问题。我们的钱学森学长在加州理工学院读博时，就把空气动力学问题作为研究方向，提出并解决了飞行器高速飞行时的"热障"问题，推动了超声速飞机的跨越发展；他和导师冯·卡门共同提出了著名的"卡门—钱公式"，奠定了薄壳力学的理论基础。同学们，"世之奇伟瑰怪非常之观，常在于险远"。纵览历史长河，许多伟大的科学家都在博士阶段就开始挑战巨大的难题，为他们的学术生涯奠定了良好的开端。我希望博士生同学把眼光放得长远一些，不要从纸面上找问题，而要实实在在去探究科学前沿、国家需要的真问题；不要急于发表论文满足毕业要求，而要树立远大的科学志向，提出新的学术思想。同学们要珍惜博士阶段的历练，在"高温炉"中脱胎换骨，为国家科技进步和社会发展作出重要贡献。

同学们，以上几个问题，既是你们现在就要思考的，也是需要长久体会的。"志不笃则不能力行"，志存高远，为国家和民族的事业锲而不舍，方能成就大器；"一寸光阴不可轻"，惜时如金，让青春绽放光芒，才能铭刻无悔人生。

随着时针的转动，大学生活已经徐徐展现在你们的眼前。愿你们在奋斗中开启你们的锦绣未来！谢谢大家！

勤奋为学　爱国荣校

——在 2019 级新生开学典礼上的主题演讲

（2019 年 9 月 8 日）

亲爱的同学们：

大家上午好！今天，来自海内外的 4 000 多名本科新生和近万名研究生新生齐聚交大，即将开启人生新的旅程。作为校长，我代表学校向大家表示最热烈的欢迎！同时，也要向培养你们的父母和师长表示最衷心的感谢！

同学们，我们即将迎来新中国的七十华诞。七十年岁月更迭、沧桑巨变，我们的祖国由百废待兴，逐渐走向繁荣富强，走近世界舞台的中心。在座的同学大多是 2000 年前后出生，亲身经历和见证了祖国前所未有的快速发展。国势之强由于人，伟大成就的取得离不开一代又一代人的接续奋斗。前不久，党中央决定，首次开展国家勋章和国家荣誉称号集中评选颁授，隆重表彰一批为新中国建设和发展作出杰出贡献的功勋模范人物，我们的黄旭华学长和吴文俊学长分别成为"共和国勋章"和国家荣誉称号的建议人选，他们所展现的家国情怀、作出的杰出贡献，让全体交大人引以为豪。从"两弹一星"到核潜艇、航空母舰，从迈向太空的第一枚运载火箭到坚守南海的"造岛神器"挖泥船，从攻克重大疾病和疑难杂症，到解决经济社会及民生问题……在推动经济社会发展的时代浪潮之中，在新中国七十年波澜壮阔的历史画卷里，交大人从未曾缺席，未来也不会缺席。江山代有才人出，我们坚信，在新一代交大人之中,还将会涌现这样的民族脊梁。但是,事不能空谈、功不可坐等,人的成长离不开勤奋刻苦的磨砺。如何成为于国有大用,于时有深益的"第一等"人才,我想送给在座的同学几点建议,希望对你们有所启发。

第一,对于本科新生而言,希望大家调整心态、打好基础,建立对专业的热爱。大家从同龄人中崭露头角,来到交大,都具备成为优秀人才的潜质。在这个彬彬济济的环境中学习生活,大家首先要学会"归零",重新定位自己。大学的课堂教学不再依靠耳提面命,也没有题海战术,而是引导启发大家自主探究、独立思考。大家要积极主动适应这个转变,适应快的同学不应自满,适应慢的同学也不要气馁。每一名同学都应该保持乐观进取的心态和虚心求教的精神,乐于思索、勤于探究,养成良好的学习习惯。

本科阶段的学习,基础课程是重中之重。"起点高、基础厚、要求严、重实践、求创新",是从老交大传承至今的办学传统。交大对基础课程的学习要求非常高,一些课程博大精深、抽象难懂,被称为"霸王课",大家学习的时候也许很吃力,但以后会逐渐体会到,这些"霸王课"里蕴含的知识正是专业领域研究和创新不可或缺的基石。学好这些课程,会让大家终身受益。我希望,大家要在这些课程上下足功夫、愈难愈进,扎扎实实把基础打牢、练就过硬本领,积极寻找自己的兴趣与专业的结合点,建立对专业的热爱,为将来的人生之路奠定一个良好的开端。

第二,对于研究生而言,希望大家潜心钻研、矢志创新,勇于攀登学术高峰。研究生阶段是学历教育的最高阶段,大家要充分认识读研的意义,这是一生中进行学术探究的"黄金阶段"。要沉下心来接受系统的科研训练,锻炼自己的学术思维,提升运用知识解决实际问题,以及发现新问题的能力,实现从"探究"到"创造"的跨越,而不能仅仅满足于完成论文、取得学位,或者仅仅局限于谋求一份体面的职业。

创新创造是研究生的核心竞争力,也是大家读研期间必须要培养的素质。我们要倡导的创新不是邯郸学步式的跟随,而是在重要领域从无到有的原始创新;不是纸上谈兵式的空想,而是立足中国实践、解决中国问题;不是为了满足个人的财富与利益,而是要在强国兴邦、济世安民中书写自己的人生。因此,作为交大的研究生,就应当乘风而上,面向时代大命题做大文章。

尤其是在座的博士生同学,你们正处于知识体系最完善、思维最活跃、精力最充沛的时期,更应当矢志创新、追求卓越,不断攀登学术高峰。很多知名的交大人都在读博期间取得了杰出的成就:钱学森学长和导师冯·卡门共同提出了著名的"卡门-钱公式",奠定了自己在空气动力学上的学术地位;徐光宪学长提出了"三中心模型",首次验证了罗森菲尔德关于旋光的量子化学理论;张钟俊学长第一次在理论上获得了凸极电机的一个模态常数,对电机学和数学研究都具有创新意义……希望这些学长们立志不凡、勇于创新的事迹,能够激发你们去开拓和创造新的传奇!

第三,无论是本科生,还是研究生,希望大家都能将个人的前途与祖国的兴盛结合起来,成为国之栋梁。"饮水思源,爱国荣校"是我们上海交通大学的校训,也是历代交大人共同的精神传承。这八个字虽然朴实无华,但是意蕴厚重,它阐明了交大人"坚守初心、思源感恩"的特质和"勇担使命、赤诚爱国"的底色。今年是我们交大电机系 1941 届校友杨嘉墀院士一百周年诞辰。20 世纪 40 年代,杨学长前往美国留学工作,成功研制第一台自动记录光谱仪,被专家定为"杨氏仪器"。20 世纪 50 年代,杨学长响应祖国召唤,在变卖所有家产,购买中国科研所需的各种仪器后归国。他在国家科技战线工作近五十年,亲身参与了导弹、人造卫星、载人飞船、探月工程等重大科研成果的研究开发,为国家的航天事业作出了杰出贡献,在中国卫星史上树起了一座丰碑。20世纪80年代,中国经济开始步入正轨,但事关国家强盛根基的科技事业与发达国家相比还有很大差距。杨嘉墀学长和其他三位院士联名致信中央,提出了著名的"863计划",深刻地影响了中国高科技的发展进程。"争名当争国家名,计利当计人民利。"杨学长的这句箴言是他一生的写照,也是交大人"饮水思源,爱国荣校"精神的最好诠释。

同学们,只有基础牢固,才能在乱云飞渡中保持从容;只有创新勇进,才能在百舸争流中脱颖而出;而个人成长的涓涓细流只有汇入祖国发展的江海,才能够变得充沛丰盈。作为新生代的交大人,你们出生于祖国腾飞之时,成长于民族复兴的历程之中,你们的人生轨迹始终与强国兴国紧密联系在一起,也必将成为强国兴国当仁不让的中坚力量。选择交大,就选择了责任。我希望,每一名交大的学子,始终谨记交大的校训,以刻苦的磨砺成就真才实学,以奋斗的青春赓续交大辉煌!追求卓越、造福人类,共同建设祖国的灿烂明天!

谢谢大家!

志存高远　与日俱进

——在 2020 级本科生开学典礼上的主题演讲

（2020 年 9 月 13 日）

亲爱的同学们：

　　大家上午好！今天，我们通过线上线下结合的方式，举行这场特殊而隆重的开学典礼。首先，我要代表上海交通大学，向你们表示最热烈的欢迎！祝贺你们成为全球 30 万交大人中最新鲜的血液！同时，要特别感谢各位家长的精心培养和辛勤付出！由于疫情防控需要，远道而来的家长们无法亲临现场参加你们的开学典礼，感谢大家对学校的理解和支持。

　　秋色浩无际，风露洗晴空。此刻，我们在美丽的交大校园如期相聚，可谓来之不易，值得倍加珍惜。岁末年初，来势汹汹的新冠疫情打乱了大家学习生活的节奏。党中央统揽全局、果断决策，全国人民风雨同舟、众志成城，取得了抗击疫情斗争的重大战略成果。大家也克服困难，分秒必争地投入到紧张的复习备考，度过了一个"加长版"的高三，取得了优异的成绩，如愿加入上海交通大学这所百年名校。你们的到来，对学校而言，既是荣幸，也意味着责任。大家把人生的梦想托付给交大，学校的老师们一定会用心用情培养好、呵护好每一位同学，让大家在充满创新活力与人文关怀的校园里成长成才！

　　同学们，进入大学，你们将展开全新的人生画卷，经受雏鹰展翅的历练。大学是百炼成钢之地，你们在大学期间要塑造成型的价值观，搭建系统的知识结构，培养专业思维和实践应用能力，健全人格与品性。你们既要树立笃志高翔的理想信念，也要在不懈追求进步中，长出丰满的羽翼、练就坚韧的筋骨，因此，今天我就围绕"志存高远、与日俱进"对同学们提三点建议，希望对你们有所启发。

首先，百学须先立志，希望你们树立远大理想、胸怀报国之志。你们都是同龄人中的佼佼者，千里挑一的天之骄子，每一名同学都有望长成参天大树，都有成为国家栋梁的潜力。要想在人生道路上行稳致远，最终成为国家栋梁，首先要树立远大的志向，坚定为国为民的理想。

作为改革开放后进入交大的一代人，恢复高考给了我们就读大学的机会，我们特别珍惜。20世纪80年代，国家百业待举，人民渴望摆脱贫困，赶上世界发展的步伐。因此，我们从入学开始就有努力学习，振兴中华的强烈愿望。在校时，每日与时间赛跑，奋力拼搏，要把丢掉的时光抢回来。毕业后，投身祖国发展的各个战线，勤勉工作、服务国家各个领域的发展，为实现人生志向而奋斗。1982届校友钱智民，选择投身核电领域，在国家核电工业从无到有、由弱到强的历程中担当重任，成为我国新能源产业的重要推动者；1984届校友凌文，投身能源领域，不断运用系统工程理论解决大型工程管理难题，推动了我国煤炭安全、高效、绿色开发和清洁转化利用整体水平的显著提升；1989届校友曾毓群凭技术立身，厚积薄发、两度创业，为推动我国锂离子动力电池技术实现大规模量产作出了重要贡献……这些校友们与国家同奋进，把事业建立在神州大地上。随着中国的快速发展，他们都成长为国之栋梁，成为学校的杰出校友。

同学们，上海交通大学诞生于国家危难之时，成长于民族振兴之际，兴盛于祖国富强之日。自诞生之日起，交大人就以报国为使命，在国家和民族的发展历程中从未缺席。一代人有一代人的使命。未来三十年，中国将走向世界舞台中央，逐步成为世界强国。你们将人生志向与祖国发展结合在一起,也必将做出一番不负时代的成就。希望你们"弃燕雀之小志,慕鸿鹄以高翔",让人生在国家和民族的进步中熠熠闪光。

其次,学不可以已,希望你们精勤求学、筑牢基础。远大志向的实现,必须练就真本领,这就离不开持之以恒的勤奋学习。你们在中学时代努力学习,一心要考上梦想的大学。到了大学之后,大家不能有"松口气""歇歇脚"的想法,要自始至终保持求知若渴的态度,掌握好的学习方法,把知识学得扎实、学得灵活。交大素有"起点高、基础厚、要求严、重实践、求创新"的传统,特别重视基础课程的教学。一些课程抽象难懂,学起来可能会有些吃力。对此,大家要敢啃"硬骨头",沉心静气地把知识点吃深吃透,争取做到活学活用,练就发现问题、探索问题、解决问题的能力,这将为你们未来四十多年的事业发展奠定基石。

我们学校四位青年老师许志钦、张耀宇、罗涛、马征,他们是人工智能创新研究的潜力新星。本科在致远学院读书时,他们就特别重视数学、物理等基础课程的学习,不仅刻苦钻研,把书本里的知识点理解透彻,而且善于向老师和身边的同学提问,相互探讨,探寻事物的本质规律。正是交大培养的扎实数理基础,让他们有底气、有能力提出创新学术思想,开辟新的研究方向。现在,他们在国外知名大学做完博士后,结伴回到交大继续攀登学术高峰。我相信,通过不懈进取,他们在未来一定会有重要的学术贡献。

同学们,本科四年是打牢知识基础的重要阶段。大家一定要在公共基础课和专业基础课上下足功夫,同时还要以开放进取的姿态,努力培育创新能力。要在学习探索上开放思路,既要建立浓厚的专业兴趣,也要打造复合型知识体系,培养问题导向研究的能力。要在资源获取上开放视野,善于利用丰富的学习资源,将其转化为自身成长的养料。要在人与人的交流中开放融合,学会团队合作,虚心求教、勇于发问、善于表达，与老师、同学相互激发，共同成长进步。

再次，疾风知劲草，希望你们坚韧进取、乐观豁达。成功不可能一蹴而就，大学的成长既有顺境，也难免会遇到逆境。进入大学，教学节奏快、学习任务重，有的同学树立了较高的学习目标，但在激烈的竞争中，一时难以到达预期，你们不要降低目标，要努力消除理想和现实的落差。有的同学学习节奏与教学进度一时合不上拍，你们要努力走出"有力使不出"的困境。还有的同学对所学专业不是最满意，你们要积极调整心态，尽快建立对所学专业的兴趣。

大一时期，同学们还将参加英语水平考试、致远计划选拔，有的同学可能会接连遭受始料未及的挫折。你们要自信，不要气馁，大家都是身经百战，进入到这样一个强者林立的群体，暂时的挫折并不可怕，要调整心态，保持乐观豁达的人生态度和坚韧进取的精神，直面挑战、愈挫愈强；要善思善为，客观认识自己的不足，加倍努力将短板补齐；要敞开心扉，真诚地寻求帮助，吸收他人的经验和大家的智慧，解决自己的现实问题。

大家要认识到，顺境、逆境都是人生的宝贵财富。顺境时，铆足干劲，乘势而上。逆境时，受挫不馁，迎难而上。宠辱不惊，自信从容，持续努力，你们一定会在追梦圆梦之路上收获成长。

同学们，唯有立报国之志，才能具备大气恢宏的胸襟，进入无限宽广的舞台。唯有夯实基础，才能在为学日进中成就真才实学，拥有挑战前沿和高峰的勇气与本领。唯有坚韧不拔，才能永不停止前进的步伐，坦然应对人生之路上的任何起伏跌宕。"志存高远、与日俱进"，你们终将在祖国的万里长空展翅翱翔。

同学们，大学是人生的黄金时期，很多卓越的人才都是在大学里确立了人生的志向，开启了孜孜以求的道路。九十多年前，我们的钱学森学长进入交大求学，他亲历国家屈辱和民族苦难，矢志航空救国；留美期间,他深感振兴祖国航空工业之急需,从事航空尖端科学理论研究,成为世界著名的科学家;回国以后,他为了让中国人挺起腰杆,投身"两弹一星"工程,成为人民科学家和中国航天事业的奠基人。几次重要的人生选择,他都将个人理想与国家需要紧密结合在一起,正如他所言:"我的事业在中国,我的成就在中国,我的归宿在中国。"这应该成为当代交大人,尤其是年轻一代的你们,最鲜明的追求、最无悔的选择!

今天,你们站在前人站立过的地方,开启新的人生旅程。你们既是交大精神的汲取者,也是国家未来的创造者。选择交大,就选择了责任。希望你们志存高远、与日俱进、终成国之栋梁,期待在你们当中能涌现像钱学森、吴文俊、徐光宪、王振义、黄旭华……这样的民族脊梁,在中国的强国之路上留下独特印记!

谢谢大家!

求真务实　勇攀高峰

——在 2020 级研究生开学典礼上的主题演讲

（2020 年 9 月 6 日）

亲爱的同学们：

大家上午好！荷香销晚夏，菊气入新秋。经过一个春夏的等待，美丽的交大校园终于迎来了青春洋溢的你们，又再次充满勃勃生机。作为校长，我代表学校向大家表示最热烈的欢迎！同时，也要向培养你们的父母和师长表示最衷心的感谢！

2020 年是不同寻常的一年，年初的新冠疫情突如其来、肆虐全球，给我们的学习生活带来了很大的挑战和影响。然而，抗击疫情也让我们收获了很多振奋和感动：医护人员大年夜就挺身而出，千里驰援武汉；科技工作者争分夺秒、攻坚克难，不断推进检测试剂和疫苗的研发；中国积极与世界各国合作，为全球抗疫注入信心与力量……各位同学也响应国家的号召，以多种形式投入到疫情防控之中，并经历了前所未有的"云"答辩、"云"面试、特色报到，终于迎来了今天的开学典礼。"不平凡"是今年的标签，也将成为你们成长中永远的记忆。这次疫情对国家和个人都是大考，相信经此一役，我们都更加深切地体会到了国家的制度优势，也更能感受到只要齐心协力，就一定能够战胜任何艰难险阻。

同学们，从今天开始，你们将成为一名交大的研究生。"饮水思源，爱国荣校"是我们的校训，为国家培养社会主义建设者和接班人是高校的根本任务。交大的研究生培养一贯坚持高标准、严要求,素有"高温炉"之称,就是要锻炼大家追求科学、求真务实的学术精神和品质,砥砺大家创新图强、勇攀高峰的报国情怀和本领,最终成为"一等"人才、国之栋梁。因此,在这个特别的场合,我就围绕"求真务实、勇攀高峰",给大家谈三点希望。

第一,要发扬求真的精神,提出真问题、解决真问题。求真就是要探究自然科学和社会科学的本质规律和实际问题。你们在本科阶段已经打下了一定的基础,研究生阶段要进一步加深专业基础知识的学习,并能够应用知识、创造知识。大家不要仅仅把目光局限在发表论文,满足毕业的要求上,而要提高学术素养,培养发现问题、提出问题、解决问题的能力。

在这里,我想和大家讲讲化学化工学院教授、上海最年轻的新科院士樊春海的故事。他毕业后到诺贝尔化学奖获得者艾伦·黑格教授的实验室做博士后,面对许多科研方向的选择,曾经一度产生困惑。黑格教授的一句话启发了他:"做研究就要做最重要的事情。"他领悟到,要想在科学领域有所贡献,就要找到真正值得研究的方向。他专注于生物传感界面的探索,开创性地提出了"框架核酸"的概念,把核酸研究从低维拓展到高维,并将生物传感界面调控的精确性提高到一个新的层次。如今他正在将"框架核酸"应用于组装纳米机器人,将为疾病的诊断治疗带来颠覆式的变革。求真不仅是樊院士亲身践行的准则,也是他对学生提出的要求。他总是提醒学生,不要满足于跟随式的研究,而要拓宽视野、挖掘内涵,做最重要、最有价值的学问。这也是我对大家的期许。

同学们,求真是科学精神的内核,是否具备求真的精神,将对你们的学术生涯和未来人生产生深远影响。希望你们不要从纸面上找问题,而要一心一意地探究科学前沿、国家需要的真问题,并通过解决真问题,作出真贡献。

第二,要传承务实的品质,锲而不舍、追求实效。交大的校风淳实,历代交大人实心实力求实学、务实业,为国家发展和民族进步立下了诸多功勋。今年上半年,我们国家自主研发的北斗卫星导航系统完成全球组网,全国上下为之振奋。而在这背后就有两位作出重要贡献的交大人——北斗一号总设计师范本尧院士和长征三号甲系列火箭首任总设计师兼总指挥龙乐豪院士。两位院士投身国家航天事业,兢兢业业,埋头苦干,在他们身上充分体现了交大人的"务实"。龙乐豪学长曾经多次给交大学生讲述中国火箭与航天发展背后的故事,令我印象深刻。

20世纪70年代,龙乐豪被任命为长征三号火箭总体主任设计师。他坚守研制一线,从立项、方案论证到设计、试验、发射,共解决了36项重大工程难题,29项工艺制造技术难题和15项大型地面试验难题,技术上的事无论大小都时刻装在心里,每一个细节都反复推敲。历经十年鏖战,长征三号火箭终于成功发射。之后,龙乐豪又马不停蹄地投入到长征三号甲系列火箭的研制工作中。他秉持实干精神,深入基层,掌握第一手资料,每当出现重大问题,都能准确判断,果断决策。又是十度春秋,龙乐豪和同事们呕心沥血打造出了中国的"金牌火箭"。长征三号甲系列火箭至今已发射113次,成功率超过97%,成为国内第一、世界一流的火箭群体,为北斗卫星导航系统的成功组网奠定了基础。回首往事,龙乐豪院士曾说:"做事业就要做得实在,要为国家尽一份力,在人生旅途上留下印记。"

同学们,国家各项成就的取得离不开一步一个脚印地奋斗,我们做学术研究也不能急功近利,不仅要有攻克难题的雄心,还要有十年磨一剑的坚持。作为新时期的交大人,你们要继续发扬交大的务实传统,"不受虚言,不听浮术,不采华名,不兴伪事",扎根自己的行业和领域,靠实干立身,凭实绩进步。

第三,要树立勇攀高峰的志向,不断挑战、追求卓越。同学们,胸有凌云志,无高不可攀。科研探索中没有平坦大道,只有不畏艰险奋勇攀登的人,才有希望达到光辉的顶点。作为交大的研究生,决不能仅仅满足于取得一张毕业证书,找到一份体面的工作,而是要在求"一等"学问、创"一等"事业、成"一等"人才的路上永不止步、不懈攀登。

我们医学院王振义院士从20世纪70年代起,就潜心研究白血病的治疗方法,他在国际上首先提出了"改邪归正"的肿瘤治疗思路,实施了"诱导分化疗法"的新理念,应用全反式维A酸诱导分化治疗,将恶性肿瘤细胞"改造"为良性细胞,在人类历史上首次通过内科治疗,攻克了最凶险的白血病——急性早幼粒细胞性白血病,轰动了全球医学界。王振义不满足于阶段的成绩,90年代开始,他又和团队优化治疗方案,加入三氧化二砷,也就是俗称的砒霜,创造性地提出了白血病治疗的"上海方案",大幅提升了治疗的效果。耄耋之年的王振义院士,获得2010年度国家最高科学技术奖之后,又率先提出了"转化医学"的理念,致力于构建基础研究、临床应用和公共卫生之间的转化通道,实现医疗科研成果的快速转化应用,推动国家的医疗事业水平迈上新的台阶。

纵览王振义院士的人生历程,他志存高远,博极医源,淡泊名利,为人敬仰,在解决患者问题的同时,成就了一个又一个医学高峰。正如他常说:"做人要有不断攀高的雄心,也要有对待荣誉的正确态度,要胸膺填壮志、荣华视流水。"这正是交大人应有的人生追求。

同学们,求真务实既是交大精神的重要组成部分,也是作为研究生需要具备的基本素质。"求真"代表着交大人仰望星空的理想和孜孜以求的态度,"务实"代表着交大人脚踏实地的品格和实干兴邦的担当。你们要将"求真"与"务实"统一于自己的攀登之路。博士研究生要敢于挑战难题,提出新的学术思想,努力探索未知、创造新知,矢志为国家科技进步和社会发展作出重要贡献；学术硕士要训练科学思维和科研方法，练就扎实的基本功，培养学术志趣和学术专长，为挑战学术前沿做好准备；专业硕士不仅要掌握专业知识，更要深入了解行业和企业，锤炼行业所需的专业能力和实践本领。

同学们，你们是交大校园最具创造力的潜力新星，也是这个国家最蓬勃的青春力量。希望你们只争朝夕，不负韶华，让人生在为祖国、为人类的贡献中焕发出更加绚丽的光彩！

谢谢大家！

整装出发　做有追求的交大人

——在2021级本科生开学典礼上的主题演讲

（2021年8月26日）

亲爱的同学们：

大家上午好！云天收夏色，木叶动秋声。今天，我们在美丽的交大校园隆重举行2021级本科生开学典礼。因疫情防控的需要，我们通过视频直播的方式，在主会场与分会场同步举办开学典礼。首先，我代表上海交通大学，向你们的到来表示最热烈的欢迎！同时，向一路培养你们的父母和老师表示衷心的感谢！

从今天开始，你们将成为海内外40余万交大人中最新鲜的血液，百廿交大的光荣与梦想、文脉与精神将在你们身上得以传承和发扬。回顾过往，你们一心向学，成绩优异，是同龄人中千里挑一的佼佼者，在专注于学习知识的同时，你们也见证了国家的快速发展和世界的风云变幻，经历了人生的萌芽期和拔节抽穗期。今天，你们将告别中学时代，"归零"再出发，相信你们既充满着期待，也不免会对大学生活有一些忐忑。

大学的学习和生活不同于中学。在这里，你们将进入一个人成长的灌浆期，世界观、人生观、价值观都将得到更加全面的历练和提升，如同雏鹰展翅一般，为高飞远翔而不断强筋健骨。你们每个人对大学生活都有自己的憧憬，对未来人生都有自己的思考。我希望你们都要做一个富于追求的交大人，一个乐于拼搏的交大人，一个有家国情怀的交大人，精神富有、学习上进、身心康强，在不断跨越中，成就对国家有贡献、对社会有价值的人生。因此，我就围绕做有追求的交大人，谈谈我的看法。

一是目标必须明确，要在追求高远、积极进取中提升人生境界。理想和目标是人生追求的集中体现。在高中阶段，考上心仪的大学是你们的奋斗目标，你们从朋辈中脱颖而出进入交大，圆满实现了这一目标。在大学里，希望你们能够树立高远追求，提升人生境界，主动思考和规划你们的人生，积聚不断向上攀登的力量。

远大的志向和明确的目标，是一个人笃行致远的精神引领和动力之源。我校造船系 1949 届校友黄旭华学长在校读书时，正值解放战争时期，他既专心致志学好知识，夯实了造船专业基础，又主动关心时事，加入了"山茶社"，开展进步思想宣传，矢志为国家独立和民族解放而奋斗。这些经历塑造了他"誓干惊天动地事，甘做隐姓埋名人"的崇高追求和个人品质，让他在后来的人生选择中，义无反顾、坚定从容，为国家核潜艇事业作出了卓越的贡献。

同学们，追求高远不是好高骛远，而是心怀天下；积极进取不是急功近利，而是立足长远。只有经过砥砺的人生追求，才能坚定不移、果敢勇毅，避免陷入焦虑的泥潭和内卷的困境。希望你们及早适应"交大人"这个新身份带来的变化，培养自己的目标感，在勇敢的尝试和追求中明确人生的方向，激发自己的潜能。

二是学习更要努力，要在追求卓越、精益求精中提升学习能力。大学是求知的象牙塔，是潜心做学问的殿堂。学习是你们在大学里的首要任务，追求"一等"学问需要你们付出更大的努力和心血。大学的课程更具挑战性、关联性，学习节奏更快，一些"霸王课"很有难度，许多课外科创竞赛超出你们的已有认知，衡量学业的标准也不仅仅是一纸考卷和考试分数。因此，提升学习能力比牢记知识本身更加重要，希望你们能够持续改进自己的学习方法，掌控自己的学习节奏，不断拓展知识的深度和广度。

同学们，九层之台，起于累土。具备扎实的专业基础才能追求卓越的人生。交大素有"起点高、基础厚、要求严、重实践、求创新"的办学传统。希望你们能够潜心学习，练好基本功。我校数学系1940届校友吴文俊院士的本科学习生活，一直是在时局动荡和校园搬迁中度过的。在艰苦的岁月里，学校坚持办学和严格要求，吴学长惜时如金地钻研数学，在挑战难题中寻找自己最大的乐趣。他说："我的数学底子是在交大打好的。"坚实的基础助力于他在拓扑学、机器证明、中国数学史等研究领域取得了杰出的成就。

要有精益求精的学业，必须有卓越的学习能力，因为让人终身受用的不仅仅是知识的本身，更重要的是高效学习和灵活应用知识。希望你们能够将书本从薄学到厚，不断加深学习和理解，再从厚学到薄，具备提炼知识的能力；希望你们读书能够读得进去，也能跳得出来，用宽广的视野审视问题，从而练就举一反三、触类旁通的能力，在知识的运用中，使自己的学业增值。

三是身心都要康强，要在健壮体魄、陶冶情操中永葆朝气活力。你们不仅要重视知识学习，更要注重身心健康，保持对向善、向美的追求，这是人生长远发展的坚实支撑。希望你们在大学期间，能在健壮体魄和陶冶情操上下功夫，提升个人的综合素养，尤其是以体育心、人文化成，保持朝气蓬勃、豁达开朗，成为一个德智体美劳全面发展的人。

同学们，完全人格，首在体育。"国学好、科学好、体育好"是老交大就有的美誉和口碑。1925年，我校首位团支部书记陆定一学长在校期间，就大声疾呼："要造成良好人格，有学问而且康强的自己。"而在当今时代，追求高远志向的你们，更应该有健壮的体魄。我们交大既有很好的体育传统，也有很好的设施条件，篮球、足球、乒乓球、游泳、赛艇等都是深受欢迎的运动，交大师生中不乏运动达人和健将。值得一提的是，今年交大学子连续第八次蝉联全国大学生运动会"校长杯"，在东京奥运会上，23名交大人不畏强手、敢打敢拼，为国争光，也彰显了交大人拼搏向上的精神。体育运动不仅让人保持身体的健康和活力，更能让人磨炼意志和品质，练就良好的心理素质，积极应对学习和生活中的挫折与失败。同学们，人生如赛场，很多时候需要抓住机遇、乘势而上，但是更多时候需要我们逆风无畏、稳健从容。希望你们养成良好的生活作息和体育锻炼习惯，历练健全的人格、康强的身心，做到顺境中永不止步，逆境中永不沉沦。

同学们，富于追求的交大人，目标高远、志向远大，不畏浮云遮望眼；学习上进、力争上游，拾级而上踏歌行；身体强健、意志顽强，总能以饱满的状态迎接未来的挑战。在此，针对即将开始的大一生活，杨振斌书记和我再给大家三点建议：

一是多走进文博楼、校史馆，在百廿校史中汲取精神力量。我们学校的校史厚重深邃，校友灿若星河，饱经沧桑的老建筑都是有故事的，希望你们每个人进入交大便能快速了解交大、全心融入交大，在与前辈先贤的精神对话中，明确人生目标，提升个人境界。

二是多走进图书馆、讨论室，在阅读交流中提升学习能力。图书馆是知识的宝库和求知的乐土，讨论室是观点交流、思维碰撞的场所，希望你们每天课后多去图书馆和讨论室提升自我，勤于读书、善于思考，在书海泛舟中增长阅历，在思想碰撞中激发灵感。

三是多走进运动场、体育馆，在运动拼搏中磨砺康强体质。交大有崇尚体育的校园文化，拥有设施一流、种类齐全的体育场馆，这里是青春和激情迸发之地，希望你们每个人都能擅长一项体育运动，每天锻炼一小时，健康工作五十年，幸福生活一辈子。

同学们，人生因追求而充实。成为一个富于追求的交大人，成为社会主义建设者和接班人,为社会主义现代化强国建设作出重要贡献,是学校对你们由衷的期望。一个始终有追求的人,往往是目标坚定的,是全神贯注、充满拼劲的,同样也是坚忍不拔,不轻言放弃的。希望你们走进交大就能继承"饮水思源、爱国荣校"的校训精神,求真务实、勇攀高峰,在创新图强、服务社会的过程中,实现人生价值!谢谢大家!

以苦为乐　做有志气的交大人
——在 2021 级研究生开学典礼上的主题演讲

（2021 年 9 月 12 日）

亲爱的同学们：

　　大家上午好！今天，我们在这里隆重举行 2021 级研究生新生开学典礼。首先，我代表全校师生医务员工对全体新同学，表示热烈的欢迎！向培养你们的父母和师长表示衷心的感谢！

　　从今天起，大家将在交大展开新的人生篇章。你们大学毕业后，有了自己的专业，增长了阅历，开阔了视野，对中华之兴和世界之变，也有了更加深刻的认识。进入研究生阶段，你们将掌握更加坚实宽广的基础理论和系统深入的专门知识，培养独立进行科学研究的能力，夯实内功、练就本领，开启报国逐梦之旅。

　　宝剑锋从磨砺出，梅花香自苦寒来。内功和本领从来不是天生的，不经砥砺成不了"一等"人才。交大对研究生的要求高，素有"高温炉"之称，你们首先要做好吃苦的准备，不仅要学好课程，更要学会做研究。难度再大的课程，都会有标准答案，而做研究则需要发现问题、解决问题，具有很大的不确定性，难免有挫折和失败，特别是要研究国家亟须解决的真问题，就必须肩负更大的责任和使命，历经千辛万苦，承担更多的压力和挑战。同学们，在研究生阶段吃苦越多，就能收获越多、成长越快，只有不畏艰苦、以苦为乐，才能成为更有志气的人、更有创造力的人、更有社会价值的人。因此，在你们入学之际，我就围绕以苦为乐，做有志气的交大人与大家分享三点体会。

第一,以攻坚克难为乐,有解决国家紧迫需求的志气。叶剑英元帅曾写过一首题为《攻关》的诗:"攻城不怕坚,攻书莫畏难。科学有险阻,苦战能过关。"该诗指出了科研创新必须靠迎难而上、攻关苦战的朴实道理,鼓舞了新中国几代科技工作者。希望你们要敢啃"硬骨头"、勇担硬任务,在解决国家紧迫需求的实际问题中,找到科研创新之乐。

正在执行空间站建设任务的聂海胜,是我校航空航天学院博士毕业生。他既是三度飞天的航天英雄,也是一名乐于攻坚克难的航天专家。聂海胜作为航天员大队大队长,承担航天员训练的管理工作。他知道,随着我国载人航天任务的复杂度、工作量和持续性不断提升,如何使航天员更可靠、更高效地在太空工作,成了亟待突破的难题。这些难题的解决,需要依靠人因工程学的理论支撑。然而,太空场景下的人因工程学研究,是少数国家独自掌握的尖端科技,属于高度机密。面对国家的紧迫需求,聂海胜在 53 岁时毅然攻读博士学位,潜心研究太空极端工作环境下的人因工程学。他在高强度训练之余,以钻研高难度、跨学科的理论问题为乐,突破了多项技术难题,出色完成了博士学业,成为载人航天领域的人因工程学专家,被选拔为神舟十二号飞船的指令长。

同学们,在我国经济社会发展、民生改善、国防建设等领域,还有许多亟须解决的现实问题,有的涉及受制于人的关键核心技术,有的关系到人民生命健康和福祉,有的是发展以后出现的新问题,这些都应该成为你们的科研选题,也是你们施展才华的大好舞台。希望大家要有解决国家紧迫需求的雄心壮志,在解决难题的过程中,不断增强我们的志气、骨气、底气,收获开拓者、攀登者的喜悦。

第二,以追本溯源为乐,有挑战世界科学前沿的志气。科学研究的出发点,往往是对未知奥秘的好奇和探究。李政道先生曾说:"求学问,需学问。只学答,非学问。"这话简明而深刻地指出了求学问道的真谛：做学问,就是要刨根问底。攻读研究生,特别是博士研究生,就要有一颗好奇心,善于提问,敢于追问,勇敢探求人类认知的"未至之境"。求索之路也许充满荆棘和迷雾,在日拱一卒的不懈坚持下,你们一定能进入豁然开朗的新境界,收获追本溯源之乐。

材料科学与工程学院 2020 届博士生王言博,就是在探究科学前沿中找到了钻研的乐趣。他研究钙钛矿太阳能电池的工作稳定性,这是一个世界前沿科学问题。读博的前两年,王言博沉下心来深入思考、细致观察,踏实积累,奠定了挑战前沿的学术功底。在探索过程中,他没有因为寻找初选材料的功亏一篑而气馁,而是不断尝试,最终找到了解决问题的关键材料。他也没有因为取得预期实验成果而停下探究的脚步,而是继续深挖现象背后的机理,在经历了十余次猜想与否定的循环后,最终揭示了问题的本质,实现了工程实验与科学理论的完美闭环,他的研究成果也获得了世界的关注与认可。

同学们,青年时期是最富创造力的年华,很多影响人类进步的重大突破,都是科学巨匠们在青年时期取得的研究成果。青春意味着无限可能,希望大家要相信自己的潜力,勇于挑战前沿,不迷信权威观点,不盲从既有学说,在自由畅想、大胆假设、认真实证、不断试验、系统归纳的探究过程中,充分激发原始创新的灵感,收获成功的喜悦!

第三,以实干笃行为乐,有引领行业发展的志气。研究生阶段的研究与行业技术进步密切相关,其研究方向很可能会成为一生耕耘的事业。把论文写在祖国大地上,是交大研究生当仁不让的责任与使命。希望你们在读研期间不以找到一份体面的工作为目标,多了解行业和社会的真问题,学以致用、以用促学,感受到实干笃行之乐。

电子信息与电气工程学院 2007 届硕士校友唐晔和他的同学代田田、卢琳、万章、谢森等,在研究生期间就专注于自动化产品设计。他们在参加某次工业展会的时候,深刻感受到工业软件成为制约我国工业发展的关键问题。唐晔与同学们从点胶机控制系统入手,历经三个月的日夜奋战取得了重要突破,让他们振奋不已,坚定了创业的自信。毕业后,他们创立了上海柏楚电子科技股份有限公司(以下简称"柏楚电子"),立志成为中国最好的工业软件公司。创业之初,他们就遇到了金融危机带来的行业低谷,但是他们始终坚守初心,笃信国产工业软件的意义和价值,伴随着行业的发展迎来了事业的春天。经过十年磨一剑的实干奋斗,今天的柏楚电子已经成为领域内技术最先进、规模最大的研发和生产商,并在 2019 年登陆科创板,几位联合创始人在各种重要的场合身穿交大 T 恤衫,展现交大人的志气和风采。

同学们,实干兴邦、实业报国的信念是支撑唐晔等校友在激烈的国际竞争中坚持下来的力量源泉。无数唐晔这样的创新创业者以实干笃行为乐,推动了技术革命和产业进步,助力国家实现创新发展。希望你们把立大志、明大德、成大才、担大任作为内心的追求,涵养勇立潮头的志气,在推动行业进步中,享受到成功的喜悦!

"知之者不如好之者,好之者不如乐之者。"以苦为乐是一种乐观向上的人生态度,更是一种追求高远的人生境界。有以苦为乐的豁达,才能有不怕吃苦的精神,最终有化苦为甘的收获。我们的学习和研究之路绝非坦途,但是有沟壑才会有峰峦,那些胸怀壮志、不畏劳苦,沿着陡峭山路攀登的人,才有希望达到光辉的科学顶点!

同学们,有什么样的志气,才有可能成就什么样的事业。有志气,是志存高远、果毅力行,不是好高骛远、坐而论道;有志气,是坚忍不拔、持之以恒,不是一时兴起、心血来潮。希望你们攻坚克难,解决国家之需;专心致志,乐于追本溯源;实干笃行,助推行业进步;以苦为乐,成为一个有志气的交大人,在交大的热土上留下你们不负韶华、一生难忘的青春记忆! 谢谢大家!

志存高远　自立自强

——在 2022 级本科生开学典礼上的主题演讲

（2022 年 8 月 25 日）

亲爱的同学们：

大家好！今天我们相聚在东海之滨，以主会场与分会场、线上和线下相结合的方式，隆重举行 2022 级本科新生开学典礼。首先，我代表学校，向你们加入上海交通大学表示热烈的欢迎！向一路陪伴你们成长的父母和老师表示衷心的感谢！

同学们，你们来自五湖四海，都是同龄人中的佼佼者。在高中阶段，你们经历了特殊的疫情考验，无论线下听课，还是线上学习，你们都坚持勤奋刻苦，保持强烈的进取心，最终脱颖而出，进入交大。这段疫情"大考"的经历，将成为你们终生难忘的一段记忆，也让你们心态更加成熟，意志更加坚强，面对未来更加自信从容。

"时代各有不同，青春一脉相承"，每一代人的成长都与时代发展和国家命运休戚相关。一百多年前，处在民族危亡之际的一代人，追求真理、追求进步，高举"科学救国""实业救国""交通救国"旗帜，为中华崛起前赴后继、奋勇献身；七十多年前，新中国成立之初的一代人，积极响应党的号召，奔赴祖国各地，用青春和热血建设社会主义新中国；四十多年前，迎来改革开放的一代人，在校园里惜时如金、如饥似渴地学习，在振兴中华的伟大进程中勇立潮头、奋起追赶。历史的车轮滚滚向前，中华民族伟大复兴和建设社会主义现代化强国已成为当今中国的时代特征,大家必须牢记自己的历史责任,树立高远志向和奋斗目标,把成长的根基打得更牢,才能成为创造历史的一代人。

经过百年奋斗,中华民族迎来了从站起来、富起来到强起来的伟大飞跃,中国成为推动世界进步的重要力量,正日益走近世界舞台的中央。我国正处于实现中华民族伟大复兴的关键时期,而梦想的实现比任何时候都更加需要国家和个人的自立自强。与此同时,世界科学技术加快发展,以信息化、智能化为代表的新一轮科技革命正在快速推动人类社会进步。从现在到 21 世纪中叶的三十年,风华正茂的你们将用自己的臂膀扛起中华民族伟大复兴的重任,不负时代赋予的历史使命!

放眼全球,我们面临着更为复杂多变、更具困难挑战的外部环境。百年未有之大变局加速演进,世界格局激烈动荡,百年来最严重的传染病大流行,使人们的生命健康受到严重威胁,世界经济陷入衰退,全球交通和国际交流受到冲击。新冠疫情深刻改变了人类社会,我们必须加快开展全球性重大传染病研究,促进数字与健康的深度融合,共同应对治理挑战和推动城市智慧化转型,这是世界各国不可回避的问题,也是你们必须面对、必须解决的时代命题。

同学们,在波澜壮阔的时代背景下,大家将以交大人的身份开启崭新的人生篇章,围绕"志存高远,自立自强",杨振斌书记和我想给大家三点建议:

一是适应环境变化,在自主自立中成人。新的环境带来新的要求。大学与高中不同,需要大家在主动探究中养成独立的人格,塑造更好的自己。上海交通大学是学科门类齐全、师资力量雄厚、学习资源丰富、国际化程度很高的大学殿堂,为大家的成长成才提供了良好条件。来到这里,大家要适应身份角色的转变,在交大百年文脉中汲取养分,坚定信仰信念,涵养道德品行,提升人生境界;要适应学习方式的转变,学会自主学习、独立思考,以更加积极主动的姿态和更强的问题意识追求真理、探索新知；还要适应生活节奏的转变，更加成熟地面对课业压力、人际交往、个人情感等各种现实问题，妥善安排好自己的学习生活。同学们，希望大家快速融入交大，做好自我管理，养成良好习惯，跑好大学生活第一棒，让自己有潜力成为卓越人才。

二是打牢学业基础，在挑战自我中成长。交大历来重视学生的基础课程，"起点高、基础厚、要求严、重实践、求创新"是学校一百二十多年来形成的优良办学传统。你们的学长、学姐将一些难学的基础课程和专业课程戏称为"霸王课"，而正是这些"霸王课"成为他们终身受益的学业基础，使他们不仅掌握了扎实的数理知识和专业知识，锻炼了过硬的基本功和严谨的思维能力，更具备了敢于挑战自我、勇于攻坚克难的底气。例如，交大致远学院就十分重视学生的数学、物理等基础课程学习，鼓励同学们刻苦钻研、探讨交流，不断探究事物的本质规律，向前沿问题发起挑战，每年有近70%的毕业生直接攻读博士学位。同学们，唯有在基础课程中下足功夫，在千锤百炼中练就扎实的专业本领，在探索未知中激发对科学的激情与热爱，才能让自己有实力、有韧劲去创造更多的突破，不断拾级而上、收获成长。

三是树立报国之志，在自强不息中成才。大学是精神高地，作为交大学子，不能仅仅满足于顺利毕业和找到一份体面的工作，而应在厚植家国情怀中，砥砺"一等"品行，成就"一等"学问，开创"一等"事业，成为"一等"人才。我校船舶制造系1963届本科、1966届研究生校友朱英富院士，出生在积贫积弱的旧中国，考入交大后潜心于舰船工程领域的学习研究，毕业后曾先后主持研制我国导弹护卫舰和第三代驱逐舰，实现了中国舰船技术的跨越发展。但他并没有满足于已经取得的成绩，年过花甲后勇担重任，出任我国航空母舰首任总设计师，带领由上百个单位、数千人组成的大团队，历时八年建成我国第一艘航空母舰——辽宁号，开创了中国拥有航空母舰的历史。同学们，希望大家像朱英富学长一样，从进入大学起就把个人成长与国家需求结合在一起，潜心专业学习，不断追求卓越，在报效祖国中实现人生价值。

自胜者强，自强者胜。作为交大人中最新鲜的血液，你们出生于国家崛起之时，成长于民族复兴的历程之中，你们的青春脉搏始终与时代脉搏同频共振。唯有以更加积极进取的姿态把握自己的学习生活，才能时刻明确前进方向、开拓人生境界；唯有以挑战自我的勇气和毅力练就真才实学，才能不断探究科学奥秘、推动社会进步；唯有以自强报国的信念勇担历史使命，才能在更加广阔的天地中书写无愧于时代的精彩人生。

同学们，交大人将成为值得你们牢记一生、骄傲一生、奋斗一生的共同身份标识。希望你们秉承"饮水思源，爱国荣校"的校训，在交大留下属于你们的青春印记，在民族复兴的道路上建立属于你们的卓著功勋！

谢谢大家！

志存高远　不懈攀登
——在 2022 级研究生开学典礼上的主题演讲

（2022 年 9 月 17 日）

亲爱的同学们：

大家下午好！由于疫情影响，今天我们以在线的形式，举行 2022 级研究生新生开学典礼。首先，我代表学校，向各位研究生新同学表示热烈的欢迎！向为你们的成长付出辛勤汗水的父母、老师表示衷心的感谢！

过去几年，你们经历了战"疫"考验，大家迎接挑战、战胜困难、努力奋进，顺利完成了本科、硕士阶段的学习任务，迈上了继续深造的新征程。开学后，面临突发疫情，同学们顾全大局，理解、支持、配合学校的防疫工作，我代表学校感谢你们，我们心手相连、众志成城，共同守护校园安全。在这样一个特殊的时刻，这场如约而至的开学典礼，显得更加来之不易和值得铭记。

学无止境，拾级而上。在本科阶段，你们的主要任务是学习基础理论，构建基本的知识体系；进入硕士阶段，就要学会运用专业知识解决实际问题，而博士阶段则要进一步探索新方法、发现新知识、解决新问题。各位研究生同学们，你们在新阶段面临的新要求、新挑战，就是要实现从学习知识，到运用知识、创造知识的转变。不经火炼，难成真金。交大的研究生培养始终坚持高标准、严要求，素有"高温炉"之称，你们经过研究生阶段的学术训练，能够练就过硬本领，涵养科学精神，具备成为"一等"人才、国之栋梁的基础和潜质。

当前,我们正昂首阔步向着第二个百年奋斗目标迈进,"支持青年人才挑大梁、当主角"是党和国家对你们的期待。各位同学生逢其时,要肩负起时代赋予的使命,树立高远志向,勇攀科学高峰,为实现国家富强和人类进步贡献聪明才智。在这个特别的场合,杨振斌书记和我向同学们提三点建议,希望能对大家有所启发。

第一,希望各位硕士生同学热爱所学专业,锤炼过硬的专业本领。经过本科阶段的学习,大家对专业有了更加深入全面的认识,进入硕士阶段,你们积极主动地选择了自己热爱的专业和心仪的导师,在导师的指导下,能够在掌握通用知识的基础上,成长为具备专业特长的优秀人才。人生无捷径,坚守成大器。大家首先要坚守自己的选择,热爱自己的专业,深刻认识、感悟所学专业的意义和价值,让这份热爱成为推动你们不断进取、不懈奋斗的强大动力。同时,要努力构建更加完备的专业知识体系,特别是要敢于学习有难度的专业课程,夯实专业基础;研读高水平的前沿论文,拓宽专业视野;还要积极投身实践,通过理论与实践的结合,深化对基础理论的理解,提升运用专业知识解决实际问题的能力。

时不我待,只争朝夕。硕士阶段仅有三年不到的时间,希望大家珍惜学习时间,刻苦学习专业知识;充分利用学校的学科资源,接受系统的科研训练;接受导师的严格要求,培养学术专长和应用能力,为未来更长远的攀登之路积蓄力量。

第二,希望各位博士生同学敢于挑战难题,提升独立研究解决问题的能力。博士生阶段是一个人学术创造力最旺盛的时期,大有初生牛犊不怕虎的劲头,钱学森、李政道等许多学术大师就是在博士阶段奠定了成为大师的根基。博士学习阶段也对大家的专业水平、科研能力和创新思维提出了更高要求,我对许多青年人讲过,要想成为一个有学术成就的人，攻读博士学位是必要的。大家要在更加深入的研究探索中，强化独立思考、自主思辨的意识，从新的角度发现和提出问题，运用科学方法分析问题，创新性地解决问题。

每位博士生在开始独立研究、选择研究方向、发表高水平论文等若干博士生培养的重要环节中，都会碰到许多困难，都需要不断地钻研突破。在你们身边，有很多值得大家学习的学长、学姐，材料科学与工程学院 2022 届博士生安顺就是其中之一。以人手作为智能红外光源的调控机制，是安顺在读博期间开拓的研究方向。这个研究方向的发现，源自一次因人手干扰导致失败的热场实验。尽管其他同学都将类似干扰判定为不正确操作，但安顺在深入思考后，在导师邓涛教授的鼓励和指导下，从另外一个角度去看待这个问题，萌发了把手作为红外光源的创新思路。开拓新领域的历程是艰难的，经历了许多试验之后，最终成功开辟了红外光源智能控制的新路径，为提高人工控制系统的可控性和智能化，提供了一种全新的研究方向。

精诚所至，金石为开。探索的过程，必定困难重重。马克思曾说："在科学上没有平坦的大道，只有不畏劳苦沿着陡峭山路攀登的人，才有希望达到光辉的顶点。"大家要有不畏艰辛、不惧挑战的勇气，敢于主动向难题发起挑战，锤炼独当一面的学术能力，形成独树一帜的学术专长。

第三，希望每位同学都要心怀高远志向，为勇担时代重任不懈攀登。一个优秀的人才，既要具备过硬的专业本领、卓越的创新能力、坚强的意志品质，更要有勇攀高峰的抱负、敢担重任的情怀，敢做大事的勇气。国家发展需要、人类文明进步，是大家开展专业学习和学术研究的重要出发点，也是不断探索前行、向上攀登的动力之源。

在我们灿若群星的校友群体中，涌现出许多为国家科技发展作出重大贡献的典范。就在上个月，我国长征系列火箭再次打破连续成功发射的纪录。长征系列运载火箭总设计师,正是我校电子信息与电气工程学院 1963 届校友龙乐豪学长。龙学长投身航天事业六十载,参与和见证了中国航天事业的辉煌与发展。他曾说:"在我国航天人锻造的伟大精神中,我认为最核心的内容就是热爱祖国。只有胸怀强烈的爱国之心、报国之志,自觉将个人工作与国家荣辱紧密相连,把个人理想与祖国命运紧密相连,我们才能不懈奋进。"

胸怀家国,兼济天下。一代代交大人站在时代前沿,为人类文明进步作出了卓越贡献。我校 1940 届数学系校友、"人民科学家"国家荣誉称号获得者,吴文俊学长就是其中的杰出代表。作为我国具有国际影响的数学家之一,吴文俊学长在青年时期就为拓扑学的发展作出了重大贡献,令国际数学界瞩目。在年近花甲之时,他依旧不懈攀登,开创了数学机械化的崭新领域,走出了一条由中国人自己开拓的数学道路,在国际上引发了几何定理机器证明研究的高潮,并对人工智能研究的发展产生了深远影响。

弦歌不辍,薪火相传。大家要向前贤们学习,将个人事业和国家民族的命运紧紧相连,把自己的科学追求融入人类发展的历史进程,在最富创造力的青春年华,树立远大志向,以当仁不让、舍我其谁的姿态勇毅前行!

同学们,时代总是把历史责任赋予青年。希望你们勇担使命,以服务国家、造福人类为己任,志存高远,不懈攀登,书写不负韶华的青春篇章;希望你们不怕困难,勇闯无人区,敢啃"硬骨头",在科学道路上披荆斩棘;希望你们惜时如金,筑牢知识体系,提升实践能力,激发专业情怀,以优异的成绩完成你们的学业。谢谢大家!

第三部分　勇担使命

为与祖国同行的人喝彩
——在 2017 年研究生毕业典礼上的主题演讲

（2017 年 3 月 26 日）

亲爱的同学们：

大家上午好！今天，我们相聚在霍英东体育中心，共同庆祝你们顺利毕业。首先，我代表学校祝贺你们！让我们把掌声献给你们的师长、家人、朋友，更献给你们自己！

这两天我一直在思考，作为一名新任校长，我该讲点什么，才能对你们有所帮助。前几天，我与几位毕业生交流，大家都谈到了就业选择的过程。有同学提出，作为交大研究生，是选择行业重要，还是选择居住地重要？也有同学担心，工作之后，淡化了名校光环的自己，怎样才能在新的起点脱颖而出？这引发了我的思考，我们培养的研究生应该要有什么样的价值取向？我理解你们刚毕业必然会面临的种种压力，比如，到了适婚年龄，有养家糊口的压力；到了工作岗位，有胜任工作的压力。作为你们的师长，我非常想说，交大培养的毕业生，应该都有战胜这些压力的自信心。但是我们不能仅仅满足于个人的名利，而应该把服务国家、服务社会、服务人类放在人生追求的首位。所以我想与你们分享三句话。

第一句话，不要问怎么选择，而要问为谁选择。每一代人的命运都与国家和时代紧密相连。我和姜斯宪书记都是 1977 年恢复高考后的第一届学生。我们能够从农村和工厂考入交大，内心对国家充满了感恩，也无比珍惜来之不易的学习机会，因而学习极其刻苦努力。20世纪70年代末80年代初，恰逢改革开放初期，我们从广播里了解到美国的机器人、日本的新干线，深切地感受到了我们的祖国与发达国家的巨大差距，也意识到要想赶超发达国家，我们必须要比别人跑得更快。开国元勋叶剑英元帅的四句话在当时深深地激励过我们。他说："攻城不怕坚，攻书莫畏难。科学有险阻，苦战能过关。"我把这四句话写在本子上，经常拿出来翻一翻，鞭策自己要持续不断地努力，为实现国家的超越作贡献。毕业后，我憋着一口气，拿出比别人更多的时间投身工作和学习，并取得了一定的成绩。由于之前的人才断层，我们1977、1978级的毕业生，只要努力工作的，在各行各业都迅速成为中坚力量，我们一点一滴地促进了中国的进步，也成就了自己的人生。

一代人有一代人的际遇，个人最大的际遇就是国家的发展。你们可能很难想象，三十多年前，一台简易的计算器都会成为班级里炙手可热的宝贝。如今，交大的超算系统已经能够媲美世界一流高校所拥有的计算系统，所有同学都能方便使用。中国的快速发展，让那些曾经看起来遥不可及的事，都变成了现实。按照现在的发展速度，三十年后的中国必将成为一个名副其实的世界强国，不但会是世界经济强国，也会是世界科技强国、教育强国。这个伟大事业的进程，正与你们人生发展的黄金时期重合。你们的选择，将决定你们人生的高度。我希望交大毕业生，要为国家而选择，为民族而选择。在这里，我特别要为那些去国家重要行业和重要企事业单位就业的同学喝彩！为你们所有人明天将成就的报国伟业喝彩！期待在不远的将来，在中国的大飞机、航空发动机、航空母舰、海洋装备、载人航天等工程，医疗健康、经济金融、社会治理等领域，都能有一批交大人勇挑重担，成为国家和民族的中流砥柱，让所有交大人为之骄傲和自豪！

送给大家的第二句话，就是不要想将来能得到什么，而要想现在能做到什么。仅有志向和选择，还不足以让一个人有所成就，坚守、勤奋和踏实等精神品格往往更为重要。我们学校有一名老院士，被大家称为"一线院士"。他就是材料科学与工程学院的潘健生老师。之所以被称作"一线院士"，是因为他八十多岁高龄仍然每周带着青年教师和研究生去工厂，实地考察，解决实际问题。潘院士经常对学生说："如果我们不深入生产一线，不去看现场，你找什么问题来研究？理论研究就会无的放矢。"他还亲自爬上几米高的冷却水池，在超 1 000℃加热炉的高温车间一站就是半个多小时。在材料热处理这个传统专业领域，潘院士已经坚守了六十余年。当很多同行不再坚持的时候，潘院士却选择了坚守，选择了勤勤恳恳、踏踏实实地做研究、带学生、下工厂，把学校和企业的力量聚合到一起，不断取得关键核心技术的突破，撑起了中国热处理和高端装备大锻件制造的一面大旗。

在你们身边也有很多坚守、勤奋和踏实的典型。在最近学校的优秀博士论文和"学术之星"评选中，我就看到这样一批同学：物理与天文学院的葛剑峰，潜心凝聚态物理的实验研究，面对质疑从不退缩，发表了单篇影响因子超过 38 的学术论文；化学化工学院的黄平，开创了无载体纳米给药系统新领域，得到了 *Nature* 旗下著名评论期刊的专题报道；另一位同学黄银娟，经常一天工作 12 小时以上，由"菜鸟"到"专家"，在新型半导体材料领域作出了开创性成果；密西根学院的刘明，专注于无线充电研究，半年没有出过校门，论文修改过百遍，其研究成果将带来重要的科技突破和社会价值；医学院的刘术利，在科研和临床两方面孜孜以求，读研六年，不仅发表多篇高水平学术论文，而且参加手术 500 余台……我希望每一名同学都能够学习身边的榜样，在自己选择的领域始终坚守，耐得住寂寞，禁得起诱惑，受得起挫折，在工作中保持勤奋和踏实，不断经历"锤炼"和"加工"，最终成为社会需要的精品和栋梁。

我给大家的第三句话是：不要满足一时的安逸，而要作出不负时代的贡献。你们工作后，每个人都希望有安逸的生活，但交大的毕业生不应该只满足于此。交大人应该勇立时代的潮头，为祖国作出不可替代的贡献。20世纪50年代，我们的钱学森学长带领着一大批科技骨干人才，成功地实现了"两弹结合"，让中国人的腰杆子硬了起来。他还描绘了国防航天工业体系蓝图，培养了一代又一代航天人，助力国家科学技术实现了跨时代的腾飞。20世纪80年代，我们的黄旭华学长，仅用十年不到的时间，让"一万年也要搞出来"的核潜艇成为现实。进入21世纪，朱英富学长主持研制出中国第一艘航空母舰"辽宁号"，使中国的海上力量实现了飞跃。正是有了"两弹一星"、核潜艇、航空母舰等国之重器，才奠定了中国的大国地位，实现了和平崛起。钱学森、黄旭华、朱英富等学长正是由于坚定地回应了国家的发展需求，才最终成就了不负时代的卓著功绩。各位同学，你们所处的时代，中华民族伟大复兴与世界科技的快速变革交汇在一起。我希望，交大的毕业生都能够在这个伟大的时代，树立志向、抓住机遇，勇于创新，成就一番伟大的事业！

同学们，一个国家有一批以国家兴盛为己任的人，这个国家才有希望；一所大学能培养一批成为国家栋梁的人，这所大学才能成为一流大学；一个人只有作出了无愧于国家和民族的贡献，才算取得了真正的成功。国家的前途就是每个人最大的前途！

我期待从交大这个大家庭出发的你们，都能够尽情地去拥抱更广阔的天地，在祖国的每一个角落，书写你们的人生诗篇。对于选择与国家共同奋进的人，交大以你为荣！交大，会永远站在你的身后！谢谢大家！

向你们的时代　自信起航
——在 2017 年本科生毕业典礼上的主题演讲

（2017 年 7 月 2 日）

亲爱的 2017 届毕业生同学们：

大家上午好！

我们今天相聚在这里，共同见证你们人生中极其重要的时刻。首先，请允许我代表学校，祝贺你们顺利毕业！祝福你们的人生更加精彩！

大家这几天都感受到了充满温情的离别。东区的宿舍，你们的学弟学妹们用别开生面的灯光秀，送给你们毕业的惊喜。前天晚上的外滩，为你们的毕业而点亮，让全上海都看到了交大人"稳稳的优秀"。最近这段时间，我用各种方式为大家送别：参加毕业生合影，为你们多留一些对母校的回忆；与你们面对面座谈交流，多倾听一些大家的建议，希望把学校办得更好。毕业生晚会上，我和大家一起乘坐"时光机"，回味在交大的青春岁月，你们在交大四年，我在交大四十年。我们都把人生中最美好、最具活力的时光，留在了交大，相信交大也在你们心底，留下了不可磨灭的烙印。

从交大走出，你们将迈向无尽宽广的人生舞台！我很希望你们知道自己要去向哪里。"世界有如海洋，时代有如劲风。"在这个伟大的时代，首先希望你们拥有自信，不仅是对个人前途的信心满满，更是对国家发展的坚定信念。个人的自信与国家的自信联结在一起，将汇聚成建设一流强国的不竭动力！同时，光有自信还不够，还需要具有坚韧的品质，自信和坚韧最终是为了抱负和理想的实现。今天，作为你们的校长和师兄，我就把自信、坚韧和抱负送给你们作为临别的寄语。

先讲自信。人会因为自信而变得优秀，优秀使人更加自信。四年前，各位同学从高考战场上脱颖而出，信心满怀地走进交大。四年里，有的同学在激烈竞争中勇占鳌头而更加自信，也有的同学因为褪去光环而失去自信。最难能可贵的是，有的同学能够在重新认识自我的过程中，重塑自信。致远学院戈劼好同学在毕业生座谈会上的发言让我印象深刻。她刚到致远学院，一时没有适应学习节奏，产生了迷茫，是老师的鼓励，同学们的激励，让她找回了自信，明确了目标。因为自信，她的学习成绩在专业排名中名列前茅；因为自信，她从容地选择攻读中国科学院博士学位，而放弃了赴世界顶尖学府深造的机会。她说："科学无国界，但是'营养科学'有国别，我想研究中国人的营养学，做世界一流的营养学家！"从戈劼好身上，我看到了自信的力量。我相信，因为这份自信与从容，戈劼好一定会实现她的理想！同学们，自信是源于对道路的坚信，对价值的追求。未来三十年，中国将步入世界舞台的中心，也是你们人生事业的黄金三十年。你们有几分自信，中国就有几分自信！你们在人生价值的追求上有多自信，中国在自己的道路上就有多自信！期待每一名交大的学子都能够带着中国人的精气神走出自己的精彩人生，让世界看到中国的自信与底气，让国家和民族为你们自豪！

再说坚韧。"坚"就是要坚守。青年人就要有"树坚不怕风吹动"的决心。"韧"就是要有韧性。韧性是让你坚持到底的可贵品质。"坚"不容易，"韧"更难得。有"坚"有"韧"，方能无往不胜。化学化工学院张永明教授，成功研制了全氟离子膜，突破了长期制约我国氯碱工业发展的瓶颈。离子膜的关键技术长期被个别发达国家所垄断，其研制难度远远超出一般人所想,在很长一段时间里,几乎没有人相信他会取得成功。每个新的实验都充满未知,张永明经历了无数次的失败和挫折,迎难而上、愈挫愈勇,终于取得了成功,让中国的氯碱工业用上了我们自己生产的离子膜。我曾经到他的实验室参观,发现他为了连续做实验,几乎把家安在了实验室。他说:"记不清有多少个不眠之夜,既然国家需要,我们就应该义无反顾、一往无前。即使我们没有成功,至少也要为后来的研究者做一颗铺路的石子。"同学们,坚韧的背后是对目标的坚守,这种优秀的品质,要在不断锤炼中造就。坚韧,就意味着不畏险阻,逢山开路、遇河搭桥,去追求不平凡的人生。坚者恒刚,韧者恒强。拥有坚韧的你们,终将会把一切困难甩在身后,守得云开见月明!

最后谈谈抱负。在拥有自信与坚韧之后,在当今的中国你们一定会拥有较好的物质生活。但要想真正实现事业上的成功,还要有远大的抱负。一个只满足于衣食无忧、生活安逸的人不可能取得真正的成功。只有为国家社会作贡献、为人民谋福祉,才能成就有价值的人生。就在四天前,我国首艘万吨级新型驱逐舰,在上海江南造船厂正式下水,标志着我国海上国防实力实现了又一次新的飞跃。你们的学长,机械与动力学院1982届校友徐青,是这艘舰艇的总设计师。毕业后,徐青来到中国船舶重工集团公司第七〇一研究所(今中国舰船研究设计中心)工作,那时正值改革开放初期,很多人下海经商,但他不为所动,坚持奋斗三十余载,先后担任多艘重要舰船的总设计师。他说:"舰艇就是流动的'国土',舰艇开到哪里,哪里就是我们的国家。"他的抱负,就是通过建设这些流动的"国土",让全世界的中国公民更有安全感与尊严。正是因为有这样远大的抱负,徐青才能从一个成功走向另一个成功。作为交大人,你们正当青春年华,更应把实现远大抱负作为一生的价值追求,去创造属于你们的时代贡献!

同学们，当今时代，我们不缺物质上的满足，更要坚定精神上的自信；不缺顺境中的高歌猛进，更要在逆境中永不放弃；不缺个人的舞台，更要追求为国奋斗的理想主义情怀！

历史沧桑巨变，未来宏图在望。在这样伟大的历史进程中，我希望每一名同学都不当过客、不当看客，在千帆竞渡中勇往直前。我希望，每一名同学都能够带着自信、坚韧和抱负，从容地走上世界大舞台，为祖国建功立业，实现远大的人生理想！时代属于你们，你们的时代就是我们的未来！自信起航吧，母校期待着你们的捷报！谢谢大家！

学习是终生的需要

——在 2018 年研究生毕业典礼上的主题演讲

（2018 年 3 月 31 日）

亲爱的同学们：

大家上午好！今天，我们相聚在一起，共同庆祝你们人生中这一重要的时刻。首先，我代表学校祝贺你们学业有成！祝愿你们从交大出发，能够拥有更加精彩的未来！

这是我担任校长以来，第二次为研究生毕业生寄语。去年我的寄语是"为与祖国同行的人喝彩"，这依然是我对你们的期待。要做到与祖国同行，是要靠本领的，而其中最重要的本领，我想，还是学习！

学习与你们未来的人生息息相关，一个保持学习的人，会充满活力和潜力。同学们，你们通过硕士、博士阶段的学习，完成了学业，取得了学位，具备了一定的知识和能力，但未来的成就高低，主要取决于毕业后能不能够继续学习，不断进步成长。在没有考试压力、论文要求的情况下，谁能够坚持学习，让学习成为个人的生活方式和终生需要，谁就能走得更远，飞得更高。

学习改变人生，还在于它造就了人的精神气质。我们的老校长唐文治先生，是著名的国学大师。他一生勤奋好学，不仅开拓了中国近代高等工程教育，还留下了丰富的人文思想、教育思想，在历史长河中熠熠生辉。他涵养深厚、重视气节，大力倡导以学修身、以学养德，至今仍影响着一代又一代的交大人。一个人在物质上的富有总是有限的，而精神上的富有永无止境。乐于学习的人总能够在精神世界里找到安居之所。反之，放松学习修养的人，往往缺乏精神追求，易于过分地寻找物质满足。久而久之，人为物役，就会缺乏一身浩然正气。所谓君子怀德，怀德才能自重，要行稳致远，唯有不停止学习。

"人之为学，不日进则日退。"离开交大，走向工作岗位，面对全新的环境，应该怎样深化学习，才能在社会这所大学校既保持本色，又能脱颖而出？在这里，我想送给大家三句话，与大家共勉。

第一句话，不要把学习当成一种任务，要让学习成为一种习惯。你们习惯了学校的学习方式，有时间保证、有学习的要求。走出校园，面对繁重的工作任务、生活的压力以及更多的社会责任，更要下决心将学习进行到底。"积土成山，风雨兴焉；积水成渊，蛟龙生焉。"学习是一个量变到质变的过程，终身保持良好的学习习惯，勤于读书，乐于探究。天长日久，看待问题、认识事物就会更加深刻，个人的格局境界也会不断提升。

要学习首先要抓紧时间，千万不能以没有时间为借口放松学习。"时间就像海绵里的水，只要愿意挤，总还是有的。"持续地挤，就会积少成多。要沉下心来，要做好学习的规划，明确目标和任务，每年细读十本书，把书本里的知识嚼透悟深，深入地探究，不断地提升自己。绝对不能满足于浏览手机信息，没有思考、只有消遣。只要你努力，每天挤出一些时间，刻苦刻苦、思考思考，长此以往，必然会有喜出望外的收获。

第二句话，不要让学习成为空谈阔论，要通过学习解决实际问题。学习从获取知识开始，而落脚于有能力解决实际问题。要实现知识到能力的转化，前提是要善于带着问题学，本着实事求是的态度，去发现问题，再运用学到的知识，提出解决方案，最终攻克难关。实践是知识转化为能力的必由之路，只有在实践中解决问题，才算得上学有所成。

钱学森学长是科学大家。他在力学、航空航天、工程控制、系统科学等多个领域都做出了令世人敬佩的成就。这些成绩的取得与他几十年的学用相长密不可分。徐汇校区的钱学森图书馆，我去过多次，每次去，总被钱老从橱窗一直摆到天花板的三万多本书籍所震撼！当然，比这些书籍更触动我的，是他在推敲问题与反复实践过程留下的四千多页手稿！正是这种知行合一的求真求实态度，才铸就了他的伟大成就。我们要以钱学森学长为榜样，做到学以致用、以用促学，不负所学！

第三句话，不要满足于知识的学习，要在学习中做到再创造。我相信，大家走上工作岗位之后，都能够很快适应新的环境、取得新的成绩，但是，要想真正脱颖而出，就需要在学习中突破自我、实现创造。前两天，我参加毕业生座谈会，环境科学与工程学院蔺金贤校友的分享对大家很有启发意义，她把毕业之后的工作分为四个阶段：胜任工作；会带团队；做出特色，能够创造新的价值；成为单位和行业倚赖的栋梁。在人生的增值过程中，学习始终贯穿其中，而创新是学习更高的追求。

当今的时代，科技在高速发展，我们不学习，少学习就会被时代所淘汰。我们要始终保持对科学前沿的敏锐，与时俱进地学习新知识，不断更新自己的知识结构。更为重要的学习方式是运用批判性思维去学习，通过思考、再思考，提炼、再提炼，突破固有思维，冲破原有认知的局限，创造出新的知识。只有在学习中再创造，才能真正地"破茧成蝶"，成为社会的栋梁，在国家发展、民族振兴、社会进步的历史长河中留下不灭的痕迹。

各位同学，在奋斗的道路上，从来没有捷径可言！一个人只有不停地学习才能引领时代，一个国家和民族只有不停地学习才会永远强盛！回首改革开放四十年的宏伟历史征程，学习不仅改变了几代人的命运，也改变了国家和民族的命运。我们之所以有今天的成就，离不开几代人如饥似渴地学习和筚路蓝缕的创造。今天，当历史的接力棒交到你们手里，你们的学习决定了这个国家的未来。我希望你们能够养成持续学习的习惯、不断提升学以致用的能力，在学习中再创造，真正具备"与祖国同行"的本领。

同学们，今天你们学业初成，即将奔赴远方，我仍然想把学习作为你们离别的行囊。愿你们整装前行，让学习成为终生的自觉，在不懈的奋斗中开创新时代的辉煌！谢谢大家！

在扎根中生长
——在 2018 年本科生毕业典礼上的主题演讲

（2018 年 7 月 8 日）

亲爱的同学们：

大家上午好！今天的毕业典礼，是属于你们的重要时刻。首先，我代表学校祝贺你们学业有成！祝愿你们从交大出发，创造美好未来！

四年的时光珍贵而难忘。你们在交大收获了人生中的第一个学位，在青春芳华中收获了成长。你们褪去了进校时的青涩，建立了完整的知识体系，具备了服务社会的能力；练就了独立思考的素养，形成了成熟的价值观。大学是育人的苗圃，历经了大学生活，你们已经长成了青葱的树苗，即将前往更广阔的土地，开始新的生长。到了新的环境，同学们不可避免地要面对许多现实的问题，最重要的是要把"根"扎好。如何在扎根中生长？我想给大家三点建议，希望对大家有所启示。

第一，根要扎得住。我们常说，十年树木，树的成长有其内在的自然规律。拿银杏树来说，民间就有"三年存活不算活，十年白果始结成"的说法。银杏的根系对其生长有着决定性的作用。如果扎在土地里的根没有长好，即使能够萌生新芽，也终究很难长大。树的生长需要把根扎住，人的成长也同样如此。毕业之后，大家无论是继续深造还是直接就业，随着时间的推移，一般都会面临两次"人生选择"。第一次是三年左右，在适应新环境之后，要能沉住气。看似精明地跳来跳去，反而错过了滋养生长的最佳时期。第二次选择是在十年左右，在一个单位坚持十年，交大毕业生都能够成为单位骨干、独当一面，这时候还能不改初心，继续沉淀下去，终将练成真本事，有大作为。

每届交大毕业生中，都有很多选择扎根的典型。2009届博士生朱明华，因行业情怀来到江南造船厂。他在工厂车间摸爬滚打，抱着"做难事必有所得"的信念，与生产线、切割机、油压机都成了"兄弟"，带领团队挑起三维体验平台项目的大梁，在数字造船的征程中奋进。他无视其他单位向他抛出的橄榄枝，把自己的事业与江南造船厂的发展紧紧结合在一起，一心要和团队一起抓住机遇、乘势而上，在中国造船业的转型发展中展现风采。

同学们，"志不强者智不达"。人生之路从来没有"最优解"，步步最优、未必全局最优，精打细算不如埋头实干。交大人的务实，不是只求实惠，而是步履坚实。我希望大家不要迷茫虚度，而要扎住事业之根、人生之根。

第二，根要扎得广。一棵树的根系有多发达，枝叶才能有多茂盛。大榕树不仅有深扎于土地里的"营养根"，枝干上还能长出数千条的"气生根"，根枝相连、枝叶延展、浓荫葱郁。对于人的成长也有启示，选择了一份事业，既要能扎好主根、沉心做事，也要能不断拓展事业、焕发勃勃生机。

我们学校的丁文江院士就是扎根轻合金材料研发，又不断开疆拓土的典型。丁文江从20世纪80年代开始从事镁合金研究，尽管镁合金材质比铝合金更轻，但具有易燃、软质、不稳定等缺点，使其很难被尖端工程应用。丁文江和他的团队不断尝试探索，把镁和稀土巧妙结合，突破关键技术，研制出高性能的重稀土镁合金，为我国航空航天与国防工业的发展提供了有力支撑。近年来，他还在镁基能源材料等方面取得了可喜成果，做出了新的文章。

本科毕业，你们当中有一大批同学选择了在学术道路上继续深造、孜孜以求，你们身上不仅要有交大人的"实"，也要有交大人的"活"，这不是简单的灵活讨巧，而是要保持创造活力。要把根扎得更深更广，以敢为人先的精神，走前人没走过的路，在每一次的自我超越中，实现新的跨越！

最后，希望大家始终不要忘记，为了什么而扎根。我们的钱学森学长在西北工作时，崇敬戈壁里的胡杨林。在茫茫沙漠，胡杨是抵御风沙的英雄。它们把根牢牢扎在祖国最需要的地方，任凭烈日暴晒、风沙吹打而千年不倒。数棵胡杨就能固沙数亩，一片胡杨林就构筑成了强大的绿色屏障，它们的根紧紧相连，调节气候、涵养水源，把沙漠变成绿洲。在胡杨身上，既体现着倔强生长的美丽，也诠释着奉献担当的豪情。

今年 5 月，我参加湖南校友会成立大会，刘友梅院士这一代人的故事让我感触很深。1961 年，刘友梅和交大电力机车专业的一批同学分配到湖南株洲。那时的株洲还是一个不为人知的小城，只有一个修理蒸汽机车的株洲田心机车厂，而如今已成为中国电力机车之都。正是在他们这一代人的努力下，株洲这个"火车拖来的城市"才成为具有国际影响力的现代化工业城市。刘友梅和他的同学们扎根在这里，发扬着这座城市的"火车头精神"，自力更生、自主创新研制了四代电力机车，"韶山 4"重载电力机车、"韶山 8"快速客运电力机车、储能交通车辆、"中华之星"等系列化产品，就是刘友梅院士这一代人留给株洲，留给国家的宝贵财富。

同学们，青年就是国家和民族的未来。扎根既是为了个人的茁壮生长，更是为了国家和民族的前途命运。只有一代代青年，在各行各业扎根奋斗、击水中流，我们的国家才能繁荣昌盛，我们的民族才能辉煌永续！宁为深山树，不做温室草！这是交大人应有的气节和担当！

今天，在这个新时代，历史的接力棒将交到你们的手上，我希望每一名从交大出发的同学都能够把根扎住,把根扎广,把根牢牢扎在祖国的大好河山,不负人生韶华,不负时代使命。

将来无论你们的枝叶延展到哪里,母校永远在这里守望着你们的成长！愿你们枝繁叶茂,终成栋梁之材！谢谢大家！

人生无捷径　坚守成大器

——在 2019 年研究生毕业典礼上的主题演讲

（2019 年 3 月 30 日）

亲爱的同学们：

大家上午好！今天，我们齐聚一堂，共同庆祝和见证大家的毕业时刻。首先，我代表学校向各位同学表示衷心的祝贺，也向远道而来的各位家长表示衷心的感谢！祝愿同学们在新的征程中乘风破浪、一往无前！

同学们，经过研究生阶段的学习和锻炼，你们的知识更加坚实、更加宽广，具备了运用系统知识，独立解决问题的能力；心志也更加成熟，能够承担起更多的社会和家庭责任。从交大出发，你们既是备受行业和学界期待的新生力量，也注定会成为引领时代大潮的栋梁之材。

同学们，你们是生逢其时的一代人，成长于中国近代以来最好的发展时期，又身处于世界百年未有之大变局。你们既有大展宏图的舞台，也应担负起更多的责任和使命。只要每个人多一份担当，就会对强国兴邦多一份贡献！

一直以来，学校用"选择交大，就选择了责任"来勉励交大的学子心怀家国天下、成就栋梁之材。我们欣喜地看到，越来越多的交大学子选择"与祖国同行"。在你们当中，有 900 多位同学选择奔赴国防企业、重点行业、一流学术机构、西部基层地区。在这里，我们要特别向这些同学表示敬意，为你们的选择再次喝彩鼓掌！

同学们，做出选择只是事业的起步，要想成就事业，必须有十年如一日的坚守。一个人坚守十年、攀登十年，才有可能成为一个领域的翘楚。相反，沉不住气、静不下心，终究难成大器。在这里，我想和大家分享三句话，希望对你们真正做到坚守有所启发。

第一，坚守首先要适应环境、扎根生长。走出学校，你们要迎接的第一项挑战就是身份和环境的转变。虽然大家都有一定的社会阅历，却免不了还有些"书生气"。在一线摸爬滚打、与人共事相处，每个人都要摆正自己的定位：既不要因为头顶着天之骄子的光环，而沾沾自喜，自觉高人一等；也不要因为能力与实际工作需要尚不匹配，而妄自菲薄，产生心理压力。要拿出初生牛犊不畏虎的勇气和激情，带着问题学习，敢于承担重任；还要俯下身来做事、诚心诚意待人。这样才能尽快转变、迅速成为独当一面的人才。

在这里，我想和大家分享一个你们师兄的故事。我们学校航空航天学院 2012 届的毕业生孔博，毕业后来到中国商飞工作，一进公司就被派到西安，与同伴两人一起负责一架飞机的试飞工作。任务重，难度大，还经常要到高温、高寒等各种自然条件恶劣的地区试飞，这对刚刚毕业的研究生而言无疑是巨大的挑战。但是，孔博迎难而上，激流勇进，快速地融入工作环境，适应了快节奏、高强度的工作，并通过学习完善知识结构，攻克技术难点，为 ARJ21 的试飞成功作出了积极贡献。

同学们，在工作的起步期，你们都要面临全新的考验。挑战越大，舞台越大。要想在大舞台上站稳脚跟，尽快地转型升级很重要。就像打造一块好钢，不仅要经过循环往复的加热和冷却，还要经历千锤百炼的锻造，才能真正迎来"脱胎换骨"，变得高强高韧。走上工作岗位，希望大家勇挑重担、攻坚克难，在磨砺中适应，在坚守中成长！

第二，坚守关键要积蓄能量、厚积薄发。每个人的成长路径各不相同，事业发展快慢有别，但要想出类拔萃、脱颖而出，积累和沉淀必不可少。所谓"九层之台,起于累土;千里之行,始于足下",我希望大家在顺风顺水时,要不骄躁,一步一个脚印,把路走实;也希望大家在中流击水处,能够保持平常心,勤修内功、不断蓄力,争取"十年磨一剑"的大作为。

我们学校化学化工学院的校友蔡力宏,1991年毕业后来到宁夏工作。那时,宁夏的化工产业还很落后,很多同事没做几年就离开了。然而,蔡力宏没有放弃理想,他从普通技术员做起,脚踏实地找项目、做实验、查文献,做社会调查,花了十多年的时间拓展学识,储备能量。2006年,蔡力宏来到神华宁夏煤业集团有限责任公司(今国家能源集团宁夏煤业有限责任公司),很快就凭借过硬的本领从工程师被提拔到总工程师。他继续沉淀自己,在煤化工领域耕耘,带领团队打破了国外对煤制油化工核心技术的长期垄断,在神华宁夏煤业集团有限责任公司建成具有国际一流水准企业的历程中,留下了自己的功勋。

不知道在座的同学们有没有留意过毛竹的生长? 蜀南竹海的毛竹,在破土后每天可长30厘米,两个月就能蹿到近20米,而当竹笋在地下生长时,每天都在蕴藏能量,为拔节做好准备。人的成长也一样,需要时间来积攒势能,沉淀智慧。希望大家不要稍遇不顺,就打退堂鼓,只要日积月累、砥砺前行,总有一天能够乘风而上,厚积薄发。

第三,坚守就应当不忘初心,敢于追梦。我们交大的学子踏上工作岗位,只要扎根行业辛勤工作十年,相信都会取得出色的成绩,赢得行业的肯定和社会的尊重。成功后的坚守与出发时同样重要,成功后的坚守是要敢于追求更大的梦想。我希望,大家都能够不满足于个人的成绩,矢志为国家的发展、社会的进步,乃至人类的命运攀登高峰、实现突破。

我们的校友,首届国家最高科学技术奖得主吴文俊院士,与数学结缘一生,也为祖国的科学事业奉献了一生。学术生涯之初,他就展现天赋,把抽象的拓扑学概念转变为具体可算,在西方数学界引发了一场"拓扑地震"。凭借拓扑学上的非凡造诣,他本可以留在国外享受优越的生活和他人的尊崇,但他毅然选择了回国,继续研究生涯。他一直没有忘记自己的初心,要让中国的数学研究作出引领世界的贡献。经过数十载的奋斗,吴文俊融合中国古代数学的思想和方法,开创了数学机械化的新领域,打破了西方学者对中国古代数学独立性的质疑,走出了一条由中国人自己开拓的数学道路。

同学们,人生无捷径,坚守成大器。在事业的起步期,要坚守磨砺之心,融入环境,尽快地实现转型升级;在成长期,则要坚守平常之心,蕴蓄能量,破土而出,成为被倚重的行家里手;在个人功成名就之时,最重要的是坚守追梦之心,不断超越自我,作出不负时代的贡献!

时代从不等待,青春不容虚度!一个国家的崛起和强盛,离不开一代又一代人的坚守!如今,接力棒已经传到你们的手中,我希望大家矢志坚守、不负韶华,跑出让世界瞩目的精彩一程!母校为每一个远行的学子守候,期盼着你们的荣归!

祝愿大家扶摇直上、鹏程万里,终成国之栋梁!

持之以恒　创新图强
——在 2019 年本科生毕业典礼上的主题演讲

（2019 年 7 月 7 日）

亲爱的同学们：

大家上午好！今天，我们相聚在这里，共同见证你们人生中的重要时刻。首先，我代表学校祝贺大家顺利毕业，向辛勤付出的老师和家长表示衷心的感谢和诚挚的敬意！

四年寒暑、岁月流金。在你们身上，我既看到了交大人一贯的勤奋努力，也感受到了年轻人勇于探索的创新精神。你们在学生创新中心、图书馆、实验室乐此不疲地探讨钻研，有四分之一的同学参加了大学生创新创业训练计划，三分之一参加了 PRP 研究项目，有 2 000 多人次在各类创新创业竞赛中大显身手、争金夺银……"创新"已经成为融入你们血脉的交大基因。

对于一所大学而言，为国家和社会培养创新人才是根本的责任和使命。从大学走出的一代又一代学子，在各行各业发光发热、创新创造，我们国家就会拥有不竭的发展动力。当前，国际形势纷繁复杂、千变万化，中国正处于历史的交汇期，也是重要的机遇期。生逢其时的你们既拥有广阔的舞台，也面临着压力和挑战。要解决发展的瓶颈，要摆脱前进的掣肘，唯有持之以恒，创新图强。因此，在这毕业的时刻，我想和大家分享几点关于"创新"的感悟，希望对你们有所启发。

第一，创新首先要打牢基础，学以致用。交大四年，相信大家对许多"霸王课"记忆犹新。"霸王课"不好学、高度抽象，但课程里所蕴含的"硬知识"却是原始创新的基石。毕业之后，大家要持续加深对"硬知识"的学习和理解，下得苦功夫，才有真本事。更重要的是，要在实践中用好知识、解决问题，并提出新的想法。正所谓"行之力则知愈进，知之深则行愈达"，通过"学习—运用—再学习"的螺旋式上升，大家的创新能力一定会不断提高。

在这里，我想和大家分享一个你们学长的故事。他是电子信息与电气工程学院 2011 届 ACM 试点班的毕业生，现在也是我们学校的助理教授——张伟楠。他在 ACM 班学习刻苦，数学和物理等基础课程成绩优异。毕业之后，他将理论知识灵活应用于计算机算法研究。张伟楠意识到，机器学习、人工智能、大数据挖掘的共同本质，都是通过有限的数据分析来对世界的运行规律进行建模。正是因为对数学、物理学的深刻理解、活学活用，他不断发掘学术研究的创新点，逐渐成长为备受瞩目的学术新星。

同学们，通过本科阶段的学习，你们初步建立了相对完整的专业知识体系，但从"学懂"到"学通"，四年的时间还远远不够。接下来，大家需要继续巩固夯实学到的知识，做到融会贯通、学有所长，并在实际的运用中锻炼创新思维、激发创新潜能，让自己成为善学、善思、善行的强者！

第二，创新关键要攻坚克难，持续攀登。创新从来都不是一件容易的事，只有向难而行、愈难愈进，才能脱颖而出，拥有不可替代的核心竞争力。真金不怕火炼，好金就得火炼。在创新的过程中，不要害怕一时的挫折，也不要满足一时的成绩，要敢想敢为、不断攀登，让创新成果做大做强，引领行业和领域走向进步。

我们学校张文军教授就是一个很好的例子，他三十余年来一直从事数字电视广播领域的科技创新。20 世纪 90 年代，我国信息技术和产业发展非常滞后,国人没有自己的数字电视。张文军教授带领团队进行攻关,越过标清电视,研制出首套高清电视样机系统,成功用于国庆五十周年庆典的现场转播,实现了代际跨越。随着行业的发展,制定自主标准、掌控核心芯片,成为绕不开的难题。张文军教授持续攻坚、破解难题,引领我们国家的技术和产业达到了国际先进水平,并且为我国载人航天神舟系列飞船返回舱顺利着陆提供了坚实的通信保障。进入网络化时代,他又因势而进,建立了国际网络化广播标准,为中国建设网络电视强国作出了重要贡献。

纵览张文军教授的创新之路,正是这种迎难而上、攀登高峰的精神让他取得了四次国家科学技术进步奖。从他的身上,我们可以感受到中国科技从"跟跑"到"并跑",并敢于向"领跑"冲击的快速发展。同学们,世界瞬息万变,创新也不可能一劳永逸。我希望大家瞄准一个方向,不断接受挑战、超越自我,成为行业和领域发展不可或缺的中流砥柱!

第三,创新尤其要勇担重任,矢志报国。打牢基础、不懈攀登之后,我相信交大的学子一定会在事业上有所作为。但一个人的事业是否经得起时间的考验,要看能否担起历史责任。责任与能力犹如创新的两翼,唯有两翼齐飞,才能让创新在岁月的洗礼中真正留下印记。

我们的徐光宪学长一生围绕国家需要,开展科学研究。起初,他从事量子化学和络合物化学研究,并在相关领域取得了出色的成绩。20世纪50年代,为了中国原子能事业的发展,他把研究转向核燃料萃取,实现了原子弹原料钚的分离。70年代,稀土成为各国竞逐的重要资源,而我们国家因为缺乏技术支撑,长期受制于人。徐光宪把研究转向稀土,实现镨钕分离,设计出最优化的工艺流程,推动我国的稀土分离技术走到了世界前列。谈及自己的研究和创新,徐光宪学长说,立足基础研究和面向国家目标缺一不可。基础研究不行,就谈不上创新;而如果研究工作不是国家需要,就是无本之木、无源之水。

从徐光宪学长身上,我们可以看到他为国为民的责任感与使命感。这正是交大人家国情怀的生动写照!同学们,"选择交大,就选择了责任"——这是你们进校时的初心。毕业之后,我希望你们都能担起时代赋予你们的责任,在国家的发展中镌刻你们的创新贡献。

各位同学,今年是中华人民共和国成立七十周年。抚今追昔,沧海桑田,正是几代人的创新,改变了国家的命运。放眼未来,辉煌待续,创新需要你们来传承接力。之于个人,要以创新而立,练就扎实功底,不驰于空想而务实学;立足行业,要以创新而进,不断攻克难关,不骛于虚声而登高峰;服务国家,要以创新而强,担起复兴重任,不负于时代而成大器。希望大家从交大出发,能够持之以恒、创新图强,成为祖国的栋梁之材!

最后,祝愿大家在未来的人生道路上一往无前,大展宏图!交大永远是你们的坚强后盾!

担当有为　砥砺前行

——在 2020 年毕业典礼上的主题演讲

（2020 年 7 月 12 日）

亲爱的 2020 届同学们：

大家上午好！因疫情防控需要，今天，我们通过线上与线下结合，本科生与研究生共享的方式，召开一场前所未有，也是别开生面的毕业典礼。首先，我要代表学校向各位同学的顺利毕业表示衷心的祝贺！

正可谓"连雨不知春去，一晴方觉夏深"。过去的半年转瞬即逝，又值得铭记。寒假伊始，新冠疫情不期而至。每日新增病例、医疗救护信息、亲朋好友近况，特别是身处湖北地区师生的安危与需求，时时刻刻牵动着大家的心，焦虑与紧张也在所难免。在党中央的坚强领导下，全国人民共克时艰，凝聚起战疫必胜的信心与力量，驱散了疫情的阴霾。大家渐渐习惯了口罩、额温枪、健康码……忐忑不安的情绪转变为更加有序高效的行动。春季学期到来之时，我们无法相聚在校园，上课、升学、求职的主战场从线下转到了线上。在老师们的悉心指导下，同学们迅速切换频道，史无前例地完成了"云毕设""云答辩"，以及"云复试""云应聘"，为这一阶段的大学生活画上了一个圆满的句号。

为了给大家留下难忘的毕业回忆，带走满满的爱与祝福，母校提前两个月开始精心策划这场"云毕业典礼"。对于不能现场参与今天学位授予的同学，我要代表学校向大家郑重承诺：母校将永远为你们保留现场参加毕业典礼的机会！在明年一百二十五周年校庆之际，母校也将设立 2020 届专属毕业纪念服务。母校永远为你们守候，欢迎你们再次回到校园，重温美好时光！

这半年非同寻常的经历，让我们充分感受到：像疫情这样的历史性重大事件，既是"试金石"，也是"炼钢炉"。面对疫情，我们国家交出了有目共睹的"高分答卷"，充分展现了中国的大国担当与民族精神，让我们对制度优势和国家未来的发展更加充满自信。对于个人而言，这既是人生历练，更是精神洗礼。电子信息与电气工程学院毕业生彭至鹤同学对此深有感触，他说："种种经历和耳濡目染，让我彻底改变了学习只是为了工作、人生就是赚钱花钱的想法。只要能够报效国家，奉献社会，哪怕做一颗小小的螺丝钉都是值得骄傲的！"国家和民族的进步，以及个人理想和价值的实现，从来都不是一帆风顺、轻松可得的。时局之下、变局之中，我们也深切体会到，中国的发展还处于爬坡过坎的关键时期，国内经济下行压力加大，国际上单边主义、贸易保护主义、逆全球化思潮与新冠疫情叠加影响，要想应对挑战迎难而上、抓住机遇逆势而起，离不开也迫切需要当代青年的贡献作为！从交大毕业，你们要有主动担当的品格，也要有创新图强的精神，还要有开放包容的胸怀和脚踏实地的作风。其中，担当是你们首先要具备的品质。因此，作为校长，在这毕业的时刻，我想和大家谈谈担当。

担当，就是关键时刻要站得出。"大事难事看担当，顺境逆境看襟度。"越是在急难险重之时，越需要我们有担当。在抗击新冠疫情中，面对前所未遇的病毒、复杂严峻的形势，我们国家有一批逆行者不顾个人安危，勇敢地挺身而出，诠释了他们的担当精神。交大的 570 余名援鄂医务工作者就是其中的代表。他们在疫情暴发之初就提前取消休假、主动请战，做好奔赴前线的一切准备。接到国家命令之后，不到两小时就完成数百人的组队，先后有八批白衣勇士整建制驰援武汉。第三批上海援鄂医疗队领队、医学院附属瑞金医院的陈尔真副院长在出征前说:"疫情面前,我们决不退缩,一起去,一起回。"在一线战斗的55天里,他带领队员们不畏艰险、勇往直前,治愈近300名患者的同时,出征人员全部安全返回。回程路上,武汉市民自发送别、热情鼓掌,发自肺腑地齐声高喊,"武汉人民感谢你们!"场面让人热泪盈眶。医学院附属仁济医院呼吸科的查琼芳医生,不仅用精湛的医术治疗疾病,最长持续值班工作15个小时,而且在极度忙碌之余,坚持写下了67篇日记,用真实的点滴还原了医务工作者一线抗疫的图景,也向社会、向世界展现了中国人民的善良勇敢、无私无畏。陈尔真医生和查琼芳医生是交大"战疫英雄"的缩影。在这场全民战疫中,交大还有许许多多的医生、护士、老师、学生、校友,以所学专长担起重任,凝聚起团结一心、向上向善的强大力量。交大人的担当,源于信念、化为行动,感染和鼓舞着更多的人,在危难时刻选择挺身而出,而不是趋利避害。世间从来没有天生的英雄,只有挺身而出的普通人。"选择交大,就选择了责任"是交大人共同的价值追求。身为交大毕业生,我希望你们内心深处时刻葆有一种舍我其谁的精神和从不犹疑退缩的勇气,用交大人特有的坚定、务实、奋进,迎接暴风骤雨的洗礼,为这个社会、这个世界传递更多的光与热!

担当,就是攻坚克难,要拿得下。担当需要勇气,更加需要知识和能力。建国初期,正是以钱学森为代表的老一辈科学家"自力更生、艰苦奋斗",攻克"两弹一星",我们才有和平稳定发展的底气。改革开放以来,各行各业的建设者们奋起直追,拿下"北斗"、高铁、跨海大桥等一系列举世瞩目的重大工程,推动中华民族实现历史性飞跃。七十年的经历告诉我们,国家的发展从来不是等来的,更不是别人恩赐的,而是一代又一代人拼出来、干出来的。在这里,我想和大家分享,我们学校获得国家科学技术进步奖特等奖项目——"挖泥船"背后的故事。二十年前,我们国家没有独立设计和制造大型现代化挖泥船的能力,只能从国外进口整船。别人给什么，我们就只能买什么。有时重金购买回来，发现设计存在缺陷，要求对方修改，就会被索取天价的修改费。为了让核心技术不再受制于人，谭家华教授带领团队白手起家，相继完成"航绞 2001""天鲸号""新海旭"等 63 艘海上大型绞吸疏浚装备的研制。这一系列国之重器，在复杂的海况中立得稳、挖得快、排得远，一条船一天的挖掘、输送量可以把一个足球场堆满堆高 18 米，为建设海洋强国，维护国家主权，作出了不可或缺的贡献。同学们，正所谓"自古雄才多磨难"，要想在时代中有所作为，就要练就一身攻坚克难的本领，乐于接受成长之中困难的磨炼。"志不求易者成，事不避难者进。"希望你们做好充分的准备，非但要"不怕难"，还要"怕不难"。要在实战中主动发现问题、善于思考问题、勇于突破知识边界，不断挑战自我、攀登高峰，从而在更大的事业舞台上展现才华、贡献力量！

担当，就是人生之根要扎得牢。一个人在青年时期，满怀理想与热血，有担当重任的强烈意愿，颇为难得；历经沧桑洗礼，不易初心，不忘使命，始终持守这份担当，则更加可贵。几十年奋斗的漫长历程并不见得每一段都能得到回报，平淡时期更需要扎根与坚守。只有在扎根中生长，才能真正成就大器之才。今年初，我和交大的老师们一起参加国家科学技术奖励大会，在场的所有人都为黄旭华学长深深感动。1958 年，黄旭华学长接到通知前往北京出差，到达后才知道自己被"一万年也要搞出来"的核潜艇工程选中。临行前，组织与他谈了三条：一是"你被选中，说明党和国家信任你"；二是"这项工作保密性强，这个工作领域进去了就出不来"；三是"一辈子出不了名，当无名英雄"。黄旭华学长毫不犹豫地接下任务，从此在荒岛扎根。三十年时间，他都只能通过北京信箱邮寄生活费，维持和父母的联系；一直到核潜艇面世，才回到老家，与 93 岁白发苍苍的老母亲团聚。尽管如此，黄学长从未有过半点彷徨。他的人生，正如他所研制的潜艇，深潜无声却力量无穷！

在人民大会堂,当黄旭华学长掷地有声地说出:"誓干惊天动地事,甘做隐姓埋名人。我和我的同事们,此生属于祖国,此生没有虚度,此生无怨无悔。"全场都深深为之动容。这是交大的荣耀,也是交大人共同的榜样!同学们,希望你们既要有一时之担当,更要有一生之担当,为国家而担当!当下,国家的发展亟需前沿科学领域的创新,关键核心技术的突破,以及国际话语权、影响力的提升,更加迫切需要你们接过历史的接力棒,把根扎住,把根扎牢,把根牢牢扎在祖国的大地上。希望大家都能够义不容辞地肩负起这份责任,扎根奋斗三十年,一定能够成为行业翘楚,为我们的强国梦作出贡献!

同学们,担当才能有为,实干胜于空谈。实现中华民族伟大复兴的中国梦需要一代一代青年矢志奋斗。要想夯实挺身而出的底气,练就攻坚克难的本领,并且在扎根中生长,就要脚踏实地、砥砺前行。在这里,我想和杨振斌书记一起送给大家三句寄语,希望对大家未来的人生之路有所启发。

第一,要坚持终身学习。腹有诗书气自华。学习既是终生的需要,也最能涵养一个人的品格。继续深造的同学要珍惜在学校宝贵的学习机会,不能仅仅满足于拿学位,要敢于做有挑战性的学问。走上工作岗位的同学,要利用业余时间充实自己,把学习与实践结合起来,在实践中增长才干,在学习中不断成长进步。

第二,要勇于开拓创新。人生是一场长跑,追求卓越的道路永远没有终点。作为交大人,不能满足于个人生活的安逸,也不能止步于阶段性成功,要发挥"与日俱进、敢为人先"的交大精神,在创新上持续下功夫,敢闯无人区、能啃"硬骨头",争取在攻克关键核心技术和产出原创成果上取得重要突破。

第三,要善于团结合作。独木不成林。只有团结合作,才能成就大事业。无论身处何地,交大人都要开放包容,善于发现他人的优点,吸纳他人的意见，不断完善自己。要不怕吃亏，以诚待人，寻求集体的最大利益。如果参天大树都能根根相连，必将成为抵御风沙、生机盎然的广袤森林。

同学们，从今天起，你们即将从交大的学生转身成为交大最年轻的校友。你们将成为母校永远的牵挂，而母校也将成为你们永远的故乡。"桐花万里丹山路，雏凤清于老凤声。"愿每一位毕业生，都能不畏艰难险阻，勇担时代使命，做担当有为的交大人，在砥砺前行中成为国之栋梁！谢谢大家！

走出交大　就要勇担使命

——在 2021 年研究生毕业典礼上的主题演讲

（2021 年 3 月 27 日）

亲爱的同学们：

大家上午好！

"东风随春归，发我枝上花。"今天，我们相聚在美丽的交大校园，共同庆祝大家的顺利毕业。首先，我代表学校向同学们表示衷心的祝贺！向一路帮助你们成长的老师和家长，致以衷心的感谢！

同学们，经过研究生阶段的学习，大家不仅收获了知识和能力，也经历了淬炼和成长，更加具有责任心和担当意识。特别是过去的一年，大家都亲历了前所未有的抗疫大战，也见证了国家在遭受严重冲击之时，始终坚持人民至上、生命至上，取得了人民满意、世界瞩目、载入史册的成绩。身处这个伟大的时代，立足我们伟大的国家，我们比以往更有理由坚定自信，更有底气自立自强。在国家向第二个百年奋斗目标迈进之际，你们顺利完成了学业，走向广阔的人生舞台，可以说既学有所成，也大有可为，既生逢其时，更重任在肩。

同学们，责任呼唤担当，使命引领未来。你们入学第一课的主题是"选择交大，就选择了责任"，毕业远航之际，希望你们牢记"走出交大，就要勇担使命"。使命是人生航行的方向指引和动力源泉，也是能无惧风浪的压舱之石。希望你们勇担报效祖国的使命，成为有使命感的交大人。

第一，勇担使命就要敢为人先，做追求卓越的领跑者。敢闯才能胜，爱拼才会赢。担得起使命，就要有开拓进取、挑战高峰的非凡勇气。要培养前瞻性的思维并付诸行动，锚定目标、不懈攀登，在不断超越自己的过程中，引领行业和时代的发展。

我校船舶海洋与建筑工程学院 1989 届校友曾毓群就是一位追求卓越的领跑者。曾毓群毕业后，在技术岗位刻苦钻研十年，练就了出色的专业能力，成长为公司最年轻的工程总监。随后，他凭借敏锐的洞察力和果敢的行动力，先后两次创业，2011 年在自己的家乡，成立了宁德时代新能源科技股份有限公司，致力于生产安全、高效、高性价比的动力电池，在能量密度、电池寿命、快速充电等方面不断攻克难题，取得重要突破，逐步成为行业的全球领头羊。谈到公司的创新使命，曾毓群说："在本行业中把工作做到世界第一，就是对国家最大的贡献。"曾毓群取得卓著的成就，离不开他以科技挑战未来、科技改变世界的理想信念，更离不开他敢为人先、勇争第一的"领跑"精神。

敢为常人所不敢为，方能为常人所不能为。事业成功的取得，往往在于对舒适现状的"不安分"、对阶段成绩的"不满足"。当今时代，我们国家的很多行业都亟须实现从"跟跑""并跑"到"领跑"的转变，希望同学们都能放眼世界，勇攀高峰，始终朝着心之所向，一往无前，成为各自所在领域的全球领跑者。

第二，勇担使命就要冲在一线，做扎根基层的实干者。空谈误国，实干兴邦。担当好使命，就要冲在一线、干在实处，把所学用于解决实际问题，从实践中获得知识和力量，把人生之根和事业之根深扎在祖国大地上。

我校环境科学与工程学院的孔海南、王欣泽就是这个时代的实干者。十几年前，云南洱海水质恶化，出现多次藻华现象。孔海南教授主动请缨，带领团队从东海之滨奔赴西南边陲，投身"洱海保卫战"。十多年来,他们不畏艰苦,把实验室建在农户家里,完成了多个重大项目的研究;他们脚踏实地,对 2 500 多平方千米流域开展长期定位观测和分析,形成了湖泊环境与绿色发展相协调的科学治湖模式;他们扎根洱海,用自己的坚持重现了大理"母亲湖"的风采,守护了洱海的水清岸碧。孔海南教授常说:"中国还有很多像洱海一样的地区需要我们投身建设,我们要把论文写在祖国的大地上。"如今,在交大校园里,云南大理州赠予的滇樱花已成为一道独特的风景线,它们如霞似火地绽放,象征着跨越千里的山海情谊和交大人的务实精神。

古今成事皆实干。同学们,实干是一个人最可贵的品质,也是事业取得成功的法宝。勇担使命不是高高在上的口号,而是需要大家冲在一线,脚踏实地,持之以恒,久久为功。希望你们能够不驰于空想,不骛于虚声,以实干笃行和锲而不舍,征服你们人生航程中的星辰大海。

第三,勇担使命就要坚守初心,做矢志报国的奋斗者。爱国是一个人的立德之源,立功之本。不负使命,就要心怀家国、知重负重,不忘报国之心,树立强国之志,在融入"大我"中成就"小我",在贡献国家中实现人生价值。

我校 1951 届校友、飞机设计专家顾诵芬院士就是一位爱国奋斗者。少年时代的顾诵芬在目睹日机轰炸家园之后,深切感慨道:"没有航空力量的话,咱们国家就要一直受人欺负,我以后想造飞机。"由此立下航空报国之宏愿。毕业后,他远赴东北参与创建了新中国第一个飞机设计室。当时,国际环境复杂多变,我国领空面临严峻威胁,急需一种"爬得快、看得远、留空时间长"的战斗机,顾诵芬带领团队攻坚克难,打破外国的技术封锁。为了解决机身在跨声速时的抖振问题,他不顾个人安危和他人反对,三次乘机上天近距离观察飞机的气流情况,确保了歼-8 战机成功研制,实现了我国战斗机从一代向二代的跨越,有力地捍卫了国家领空主权。时至今日,已经九十一岁高龄的顾诵芬仍然心系祖国航空事业，为国产飞机的设计制造鞠躬尽瘁，用一生来实现航空报国之使命。

"常思奋不顾身，以徇国家之急。"顾诵芬学长能够取得如此成就，正是因为他心怀"国之大者"，始终为国为民，不畏艰难险阻，用奋斗践行自己的使命与担当。我们国家正是因为有了像钱学森、吴文俊、徐光宪、王振义、黄旭华、顾诵芬这样一批又一批杰出的时代贡献者，不负历史赋予的责任与使命，才能持续推动科技创新与经济社会的发展。交大人的使命薪火相传，今年，在你们当中就有 293 人投身国防科技单位，相信你们也一定能够像学长们一样，成为国家发展最重要的战略力量，建功立业，铸就国之重器！

同学们，百廿交大因图强而生，历代交大人以兴邦为任。一代人有一代人的长征，始终不变的是报效祖国的使命。你们代表着交大的新生力量，理应继承交大人坚定的信念、进取的精神、务实的作风，让具有"使命感"成为你们最鲜明的标识。希望你们敢为人先，胸怀高远追求走出校门；冲在一线，以实干担当行走远方；坚守初心，始终牢记自己为什么出发，激扬青春的风采，作出属于自己的时代贡献！

同学们，你们是交大最年轻的研究生校友，无论你们身在何处，母校永远是你们的坚强后盾，交大始终是你们的精神家园！最后，祝愿大家鹏程万里、前程似锦，终成国之栋梁！谢谢！

坚定信仰　勇往直前

——在 2021 年本科生毕业典礼上的主题演讲

（2021 年 6 月 26 日）

亲爱的同学们：

大家上午好！"首夏犹清和，芳草亦未歇。"今天，我们相聚在这里，共同见证你们人生中的重要时刻。首先，我代表学校祝贺大家顺利毕业，同时，向辛勤付出的老师和家长们，表示衷心的感谢！

同学们，你们度过了终生难忘的大学四年，见证了中国的快速发展和全面建成小康社会，经历了世界政治格局的变化和新冠疫情的全球大流行，相信你们在世界之乱和中国之治的对比中，更加坚定了对中国的道路和制度的自信。再过 5 天，我们将迎来中国共产党成立一百周年的伟大日子。正是一代又一代共产党人，胸怀崇高信仰，带领中国人民披荆斩棘、艰苦奋斗，才实现了中华民族从站起来、富起来到强起来的伟大飞跃，创造了今天和平安定的幸福生活。百年征程波澜壮阔，百年初心历久弥坚。回顾过往，我们可以看到，小到个人、团队，大到政党、国家，拥有坚定的信仰，才能不忘初心、矢志奋斗，才能无惧风浪、愈战愈勇。

信仰，是人生之首要，是精神世界的脊梁支柱，也是现实生活的依靠寄托，它集中体现了人的世界观、人生观、价值观，决定了人生态度和人生追求，指导我们如何认识世界和改造世界。我们历代交大人都有坚定的信仰，在中华民族的历史征程中，与时势相互激荡，与国家同向同行，在砥砺奋进中彰显了交大人的责任、使命和贡献。今天，在你们重整行囊再次出发之际，希望你们在未来的人生旅程中，始终胸怀崇高信仰，从容自信、行稳致远。在此，我与大家分享我对信仰的三点认识。

第一，信仰是指路明灯，让人们具有舍生取义的价值追求，在黑暗中找到光明。革命战争年代，无数先辈把推翻旧社会、建立新中国作为毕生奋斗的信仰，最终实现了改天换地的伟大壮举。辛亥革命前后，我校校友唐榕柄在广州、白毓崑在滦州，一南一北响应革命，均英勇就义。白毓崑学长就义前留下绝命诗："希望后起者，同志气相连，此身虽死了，千古美名传。"交大学子前赴后继，发扬爱国传统，投身救国事业：张永和、陆定一学长成立了沪上最早的高校党团支部，一大批师生成立了"爱国学社""今天社""山茶社"等进步社团，涌现了杨大雄、史霄雯、穆汉祥等可歌可泣的革命烈士，成就了交通大学"民主堡垒"的盛誉。如今，几位烈士学长的纪念碑矗立于宁静的徐汇校园，守望和见证了一代代交大学子追求真理、走出校门、改变世界。同学们，信仰是立心之源，是一种崇高的价值追求，它如同航程的灯塔，指引着革命先贤义无反顾、视死如归，也形成了学校爱国报国的精神内核，指引着交大人不断追求进步、与国同行。

第二，信仰是事业基石，让人们具有舍小为大的人生境界，在创业中坚定前行。20世纪50年代初，交大人把建设社会主义新中国作为毕生信仰，把国家需要作为首要的选择和终身事业。我校电机系校友、国防科大原校长张良起就是这样的典型。他毕业留校后，离开上海，辗转南京、哈尔滨、长沙等多地工作，根据国家的紧迫需求开创新的研究方向，在许多领域都取得了卓越的成就。我校运输起重系校友刘友梅院士和20多位同学，为了国家电力机车行业的发展，1961年来到湖南株洲，将不为人知的小城打造成中国电力机车之都。我们学校20世纪50年代，应国家所需，航空系、汽车系、电讯系分别调整到祖国的西北、东北、西南,更令人钦佩的是一大批师生响应国家号召,从黄浦江畔搬到渭水之滨,打起背包就出发,舍小家顾大家,成就了今天的西安交大和上海交大两所一流大学。同学们,信仰是立身之本,是人生航船的压舱石,能让人在大浪淘沙中保持崇高的境界,让一代代交大人把个人之"小我"融入祖国之"大我",在干事创业中始终保持坚定笃实、奋发有为。

第三,信仰是动力源泉,让人们具有舍易克难的攀登精神,在奋进中开拓创新。改革开放以来,交大人以建设现代化国家作为接续奋斗之信仰,发扬敢为人先、与日俱进的精神,在改革开放前沿和经济社会主战场奋勇拼搏、建功立业。恢复高考后,一代青年实现了求学梦想,他们毕业后在各自岗位上,以时不我待、只争朝夕的工作干劲,积极投身国家现代化建设。他们有的投身国防工业,在国家大型舰船和高端海洋装备领域作出了交大贡献;有的投身国民经济主战场,在国家核电、清洁能源等领域留下了交大印记;有的投身人类健康事业,在攻克重大疾病和疫情防控等领域展现了交大担当;有的投身国家社会治理,在经世济民和咨政启民等方面贡献了交大智慧。同学们,知之愈明,则行之愈笃。信仰是立行之需,是人生航船的不竭动力。正是因为前辈们坚持信仰、不懈攀登,支撑国家关键行业,挑战世界前沿科技问题,才让我们国家实现了跨越式的腾飞。

同学们,信仰是坚持求真向上的精神指引,让我们能够始终为崇高的理想而奋斗终生;信仰是保持永远向前的精神支撑,让我们能够在选择与坚守中成就伟岸;信仰是推动行稳致远的精神力量,让我们能够在果毅力行中成就梦想。任重而道远者,不择地而息。希望你们能够坚定信仰,实现更有高度、更有境界、更有价值的人生。在此,我与杨振斌书记一道对同学们提三点希望。

毕业后继续深造的同学,即将迎来你们的科研黄金期,希望你们志趣高远，勇攀学术高峰，推动国家创新发展。攻读博士的同学们，希望你们珍惜读博的宝贵机会，勇于挑战学术前沿，敢闯学术领域的"无人区"，成长为专业领域的顶尖人才；攻读硕士的同学们，希望你们加深专业的学习和热爱，能够提出并善于解决真问题，潜心钻研、知行合一，成长为引领专业发展的时代精英。

毕业后投身行业的同学，即将迎来你们的身份转换期，希望你们求真务实，积跬步至千里，助力实业兴国伟业。你们既要坚持问题导向，在不断解决现实问题中历练真本领；也要聚焦使命导向，立足中国实践，服务国家需要，成长为所在行业的行家里手。希望你们能够在社会的大课堂里坚持终身学习，在学思践悟中增长能力、磨砺品格、成就事业。

特别是毕业后奔赴偏远地区、重点单位的同学，即将迎来你们的事业扎根期，希望你们能够坚守岗位，在扎根中生长，最终成为国之栋梁。你们要以人民为师、以实践为师，厚植家国情怀、人民情怀，在奉献中成长成才；你们要勇挑重担、攻坚克难、苦干实干，有功成不必在我，功成必定有我的决心和胸襟，为国家富强和民族复兴贡献自己的力量！

同学们，信仰的火种，曾经指引我们实现了开天辟地、改天换地的伟大壮举。信仰的力量，曾经推动我们实现了翻天覆地的伟大变化。信仰的光芒，更需要在富国强国之路上闪耀，让我们终将实现更伟大的目标，赢得更美好的未来！

心有所信，方能行远。同学们，希望你们选择交大，就选择了责任，走出交大，就要勇担使命。希望你们把爱国作为最重要的信仰，不管走到哪里，不管从事什么职业，都要把服务国家作为自己最重要的选择和担当。坚定信仰再出发，不忘初心再图强！希望你们带着交大人的光荣与梦想，胸怀崇高信仰，不懈攀登、勇往直前！

母校永远是你们的精神家园，期待你们常回家看看！谢谢大家！

坚守责任之心　勇担使命之任

——在 2022 年毕业典礼上的主题演讲

（2022 年 6 月 22 日）

亲爱的同学们：

大家好！由于疫情防控需要，今天我们以线上和线下、主会场和分会场相结合的方式，为 2022 届本科生和研究生同学们，举行一场简朴而隆重的毕业典礼。虽然大多数同学以线上的方式参加，但大家的心都向往着母校，母校也始终与你们在一起。首先，我代表学校向你们顺利毕业表示热烈的祝贺，向一路陪伴你们成长的家长和老师表示衷心的感谢！

过去一段时间，突如其来的新冠疫情打破了校园的平静，给大家留下了终生难忘的记忆。学校封闭管理期间，我们一起度过了一段艰辛历程，面对足不出户或转运隔离的紧张焦虑，拿到老师们准时送达餐食的感动，难以进入实验室开展毕业设计的急切等待，以及对毕业典礼仪式的热切期盼……作为亲历者和参与者，我们同甘共苦、心手相依，一起扛起责任，一同经受考验！

风雨洗礼，终见彩虹！在共同坚守和不懈努力下，美丽的交大校园逐渐恢复了生机，教室、实验室、图书馆和运动场，重新回到同学们的学习生活中。危难时刻显本色，大事难事见担当。在这场战"疫"中，全体交大人都用实际行动诠释了"选择交大，就选择了责任"！我们要感谢甘于奉献的老师们，他们义无反顾、逆行进校、以校为家，争当送餐志愿者和宿舍楼长，同学们都深受感动、记在心里，宿舍封闭管理送餐期间，师生同唱一首校歌，老师"让学生先用餐"，学生"让老师先用餐"，都见证了交大师生情谊的真挚可贵。感谢坚守岗位的一线员工们，他们夜以继日、加班加点，食堂工作人员吃住在餐厅，保障师生的一日三餐；安保人员严格进行巡逻巡查，让校园安全有序；后勤物业保洁人员做好清洁消杀，确保楼宇清洁干净；生活园区阿姨与大家吃住一起、共同战斗，他们中的一些人至今还一步不曾离岗；校医院的医务员工们全力以赴、昼夜奋战，守护师生健康。感谢广大海内外校友和社会各界人士，他们心系交大、迅速行动，采购各类物资驰援学校，虽山水相隔但星月同天，让我们备受感动和鼓舞，体会到了"一方有难、八方支援"的温暖和力量，坚定了我们战疫必胜的信心。我们还要特别感谢支援交大的各方队伍，医学院、瑞金医院、仁济医院、第九人民医院、第一人民医院和国际和平妇幼保健院等医疗队白衣执甲、向"疫"而行，在抗疫指导、核酸检测、应急医疗和药品保障等方面给予全力支持；上海市、闵行区和市教委精心指导、火速驰援，与我们共同守护校园，让交大快速"清零"，恢复往日的生机。

最让我们感到欣慰的，是同学们积极配合学校各项疫情防控措施，主动适应校园封闭管理下的学习生活，在抗疫中增添了人生阅历。你们的支持、理解和默默坚守是学校抗疫胜利的基石，你们是最可爱最可敬的人！

面对疫情，同学们顾全大局、克服困难，令大家眼眶湿润。过去 100多天，同学们全力配合，无论是阴雨风寒还是烈日当空，都按时按地进行核酸检测，让全校检测效率快速提升，为疫情防控打下坚实基础；同学们听从安排，带着行李、穿着"大白"，披星戴月进行转运隔离；同学们乐观向上，无论是转运出校隔离观察，还是在治疗点接受治疗，始终以豁达心态勤奋学习、规律生活。你们努力完成学位论文和线上答辩，进行研究生复试和云端求职,为自己的毕业季增添了独特的人生阅历。坚守责任的你们是值得信赖、值得期许的一代,我为你们点赞。

面临考验,同学们挺身而出、主动奉献,令大家深受鼓舞。过去100多天,有4 000余名同学争当校园志愿者。在核酸检测点,有的同学高温下穿着防护服坚守岗位,严谨认真、不辞辛苦,全力做好服务保障;在教室、食堂和超市,有的同学从晨曦初开到星月满空,仔细负责、一丝不苟地引导师生有序进出,保障师生的健康安全;在学生宿舍,有的同学勤勤恳恳、任劳任怨,积极配合楼长、阿姨发放物资和清洁消杀,用辛勤劳动夯实校园的"防护墙"。即将奔赴中西部地区支教的同学,珍惜离校前的宝贵时光,完成学业之余参加各种志愿服务,以拳拳之心守护母校。可以说,每个志愿者都在倾力付出、不求回报,每个志愿者都是校园的抗疫先锋和防控哨兵。践行责任的你们是甘于付出、甘于奉献的一代,我为你们鼓掌。

面向未来,同学们勇担使命、报效祖国,令大家满怀期待。过去100多天,你们坚守责任担当,用汗水铸就了平凡而又绚丽的篇章。自古雄才多磨难,疫情中你们克服种种困难,锤炼了更加坚强的意志,练就了更加过硬的本领,获得了宝贵的人生经历,也更加坚定地选择与祖国同向同行。你们厚植家国情怀,2 800余名同学选择扎根坚守,到国防科技单位、重点行业和中西部地区就业;你们践行使命担当,近200名同学成为选调生,即将奔赴基层一线、挥洒青春;你们勇攀高峰,许多本科毕业生选择直博深造,部分同学已经提前修读研究生课程,一大批研究生到一流高校和研究机构从事教学与科研工作。你们顺利完成了学业,又经历了这次特殊的人生历练,我相信你们当中,一定能够走出更多让交大、让国家和民族为之骄傲自豪的栋梁之材!勇担使命的你们是堪当大任、堪当重任的一代,我为你们喝彩。

同学们,人生如远航,如果说责任是渡海之舟,那么使命就是领航之帆。在抗疫过程中，从你们身上体现的责任心，既是交大精神中最鲜亮的一抹底色，也必将载着你们在人生航行中，经受暴风骤雨和惊涛骇浪的考验；而支撑着大家历经风雨初心不改、坚定航向百折不回的，更是源自内心深处的使命意识。即将奔赴人生新的阶段，希望大家在坚守责任的基础上，勇于开拓创新、保持与日俱进，让使命成为源源不断的强大精神动力，用责任和使命去创造更加美好的新时代。临别之际，杨书记和我有几句话与大家共勉。

第一，让坚守责任成为一种人生态度。惟其坚守，方显勇毅。疫情"大考"下，我们同舟共济，保持定力、久久为功，懂得坚守之重。希望同学们目光长远、持之以恒，用坚守筑牢责任的人生之舟，在平凡中积蓄能量，在扎根中磨砺品性，主动承担起个人、家庭和事业的责任，成为一个敢于担当、坚守责任的新时代青年。

第二，让践行责任成为一种行动自觉。惟有笃行，方能致远。抗疫"大战"中，我们共担风雨，克服困难、步履坚定，深知践行之要。希望同学们脚踏实地、砥砺奋进，用行动驱动责任的人生之舟，在实干中练就本领，在力行中成就事业，积极履行自身应尽之责，成为一个求真务实、践行责任的新时代青年。

第三，让勇担使命成为一种价值追求。惟立大志，方成大器。百年变局和世纪疫情交织，人类社会因"疫"而变，产业科技的加速变革、城市治理的智慧转型、数字与健康的深度融合，这些社会发展的需求都给同学们施展才华和建功立业提供了广阔舞台。希望同学们以振兴中华和造福人类为己任，扬起使命的青春之帆，积淀改变人生的知识和能力，在适应环境中探索未知领域，在勇攀高峰中实现人生价值，成为一个不负韶华、勇担使命的新时代青年。

同学们，坚守责任是我们行稳致远的出发点，践行责任是我们知行合一的动力之源，而勇担使命是我们创造美好生活的价值追求。你们进入学校,"选择交大,就选择了责任";你们毕业远航,"走出交大,就要勇担使命"。你们是国家和民族的未来,我相信更强的责任心和使命感,一定可以让你们在行动中接受考验和回应期待,一定可以让你们在激扬青春中作出属于自己的时代贡献!

经春入夏,风华正茂。同学们,你们将从交大学子变为交大校友,母校永远是你们的精神家园和坚强后盾。无论你们走到哪里,母校的大门永远向你们敞开,欢迎大家常回家看看。再次祝福大家前程似锦、鹏程万里! 谢谢大家!

第四部分　育人为本

让中国孩子不出国门也能念世界一流大学

——在全国政协十三届一次会议"委员通道"
接受采访时的发言

（2018 年 3 月 10 日）

　　党的十九大对高等教育提出了新要求,开启了建设高等教育强国的新征程,教育界为之振奋,备受鼓舞。二十年前,中国启动了"211 工程"和"985 工程"计划,使我国高等教育在各个方面都取得了长足进步,快速缩小了与发达国家的差距,高等教育事业取得了历史性成就,一批高水平大学进入全面追赶世界一流大学的关键时期。2017 年,党和国家以更大的支持力度全面启动了"双一流"建设,这是中国高等教育发展史上具有里程碑意义的战略举措。"加快一流大学和一流学科建设"也被写入党的十九大报告,充分体现了以习近平同志为核心的党中央对建设教育强国的坚定决心,也反映了中国对高等教育的需要比以往任何时候都更加迫切。上海市委、市政府在全国率先与教育部签订部市共建协议,体现了上海市委、市政府对发展高等教育的迫切希望和巨大决心。

　　作为大学校长,我深感使命崇高、责任重大。上海交通大学应该成为新时代建设高等教育强国的先行者和排头兵。按照中央的统一部署,我们制定了"双一流"建设的阶段目标,希望到 2035 年进入世界一流大学前列,到 2050 年成为顶尖世界一流大学。在这次政协会议上,我将围绕如何推进"双一流"建设,加快建设教育强国提出建议。

一是如何实现高等教育内涵式发展。中国大学在过去的二十年普遍实现了办学规模和办学指标数量的快速提升，在未来的三十年要加快实现办学质量的全面提升，切实实现内涵式发展。要以习近平新时代中国特色社会主义思想为指引，牢牢抓住全面提高人才培养能力这一核心点，培养担当民族复兴大任的时代新人；要把论文写在中国大地上，更好地对接国家战略、服务国家发展；要加强前沿性基础研究，在世界科技竞争中，从"跟跑"到"并跑"和"领跑"，为人类文明进步作出更大贡献。

二是如何满足人民对接受更好教育的期望。当前，我们已经建成世界上规模最大的中国特色现代高等教育体系，我国高等教育毛入学率达到了 42.7%，正快速迈向高等教育普及化。但是，我们还没有充分满足人民上"好"大学的期望。我设想，三十年后，我国只有建成与美国相当水平和数量的世界一流大学，我们才能基本满足人民群众日益增长的接受高质量教育的需求，让中国孩子不出国门也能念世界一流大学。只有这样，才能把我国建设成为世界高等教育强国，让教育真正成为中华民族伟大复兴的基石。

三是如何办成中国特色世界一流大学。习近平总书记提出，办好中国的世界一流大学，必须有中国特色；世界上的著名大学都有自己的特点，不会有第二个哈佛。中国的大学从开办之时起就学习借鉴国外先进经验，中国高等教育的快速发展也得益于善于将海外经验转化吸收，但是只有扎根中国，才能更好走向世界，我们必须坚定不移走自己的路，扎实办好中国特色社会主义大学。未来三十年，伴随着民族复兴和国家崛起，我国一批高水平大学必将走到世界领先的地位。因此，我们必须坚定自信、深化改革、全面创新，扎根中国大地办大学，引领世界高等教育发展。

立德树人担使命　以本为本创一流
——在 2018 年本科教育教学审核评估会议上的报告

（2018 年 11 月 19 日）

审核评估专家组的各位专家：

大家上午好！首先，我代表上海交通大学，热烈欢迎大家莅临我校开展本科教育教学审核评估工作。学校各部门为了本次审核评估做了充足的准备，期待能够通过本次审核评估，各位专家能够帮助学校发现问题，提出宝贵的建议和意见，帮助上海交通大学不断推进改革发展、早日实现建设世界一流大学的宏伟目标。接下来，我向各位专家介绍一下上海交通大学的办学情况。

一、学校基本情况

建校以来，上海交通大学一百二十二年的发展历程可以用"因图强而生、因改革而兴、因人才而盛"这三句话来简要概括。

（一）因图强而生

19 世纪末，甲午战败，民族危难。中国近代著名实业家、教育家盛宣怀秉持"自强首在储才，储才必先兴学"的信念，于 1896 年在上海创办了交通大学的前身——南洋公学。建校伊始，学校即确立"求实学，务实业"的宗旨，以培养"第一等人才"为使命，精勤进取，笃行不倦，在 20 世纪二三十年代已成为国内著名的高等学府，被誉为"东方麻省理工",形成了"起点高、基础厚、要求严、重实践、求创新"的优良办学传统。

中华人民共和国成立初期,为配合国家经济建设的需要,构建新中国的高等教育体系,学校调整出相当一部分优势专业、师资设备,支持国内兄弟院校的发展。20世纪50年代中期,学校又响应国家建设大西北的号召,经历西迁与分设,分为交通大学上海部分和西安部分。1959年3月,两部分同时被列为全国重点大学,7月经国务院批准分别独立建制,交通大学上海部分启用"上海交通大学"校名。六七十年代,学校先后归属国防部国防科学技术委员会和第六机械工业部领导,积极投身国防人才培养和国防科研,为"两弹一星"和国防现代化作出了巨大贡献。

在中国的近现代发展史上,交大及其校友创造了诸多"第一":中国最早的内燃机、最早的电机、最早的中文打字机等,新中国第一艘万吨轮、第一艘核潜艇、第一艘气垫船、第一艘水翼艇、自主设计的第一代战斗机、第一枚运载火箭、第一颗人造卫星、第一例二尖瓣分离术、第一例成功移植同种原位肝手术、国际医学史上首次成功抢救大面积烧伤病人的手术、国际医学史上第一例断肢再植手术、国际首例成功"再造手"、国际医学史上首次应用维 A 酸诱导分化白血病、亚洲首例腹腔七器官联合移植手术等,都凝聚着交大师生和校友的心血与智慧。

(二)因改革而兴

学校始终秉承"求真务实、努力拼搏、敢为人先、与日俱进"的精神品格,把改革作为学校发展的根本动力,勇于担当高等教育改革发展的排头兵和先行者。

改革开放以来,学校以"敢为天下先"的精神,大胆推进高等教育改革:率先组成教授代表团访问美国,率先实行校内管理体制改革,率先接受海外友人巨资捐赠等,有力地推动了学校的教学科研改革。1984

年,邓小平同志亲切接见了学校的领导和师生代表,对学校的各项改革措施给予了充分肯定。1985 年学校开始闵行校区的建设,历经三十多年,已基本建成设施完善、环境优美的现代化大学校园,并在 2006 年完成了办学重心向闵行校区的转移。学校现有徐汇、闵行、黄浦、长宁、浦东等校区,总占地面积近 4 平方千米,顺利突破了创建一流大学的发展瓶颈。

在国家和上海市的大力支持下,交大从 20 世纪 90 年代开始,率先推出中外合作办学,1994 年成立中欧国际工商学院,形成以我为主的国际办学样板学院。90 年代中后期,学校抓住历史发展机遇,作为首批高校入选"211 工程""985 工程",率先确立建设世界一流大学的奋斗目标。1999 年,上海农学院并入交大;2005 年,交大又与上海第二医科大学强强合并。至此,学校开创了综合大学办医学学科的新模式,充分发挥"部市共建"的体制优势,完成了综合性大学的多学科专业布局,培养多层次人才,形成了"综合性、研究型、国际化"的办学格局。近年来,学校率先推进教育综合改革,入选国家首批"双一流"整体建设高校名单,高层次人才日渐汇聚,科研实力快速提升,为建成中国特色世界一流大学打下了坚实基础。

(三)因人才而盛

在跨越三个世纪的办学历程中,学校始终把人才培养作为办学的根本任务,为国家和社会培养了 30 余万名毕业生,涌现了一大批杰出人才,如江泽民、钱学森、黄旭华等,为中华民族振兴、国家经济社会发展作出了重要贡献。

人才培养的杰出成效,让百廿交大在新时期以更加坚定自信的步伐迈向世界一流。学校在最新的 ESI 排名中,工科位列前万分之一,6 个学科位列前千分之一,19 个学科位列前百分之一。学校在世界大学的排名不断提升。2004 年以来,ARWU 排名由第 461 名升至第 106 名,

QS 的最新排名为第 59 名,其中在学科排名中 10 个学科进入世界前 50,18 个学科进入世界百强。在最近一次的教育部学科评估中,获评 A 类学科 25 个,位居全国第四。

学科方面,交大共有 30 个学院/直属系,本科专业 67 个,一级学科硕士学位点 55 个,一级学科博士学位点 42 个,"双一流"建设学科 17 个,全国学科评估 A 类学科 25 个。国家级重点实验室 8 个,国家工程研究中心 5 个,省部级重点实验室 70 个,附属医院 13 家。

1996 年,学校在百年校庆之际确立了建设世界一流大学的宏伟奋斗目标,制定了"三步走"的发展战略。2017 年 9 月,学校入选首批"双一流"建设名单,确定了学校整体建设的三个阶段目标:到 2020 年跻身世界一流大学行列,在全球权威大学排名中稳步进入世界百强;2035 年进入世界一流大学前列,在全球权威大学排名中冲击世界 50 强;2050 年建成顶尖的世界一流大学,全面实现建成世界一流大学的历史性奋斗目标。

积极探索中国特色世界一流的交大之路是学校的发展愿景:坚持立德树人,为国家重点行业和一流教学科研机构输送具有中国情怀与全球视野的领军人才;整合基础研究和科技研发力量,承担国家重大工程,为创新型国家建设作出世界级贡献;整合学术资源和医疗资源,围绕人类健康与重大疾病问题开展联合攻关,为人类文明的延续贡献更多的福祉;进一步发挥人文社科资政启民的作用,为促进中华文化传播,完善中国社会治理贡献交大智慧。

二、人才培养情况

上海交通大学全面贯彻党的教育方针,坚持社会主义办学方向,坚持立德树人根本任务,坚定不移地培养优秀的社会主义建设者和接班人,坚定不移地服务国家发展和社会进步,坚定不移地融入全球竞争与合作,致力于传承文明、探求真理、振兴中华、造福人类,建成卓越的"综合性、研究型、国际化"中国特色世界一流大学。

学校的本科育人工作向来强调"以本为本",高度重视本科教育,坚持以学生的健康发展为中心,通过落实"价值引领、知识探究、能力建设、人格养成"的"四位一体"培养理念,实施与通识教育相融合的宽口径专业教育,培养学生具有扎实的专业基础理论、厚重的人文素养、求真的学术追求、宽广的全球视野,具备学习和应用知识能力、创新能力、适应能力,成为卓越的创新人才。

学校开展新时期教育思想大讨论,重点研讨了本科教育的顶层设计,制定了人才培养,尤其是本科教育的专项规划。学校综合改革的重点内容是打造"学在交大"的新模式,形成校院两级教学质量保障体系,校院领导深入本科教学一线,建立健全教书育人联席会议制度;用好"双一流"建设经费,充分保障本科教学的质量提升,将参与本科教学明确纳入教师考核评价等人事制度,在全校范围内营造立德树人、教书育人的良好氛围。

学校主要从以下三个方面开展一流本科教育的探索和实践:立德树人价值引领、卓越创新人才培养和人才队伍支撑保障。

(一) 坚持立德树人,落实价值引领

学校围绕立德树人根本任务,积极推动人才、学科、科研、资源和条件等办学优势转化为育人优势,发挥落实"四位一体"的工作体系组织优势,形成全校合力育人的工作格局。持续深化全员育人的工作体系,统筹育人合力,确保全校学生工作一盘棋;落实教书育人联席会议制度,合力破解焦点、难点问题。多措并举,推进全员、全过程、全方位育人。完善"大思政"格局,学校成功入选上海首批"课程思政"教育教学改革整体试点单位。以实践育人为抓手,厚植学生爱国主义情怀,将

"三全育人"融入实践教育,打造全方位育人的共同体,引导学生将个人发展与国家战略、时代需求相结合,着力培养德智体美劳全面发展的社会主义建设者和接班人。通过强化就业引导,培养学生专业精神和行业情怀,超过65%的交大毕业生赴国家重点行业和关键领域就业。毕业生对学校"家国情怀"的培养成效普遍认可,"选择交大,就选择了责任"已经成为广大交大学子的价值追求。

(二) 构建卓越创新的人才培养体系

学校实施与通识教育相融合的宽口径专业教育,因材施教,让每一位学生能够得到更好的教育和最大的增值。按照社会发展需要,通过平台教育进行大类培养,为学生的成长成才奠定宽厚基础,培养经济社会发展需要的人才。平台教育以国家需要为目标,通过加强课程内涵建设,为学生释放更多的课外时间,鼓励学生参加创新实践、开展跨文化交流。

实施"致远荣誉计划",培养未来科学人才。学校以教育部"基础学科拔尖学生培养计划"为依托,探索拔尖人才的培养方法,创新培养方式,打造与世界接轨的"好奇心驱动"课程体系,注重能力培养,培养学生的思考能力、专业能力、自主学习和探究能力,促进团队合作精神,开拓国际化视野。以"致远荣誉计划"为载体,汇聚一流的教师和学生,以"大师"培育"未来大师"。

通过国际化办学,培养具有全球视野和国际竞争力的一流人才。积极发挥上海的区位优势,充分发挥国际化办学学院的示范效应和溢出效应,营造浓厚的国际化学习氛围,以我为主开展全球创新人才培养。近年来,学校人才国际化培养能力得到逐步提升,与150余所著名大学签订了校级合作协议,国际合作交流已成常态。

学校每年累计超过2 000人次在国内外的大学生科技竞赛上获奖,其中,在ACM国际大学生程序设计竞赛中六次夺金,三次获得全球总冠军;在"挑战杯"全国大学生课外学术科技作品竞赛中五次问鼎,四次蝉联冠军,获得可永久保存的"挑战杯"。2016 年,4 位交大人入选中国人工智能创业领军人物。在中国高等教育学会公布的 2013—2017 年中国高校创新人才培养暨学科竞赛评估结果中,上海交通大学排名全国第一。

（三）提升育人队伍,强化支撑保障

学校深入贯彻落实全国高校思政工作会议的精神,树立"立德树人、教书育人"的鲜明导向。2017 年起,学校设立"教书育人奖",作为学校教育教学的最高奖项,每年在教师节隆重表彰。学校一直将师德师风作为教师评价的第一标准,强调"育人者先受教育";将提升教学水平作为教师评价的重要一环,强调科教融合和教学相长。学校通过新进教职工培训、青年骨干教师培训班、教师沙龙、青教赛等一系列教育教学技能提升活动,为教师的成长提供全方位支撑。

学校通过多元评价、多维发展,为各类人才提供施展才华的舞台,通过人事制度改革,包括长聘体系建设、师资队伍分类发展和人事服务升级,充分将人才优势转化为育人优势。近年来,学校涌现出一大批教学名师,并吸引了一批高水平的国际学术大师来校任教,校园里"学生遇见大师"成为常态。

在强化支撑保障方面,通过打造学生创新中心,推动学生的课外科创水平升级。医学院为学生提供一流的医学实践条件,有力支撑了医学教学教育。各校区的图书馆条件优良,可支撑多形式教育教学活动的开展;文体设施众多,能够满足学生们的个性化锻炼和训练需求。贯通与学生工作相关的一门式服务,为全校学生提供多样化的便捷服务。

在提升育人队伍和强化支撑保障的工作过程中,学校强调将质量标准落实到教育教学的各个环节,包括院、校及第三方认证机构组成的质保体系、构建全面覆盖、全程覆盖的质保机制以及出台教学管理和课

程建设相关的质保规范等,将质量要求内化为全员的共同价值和自觉行为,严格落实学业要求,打造优良学风。

总体而言,学校人才培养工作在办学定位和人才培养目标与经济社会发展需求的适应度、教学和教学资源对学校人才培养的保障度、教学和质量保障体系运行的有效度、学生和社会用人单位的满意度,以及人才培养目标与培养效果的达成度上,都取得了良好成效。"学在交大"深入人心、蔚然成风,学生实现德智体美劳全面发展,具有成为未来学术大师、治国英才、业界领袖和文化精英的潜质和基础。

三、今后努力的方向

未来,学校要在以下三个方面持续推进工作。

一是要进一步形成落实"四位一体"育人理念的工作合力：推进出台新时期人才培养指导意见,完善"大思政"工作体系,更加重视学生就业引导工作。

二是要进一步推动办学优势转化为育人优势：发挥学科优势,培养本科生的学术追求,落实高层次人才给本科生上课的举措,加强教学信息系统、智慧教室等软硬件建设。

三是要进一步提升本科教育教学的内涵质量：推出优质课程增长计划、教学质量提升计划,加强新工科建设,完善第三方评教体系。

培养出一流人才的高校,才能够成为世界一流高校。一流的本科教育是一流大学的立命之本、发展之本。上海交通大学继承和发扬优良的办学传统,广育栋梁、储才兴邦。对接新时代高等教育的新要求,要全面提高人才培养能力、实现内涵式发展,我们还需加倍努力、共同奋进,为培养优秀的社会主义建设者和接班人,作出不负时代使命的更大贡献。

培育家国情怀　成就栋梁之材

——在 2018 年学校就业引导工作会议上的报告

（2018 年 12 月 12 日）

　　建校一百二十二年来，上海交通大学为国家和民族培养了一大批杰出人才，赢得了世界声誉。近三十年来，学校的学科建设和科研创新快速发展，综合实力稳步提升，但是人才培养成效与国家要求、学校期望尚有差距。我们必须认识到，建成世界一流大学必须培养一流人才，成就一流人才需要引导学生走上更大的舞台。每年定期召开的学校就业引导工作大会，是为了在全校上下凝聚广泛共识、激发工作自觉，让各单位重视就业引导、形成育人合力，最终实现回应更高期待、成就栋梁之材的目标。

一、就业引导工作的定位认识

　　立一等志向、成栋梁之材，是交大的优良传统，杰出校友们的爱国奋斗、卓著贡献，激励着一代代交大人奋勇前进！培育栋梁之材，是交大在新时期要继续坚持的办学使命，要倡导广大学子在一流学术重镇，探索未知领域，攀登科学高峰；在战略需求岗位，破解关键难题，攻克核心技术；在创新创造基层，践行工匠精神，引领行业发展；在经济民生领域，服务国家人民，推动社会进步。成为栋梁之材，必须担当报国的使命，拥有与祖国和时代同行的追求；必须拓宽长远的眼界，选择走上成就一等事业的舞台；必须树立坚定的信念，矢志一辈子干一件事情的坚守；必须锤炼高强的本领，作出举世公认不可替代的贡献。

成就栋梁之材的培养体系，是招生、培养、就业环环相扣的链条体系，好的生源、好的培养、好的舞台缺一不可。在当前，我们非常重视招生环节，也在努力提升培养环节的质量，但相对而言，对就业引导环节的重视还不够有力，我们要把就业引导提升到与招生、培养环节同等重要的位置，真正实现全过程育人。全校上下要对就业引导工作的重要意义形成这样的清晰共识：就业引导是落实以价值引领为核心的"四位一体"育人理念的重要抓手，也是重要检验。我们要从"培养什么人"的高度，承担起就业引导的重要使命。做好就业引导工作，重在引导、重在鼓励、重在文化、重在自觉。

二、就业引导工作的现状分析

总体而言，在各单位的共同努力下，交大就业工作成效显著。一是总体就业率与本科生深造率全国领先，总体就业率与清华大学、北京大学持平，处于国内领先水平，本科生深造率与清华大学、北京大学尚有差距，但总体仍处于国内领先位置。二是就业工作得到社会认可，获评两次全国就业先进工作单位和一次教育部"全国 50 所就业典型经验高校"，入选首批"全国创新创业典型经验高校"。三是就业竞争力具有国际声誉，在最新的 QS 毕业生就业竞争力排名中位列全球第 42 名，在THE 大学就业能力排行榜中位列全球第 36 名。

但与整体就业工作所取得的成效相比，学校就业引导工作成效与学校地位不符，特别是各类杰出校友排名与交大世界知名、国内一流大学的地位不符。针对这一情况，近期学校通过院系调研、思政教师座谈、党务专题会、导师座谈会、院系领导座谈会等方式进行了研讨交流，广泛听取建议,分析问题与不足。主要的突出问题包括:一是学术人才培育不够。近五年,博士毕业总人数为 4 000 余人,但最终选择学术就业的不到三分之一,在高水平学术机构就业的比例更不理想。二是向重点单位输送不多。研究生毕业生中在国有企业和国防科技单位就业的比例不足三分之一,中央企业就业比例只有十分之一左右。三是整体结构布局不够合理。近年来,我校选调生基层就业虽然呈现整体上升趋势,但与清华大学等兄弟高校相比还有一定差距。此外,我校毕业生的国际组织实习任职与清华大学等兄弟高校存在较大差距。导致这些突出问题的原因是多层次的,既有学校层面顶层设计的影响,也有学院层面育人理念的影响,还有教师层面定位认识的影响,更有学生层面价值追求的影响。

首先,在学校层面,顶层设计关乎就业整体布局,当前的重点、现象与问题有以下几点。

一是制度导向影响学生的发展走向。制度决定走向的观点,可以从当前两个常见的现象来剖析。第一个现象是很多优秀本科生都抢着读硕士。其背后的原因是许多学生没有得到学术追求的引导,只将读硕士当作理想就业的途径。因此,学校需要完善顶层设计,对优秀本科生进行引导。第二个现象是博士培养周期太长,通常博士生毕业时就接近 30 岁了,导致大多数学生难以坚持学术道路。此外,有的学院博士延期毕业的情况比较普遍,使一些原本有意向读博的学生心生畏惧。博士培养周期过长是由于学校要求高,还是导师管理抓得不紧?这点需要进行认真剖析,并加以改进。

二是文化氛围影响学生的现实选择。在大多数学生的选择中,以薪酬高低作为择业标准的比较普遍,这也不仅仅是学生的认知,有时也是社会大环境的导向。而与之相对应的,我们对在重点行业领域坚守的校友关注不够,因此要从招生这一学生培养的第一环节开始,加大对杰出校友事迹的宣传力度,并将其贯穿整个培养全过程,让更多学生关注在学术领域及行业领域作出重要贡献的交大校友。

三是校友联动影响学生的择业取向。优秀校友的成功经验能促进学生成长成才,引导学生走上更大的舞台。但在实际工作中,优秀青年校友与学生深入交流和互动不够,大多停留在报告和典礼上,对学生择业的正向影响有待进一步发挥。交大校友在行业里的影响很大,而学校并未充分挖掘校友的育人力量,相关职能部门应加强联动,跟踪反馈校友资源,助力提升育人效果。

其次,在学院层面,落实育人理念关乎就业质量,当前的重点、现象与问题有以下三点。

一是明确人才培养定位是就业引导的前提。在硕士生培养方面,我们对学术型硕士与专业型硕士的培养模式没有明确区分;硕士的就业率高,但读博深造的少;有的学院的硕士生毕业后跨专业参加工作的多,继续深造的却不多。在博士生培养方面,有的学院对博士培养缺乏清晰的定位和明确的要求,使得在培养过程中博士生做项目的多,挑战前沿问题的少。

二是家国情怀教育是就业引导的核心。许多学院不重视低年级本科生的家国情怀教育,有的学院、重点单位就业引导率低,学生更倾向于选择去外企工作。我们必须认识到,就业引导工作不能只靠临门一脚,需关口前移,贯穿价值引领的全过程。各学院要结合学科特点,与行业重点单位加强联动,积极输送优秀毕业生。

三是人才培养质量提升是就业引导的基础。在本科生培养方面,一些课程有弱化、软化、时髦化的趋势,亟待打造一批"金课",提升人才培养质量。在研究生培养方面,全过程管理有待加强,必须抓好人才培养的各环节,以提升就业引导实效。在这方面致远学院作为学校的人才培养特区,已经做出了示范性的工作。学院用比较深、比较难的课程体系不断挑战学生,培养拔尖人才,让学生在职业发展道路上具有更强的竞争力,能够走得更长远。

再次,在教师层面,必须认识到教师是学生就业引导的关键,当前的重点、现象与问题有以下几点。

一是导师的言传身教影响学生的价值选择。导师的言传身教对学生潜移默化的作用非常大,导师也只有培养出顶尖学术人才,才能在专业学术领域留下长远的影响。我校的周尧和院士特别强调培养学生的志向和情怀,培养了一大批学术骨干、行业翘楚。其中,有 1 名中国科学院院士、9 名长江学者、8 名杰青,40 余人在国内外知名大学和科研机构担任教授。

二是导师的培养格局影响学生的学术志趣。有些导师对研究生使用多、培养少,在学生心目中是"老板",这对学术志趣的培养是无益的。导师应多引导学生开拓视野,支持他们及早进入国内外学术圈,让他们有更高的学术追求。总体而言,我校在引导和帮助博士生高水平学术就业方面做得还不够,近五年我们有 800 余名毕业博士进入国内高校工作,但在研究型大学工作的不足五分之一,在我校之外的其他C9 高校任教的也很少。当然,也有的导师在这方面做得很好的,比如生物医学工程学院的高维强教授有 5 名博士都在世界顶尖大学做博士后。

三是教师的合力育人影响学生的就业去向。有些导师只是学生的"学业导师",不能成为"人生导师"。有的只关心项目进展,不关心学生的多方面需求,甚至不关心学生的就业去向。有的导师对就业引导工作的理解还不够到位,认为这只是思政教师的事。有的导师对引导学生到重点单位就业认识不够深刻,指导和支持的积极性不够。

最后,在学生层面,学生自身的追求坚守关乎其未来发展,也是就业引导工作最后落地的关键,当前的重点、现象与问题有以下几点。

一是引导学生对未来要有更大自信。很多学生各方面都很优秀，却因为自信心不足，对自我的定位不高，在就业或深造时没有选择更具挑战性的道路，最终的表现就是硕士生一入学就急切地实习，希望能靠漂亮的简历找到理想的工作，博士生则缺少到世界顶尖大学去闯荡的勇气。我们要让学生意识到如果在校期间能坚持刻苦学习，毕业后一定会有好的发展。

二是引导学生择业时要有更高追求。我们相当一部分学生愿意在比较容易生存、竞争不太激烈、不太具有挑战性的地方就业。有的博士毕业生选择在较为安逸的高校任教职，仅满足于少有竞争的舒适环境。交大学生毕业后很好找工作，因此很多硕士研究生毕业后就不太愿意继续攻读博士学位，甚至有的硕博生为了逃避艰苦的学术道路，就急切地希望转硕，进行自我淘汰。

三是引导学生就业后要有更多坚守。有的毕业生工作遇到困难或为了获得更高薪资，就频繁跳槽，导致事业成长缓慢，很难被委以重任。我们要让学生意识到，一个人如果能在一个岗位十年坚持做一件事，那一定会有所成就。频繁地跳槽不仅会增加心理压力，使得职业的含金量缩水，还会被用人单位认为缺乏可靠度。

三、就业引导工作的重点举措

在新形势、新要求下，为更好地实施就业引导，我们要实现从重视就业服务向重视就业引导转变、从关注就业率向关注就业布局转变、从部门单向工作向全员全程支持转变、从助力谋职就业向成就栋梁之材转变。

在学校层面，要出台《关于进一步加强就业引导工作的指导意见》《落实研究生指导教师立德树人职责规定》；更新校院两级就业引导目录,建立健全毕业生就业数据报表作用机制;鼓励优秀本科生攻读博士,推动硕士生规模结构调整;深化与重点单位战略合作,加强校友工作,建立校院领导定期看望和关怀毕业生的机制;完善就业引导奖励激励机制,加强选调生的培育和支持;校院协同,部门联动,形成合力育人的工作格局。

在学院层面,要关口前移,抓好"灌浆期"教育,把就业引导贯穿学生成长全过程,形成院长、书记给新生主讲专业教育课的惯例;在就业引导工作中发挥学院主体作用,鼓励和支持教师开展就业引导工作;院(系)党政联席会议要定期专题研究就业引导工作;要与重点单位开展实质性合作,提升学生的专业实践能力。

在教师层面,研究生导师要以培养超越自己的学生为追求,注重言传身教,积极引导学生走向更高的学术机构和更大的事业舞台;授课教师要发挥课堂主渠道作用,培养学生的学术志趣和专业情怀,引导学生树立正确的事业观;思政教师和辅导员要结合学科特点、行业发展和学生实际,加强与专业教师联动,提升就业引导能力。

人才辈出是百年交大最响亮的声誉和品牌。我们要继续全力以赴、追求卓越,在立德树人上攀登新的高峰!我们要深化培育学生的家国情怀,持续弘扬"选择交大,就选择了责任"的就业价值观,引导广大学子到祖国和时代最需要的地方建功立业!我们要有这样的信念:在二三十年后,当中国建成世界强国时,定会有一批交大人成为学术大师、治国英才、业界领袖、文化精英,为中华民族的伟大复兴作出重要贡献!

以国际化为抓手实现跨越式发展

——在 2019 年国际化办学工作会议上的讲话

（2019 年 4 月 12 日）

今天是一个非常难得的机会,主要校领导、相关部处和学院共聚一堂,专题讨论国际化工作。"新时期国际化战略"是 2019 年的十大攻坚任务之一。我们召开这样一次工作大会,姜书记和我都非常重视,一起参加,我们都非常期待国际化为交大的下一阶段发展,带来新的增长点。我想借这个机会,谈一谈我的一些理解和思考。

大家一定很熟悉这句话:当今世界正经历百年未有之大变局。回到一百多年前,交大正是在民族危亡的大变局之中诞生的。回顾一百二十三年以来的发展历程,国际化是交大与生俱来的特质,已经融入了学校发展的血脉之中。

在 1896 年创校之初,由于基础薄弱,学校只能向国外学习,学校从师资、课程体系、教材、管理等方面全方位地向国外学习,到 20 世纪 30 年代,交大被誉为"东方麻省理工"。对这句话的理解可以是多方面的:一方面是我们严格照搬和学习麻省理工学院的教学体系和教学要求;另一方面,我们只能照搬国外高校的教学体系,因为我们没有能力建设自己的教学体系。

1978 年,在中美还没有正式建交时,交大派出了中华人民共和国成立后第一个教授代表团访问美国。在美国的 47 天,代表团一行访问了20 个城市、27 所大学、14 个研究单位和工厂,联系接触了 200 多位美国朋友和400多位美籍华人、校友等人士。时任学校的主要领导通过这次访美，看到了交大与海外高校之间的差距，迫切地希望改革创新、对外开放、追赶世界。

2004年，学校第八次党代会确定了"综合性、研究型、国际化"的九字发展方针，"国际化"写入了学校的发展愿景，并在后续的"十二五""十三五"规划中列入重要发展战略。

2006年，在两校共建机械学科的基础上，我们与密西根大学合作建立交大密西根学院，通过十多年的努力，这个学院已经成为国际合作办学的典范之一。我们在建立密西根学院的时候，我一直在想这样一个问题，国际化到底能够为交大带来什么？我们花这么多人力、物力建设密西根学院，交大到底能受益多少？2018年，学校与密西根大学共同签署了新一轮十年战略合作协议。今天回过头来看，全校各院系或多或少都与密西根大学有所联系，我们的教学、科研以及治学管理全面向密西根大学学习，提高了很多。可以说，密西根学院、巴黎卓越工程师学院、中欧国际工商学院等一系列中外合作办学机构和项目，取得了显著的成绩，为交大的发展注入了新的活力，加速了交大建设世界一流大学的进程，也切实提升了交大在中国和国际上的影响力。

最近几年，借助"双一流"建设的契机，学校在国际化办学方面又做了很多工作，包括发展战略合作伙伴，推出全英文授课的工科平台，提升留学生生源质量，与海外高校开展联授博士，成立日本研究中心、保加利亚中心等。

可以说，在不同的发展阶段，学校国际化工作的侧重点有所不同，我们始终都坚持开放办学的理念，"以开放促改革、以改革促发展"。建校之初从无到有、借鉴国外，发展到改革开放之时主动架起与海外沟通的桥梁，近年来，以国际化为抓手实现跨越式发展，国际化对于学校的快速发展起到了不可替代的推进作用。我们的国际化办学经历了一个逐步提升的过程,从早期的向学习国外为主,逐步发展为扩大合作,多交朋友,再逐步变为平等交流,相互学习,进一步到互相促进,相互尊重。

现在,中国进入了历史上最好的发展时期,世界处于百年未有之大变局。站在新的历史起点上,国家、民族对大学有着更高的期待,上海交通大学理应承担起更多的使命与责任。面对这种使命与责任,更离不开国际化办学。科学技术是第一生产力,创新是科技发展的生命之源。在全球化的时代背景下,创新是在全球开展合作、参与竞争,离不开利用全球的资源,更离不开与全球的伙伴合作。在人才培养上,我们要充分利用国际化提升人才培养的质量,培养具有全球视野的学生。

现在,不管是发达国家,还是发展中国家,高校都在积极参与全球的竞争与合作。特别是最近几年,国内部分高校在国际化办学方面发展得很快、动作很大。比如,清华大学,他们的"全球战略"做了很大的布局,把"全球胜任力"列为人才培养的核心目标之一,建设了苏世民书院、全球创新学院、中意设计创新基地、东南亚中心等重大国际化办学项目;浙江大学,获得浙江省的全力支持,建设了海宁校区国际联合学院。我们也不能落后,"新时期国际化办学战略"将是未来一段时间内交大办学的努力方向。我们要全面分析我校国际化办学的现状和潜力,形成新形势下学校国际化办学的新策略和新措施。我们要持续推进战略合作伙伴计划,扩大与世界一流大学联授博士签约与落实;推进种子基金合作学校的布局和评价考核机制。

我们希望,通过持续的努力,打造新时期交大的国际化品牌,依靠国际化,让交大出现新的亮点。今天的大会是一个新的起点,希望全校上下,各部处、院系,都能够充分认识到国际化的重要性和紧迫性,领悟学校的总体思路,面向新形势、新要求,扎实推进落实,把国际化工作全面融入学校发展的主战略中,服务于学校"双一流"建设的发展进程。

创业与再创业

——庆祝中欧国际工商学院创办二十五周年

（2019 年 10 月 10 日）

中欧国际工商学院始于 20 世纪 90 年代，办学初创地在上海交通大学闵行校区的学术活动中心。我每次经过学术活动中心，都能看到中欧国际工商学院的老师和员工努力工作的身影，感受到紧张有序的氛围。随着工作岗位的不断调整，特别是到了校领导岗位后，我与中欧国际工商学院接触的机会也逐渐增多。自 2017 年担任上海交通大学校长之后，有幸以中欧国际工商学院理事长的身份参与学院的工作，更加感受到学院努力拼搏的工作精神。我非常高兴能在中欧国际工商学院创办二十五周年之际收到迪帕克院长的邀请，来分享一些关于中欧国际工商学院的特殊回忆，以及对于学院未来发展的美好期待。

筚路蓝缕的筹建与初创：中欧国际工商学院与上海交通大学的不解之缘。中欧国际工商学院创办二十五年来的发展成就，是中国商学院创办史上的一个奇迹，这个奇迹的发生，离不开一批学院创业者二十五年来持续的披荆斩棘与不懈奋斗，我们要向这些创业者表达最崇高的敬意。而同样值得感怀的，是在这个奇迹开始的地方，有着属于中欧国际工商学院和上海交通大学的不解之缘与共同回忆。

20 世纪 90 年代初，由于中国政府与欧洲共同体签署的办学合同期限只能够维持到 1993 年，中欧国际工商学院的前身——中欧管理中心（CEMI）走到了能否存续的十字路口，为了能有更加稳定长远的发展，时任 CEMI 欧方主任的杨亨开始为把 CEMI 建设成一所具有稳定独立办学资质的商学院而四处奔走。按照中国的法律规定，外国政府和机构不能在中国独立开设教育机构，必须和中国的教育机构合作办学。出于种种原因，杨亨始终没有找到合适的中方合作办学单位。直到1992 年 10 月，在交大老学长汪道涵的亲自牵线下，杨亨与交大管理学院名誉院长李家镐和常务副院长张国华有了第一次的会面，双方相见恨晚，对"创办一所国际化的世界一流商学院"的理想与愿景一拍即合，就此便推动中外各方围绕学院筹建事宜启动了谈判。经过近两年紧锣密鼓地磋商，我国政府与欧盟最终于 1994 年 2 月 28 日签署了《中华人民共和国政府和欧盟委员会关于建立中欧国际工商学院的备忘录》。当年 11 月，中欧国际工商学院成立仪式在上海隆重举行，交大与欧洲管理发展基金会作为双方办学单位签署《办学合同》，自此 CEMI 被中欧国际工商学院所替代，开启了二十五年的创业奋斗历程。

　　回首贯穿整个 20 世纪 90 年代的中欧国际工商学院筹建与初创过程，交大在三方面发挥了重要的支持作用：一是从建院开始，翁史烈、谢绳武、张杰三位交大前任校长和我先后担任了中欧国际工商学院理事会的理事长，每年都在理事会上听取关于学院发展情况的汇报，为中欧国际工商学院的发展出谋划策，并为中欧国际工商学院在管理体制上保持"特区化"政策，积极向国家有关部委与上海市政府争取支持。二是交大党委在中欧国际工商学院建立基层党组织，为学院在中国办学提供了坚强的政治保障，同时，交大在学院的创立初期输送了李家镐、张国华、张维炯等一大批骨干办学力量，为学院站稳脚跟、快速发展作出了不可替代的重要贡献。三是在当年自身条件并不宽裕的条件下，交大在办学设施、后勤保障等方面尽己所能地为学院提供和创造了诸多条件，特别是划出了当时在闵行校区硬件条件最好的学术活动中心和包玉刚图书馆，作为金桥校区建设期间中欧国际工商学院的临时过渡办学场地。在后续金桥校区二期建设过程中,时任浦东新区区委书记、现任交大党委书记的姜斯宪也给予了极大的支持。

对于交大不遗余力的支持,中欧国际工商学院的创业者们也以高度负责的敬业态度予以了回应,面对初创期的种种困难与考验,创业者们筚路蓝缕、披荆斩棘,无论是院领导还是普通员工都为了争取优惠政策、拓展招生市场全力奋战在一线,以忘我的工作状态为学院的成长添砖加瓦,不计较当下个人的待遇与得失。根据中欧国际工商学院早期工作人员的回忆,在学院经费最困难紧张的时期,无论是参与初创的李家镐、张国华两位院领导,还是 20 世纪 90 年代末加入的刘吉院长,都曾主动要求过降薪,老一辈中欧国际工商学院人对学院的热爱与付出,让人敬佩不已。正是带着这样的拼劲与闯劲,年轻的中欧国际工商学院才能趁着中国经济快速发展的时代机遇,以惊人的速度赢得了市场与行业的认可,创造了商学院创建发展的奇迹,在创院的第二个五年里就实现了财务独立,并开始在国际著名媒体的商学院排名上高歌猛进。

面向未来的再创业:从优秀走向卓越。中欧国际工商学院在筹建与初创期与交大的不解之缘,使得双方有了非常良好的关系基础,特别是在朱晓明教授担任院长时期,中欧国际工商学院已经进入平稳运行的快速发展阶段。在第一个合作协议即将到期的时候,张杰校长做出了巨大努力,顺利完成了展期协议的签订,中欧国际工商学院对张杰充满了极大的敬意。我本人也在这个阶段与朱晓明院长建立起了良好的私人关系。我想之所以能保持这样和谐友好的关系,是因为朱晓明院长在担任金桥地方主官期间,见证并经历了中欧国际工商学院与交大的精诚合作,深知双方因共同奋战而结下的珍贵情谊来之不易。

对于中欧国际工商学院已经取得的跨越式发展成就,上一任理事长、交大校长张杰院士认为,充分发挥后发优势是中欧国际工商学院快速发展的关键,具体而言,包括抓住改革开放的历史机遇、自主办学的制度保障、市场导向的办学理念、国际化办学道路四大办学经验，对此我深表赞同。面向未来，中国进入中国特色社会主义建设的新时代，中欧国际工商学院也将迎来新的历史机遇与挑战，然而随着中欧国际工商学院与世界一流商学院距离的逐步拉近，在过去赖以仰仗的后发优势红利将会逐渐衰减。如何在新的历史阶段找到适应时代特征与现实需求的新发展策略，是摆在新一代中欧国际工商学院人面前的课题，也是学院要从优秀走向卓越必须回答好的答卷，这无疑将是一次再创业的过程。在这过程中，交大仍然是中欧国际工商学院最牢固的坚强后盾。一方面，在中欧国际工商学院对标的其他世界顶尖商学院背后，几乎都有着一所世界一流的综合性大学为其学科领域的战略纵深做支撑，对于中欧国际工商学院而言，无论是过去还是未来，交大就是中欧国际工商学院最可靠的战略纵深大后方。另一方面，如果说上一阶段中国改革开放的主要任务是把世界引入中国，那在新的历史发展阶段，如何深耕中国，把中国带向世界，将成为新的重要任务，中欧国际工商学院要想再借力新的历史发展机遇，就必须契合国家新的战略需求，交大作为中国第一方阵的高校，在与地方的合作上有着深厚根基与广泛影响力，是中欧国际工商学院未来可以依靠的重要支撑力量。

不忘合作初心，继续携手前进。我想，中欧国际工商学院创建"世界一流商学院"的目标与交大创建"世界一流大学"的愿景是同向同行的，这并不会因为双方对一些细节上的理解不同而改变，中欧国际工商学院与交大的不解之缘，是镌刻在双方办学文化深处的烙印，老一辈中欧人与交大人的携手同行，为学院过去二十五年的快速发展奠定了扎实基础，在下一个二十五年，交大同样期待在中欧国际工商学院的再创业中发挥重要作用，助力中欧国际工商学院创造新一轮的辉煌。

注重人才培养全链条
谋划推动毕业生高水平学术就业
——在 **2019** 年就业引导工作会议上的讲话

（2019 年 12 月 23 日）

今天我们在这里召开全校就业引导工作会议，主要目的是从落实立德树人根本任务、强化人才培养的中心地位出发，进一步谋划和推动毕业生高水平学术就业。刚刚，王伟明副校长代表学校做了报告，分析了高水平学术发展的相关数据及规律，针对我校博士毕业生学术就业情况，提出了博士生高水平学术就业支持计划，并对具体工作做了总体部署，内容丰富、思考深入，我都赞同。各位代表都从各自的角度做了发言，讲得都很好，听了很受启发。总体而言，自去年 12 月召开就业引导工作会议以来，我校在就业引导工作上取得了一定成绩，得到了社会各界的广泛好评。这些都离不开就业工作战线上的师生员工的努力和付出，也离不开广大用人单位的支持和厚爱。在此，我代表学校向大家一并表示感谢！

今年 5 月，我代表学校去四川看望选调生校友，感触很深。一方面，学生"选择交大，就选择了责任"的担当意识深入人心，越来越多的毕业生把"到祖国最需要的地方去建功立业"作为自己的事业追求，让人由衷欣慰；另一方面，毕业生能否扎根行业茁壮成长，离不开社会多方面的支持与鼓励，学校对于那些放弃一线城市，到艰苦地方干事的毕业校友的关心关注仍需进一步加强。

近三十年来，学校学科建设和科研创新快速发展，综合实力稳步提升，但是人才培养成效与国家要求、学校期望尚有差距。刚才伟明副校长也讲到，"学术大师"和"国家杰青"的校友数量与我们学校的声誉排名"不匹配"。大家都有这样的共识，就业引导是人才培养过程中必不可少的重要环节。人才培养是一项全链条的系统工程，不仅需要把好进口关、做好培养关，更需要注重出口关。当前，我们大力推进高水平学术就业引导，着眼点和着力点不是单纯为了促进就业，不是让毕业生简单地找一份安逸、性价比高的工作，强调的是培养学生崇尚学术、科技报国的情怀，是为了把学生送上更高的平台，引导学生走上更大的舞台。

借今天的会议，围绕如何推进博士生高水平学术就业引导工作，我简要谈两点意见，与各位共勉。

一是各院系和部门要高度重视，贯彻落实会议精神，加强协同联动，形成合力育人的工作格局。

建成世界一流大学必须培养一流人才，成就一流人才需要引导学生走上更大的舞台。我们学校的生源质量很好，要实现教育增值，成就一流人才，需要把学生送上更高的平台，引导学生走上更大的舞台。倘若学生只想过过小日子、安稳生活，攀登学术高峰、施展学术抱负就无从谈起。各院系和部门要把推进博士生高水平学术就业摆在重要位置，抓好组织领导，探索完善相关机制，从多个方面加强工作。全校上下都要担起职责，不能仅仅依靠学生培养相关的部门开展工作，而要充分调动各方面的力量，让教师、校友、家庭、企业、科研机构共同加入育人的队伍中。推进博士生高水平学术就业也不仅仅是在就业关口的工作，而应该潜移默化、日积月累、久久为功。

二是要充分发挥广大教师在推进博士生高水平学术就业引导中的作用，让教师切实担负起立德树人的职责。

　　天下遍桃李,师者尽流芳。一个学生成才的时候,最幸福的人是他的老师。从就业引导工作来看,学生在学术、专业、行业里的起步与发展,教师是至为关键的影响因素。这两年,学校旗帜鲜明地倡导"立德树人、教书育人",通过教书育人奖的评选,发掘出一批新时期交大名师,重视教学、崇尚育人的氛围正在形成,大环境特别有利。但客观来说,部分教师对学生的教育引导仍有缺位现象,有些教师还没有形成培养学生超越自己的高远追求,还没有意识到发挥自身学术网络作用,输送学生到国际学术前沿高地等大舞台的重要意义。

　　通过这次就业引导大会,我希望广大教师,特别是指导学生的导师,包括研究生导师、本科生导师,能够提高站位、明确职责,把学术就业引导作为夯实立德树人工作的重要途径,让师生关系充满情谊,不仅要靠大学问,更要靠大境界、大胸怀、大格局,引领学生形成正确的人生观。

　　老师们,同志们,推进高水平学术就业,非一日之功,要保持耐心和定力,以功成不必在我的胸襟和功成必定有我的担当,一茬接着一茬干。我相信在大家的共同努力下,交大的学生就业引导工作将更上一层楼,不断为培养优秀的社会主义建设者和接班人作出新的更大的贡献!

担当责任共克时艰 "学在交大"合力上线
——在 2020 年线上教学工作会议上的讲话

（2020 年 2 月 24 日）

各位老师：

首先，向大家致以新学期的问候。在这场抗击新型冠状病毒的全民战"疫"中，我们度过了一个非同寻常的春节和寒假。无论身处何地，每个人都在担当一份责任、贡献一份力量。刚刚王伟明副校长做了总体情况介绍，学校疫情防控工作开展及时、平稳、扎实，在此再次向大家的辛勤付出表示感谢。我们还要特别感谢和赞扬那些战斗在抗疫最前线的"最美逆行者"，我们的医学院和附属医院，先后派出 570 余名医护人员驰援武汉，13 家附属医院的广大医务工作者都奋战在抗疫一线。正是他们的奉献担当，才有我们的平安健康，他们是这场战役中最可爱的人，是全体交大人的骄傲和自豪，再次向他们致以崇高的敬意和感谢！此外也要感谢和赞扬团结一心、共克时艰的广大师生和校友，在做好个人防护的同时，无论是坚守岗位、志愿服务、物资捐赠，还是传播正能量、传递信心和勇气，都体现了交大人的家国情怀与责任担当。

非常时期，也是非常考验。今天会议的主题是关于春季学期疫情防控期间开展线上教学工作的部署动员。刚才丁奎岭常务副校长代表学校党委做了详细介绍，致远学院章俊良院长和数学科学学院陈克应老师也做了很有启发、值得借鉴的发言，接下来我再谈几点意见。

一、主动应变，担当作为

开展线上教学是当前学校的中心工作，这不仅是教育部、上海市对我们的明确要求，也是维持教学秩序、完成教学任务的必然选择。

大家都看到，在以习近平同志为核心的党中央的坚强领导下，在全国人民的共同努力下，疫情防控取得阶段性成效，形势每一天都在发生积极变化，各行各业也正在有序恢复生产。对于高校而言，教书育人是重中之重，涉及广大学生的需求和利益，容不得有缓一缓、等一等的思想。在保证广大师生健康安全的前提下，全面开展在线教学，最大限度地维持了教学工作原有的进度安排，是当前阶段的最佳选择。从更长远的角度来看，从高等教育发展规律而言，在线教育与线下教育相融合是一种必然趋势。我们要有主动应变、转危为机的勇气和智慧，加快推进面向未来的教学模式变革，推动我们"以学生为中心"的教学理念的转变，充分应用网络技术和计算机技术，提升线上教学与学习的能力，积极探索线上线下"混合式"教学的新模式，因此这也是在特殊时期彰显"学在交大"、提升"学在交大"的良好契机。

特别要指出的是，学校一直强调"立德树人"是根本任务、"教书育人"是中心工作。2018年，我们开展了新时期全校教育思想的大讨论，进一步提升了"立德树人、教书育人"的地位，推出了育人十大举措，也取得了一些实效。这段时间，为了应对突如其来的疫情，学校不仅做好了防控工作，也紧锣密鼓地筹备线上教学。很多同志不仅放弃了休假，而且是更加不辞辛劳、夜以继日地高速运转。可以说，"教书育人"工作得到了前所未有的高度关注、聚焦聚力。无论是学校党委、各职能部门，还是院系党委、各教研室或教学团队，无论是校院领导，还是广大教师,大家除了吃饭、睡觉以及做好防控工作,基本上就是心无旁骛地扑到教学工作上来。2月21日,我们组织了32个院系及办学单位,分批次汇报、研讨线上教学工作的Zoom会议,先后300多人参会,最多170余人同时在线,会议从下午4点开始,一直到晚上11点半还有80多人在线,可以说史无前例。再比如,有老师在微信朋友圈分享,"为了让同学们能够顺利在线上课,教授们都做起学生,妥妥的还是当初那枚学霸,很多老师白天参加培训,晚上制作PPT到深夜;而学校教学管理部门、技术支持部门感觉就像是24小时在线,随时解答各类问题……大家的这种拼搏精神、投入程度,非常令人感动!"这也形成了"人人都是育人之人、处处都是育人之所、时时都做育人之事"的良好氛围,这样的精神状态和工作干劲,也正是"学在交大"不断提升的具体展现,非常值得我们保持下去。

二、众志成城,合力攻坚

关于这个方面,我再简要回顾一下近期工作,既是对大家的肯定表扬,也是给大家再加一把油,再鼓一鼓劲。

首先,学校党委高度重视、深入推动。我们不打无准备之仗。今天是农历二月初二,其实从正月初二起,学校党委就着手对线上教学工作方案进行研究与设计。近四周以来,党委常委会多次开展专题会议研究线上教学工作,成立了以丁奎岭常务副校长和徐学敏副校长为组长的线上教学领导小组,下设线上教学指导组、质量保障组、学习保障组、技术支持组、资料保障组五个专题工作组。线上教学领导小组密集召开会议,集中出台了2个指导文件和9个实施意见,为线上教学的开展制定了详细的"作战图",校领导班子成员也都亲自上阵,靠前指挥。

其次,相关职能部门高效运转、各院系积极响应。以交大人特有的实干精神,大家快速把"作战图"运用到一场场战斗中去。教务处、研究生院、教学发展中心、网络信息中心、教育技术中心、在线教育中心等全力以赴、组织协调,研究和解决线上教学的具体问题,开展了 10 多次 Zoom 和 Canvas 等教学工具的培训和 20 多次示范教学的培训;学生工作指导委员会积极联系 2 万多名有课程安排的同学,了解他们存在的困难和问题。各个院系的党政领导把线上教学作为当前最重要的工作,院系教务办等部门全力做好服务工作,20 多个院系都组织了内部培训和研讨工作。可以说全校快速形成了部门联动、校院联动的工作机制,正是因为大家的高度责任感和敬业精神,我们越干越有信心、越干越有章法、越干越有成效。

更重要的是,广大师生员工拧成一股绳、全情全心投入线上教学。线上教学的战斗是全民皆兵的战斗。过去三周以来,全校 1 000 多名教师和技术支持人员,不分昼夜地思考、开会和讨论,大家对各种教学方法和技巧进行积极研究,探索了许多好的做法,不断提出新的建议,贡献新的智慧。我们的许多同学也积极参与其中,对老师们的教学方法给予了许多好的建议。在 40 多次教学工具培训和示范教学活动中,有 1 万多人次的师生参加,也包括许多校领导和院长、书记,大家都积极发言,对好的经验和做法给予鼓励,也及时向大家请教和沟通自己在线上教学中遇到的难题及困惑,对一些不足提出建议,许多老师也毫无保留地积极解答他人的疑惑。网上老师们也对许多问题展开了热烈的讨论,包括如何调动学生的注意力,提升书写板书的质量、摄像质量和声音质量。我们共同反复研究直播、录播、慕课和研讨式教学的特点,特别是关注各种教学方式的课程设计思路,以及线上教学和线下教学的差异,注重课前上网教学资料与课堂教学内容的协调,鼓励和调动学生开展课前学习和阅读的积极性,组织网上课堂教学,最大限度地引导学生学习,通过有效的提问和现场测试了解学生对知识的掌握情况,组织学生开展讨论等。我听了 20 多次线上教学的示范课，深切感受到老师们对教学的投入、对同学的热爱，也感受到了老师为克服线上教学困难而做出的努力，还感受到了我们学校老师在讲课中所散发出的人格魅力，在讲课过程中他们引经据典、深入浅出、重在启发，必将给更多的同学留下深刻印象和启迪。这些前期的大量工作和各位老师同学的辛勤付出值得高度赞扬与肯定，这也是学校高质量开展线上教学工作的最大底气，最坚实的基础！

三、务实创新，稳中求进

尽管我们充满信心，满怀热情，也有良好的基础，但仍需客观清醒地认识到，全面开展线上教学是一个非常复杂、具有挑战的工作，只有充分认识困难、灵活采用策略、才能包打胜仗。关于这个方面，我想有针对性地再谈一谈如何开展好下一阶段的工作。

对于广大任课教师，特别是采用在线直播授课的教师，要应对好以下五个挑战。我也结合前一段时间的听课体会，给出一些建议，供大家参考。

挑战一，由于教师不是面对面地授课，教师不能现场观察到学生的反映，很难实时地调整讲课的内容和节奏。对此，我建议：保持讲课的流畅性是第一位的，听、读、思、写仍是学生最主要的学习方式。当然，也可以适当有一些互动，但是要考虑在网络教学中，互动不是优势，现场互动要适度，没有互动不好，太多也不好。连续讲课 10~15 分钟，提问或者讨论 3~5 分钟，可以作为一个选择。

挑战二，线上授课需要熟练掌握计算机和线上操作系统，由于网络传播信号的不稳定，可能会严重影响讲课效果，需要考虑各种应急措施。对此，我建议：在课前要充分做好准备工作，比如，关闭一些功能键,防止不必要的干扰;特别是第一次上课,就要对学生有若干提示、提醒,第一次课开了个好头,后面就会越来越顺利了。

挑战三,线上教学不同于传统教学,不是简单地把原来的线下课程搬到线上,备课与讲课的工作量都将大大增加。对此,学校鼓励和支持老师到校利用学校的优良教学资源和设备开展线上教学,会得到更多的现场支持与保障。同时,我也建议,大家要善于利用团队的力量,教研室要共同努力、多多交流分享,也要发挥课程助教的作用。此外,在工作中既要追求高质量、高标准,也要客观务实。

挑战四,学生不在学校,手头没有教材,或暂时还没有电子教材及教学参考资料,也增加了线上教学的难度。对此,我建议教师们要花更大的力气做好课件,内容要更加丰富,形式也尽可能地让学生更加易于接受。同时,也要花更大的精力来建设 Canvas,让 Canvas 更加吸引学生,在 Canvas 上增强与学生的互动,也让学生们养成使用 Canvas 的习惯。

挑战五,线上教学是网络传播,无论是正面的,还是负面的内容,都会因为网络特性,形成广泛的传播与影响。对此,我希望,各位老师都要积极传递正能量、加强价值引领,在第一课代表学校给同学们一个真切的问候。在与全国人民共同抗击疫情中,他们度过了人生中非常特殊、非常难忘的一个寒假,增加了自己的人生经历,丰富了自己的生活阅历,在今后的人生道路上也一定能够展现出更多的社会责任与担当精神。特别是在疫情重点地区的同学,他们面临着更大的考验,承受了更大的压力,可能也有更多的焦虑,希望各位老师都能帮助他们尽快调整好心态,克服各种困难,尽快转入正常的学习状态。同时,我也希望每一位教师在保证线上教育质量效果的同时,也要注重维护学校及个人的形象与声誉,要严格避免可能造成负面社会影响的事件发生,特别是在家讲课的老师一定要注意讲课场景的布置与管理,各位老师要做好每门课的试讲，注意着装，给同学和社会树立一个良好的形象。

要应对以上挑战，不能仅靠教师个人。在此，我再强调一下，各院系和职能部门要对各位老师的教学工作提供以下五个保障。

保障一是要继续做好线上教学方法的研究，教务处、研究生院、教学发展中心、教育技术中心、网络信息中心、在线教育中心等共同做好线上教学方法的培训和指导。

保障二是做好线上教学质量控制的研究与落实，教务处、研究生院、学生工作指导委员会和各院系为各位授课教师配备好助教，并为助教开展线上教学的培训。各个院系要加强本科生教学与研究生教学的统筹推进工作（学校是按照工作组推进工作，而不是教务处、研究生院等常规部门划分，学院也要做好相应的调整和对接工作）。

保障三是及时了解学生在学习中遇到的困难和问题，特别是家在边远地区的同学，以及家在疫情重点地区的同学的学习情况。他们家中的网络、计算机以及学习条件等方面可能存在问题和困难，需要得到更多的帮助。

保障四是做好技术保障，网络信息中心要做好与相关单位的联系和沟通，以最大的努力保证学校网络的稳定运行，根据教师的授课需求，尽可能保障网上的 Zoom 教室（在此，也要提醒各位老师，要增加使用 Zoom 教室的频率的话，要尽量提前预订，以便学校统筹安排）；教育技术中心要保障学校智慧教室的正常运行，研究生院和各学院要最大限度地给老师到学校开展线上授课提供教室和会议室；学校和学院要为各个讲课教室配备好技术支持助理，解决老师在教学过程中遇到的困难。

保障五是为每门课程做好编写电子教材的准备工作。对此，图书馆等部门也正在抓紧推进相关工作，争取在下周正式全面开展线上授课的时候，大部分同学都能有电子教材或教学参考资料。

此外,各职能部门、院系和广大教师,还要共同做到两个注重。

一是注重实效。学校各个方面对教学工作和教学方法给予了前所未有的重视,全校师生共同研究和实践网络教学方法,相关职能部门都积极投入到这次线上教学的准备工作,大家的工作积极性都全面调动了起来,下一阶段要进一步把各项工作做得更加扎实有效,把工作方案落实落细,要特别重视线上授课的实际效果,学生听课和学习的专注程度、接受程度,努力实现线上教学与线下教学的"同质等效"。

二是注重长效。我们要加大力度支持和鼓励广大教师深化教学改革,把学习和掌握的线上教学方法应用于今后的教学过程中。经历过特殊阶段的线上教学探索,希望能涌现出一批教学名师、名课,以及典型的人物、事迹,形成先进的教学经验。线上教学过程中,需要加强总结、提炼,巩固一些适用的和好的做法,如充分利用 Canvas 等线上教学平台,提高教学效率和质量;线上线下相结合,加强教学研讨课的设计;让更多的教师养成良好的习惯,并充分用好工作时间;发掘一批优秀教师,完善教书育人奖的评审等。

同志们,今天的会议,是新学期的全体教师大会。在此我也想进一步做一个说明。对于全体学生而言,我们明确是"延期开学、开展线上教学——努力将疫情对学习进度的影响降到最低"。对于全体教职工而言,从今天开始,我们也明确要"按时复工、按需到校——努力将对日常工作的影响降到最低"。

3 月 1 日,我们将举行全校师生参加的线上教学第一课;3 月 2 日,正式全面启动线上教学。因此,这一周(从 2 月 24 日到 2 月 29 日)是全面开展线上教学工作前的最后冲刺阶段,是最为关键的时间节点。在此,我要特别强调,在这周要做到五个必须:

第一,学校相关职能部门必须要逐一检查薄弱环节、薄弱单位,以及教学条件保障和服务中可能存在的问题,查漏补缺,抓紧完善。

第二，各院系必须对所有课程组织试讲，提供现场保障，及时发现和解决工作当中的问题。

第三，每位任课教师都必须接受培训，做好课前试讲，通过现场的线上体验，加快熟悉教学工具和在线操作系统，及时解决问题。

第四，每一位助教都必须接受岗前培训，确保课前到岗，并与任课教师建立紧密联系。

第五，每一位同学都必须收到相应课程开课的通知，掌握任课教师和开课的信息。

此外，除了线上教学，在科研工作及国际化等方面，各位教师也要及时响应国家需求、关注形势变化，要加强新型冠状病毒防治的科研攻关、咨政建言，保障重大项目和任务的有序开展。与此同时，也要减少不必要的聚集、线下会议，结合实际条件，多种形式地开展研讨研究、国际交流等。

最后再强调一下，当前疫情防控工作仍是容不得松懈的攻坚战，校园防控也是全方位、持续性的工作，需要各个条线和部门的联合保障、坚持不懈。今天是所有教师正式进入工作阶段的第一天，校园服务、校园保障、校园防控也将面临更大的考验，各部门要继续以守土尽责的精神切实做好相关工作，加强工作的统筹协调、沟通理解。

各位老师，持续做好学校疫情防控工作，顺利实施线上教育教学，开启新学期的工作也是全体交大人的一次战"疫"，既需要团结一致的坚定信念，也需要迎难而上的有力作为。每一位教师既是士兵，也是将领。作为士兵，要在学校的统一部署下进入状态、开展工作；作为将领，要带领和引导一班学生，务实创新地开展教育教学工作。相信在学校党委的坚强领导下，通过全校师生的共同努力，担当责任共克时艰，"学在交大"合力上线，我们一定能经受住考验，取得胜利！

优化结构　强化质控　提升研究生教育工作质量
——在 2020 年研究生教育工作会议上的讲话

（2020 年 6 月 1 日）

　　为了今天的会议，研究生院做了非常充分和详尽的准备，今天各位现场参会的同志都拿到了学校博士生培养质量报告，这份报告是对过去十年学校博士生培养工作的总结，几经修改和反复推敲，内容非常充实，希望大家能认真阅读、学习。

　　刚才几位同志和老师的报告内容非常丰富，徐学敏副校长的报告较为全面地从比较视角谈了学校研究生教育发展中存在的问题，特别是对博士生培养质量报告中的一些重要内容做了介绍。王伟明副校长从思想教育的导师责任的角度，把合力育人的重要性进行了比较好的分析，我们要清晰地认识到，学校近年来不断扩大研究生招生规模，我们的研究生思政工作与期望和要求相比还有明显差距。王亚光院长围绕质量提升计划做了比较详细的阐述，对此我都赞同。三位教授的交流发言也都非常精彩：刘念才教授从国际大学排名评估的视角比较全面地谈了对博士生培养的思考，让我们很有启发；金石教授的报告让大家看到了一位优秀的导师是如何培养学生的，尤其是他晒出的在威斯康星大学培养博士的成绩单，让大家非常震撼，相信未来他也能在交大的博士生培养中交出这样一份成绩单。在学校，我们有一批像金石教授这样的导师，这是我们提升博士生培养质量的关键。杜朝辉教授从学院管理者的角度，对机械与动力工程学院博士生培养的一些理念和做法做了介绍,希望各院系都能从中得到启发和进行借鉴,尽管每个学院的情况不一样,或许不一定有机械与动力工程学院经费充足、管理顺畅的良好基础,但还是有许多可复制、可推广的方面可以学习。在今天最后的总结讲话中,杨振斌书记还会对下一阶段学校研究生的培养工作提出要求,我在这里从谈问题的角度出发,讲三个方面的想法。

一、关于研究生的规模和结构

经过十余年的努力,学校基本实现了"综合性、研究型、国际化"的办学格局,而成为研究型大学的标志性特征之一,便是学校的在校生整体结构实现了研究生规模超过本科生规模的转变。在新的发展阶段,要实现研究生教育的质量提升,就需要根据培养目标进一步优化研究生培养结构。我认为学校当前研究生培养结构和规模上大致有如下问题。

一是研究生规模数量上的问题。正如徐学敏副校长在报告中所提到的,相比于本科生规模的基本稳定,学校近二十年来的研究生规模实现了明显扩大。通过与标杆学校的比较,我认为学校当前的研究生规模有些过大了,密西根大学每年大约招收 1 100 名博士生,而我们的数量是在此基础上翻番,康奈尔大学更是每年只招 600 多名博士生,只有我们数量的四分之一。与此同时,我们在师生比、生均经费等涉及培养质量的指标上与标杆高校相比仍有非常大的差距。但是,考虑到各位老师招收研究生的积极性仍非常高,特别是博士,是各院系积极争取的紧缺资源,因此现在我很难下决心就此明确博士生招生规模的发展上限,但为了有效提升我们的博士生培养质量,确实需要认真研究当前阶段博士生规模扩大的速度以及合理的博士生规模数量。就现阶段可能可行的举措来说,还是首先要控制住硕士生的数量。

二是不同类型研究生学位的培养区分度问题。当前,学校的学术学位和专业学位培养方案区分度不大,尤其在硕士层面上几乎没有区别。面向未来,随着新一轮科技革命的蓄势待发,知识更新的发展将进一步呈现爆炸式增长,这种情况下,为了适应知识的快速更新,未来的本科生教育将更加基础化与通识化,而更加适应行业需求的专业知识学习,就需要通过延长学习年限,利用硕士阶段的学习去进一步强化。这一趋势或许会使研究生教育在未来变得像如今的本科教育一样,逐渐从精英化走向大众化。在这样的趋势下,注重实践和贴近行业的专业硕士或许将成为主要的硕士培养模式,在这方面法国的工程师教育模式已经做了很好的实践,而与法国巴黎高科工程师学校集团的合作办学让我们有了非常好的近距离学习条件。此外,加强本科生和专业硕士的一体化培养,也是专业硕士的一个发展方向,对于专业硕士不应仅把他们作为科研项目的主力,而应该给他们更多的机会进入企业一线实习实践,在知行合一中更好地学习专业知识。

三是硕博连读生这一群体的自我淘汰问题。作为本校生源重要组成部分的硕博连读生,是学校研究生高质量生源的主要来源。客观而言,我校的硕博连读生在本科期间的成绩排名大多在前10%至前30%,因为成绩排名前10%的学生大多选择到国外继续深造,即使这样,留校攻读研究生学位的也是非常优秀的生源。但在培养过程中,最终真正进入博士深造阶段的学生只有不到40%,其中有不少的硕士生通过自我淘汰的方式逃避继续深造,这对我校博士生生源结构造成了巨大影响。为此,在2017年的开学典礼上,我特别提到硕博连读生不能当逃兵,这一点各院系不仅要常讲,更需要在杜绝机制设计上进一步下功夫研究。

以上是规模和结构上的三个问题,要依靠研究生院和学院共同努力改变。

二、关于研究生培养的质控

一是关于研究生课程。提升研究生课程质量,是加强研究生培养质控的"牛鼻子"。相较于本科生课程,研究生课程的授课量更多、薄弱环节也更多。当前,由于教育部指挥棒的作用,大家对本科生教学,特别是高层次人才参与本科生教学的要求都已经有了共识并不断推进落实,但大家对研究生课程的重视程度还有很大的上升空间。受这次新冠疫情的影响,全校上下对教学工作的重视程度达到了前所未有的高度,也由此推动了教学质量的提升,其中最具长远影响的就是本科公共基础课的"挤水铸金"和建立跨专业辅修课程机制的探索,这些主要集中在本科生培养方面的举措,将使我校本科生的整体培养质量跨上一个新的台阶。我们要趁着这轮教学改革的势头,从本轮本科生课程改革中积累的一系列经验中获得益处,进一步加快推进研究生课程的"挤水铸金",为学生未来的学术成长打下坚实而长远的基础。

二是关于过程管理。从全校角度来看,目前很多学院在研究生招生工作上非常努力,但对于进校后研究生培养的过程管理的重视程度还不够,学院对研究生"散养"的情况仍较为普遍。理工类学科,学生主要的任务是做课题和项目,学术能力的提升完全由项目来拉动,而系统性、针对性地训练和培养还是不够。我认为要有效发挥课程考核在研究生培养质控全局中的关键作用,刚才王亚光院长以数学科学学院为例来介绍资格考试的具体做法,对此我很赞同。在研究生前两年课程学习结束后,应该花几天时间让学生在若干门专业硬课中选五六门接受硬碰硬的书面考试,这样的历练将极大提升研究生的专业基础理论功底。尽管这项工作在我校仅仅处于探索阶段,但从长远角度来看,应作为努力攻坚的方向。对于人文社科类学科,我认为可以明确更有可操作性的若干要求,可以按一级学科、二级学科或研究方向的学术共同体进行分组,统一要求学生读相关领域的十本经典专著、数十篇经典论文、若干篇优秀研究生论文,通过这样的读书计划,让研究生知道什么才是优秀的研究生论文和学术论文;可以要求博士生在学习阶段写一个项目建议书,对研究问题能够有充分认识;可以要求博士生在学习阶段至少参加一次国际会议等,要在类似这样的明确要求基础上,建立过程管理机制。

三、关于博士生培养质量的提升

从各大国际主流排名来看,我校的总体办学水平已名列世界百强,但能取得这样的成绩,主要还是基于论文发表数量与被引用数等与科研相关的指标,而我校人才培养水平我认为还没有达到和学校总体办学水平相符合的程度,尤其在博士生培养质量方面还有很大的差距。因此提升博士生培养质量,是今天大会的一个重要专题,也是今天开会的主要意义。

与过去相比,我们现在已经具备了很好的博士生培养条件:首先,几乎每个学院都已经有了自己的博士点,以往需要挂靠其他学院培养博士生的情况已经成为历史;其次,学校的博士生入学考试制度进行了改革,使博士生的选拔更加科学合理;再次,我校博士生已经成为学校科研创新的重要力量,当前学校近八成的 SCI 论文作者是博士生,自然科学基金、社会科学基金的主要承担者也是博士生;最后,我校博士生在毕业后已经能获得较好的收入待遇,由此也从一定层面上提升了我校博士学位对学生的吸引力。在看到这些进步的同时,今天我还是想重点谈谈博士生培养中的问题。

一是生源质量还不够好。其中最具体的体现就是我校最优秀的本科生留校继续读博的比例不高。二是博士生规模过大，这点前面也已经提到了，在此不再赘述。三是博士生学术就业情况不理想。虽然从总体数据上看，我校博士毕业生到学术机构就业的比例达到了三成左右，但进一步分析会发现，其中绝大多数都不是全球或全国的一流学术机构。因此，我们将在"十四五"规划中针对博士生学术就业设定三个10%的初步目标，即博士毕业后有超过10%的毕业生能到境外一流大学担任专业教师或成为博士后，有超过10%的毕业生能到国内其他"双一流"大学或中国科学院研究所任专业教师，有超过10%的毕业生能留在我们学校从事学术工作。四是我们的老师对招收博士生的意义还认识不够。不少老师还是认为学校招收博士生的原因是为所承担的科研项目招募学术劳动力，而没有意识到人才培养本身就是大学最根本的使命与责任。五是不少博士生在校期间的学术追求太急功近利。不少博士生在进校伊始就把抓紧完成论文发表目标以尽早毕业作为目标，而对于博士期间在学术研究上做出创新成果缺少动力。

以上五个方面的不足，是博士生培养需要解决的问题。希望在我们的"十四五"规划中可以提出更加明确的目标，并作为未来五年的努力方向。具体而言，当前主要有以下三方面的具体任务。

一是每个学院都要认真研究制定相关机制，让学术活跃度更高的老师来负责博士生的培养工作，不能再简单地凭"帽子"来分配名额。为此，学院要定期对博士生导师的指导资格开展评价认定，定期评估博士生导师的学术活跃度。

二是要严格控制博士生导师的人均招生总数，原则上每位博士生导师每年只能招收一位博士生，最多不超过两位，所带博士生的总数也要有上限。最近，我发现一些博士生导师以交叉平台为由一年招了超过两名博士生，对于此类情况，以后要实行院系审批备案制度，对于确实超出招生限额的博士生导师，要由学院向研究生院提出审批申请，并在研究生院备案,以在第二年相应减少该导师的博士生分配指标。

三是要围绕提升博士生学术就业质量制定相关激励政策与明确要求,努力引导博士生走上学术大舞台,提升他们的学术"含金量"。例如,可以在博士生导师学术活跃度的评价指标中加入往届学生的毕业去向,如果导师不能将学生引导到国家需要的领域,就应该控制甚至减少学生培养名额。

对于以上任务,希望各个学院都能在会后更加重视起来。

老师们、同志们,当前我们正处在重要的历史交汇点,无论是新一轮科技革命蓄势待发的机遇,还是中美进入长期"战略竞争关系"的挑战,都对我国科技创新发展提出了更高的迫切要求,这是我们在未来很长一段时间里需要承担的使命。而研究生群体,不仅是当下科研创新的重要队伍,更是面向未来长期发展的储备力量。加强研究生教育工作,不仅关系到学生个人的发展前途和学校的办学声誉,更直接关系到国家和民族未来的发展,希望各位老师和同志能深刻认识到责任之艰巨、使命之光荣,以更加积极主动的姿态,为提升学校研究生教育工作的质量贡献自己的一份力量!

多部门联动　多环节协同　引导本科生高质量深造
——在 2020 年就业引导工作会议上的讲话

（2020 年 12 月 2 日）

今天我们在这里召开 2020 年就业引导大会，这也是我们第三次召开这项工作会议。2018 年、2019 年两次的引导大会主题分别是重点行业领域的就业和毕业生高水平学术就业。应该说，在两次会议召开之后，我们的学生就业引导工作成效有了显著提升。学生就业是一个自由选择的事情，不像我们几十年前是一个分配制度，但是年轻人的可塑性很强，我们学校、学院、老师怎么去引导他们，是需要思考的。

刚才丁校长提到，近年来我们构建了招生、培养、就业、校友这四个方面全链条格局。现在全校上下都非常重视招生，要招最好的学生；我们的培养工作，也越做越好；而就业与前两项工作相比，更为重要。学生都是好的苗子，又接受了学校好的培养，他们更应该登上好的舞台。

稍后，王伟明副校长会把这两年的情况给大家做系统的介绍。今天大会的主题是本科生的高质量升学，经过我们多年的努力，大家能够看到我们的成绩。

几十年前，本科生是学校就业的主体，研究生人数很少，每个班级能考上研究生的学生，可能只有 10%～20%，而如今就读研究生的比例可能在三分之二左右。各行各业重要的岗位，对学历的基本要求都是研究生。所以，今天我们的主题聚焦在做好本科生高质量升学上，要高质量做好这项工作，我觉得可以通过以下几个方面的努力。

第一，逐步提升学生的升学比例。我们目前本科生的升学率不到70%，我们要制定更高的目标，将本科生升学率逐步提升到80%，然后再进一步提高。有条件的学生，希望他们都要考虑升学。

第二，提高学生到更好的国内学术机构继续深造的比例。过去大概有三分之一的学生愿意到国外高校继续深造，选择国内高校继续深造的也有三分之一。我希望今后的国内升学比例能够逐步提高到40%甚至50%，引导学生在本校或者其他高水平的国内学术机构继续深造。

第三，尝试让本科四年级学生修读研究生课程。现在的教学计划中，本科四年级的教学计划安排比较轻松。有些专业大四上学期的课程很少，大四下学期几乎没有课。我们最近在研究推动本硕博贯通培养，希望本科生能在四年级接触一些研究生课程，这样在研究生阶段，就可以有更多的时间做科研，可能会更早毕业。同时，我们希望更多的高校、研究机构，认可我们的课程，可以有直接的学分转换机制。

稍后，数学科学学院的李从明院长会做交流发言。本科生在一年级的时候学习数学，因为带着高中的冲劲，虽然课程比较难，但可能问题不大。但是在二年级和三年级，在状态松弛后如何再紧张起来加强学习，是值得探讨的。

今天召开的就业引导工作会议是经过精心设计的，希望大家有所得，在会后全面启动本科生高质量升学的引导工作，并越做越好！

校企携手　产教融合

——在智慧能源创新学院成立大会上的致辞

（2020 年 12 月 24 日）

尊敬的钱智民董事长、沈炜书记、倪耀明书记，

各位来宾，各位老师：

大家上午好！今天的综合楼高朋满座、胜友如云，我们相聚于此，举行上海交通大学国家电投智慧能源创新学院（以下简称"智慧能源创新学院"）成立大会。首先，我代表交大向各位嘉宾的到来表示热烈的欢迎和诚挚的感谢，向智慧能源创新学院的成立表示衷心的祝贺！

去年 11 月，钱智民董事长带领国家电力投资集团有限公司（以下简称"国家电投"）一行访问交大，校企双方签署了深化战略合作协议。此后，在钱董事长的亲自关心与积极推动下，校企双方在上海市教委与闵行区委的见证下，于今年 9 月进一步签署了产教融合平台共建合作框架协议，提出共建智慧能源创新学院和智慧能源发展研究院。在过去的三个月里，国家电投与交大就智慧能源创新学院的成立，开展了紧锣密鼓的筹备工作，校企双方围绕一起办好产教融合新体制学院的共同目标，针对一系列没有先例可循的复杂问题，开展了认真坦诚、卓有成效的密切磋商，使学院能够在今天正式挂牌成立。在此，我要代表学校感谢一直在亲自指导和关心支持学院成立工作的钱智民董事长，还要特别感谢双方筹备组的同志们为了学院的成立所付出的辛勤劳动，向你们致敬！

　　交大与国家电投历来情谊深厚,一直以来,双方在先进产品研发设计、试验验证、人才培养等领域保持着紧密合作,取得了国家核电重大专项等一系列重大成果。共建智慧能源创新学院,是校企双方携手共进的又一里程碑。智慧能源是能源产业面向未来的重要发展方向,通过能源产业与信息产业的跨界融合,智慧能源以数字赋能实现智慧化发展,构建更加清洁、低碳、安全、高效的现代能源体系,促进能源技术的提升、经济社会的发展、工业产业的进步,为建设国内大循环为主体、国内国际双循环相互促进的新发展格局贡献力量。因此,聚焦智慧能源,深化校企双方的全面战略合作,对于国家电投和交大而言,具有重大而深远的意义。

　　展望未来,智慧能源创新学院将充分发挥校企优势,针对国家电投对人才的需求,定制化地设计人才培养方案,创新性地探索校企联合人才培养模式,成建制地为国家电投输送覆盖本科、硕士、博士各层次的适应未来能源行业发展的复合型实践型人才,我相信我们学校将有大批毕业生在国家电投的发展中建功立业。我们尤其希望通过特殊的招生方式,在双方的共同努力下,能为国家电投在新疆、西藏、海南等边远地区布局的重点企业输送更多的优秀人才。

　　展望未来,学院将成为校企双方深化科研合作的重要载体,我们将组建联合实验室、设立联合科研基金、共建科技成果转化与产业孵化平台,相信以学院为纽带,校企双方能更加有效地聚焦产业发展的技术所需,更有针对性地开展关键技术攻关与前瞻性基础研究,为国家电投的事业发展提供更有力的创新策源支撑,促进更多能为国家能源事业作出贡献的创新成果孕育落地。

　　展望未来,学院还将承担国家电投内部高端培训的任务,我们相信在学校综合学科的有力支撑下,学院一定能为国家电投提供更高质量的高端培训课程,为国家电投的人才队伍建设作出更多更大的贡献。

此外，我们还将积极深化校企人才队伍交流、综合智慧能源示范校园建设等，争取以学院为依托，推动校企双方在更广阔领域、更高层次开展深度合作，携手创造新的辉煌。

我们双方都选择了最优秀的干部组成学院的管理团队，交大方面请黄震院士担任院长。黄震四十年来一直从事能源研究，对能源的发展有着深刻的理解，他担任学校副校长十年，后又担任上海市政协副主席，有着丰富的管理经验。我们有充分理由相信，他与程伯儒书记共同努力，一定能够把学院建成世界一流。

智慧能源创新学院的成立，可以说是中国高等教育又一开创性的探索。我们相信，在国家电投与交大的共同努力下，智慧能源创新学院一定会成为中国顶尖大学与龙头企业深度产教融合发展可借鉴、可推广的样板模式，引领中国高等教育新一轮产教融合模式的发展。但是，引领意味着没有前人的经验可循，在对未来充满信心与希望的同时，我们仍需认识到学院的创业过程一定还会面对很多新的问题与挑战，需要依靠学院的全体师生员工来共同克服。

借此机会，我想特别感谢国家电投为学院的创建起步投入了一支极其精干的队伍，为学院快速步入正轨提供了强有力的队伍支撑保障。我向大家郑重表态，交大将把智慧能源创新学院的建设作为学校建设中国特色世界一流大学的重点工程，为学院的建设发展提供全方位的支持保障，尤其是在人才队伍建设方面，将为来自国家电投的同志们量身定制符合学院发展定位的生涯发展通道和待遇，同时，会在子女就学、生活住房、医疗健康等方面为同志们提供交大教职工享有的同等化支持，确保同志们的"创业之路"事业有发展、生活有保障！在此，我代表学校欢迎大家加入上海交通大学，以后我们就是一家人了！

各位来宾，各位老师，千里之行，始于足下，发展蓝图已经绘就，而实现宏伟的目标，需要一步一个脚印地努力奋斗。我希望学院在国家电投和交大的共同带领下,开拓进取,勇攀高峰,建成国家产教融合的示范区,为上海市建设产教融合型城市、为闵行区建设国际化科创新城添砖加瓦,为人才强国、科技强国贡献新的力量!

衷心祝愿智慧能源创新学院和智慧能源发展研究院的未来更加美好!

面向未来技术
建设世界一流的前沿技术创新基地
——在溥渊未来技术学院成立大会上的致辞

（2021 年 8 月 19 日）

尊敬的曾毓群董事长以及宁德时代的各位来宾，

尊敬的倪耀明书记、陈宇剑区长、毛丽娟副主任：

大家上午好！很高兴今天有来自各方面的领导专家，以及来自宁德时代的各位同仁来共同见证上海交通大学溥渊未来技术学院的成立。

溥渊未来技术学院的成立是一件意义非凡的事情，尤其在新一轮科技革命和产业变革深入发展，科技创新成为大国博弈主战场的背景下，溥渊未来技术学院的成立正当其时。这个问题，刚才吴岩司长的发言已经讲得比较清楚。它不仅是交大立足新时代建设创新型大学的重要改革探索之举，更将为交大支撑国家战略科技力量发挥重要作用。学校高度重视溥渊未来技术学院的布局与建设，多次召集举行校内研讨会，研究溥渊未来技术学院的建设思路，强化前瞻谋划和布局，大力整合校内外资源，最终形成了上海交通大学溥渊未来技术学院的建设方案。

刚才，在倪军院长的介绍中，大家可以看到他讲得非常清晰和简要，其实在讨论过程中，我们花了许多时间达成共识。因为溥渊未来技术学院怎么办是一个大命题，为了回答这个命题，我们想了很久，但是仅仅想出了一个轮廓，究竟怎么做，后面还要做大量的探索和细化。我们相信，在曾毓群名誉院长和倪军院长的带领下，溥渊未来技术学院一定会成为世界一流的前沿技术创新基地。

刚才杨书记代表学校做了正式的致辞,因为我参加这个工作相对多一点,我就谈谈个人的三点想法。

第一,成立溥渊未来技术学院是中国创办世界一流大学的需要。在座的各位都接受过大学教育,我们都有一个明确的专业,比如像我和曾毓群都是学船舶的,倪军是学机械的。这种专业的形成已经几十年了,比如在我们学校的办学历史中,在 1908 年就有机电门,到了 1913 年的时候,就有了机械工程这个学科,至今已有一百多年了。机械工程这个学科在国外大学什么时候开办,我不知道。但是,随着科技的发展,这种固有学科的人才培养模式需要打破。现在我们经常讲需要交叉学科的人才,在这个大背景下,溥渊未来技术学院就要以问题为导向来培养人才。什么叫未来技术,什么人才具有这样的能力,这就是刚才我们讲的命题。怎么做需要探索,但是首先要打破固有的知识体系。未来的问题很多,有各种各样的,在目前全国成立的 12 家未来技术学院里面有各种各样的模式,设立了各种各样的学科,各个领域都有。我们交大的溥渊未来技术学院就围绕两个领域,一个是能源领域,另一个是生命健康,我们力争在这两个领域培养出最具创新精神和最具创新能力的青年人才。刚才倪军院长讲了三个五年,逐步来做,如果我们这样一个愿望实现了,走出了一条成功的道路,我觉得我们就真的能成为引领世界的大学。现在我们说世界一流大学,很多都是说的各类指标,比如论文发表情况怎么样,论文被引用情况怎么样,有没有获得诺贝尔奖的人。但是,说老实话,在过去很长的一段时间,我们大家都有一个认识,好像最有本事的人都要去国外学习,我们中国,高等教育大概有这么一个过程。但是,到了今天,习近平总书记重要讲话指出,中国要培养出领军人才,世界级的领军人才。如果这个目标实现的话,我们中国才能真正办成世界一流大学。我觉得,这个探索的意义绝非我们很局部的很小的一个学院的事情,这是我的认识之一。

第二,溥渊未来技术学院要为宁德时代提供最优秀的人才。为什么这么说呢? 昨天下午我们一起在市政府参加了宁德时代和上海市的合作签约仪式,龚正市长针对这次合作的意义讲了很多,曾毓群名誉院长简单讲了一些想法和对上海的期待。我也非常简要地介绍了对学校与宁德时代战略合作的思考,在这里我简要地复述一下。我说,宁德时代是一个很成功的企业,也是交大团队的企业,这是我们交大的骄傲。在企业的发展过程中,面临过许多挑战,我们学校愿意集全校各学科的力量来支持宁德时代的事业发展。昨天曾毓群名誉院长给了我一篇《经济学人·简论》上的文章,题目是《中国"梦之子"悄然领跑电池竞赛》,其中有两句话我念一下,第一句话是"中国汽车制造商在采用创新化学工艺方面比西方同行更大胆,这给了宁德时代更多试验的空间",另外一句话是"电池和半导体一样,先进电池也日益被当作一场军备竞赛。欧洲和美国正在大力资助本土制造电池和配套供应链追赶中国"。其实,大家知道,宁德时代已经成了世界的标杆。因此,我们既要有培养未来人才的动力,还要聚焦他们未来发展中的若干挑战和问题。我跟曾毓群名誉院长前期就把宁德时代的研究院放在我们学校附近开展过多次讨论。刚才倪军院长讲建双子楼,就是我们学校的溥渊未来技术学院与宁德时代的研究院两个楼紧挨着,这样可以给我们的学生提供更多的实践场地,与此同时,也给我们学校的建设提供了明确需求,学院的发展也更要有针对性。所以,我认为我们这样的战略合作一定能取得成功,而且这个成功,将为世界上的校企合作树立典范。

第三,溥渊未来技术学院是学校与闵行区合作发展的重要内容。交大在过去几十年的发展过程中,发展速度比较快。按照软科世界大学学术排名,我们 2003 年时排在世界 400 多名,今天排 50 多名。但这是数量规模的发展,论文发表的发展。在 2000 年左右的时候,交大全校 SCI 论文只有百余篇,到今天是一万篇。但是,我们要想成为世界一流大学,总要有几件事情,要在世界上做到最好,并造福于全人类。从我们学校当前的发展模式来讲,最值得学习借鉴的就是斯坦福大学,最应该打造的就是斯坦福大学与硅谷的发展模式,这也是我任校长以来,加大推动学校与闵行区合作的动因。今天倪书记、陈区长在百忙之中来参加这个活动,也是对交大的支持。我想,在"大零号湾"的发展过程中,我们有这样的愿望、这样的蓝图,就一定要把它绘成。闵行区提供了空间,提供了资金等,接下来需要技术和发展模式,这就要靠我们学校。在很多发展模式当中,我希望能够把交大校友创办的企业,像宁德时代这样的企业,引到这里来,这样我们能支持它,它也能带动我们,这种模式是我们实现交大与"大零号湾"双赢的路径。今天宁德时代率先来了,我们也希望今后有更多的企业到这里来。原来我跟倪书记就讲,我们在这里可以有若干种发展模式:有一些就是我们学校里面的科技成果转化,有些教授把实验室的成果搬到校外去,接受市场检验、通过市场驱动,把它变成一个中小企业,逐步成长;另外一种发展模式就是把大企业引到这里来,来的时候就已经是大树了,接下来要使它能够更加蓬勃地成长。我认为这样的模式对我们学校来讲就不仅仅是人才培养,而是提升学校的整体发展实力,对中国高校的发展也都是历史性、标志性的实践。

各位朋友,各位同仁,今天,我们共同见证了上海交通大学溥渊未来技术学院的成立,展望未来,我们将团结一心、通力合作,将溥渊未来技术学院建设成一流人才辈出、一流成果涌现的全国科技创新高地。

最后,我也代表学校向长期以来关心和帮助交大发展的教育部、上海市以及闵行区的领导、各位同仁再次表示衷心的感谢!对始终关注和支持交大发展的宁德时代等行业领军企业表示感谢!让我们携手并进,为实现高水平科技自立自强、支撑国家战略科技力量,作出交大新的更大的贡献!

立足产教融合　推进工程教育改革

——在"卓越工程师产教联合培养行动"座谈会上的发言

（2022 年 3 月 23 日）

尊敬的怀进鹏部长，各位领导、同仁：

大家下午好！刚才听取了"卓越工程师产教联合培养行动"的情况介绍，非常受启发。下面，我就上海交通大学的相关情况做一个总结汇报。

深化产教融合是国家推进人力资源供给侧结构性改革，全面提升人力资源质量做出的战略性部署。在有条件的高水平研究型大学实施深度的产教融合，培养一批卓越工程师，将增强产业的核心竞争力，对加快实现我国高水平科技自立自强、建设世界重要人才中心和创新高地具有重要意义。

围绕国家"碳达峰""碳中和"目标，能源领域迎来新的历史发展机遇，我国亟须培养一大批智慧能源领域的卓越工程师。2020 年 12 月，在教育部、上海市的支持下，上海交通大学与国家电投联合成立了智慧能源创新学院。学院作为双方产教融合的承载平台，积极探索卓越工程师培养的新模式，其目标是培养能够快速适应产业发展需要、具备符合能源领域未来发展的知识结构、愿意奔赴国家重点地区工作的卓越工程师。自学院成立以来，人才培养工作初见成效：成功申报了全国首个智慧能源工程专业；首批招收来自海南、青海、内蒙古、西藏、四川、广西、山东等 7 个国家电投产业布局和人才急需地区的 30 名学生。立足产教融合,大力推进工程教育改革,我们进行了一系列改革探索。

一是形成产教联合培养的工作机制。交大与国家电投强强联合,以智慧能源创新学院为平台,开展高规格、深层次、富有成效的产教联合培养新探索。由校企双方主要领导以及相关部门主要负责人组成产教融合工作领导小组,实行校企共建共管模式,通过建立适应产教联合培养的治理体系,形成学校、企业多方参与、多主体协同的办学、治学模式。这是学校和企业响应中共中央、国务院深化产教融合重大战略,合力探索打通能源领域教育链、人才链和产业链、创新链衔接融合的重大举措。

二是形成本硕博完整的人才培养体系。智慧能源创新学院建立了产教融合教育教学研究机制,突破传统办学路径,以"强基础、促交叉、重实践、国际化"为人才培养理念,以产业发展的急需为牵引,发挥交大"大工科"的学科优势和国家电投的行业资源,以学科交叉促进智慧能源核心知识体系的建设。

智慧能源创新学院发挥国家电投在全国范围内二级单位的布局优势,广泛建立实习实训基地,针对学生培养的不同阶段,学院采取工、学交替的模式,将产业需求融入人才培养的各个环节。同时,学院所有学生均配备"校企双导师",学院从国家电投遴选了62位行业专家担任本科生、硕士生导师,8位行业高级专家担任博士生导师,毕业设计及研究生课题均来自国家电投的一线技术需求。通过"双导师"机制,实现行业需求与卓越工程人才培养的深度融合。

三是构建符合行业未来发展需要的知识结构。智慧能源创新学院依托双方的优势资源,充分对接国家能源领域的战略布局,发挥在核电、燃气轮机、风电及光伏、智能制造、新材料、电力系统等领域的科研优势,着眼解决关键领域"卡脖子"技术难题,融合能源工程、电气工程、核科学工程、信息工程、计算机、自动化等多个学科,重构智慧能源工程专业知识结构，培养满足智慧能源发展的复合型、实践型、创新型卓越人才。

我们通过产教融合在培养卓越工程师方面做了积极的探索，取得了成效，也总结了经验，在这里提两个方面的建议：

一是允许产教融合培养在边远地区进行提前批次的定向就业招生，满足边远地区对于行业急需人才的需求。

二是进一步扩大产教融合培养的优秀学生直升博士的比例，贯通本科生直升工程博士的路径。

当前，交大正在由智慧能源创新学院牵头，联合全校多个学院，申报国家产教融合创新平台，希望教育部能够给予指导和支持！交大将继续努力探索工程教育模式、革新工程教育理念，争取走出一条具有中国特色的产教融合之路，为我国工程教育事业发展作出新的贡献！

总结规律　破解难题　进一步提升人才培养质量
——在 2022 年就业与人才培养专题会上的讲话要点

（2022 年 5 月 21 日）

前面教务处、研究生院、学生工作指导委员会的报告都很好，大家都做了很好的分析。我说以下几点。

目前，进一步提升本科生的深造比例和质量是大家的共识，但是否需要提高直博生的比例大家各说不一。今天的报告讲清楚了，我们学校在直博生的比例方面，跟清华大学、浙江大学相比，各个学科都有着明显的差距。这个差距能不能在"十四五"期间缩小，请奚立峰副校长注意"十四五"规划中这方面的指标。后续需要关注的还有两个方面的工作：一方面是请教务处、研究生院的研究政策，要调动学院的积极性，要把各学院的深造比例与直升硕士、直博生的分配名额直接挂钩；另一方面是人文社科学科的直博生比例，应该让学院认识到，与清华大学、浙江大学相比，我们的差距更加明显，特别是对应用经济学和三个管理类学科，要有明确的要求。

第二个问题是硕转博和直博的分流问题。总的来看，硕转博的比例不高，请研究生院就各学科的硕转博情况、硕博连读培养质量给出一个分析报告。我们应该鼓励增加硕转博学生的数量，同时还要尽快出台配套政策，进一步规范硕转博的工作流程。

要努力把直博生在校学习的时间缩短到四年，最优秀的学生从本科到博士的学业争取八年完成。这里的核心问题是要把本科的时间利用起来,现在本科四年的学习强度分布不均匀,前面两年比较强,后面两年比较弱。因此,要改进大三大四的教学计划,比如选课。2021 年是到了年底学校才提出鼓励已经确定在本校直博、硕转博的大四同学选修研究生课程,等到他们选课的时候已经是大四下学期了。今年我们现在就鼓励这些学生修读研究生课程,他们在大四上学期就可以开始选修研究生课程了。请吴静怡副教务长牵头,六月份启动研究这项工作。研究生院对我们学校过去七年的博士毕业时间做了分析研究,我建议分成两个时间段开展,即把前面五年与最后两年的数据分别统计,看看变化趋势。

部分学院的本科生考研录取率比较低,令人担忧。我们的学生考自己学院的录取率都不高,这是否反映了我们自己的教学质量不过关,请吴静怡副教务长和教务处针对这个问题仔细研究。再请研究生院按学院做分析与研究,将外校考进来的同学与本校考研继续深造的同学放在一起比比看,看看他们在研究生阶段的学习情况。

关于农业与生物学院的问题。农业与生物学院的学生考研时跨专业比例较高。上海农学院原本为上海培养了一大批地方干部,目前农业与生物学院却是少有学生去农业口就业。我们一定要直面这一点,一定要好好花心思建设好崇明校区。请吴静怡副教务长协助农业与生物学院,共同研究如何培养优秀的农科学生,并形成一份报告。

关于论文的问题,研究生院做了很多分析。我认为,要分三个类型进行分析:一是优秀博士论文,这代表少数优秀人群,是博士生培养的亮点,但并不能代表学校的整体水平;二是有问题的论文,这体现了博士生群体中的瑕疵,需要尽量减少和加强关注;最重要的是大多数同学论文的质量,我们要如何来定量评价这些论文的质量,与过去相比是更好了,还是更差了,还是没有大的变化。请研究生院想办法,研究学校论文的整体质量水平如何定量评价和表征。

还有一个问题我们从来没有正视,就是我们自己"三交"的博士培养质量不够高。他们考进交大的时候分数都很高,但是人才成长的过程就像人生的长跑,要坚持跑,不能松劲。出于教学计划安排的原因,他们在本科学习阶段的前两年比较努力,从三年级开始学习进度就慢下来了,到研究生阶段后,在一个熟悉的环境里没有了新鲜感,许多同学的奋斗干劲提不起来。这个问题更复杂,请王伟明副校长组织研究,并召开专题讨论会深入研究这个问题。

大家做了大量数据统计和初步分析工作,但缺少对问题的归纳总结和深入分析。各位的报告可以再加入一些归纳总结,分析变化趋势的内容。希望你们找到一些规律,找出需要解决的问题,其中一些问题在近期就能解决,也肯定有一些难题需要长期努力才能解决。希望你们归纳、提炼、找出办法。

我今天讲了多个方面的问题,希望被点到名的同志和单位都能够重视并深入研究,我们七月再召集开一次会,针对全天提出的问题做深入交流。希望你们站在学校的层面思考问题,研究的政策要能够落实到学院层面去,因为最后还是要落到对学院的要求和指标上,由学院推动具体工作,不然就成了纸上谈兵。

医学院浦东校区筹启工作思考
——在医学院浦东校区建设筹备与启动工作会上的讲话

（2022 年 5 月 24 日）

今天的会议正如江帆书记前面讲的，约了很长时间，因为疫情的关系，推迟了好几个月，这也让我们有机会为这次会议的召开做更充分的准备。线上开会还是比线下开会面对面交流的效果要差一点，不然交流讨论会更加热烈和充分。为了开好今天这个会，江帆书记提前几个月给我布置了任务，我分别和奚立峰、吴旦、张逸阳、蒋兴浩等同志多次讨论，包括昨天上午我们也还在讨论。刚才，蒋兴浩同志受我们委托，系统地介绍了情况，我一边听一边记，重新整理了思路，主要讲以下四个方面。

一、要认识医学院浦东校区的建设对医学院发展的重大意义

刚才，大家多次讲到现在的医学院校区太小，制约了医学院发展。有许多人问我，为什么我们那么早就建设了闵行校区，我回答说徐汇校区只有三百多亩地，要容纳上万名学生，校园太小了，穷则思变，就要找新校区。于是，我们学校 1983 年谋划，1985 年动工，1987 年启用，现在我们的闵行校区是一个占地面积超五千亩的校区，是让大家都很羡慕的校区。这是当时的校领导在学校发展历史中，所做的一件对学校有根本性影响的大事。据我所知，医学院想要建设新校区已经想了十多年了，不是今天才开始想的，但却迟迟没有形成具体方案，导致错失了一些机会。建

设新校区是必然趋势,早做决定,早下决心很重要。所以,我认为这件事情意义重大,应该作为医学院"十四五"期间最重要的事情,没有之一。

二、要充分认识到这项工作的复杂性和艰巨性

这个方面医学院考虑了很多,我就不一一列举了。会前,我要求张逸阳同志做一个比较充分的发言,因为他最早在闵行读书,毕业后到徐汇工作,之后又回到闵行工作,经历了闵行校区搬迁的整个过程。他的发言体现了当时师生对于新校区建设的强烈渴望、学校和师生对校园搬迁的感受,以及经历的困难和最终的收获。这里我不再展开讲了。

三、提三个方面的工作建议

首先是"十个明确"。

(1)一定要明确这是主体搬迁,不能想着今后的重心还在老校区,千万不能有这个想法,必须主体搬迁。主体搬迁首先体现在医学院的首脑机关要搬过去,而且是毫不犹豫、率先搬过去。我们自 1987 年开始在闵行校区办学,有很长一段时间在犹豫学校的管理机构和重心放在哪儿、怎么放,两边跑了二十年,到最后是 2006 年的时候,马德秀书记说不犹豫了吧,我们才下定决心把重心放到闵行。那个时候的搬迁很复杂,因为大多数的校领导都住在市区,要到闵行来上班比较远,特别是有时候开校长办公会、党委常委会,大家就会有所动摇,说开会放在徐汇校区开就可以了,没必要一大早赶到闵行开会。经常这样就会走回头路。所以,我觉得主体搬迁、首脑机关搬迁要毫不动摇、下定决心。首脑机关搬过去了,机关部处很快就会跟着搬过去;机关部处搬过去了,首脑机关不搬,马上就会走回头路。这是第一个明确。

（2）要明确搬迁任务，明确哪些搬、怎么搬。这是一个具体的工作，由医学院尽快确定。

（3）要明确搬迁计划。什么时候开始，什么时候结束，这个计划要比较刚性，设立一个时间期限，到期就要基本完成搬迁工作。

（4）要明确各楼群的责任主体。刚才蒋兴浩同志讲了这方面的内容，我还要再重复强调一下。尽管成立了各专班各小组，但是这些小组并不能落实到每栋楼。就像分房子，一定要具体落到哪栋楼是他负责，他才会上心，不然不会上心。在进驻之前，要把该说的话、该提的条件都说清楚，进去以后不能再提条件。

（5）要明确各方的工作边界。为什么要讲这个问题，因为交大医学院是使用方，上海健康医学院是代建方。各方一定要把工作边界讲清楚，明确各方责任。

（6）要明确工作团队，刚才方勇同志在这点上已经讲得比较明确了，讲得很好，我就不再重复了。

（7）要明确工作要求。搬迁是一个渐进的过程，无论怎么想，现在都只能想到一部分，所以刚才吴旦同志讲物业要尽早进场，也只有到了那个阶段，才能发现很多实际的、具体的问题。

（8）要明确大楼的装修标准。比如办公家具的标准，这个要弄清楚，要统一。

（9）要明确经费预算和规划。刚才方勇同志说了个大概，我认为这项工作还是要不断细化，越做越细，越细就会越多，所以要把预算做扎实，同时要考虑经费的来源和使用。

（10）要明确新老校区的定位。吴旦同志刚才也提到了，要考虑如何落实市领导要求的同时，又能体现交大医学院的文化历史传承。

其次是工作要求，要做到"六个打造"。

（1）打造高水平的信息化系统。医学院的同志们都认为校本部的信息化做得不错,甚至教育部也认为我们做得不错,但是我认为我们的信息化还远远不够。信息化工作做得更好,就能带来更大的便利和更高的效率。

(2)打造高水平学生住宿和就餐生活条件,一定要让师生对新校园感到非常满意。

(3)打造高水平的科学研究和学术交流环境,包括办公室、实验室,学术交流的环境都要有大的改观。

(4)打造高水平的教学条件,要定好教室的建设标准,能够全面对标闵行校区的东中院。

(5)打造优美的校园环境,包括路名、绿化、文化景点等,一开始的绿化布置很重要,这是个细活、慢工活。

(6)打造便利的工作生活条件。闵行校区的持续建设已经有三十六年了,周边配套环境的打造经历了一个漫长的过程,即使在十年前,青年教师虽然愿意在闵行附近买房居住,但一旦遇到孩子上学、医疗保障等问题,就要往市区搬。所以,我们在闵行校区周围不断地加强基础教育、医疗保障建设等方面的工作。对医学院而言,我认为医疗保障不是问题,但周边的基础教育、商业配套设施也要不断完善。现在办学越办越复杂,不仅要管校园里面,也要花点心思,管管校园外面,要营造周边的人气。

最后是要组建强有力的工作班子。

刚才方勇同志讲得非常好,在此我还有一些建议。首先是关于领导小组,范先群、江帆同志为组长,院领导班子是成员,这非常好。我建议我们可以安排一个副校长加入你们的领导小组,比较深入地参与你们的工作,这可能对你们的工作有帮助。你们需要的话,我也建议可以有代建方的合适人选加入,成为一个三方参与的领导小组。其次是校本部有关部门的负责人可以加入你们的一些专项工作组,比如信息化、宿舍和教室等建设。最后就是建议医学院对各二级单位要求其组建专班,明确负责人,越早越好,在搬迁工作开始前,要告诉各单位哪些楼是它们的,并要求各单位尽早做好规划。

四、简单回应前面医学院提的四个方面的要求

第一是关于招生规模,医学院明确提出了未来本科生和博士生的招生名额。范先群同志的这个要求太高了,我们一下子做不到。这个招生数量可能到"十五五"末期差不多可以达到。我们一定尽力支持医学院,实际上到"十四五"末期你们也是刚刚搬过去,一下子做不到这么大规模。

第二是整合办学资源,学校一定要全方位地参加和推进工作,你们组建的领导小组、专项工作组我们都可以参加,甚至可以有多个校领导参加。

第三是筹资,这方面工作我们一定要全力以赴,甚至学校出钱也是应该的,但暂时还说不出来出多少,我先做一个口头承诺。

第四是你们提到的医学院信息化建设,医学院的同志在这个方面专业领域的跨度大了一点,但是像我们的管海兵、蒋兴浩同志,他们本身就是做这方面研究的,这件事情我们肯定可以帮助医学院做好,甚至这件事情哪怕就交给我们来做都可以。

最后,我再强调一下,浦东新校区建设是医学院发展中的历史性大事。目前已经是五月了,即使是到 2025 年底完成,也只有三年多的时间了。所以,一定要全院思想动员,共同努力,对现在的搬迁方案不断研究、不断迭代,再多花一些时间,形成一个完整完善的工作方案。今天的工作方案我认为还算"毛胚",离可执行,可操作还有较远距离。除此以外,还需要形成一个近期可检查可执行的具体工作方案,比如再花两到三个月时间,就要完成工作方案的制定。只有通过这样的方式,才能切切实实推进。

以教育自立自强促进高水平科技自立自强

——在新时代教育高质量发展座谈会上的发言

（2022年8月8日）

尊敬的怀进鹏部长，各位领导和专家：

大家好！

我是上海交通大学的林忠钦，非常荣幸能够参加此次中央教育工作领导小组座谈会，与在座的各位领导一起学习交流。

党的十九届五中全会提出了到2035年建成教育强国的奋斗目标，明确了"十四五"时期建设高质量教育体系的战略任务。高等教育的发展水平是一个国家发展水平和发展潜力的重要标志。当前，百年变局和世纪疫情交织叠加，全球的不稳定性不确定性因素显著上升，中国大学与其他行业和领域一样，既面临新的形势、新的挑战，也有前所未有的发展机遇。对此，我个人有一些理解和认识。

从国际层面看，中美两国竞争加剧，中西方科技与教育的交流受阻，合作困难加大。近年来，以美国为代表的部分西方国家在对华关系上出现了不友好的转变，一些西方大学积极响应，给中西方大学之间的合作与交流造成困难，原有的良好合作关系受到严重破坏，双方相互信任、相互尊重的基础出现了极大的危机。美国甚至将部分中国大学列入所谓的制裁"实体清单"，"实体清单"还在不断扩大，给我国高校的教学科研等工作制造困难。我们必须清醒地认识到，以教育自立自强促进高水平科技自立自强的要求愈加迫切。

从国内层面看，作为为党育人、为国育才的主阵地，大学在现代化强国建设进程中责任更加重大。高等教育的发展需要兼顾全面提升和重点突破。由于我国人口众多，为了满足人民群众能够上大学、上好大学的迫切需求，需要建设一大批各类层次的大学；同时，为了满足我国科技自立自强和科技强国建设的战略需要，要集中资源和力量打造一批能够跻身世界顶尖大学行列的高校。高水平研究型大学需要兼顾国家战略任务与学术自由探索。大学是国家创新体系不可或缺的重要部分，是基础研究和原始创新的中坚力量，既要坚持以问题为导向，围绕国家重大战略的急需，强化前沿基础研究，解决行业"卡脖子"问题；同时，大学作为学术殿堂，也要大力支持和鼓励师生开展以兴趣为导向的自由探索，充分激发大学的创新活力。

国家发展和社会进步的巨大需求，是大学持续发展的动力源泉。高校要结合自身优势打造创新高地，同时也需要政府给予有力的支持。下面，我说两个方面的具体问题。

一是科技创新体制机制方面。我们国家当前已经形成了比较系统、完整的科技创新支持体系，其中包括战略规划、指南制定、立项评审、验收答辩等多个环节。每个受到支持的专项都经过了相关领域的专家学者的反复论证、层层评审，在程序上做到了公平、公开、公正。然而，这些流程周期一般较长，环节复杂。而且，目前能够受到支持的项目以结果可预期的工程类项目占大多数。而那些需要长期支持、结果难以预期的探索类项目，以及许多难以在当下发现应用价值的奇思妙想、创新型研究都难以通过这些严格的论证和评审。

二是资源配置与保障方面。自 2020 年受疫情影响以来，"双一流"等中央财政专项资金被核减了 30%。与此相应的，地方政府也相应核减了配套经费额度，在具体的投入方式上，也都按照竞争性项目来设立，使得配套经费碎片化，学校的办学自主权不断被削弱，降低了经费使用的效益,难以支撑学校的快速发展。

最后,我提三个建议。

一是要引导和支持高水平研究型大学自主设立自由探索类项目的支持计划。高水平研究型大学在科技创新上具有独特的策源功能,要以产生世界级原始创新和重大科技成果为导向,加大对基础研究的投入,自主策划,在校内分类分层支持自由探索类科研项目,积极培育颠覆性、原创性科研成果。

二是中央财政"双一流"专项资金额度尽快恢复至疫情前水平,并保持一定增长幅度。世界一流大学的建设需要充足的经费支持,新一轮"双一流"建设以"十四五"期间国家重大战略急需的领域为指引,更需要持续稳定的投入,助力实现国家高水平科技自立自强,为全面建成社会主义现代化强国提供有力支撑。

三是进一步推进教育部与地方政府共建高水平大学,落实地方配套经费足额到位,并在投入方式上给予学校更多自主权。希望教育主管部门加强与地方政府的协同,明确地方政府落实配套经费的额度与投入方式,加强各方联动,有力支持高校自主探索建设中国特色世界一流大学和一流学科,这样也将更有力地支持国家科技事业的稳步快速发展。

众志成城做好招生工作　携手同心培养优秀人才
——在 2022 年招生工作总结会议上的讲话

（2022 年 8 月 22 日）

今天，许多老师在这里开了六个多小时的会，有近三十位老师做了发言，每位老师的发言都很感人。经过大家的共同努力，还有招生办公室的精心组织，我们学校圆满达成了招生工作的预期目标，大家都很高兴。大学与大学之间既有合作，也有竞争，在招生工作上主要是竞争，这个时候就是强者胜、勇者胜。所以，不管是在什么地方招生，学院书记一定要去招生现场，不去不行。

下面我简要讲以下三点。

第一，我要表扬大家。我觉得今年的招生工作取得了全面胜利。在大家的共同努力下，30 个省的招生工作均达成了既定目标，而且是在招生人数比过去增加的情况下，各个省的排名都很好。另外，这次的招生队伍也组建得好。学校一直以来都十分重视招生办公室主任岗位的干部选配，持续不断地把优秀年轻干部选配到这个岗位上，同时这也是一个非常锻炼人的岗位。除此之外，各个省的招生队伍，也做了调整和充实。尤其是一大批的同学上了"战场"，虽然前面发言的同学只有 1 位，但是参与招生工作的同学的人数很多。

尤其要说的是，今年招生的困难特别大。因为往年我们去往外地招生基本上是花一周左右的时间，多的 10 天。但今年正如前面大家都讲到的，好多地方都花了三周的时间，甚至四周、五周来完成招生工作。

其中很多人在工作中反复经历隔离，有些是在上海家里刚刚结束隔离，出发到目的地又接着被隔离。但是，交大人有个特点，就是困难越大，成绩越出彩。我们不怕困难，大家都有困难，但困难的时候，我们更容易取得好成绩。

同时，今年学校的招生工作进行了改革。大工科平台分成了信息、机电、船材三个部分。我从做校长开始就一直推动这方面的改革，站在招生工作的角度，放了一个"大篮子"也确实能让信息类的专业招得更好，但与此同时，其他专业的招生也确实受到了一定影响。即使面临改革，我们总体上还是取得了很好的成绩。还有很多亮眼的成绩和优秀的个人，这里我就不再一一指出了。

第二，我给大家的工作提点要求。第一个要求就是既然我们充满热情和激情把每一个学生动员过来，那么我们就要尽心尽力把他们培养好。各个招生组要延伸自己的工作，帮助他们适应学校的生活。明天，新生就要开始报到了，希望大家把这个工作做好做扎实。第二个是我让武超统计了现在新生的第一志愿率是什么情况。为什么要推动今年招生改革，主要还是希望同学们进来的时候，就愿意学自己的专业。总的来讲，第一志愿率还是不错的。有一部分学院是100%，大多数都是在60%~70%，低于60%的是少数。我的要求是，招生办公室要告诉那些第一志愿率低于60%的学院，它们要在这方面加倍努力，加强宣传力度。材料科学与工程学院和船舶海洋与建筑工程学院的第一志愿率是70%，这对两个学院来说是不容易的。第三个是我们录取的高分段学生有一部分是有能力报清华大学和北京大学的，但是受大家招生的热情感染，受学校声誉的感染，他们来了交大。所以，今后我们还是要加强宣传力度。每个专业都要讲好自己的竞争力，就像机械，不能老是简单地讲机械好，机械也是要智能化的。另外，招生工作要向中学延伸，不能等到考分出来了，我们的老师还没有去过这个中学。这项工作各位校领导要以身作则,在工作当中如果到了当地,就要去走访当地的中学。

第三,我想讲一下对招生工作的体会。虽然今年有疫情,但是全校上下对招生工作都非常重视,许多学院的负责人也亲临一线去招生。这也是我做校长以来的第六次招生,也是参加招生工作时间最长的一次。今天,我们在这里开会,许多学院的书记院长都米参加,体现了对招生工作的高度重视。我想,不论是学校、学院,还是老师,都要把招生当作一个重要工作。前面几位老师都提到,招生工作对于招生老师本人而言,也是爱校或者熟悉校情的过程,特别是新上任的书记、院长要亲临一线多参与几次招生。

最后,我们要爱惜学校的声誉,这是我们做好招生工作的一个重要保障。学校声誉好了,学生你是赶都赶不走的。我们要通过方方面面的努力把招生工作做好。最后,我也代表杨书记,向大家表示感谢,大家辛苦了。

创新产教融合育人模式
加快培养大批卓越工程师
——在国家卓越工程师学院成立大会上的讲话

（2022年12月1日）

感谢大家在百忙之中参加本次会议，见证我们学校国家卓越工程师学院的成立揭牌。各位都是我校的老朋友，在这个时候举行会议，不管是线上还是线下参加会议，都是对我校工作的重要支持。上海交通大学国家卓越工程师学院是上海唯一的一个，说明我校在工程界有责任为大家做好服务。

近年来，学校以国家战略需求和区域发展需要为导向，明确重点发展的工程领域与人才培养方向，先后建立了21家产教融合联培基地，与中船集团共建前瞻技术研究院，与国家电投共建智慧能源创新学院，与华为成立联合研究院，与宁德时代共建溥渊未来技术学院等产教融合学院，设立巴黎卓越工程师学院等，通过与产业的深度融合，加大了开放合作力度，也构建了多形式、立体化的高端人才培养平台，形成了产教融合的协同育人新格局，在深化工程人才培养的过程中取得了积极成效。

近年来，学校非常重视联培基地的建立，它大概包括三种类型，也均在积极推进中，刚才归琳也讲了各种基地类型的特点。我认为，参加联培基地的联合培养，可以让很多研究生提前了解企业，了解工程，从而引导学生能够投入到工程发展，能够到一线为企业工作。学校在许多企业建立联培基地，同时也加大了研究生到一线企业去工作的规模。相信通过联培机制，学校、企业、学生三方都可受益。

本次会议为学校为各行业产业、重点单位搭建了桥梁，为创新产教融合育人新模式提供了合作平台。未来，交大国家卓越工程师学院将聚焦国家战略急需，以培养模式改革为核心，以实质性的联合培养为纽带，切实发挥企业的主体作用，加强有组织科研和人才培养，推进工程硕士和博士培养体系重构，加大加快培养大批卓越工程师。爱党报国、敬业奉献，校企协同、产教融合，这些都是建立好卓越工程师学院的宗旨。我认为，没有卓越工程人才，我国不可能成为制造强国。但现在，以我个人角度来看，存在三个方面的困难。最大的困难就是缺乏优秀生源，现在最优秀的人才都去学金融，这不是一个好的现象，我们一定要引导优秀的人才学工程；我们还缺乏优秀的师资，现在大学的老师缺乏丰富的工程经验，都是硕士毕业了读博士，读了博士留校工作，并没有很多工程一线工作的经验；我们还缺乏优秀的教材，现在科技需求发展过快，大学里的教材落后于实际的工程应用。这些因素都不利于我们自主培养卓越工程师，这些问题都比较复杂，希望校企合作双方共同解决这个问题。在这里我提三个希望。

第一，希望合作企业能够全力参与和支持人才培养。没有企业的参与，高校无法培养出卓越工程师。有时候，企业认为高校培养的人才不够优秀，我要明确地讲，没有企业的支持和参与，高校就培养不出优秀的工程人才。

第二，高校一定要制定出工程人才培养的合理标准。我们目前把工程人才和学术人才培养混为一谈，在此问题上我们亟须拿出不同的评价标准，工程人才和学术人才完全不一样。

第三，鼓励企业中有丰富工程经验的专家到高校来帮助培养人才。上海航天技术研究院的陈占胜同志就是非常优秀的典型。他毕业于交大,工作单位离学校也近,且在航空航天学院担任导师参与多个学科的人才培养,希望他能作更多的贡献。我希望更多的企业能和中国商飞、上海航天技术研究院一样,选派更多的专家在学校做博士生导师等,只有大家的共同参与,我们才能培养出卓越的工程师人才。

今天的成立大会是产教深度融合、校企协同育人的第一步,未来我们应该携手共进,在建设高水平行业导师队伍、形成高质量的核心课程、创新产教融合的育人模式、完善教育评价机制等方面开展深入合作,努力建设一支爱党报国、敬业奉献,具有突出技术创新能力,善于解决复杂工程问题的卓越工程师队伍。

各位领导和嘉宾的到来,让我们倍感荣幸。交大国家卓越工程师学院将以本次大会为契机,不负重托,乘势而上,为探索建设中国特色、世界水平的工程师培养体系贡献智慧和力量。

打造基础拔尖人才培养的"致远模式"

——在致远一期毕业十周年系列活动之"炉边对话"拔尖人才培养论坛上的发言

（2022 年 12 月 13 日）

借此"炉边对话"，我想与大家分享上海交通大学致远学院在助力建设世界一流大学、培养一流人才方面的探索与实践。

基础学科拔尖人才是现阶段以及未来发展都最为紧缺的战略性资源之一。上海交通大学始终将培养能够引领经济社会发展和世界科技进步的基础学科拔尖人才作为根本使命。学校从 2009 年开始启动"上海交大理科班"项目，致力于培养创新型领袖人才；2010 年，学校以"上海交大理科班"项目为基础正式成立致远学院；2020 年，以致远学院为依托实施拔尖计划 2.0，目前建设有数学、物理等 7 个基地。多年来，我们进行了一系列改革探索，形成了交大特色的基础学科拔尖人才培养的"致远模式"，下面分享三点体会。

一是聚集一流教师，培养一流人才。优秀的教师是人才培养最为关键的因素。致远学院吸引凝聚了来自各个学科领域的一流教师，其中包括诺贝尔奖、图灵奖等获得者在内的国际学术大师和世界知名学者，建立起一支比肩世界顶尖大学的一流教师队伍，营造了崇尚学术的浓厚氛围。在"转身遇见大师"的环境中，学生可以跨越学科边界，与不同领域的学术大师面对面交流研讨，以此激发学术志趣，实现"以大师孕育未来大师"的目标。

二是夯实数理基础,打造高阶课程。具备坚实的科学理论基础和扎实的科学研究能力是探索未知领域的前提。致远学院着力构建接轨科学前沿的课程体系,将科学研究的理念与方法引入教学全过程,打破应试思维定势,培养探究性学习的方法与习惯。同时,积极构建交叉融通的知识体系,通过设立"数学、物理、计算机"和"化学、生物、医学"及工科学科群,构建涵盖物质、数据、生命、人文四大学科的"大通识"知识体系,完善学科融通,培养跨学科的思维与研究能力。

三是激发高远志向,启迪学术自觉。着力构建本科生自主科研体系,通过实施以知识探究和自主科研为特色的"致远未来学者计划",打造"使命驱动+好奇心驱动"的拔尖人才培养体系;通过致远 Fellow、顾问导师等机制,强化高水平学者的引领作用;通过强化科研训练,提升学术品位,引导学生瞄准前沿科学问题,激发强烈的使命担当和投身科学的自觉意识。

通过上述举措,同学们的学术志趣、创新意识和科研潜力得到了大幅提升,在各类国际顶级期刊和学术会议上发表学术论文 300 余篇;获 600 余项国家级、国际级学科类竞赛奖项。致远学院的十届共 1 600 余名毕业生中,92%赴海内外顶尖大学继续深造,近 70%直接攻读博士学位,34 名早期毕业生已任职世界一流大学,在各自的学术领域中崭露头角。

面向未来,上海交通大学将与国内外各兄弟高校一起,坚持不懈继续推进拔尖创新人才的培养,助力科技发展和社会进步。

谢谢大家!

涵养家国情怀　推动人人成才

——在2023年上海市教师节座谈会上的发言

（2023年9月9日）

尊敬的陈吉宁书记、龚正市长，各位教师代表：

大家上午好！我是上海交通大学的林忠钦，非常荣幸能够参加此次座谈会。我在交大学习工作了四十五年，从学生到教师再到管理工作者，始终坚守在教学科研一线，培养了百余名研究生，对高等教育事业充满感情。借此机会，我简要分享两点自己的工作体会。

一是高校要着力培养学生的家国情怀。"培养什么人、怎样培养人、为谁培养人"是教育的根本问题。过去的一段时期，社会和家长都非常关心学生就业的市场需求，高校对学生就业的国家需求不够重视。特别是一批优秀的学生留在了国外，他们的能力和素质都很突出，但容易满足于舒适的生活，没有为国家、民族和地区的发展作出应有的贡献。

近年来，我们越来越重视培养学生的家国情怀。市教卫工作党委、市教委不断创新"三全育人"和"大思政课"工作体系。上海交通大学不断加强学生就业引导工作。自2018年起，每年召开全校就业引导大会，学校领导和所有二级单位负责人、思政教师和辅导员一同参加，围绕"重点行业领域就业""高水平学术就业"等主题，将就业引导提升为人人重视、人人参与的学校战略性工作。这些年，一大批交大学子走进绵阳的中国工程物理研究院、成都的中国核动力研究设计院、武汉的舰船基地等关键领域重点行业,深入宁夏、广西、云南等省区农村基层一线,在祖国和人民最需要的地方贡献青春。每到毕业季,学校都会为赴基层单位和重点单位的毕业生举办座谈会,既是对这些优秀学生群体的重视、认可和勉励,也是鼓励全体学子以他们为榜样,树立爱国报国的远大志向。

二是高校要着力让每个学生都能成才。每个进到大学的学生都是可塑之才。同时,每个学生都有自己的个性与特点。高校的重要责任是让每个学生都能得到最适合的教育、实现最大限度的教育增值,着力推动人人成才。

近年来,交大提出"让每个学生更优秀"的教育理念,推进本科生培养四大计划改革举措。第一个是伯乐计划,面向前1%学生的"进阶式学术挑战计划"。选拔学业出类拔萃、创新能力突出的低年级成绩优异的学生,让他们在名师的带领下,有机会参与科技创新活动。第二个是荣誉计划,面向前10%学生的"高阶性学业挑战计划"。引导他们走上学术道路,为基础学科研究以及关键科技问题的攻关提供更多人才储备。第三个是跃升计划,面向全体学生的"全方位质量提升计划"。以专业建设和核心课程建设为抓手,全面提升本科教学质量。第四个是攀登计划,面向学业有困难的学生,对他们加强学业帮扶和心理关爱,提振自信心,使他们不在学业上掉队。通过实施四大计划,让每个进入交大的学子都能获得成长成才的机会,为将来作出贡献打下坚实的基础。

教育兴则国家兴,教育强则国家强。高等教育发展的高度,往往决定了国家和城市发展的高度。一个国家和一个城市对教育的投入,都将是回报最大的投入。作为一名教育工作者,我将一如既往为建设教育强国贡献自身的力量。也借此机会,向一直关心关爱我们的上海市委、市政府表示衷心感谢!向在座的教育界同仁们致以节日问候和诚挚祝福!

第五部分　创新图强

抢抓机遇　携手共进　积极服务海洋强国建设

——在与自然资源部第二海洋研究所
合作共建会议上的讲话

（2018 年 8 月 26 日）

21 世纪是海洋的世纪。2013 年 7 月 30 日,在中共中央政治局关于建设海洋强国研究的集体学习会议上,习近平总书记对国家的海洋战略规划进行了全方位的指示,指出要提高海洋资源的开发能力,着力推动海洋经济向质量效益型转变;要保护海洋生态环境,着力推动海洋开发方式向循环利用型转变;要发展海洋科学技术,着力推动海洋科技向创新引领型转变;要维护国家海洋权益,着力推动海洋维权向统筹兼顾型转变。党的十九大报告指出,坚持陆海统筹,加快建设海洋强国,进一步明确了海洋强国建设作为国家重大战略的重要地位。为落实习近平总书记的重要讲话精神,大力推进海洋强国建设,各部委纷纷积极响应、快速部署。教育部、国家海洋局等 7 部委联合发布《关于加强海洋调查工作的指导意见》,指出要推动海洋调查资料与成果共享应用,推动深海、大洋与极地调查深入开展;实现关键海洋调查技术装备国产化,培养适应海洋科技快速发展的专业化、创新型人才。国家海洋局等 8 部委联合发布《海洋工程装备制造业持续健康发展行动计划(2017—2020 年)》,明确到 2020 年,我国海洋工程装备制造业国际竞争力和持续发展能力明显提升,力争步入海洋工程装备总装制造先进国家行列。

在这样的大背景下,上海交通大学和自然资源部第二海洋研究所

（以下简称"海洋二所"）开启了强强携手的合作，共同服务海洋强国建设的国家战略。交大和海洋二所具有天然的互补优势，作为国内第一方阵高校和我国海洋工程专业的领军高校，交大具有国内最顶尖的国际学术资源、深海探测能力、海洋工程技术和学科综合优势；与之相对应的，作为我国海洋科学领域最顶尖的研究所，海洋二所在承接国家重大任务、海洋科学研究、远洋实验能力和国际组织资源方面具有不可替代的优势。双方的携手将成为"实质合作、优势互补、强强联合、共同发展"的典范，有力促进海洋装备技术与海洋科学研究之间的交叉融合，成为国内科教融合的优秀范本。

对于交大和海洋二所的合作，双方主管部委也给予了高度重视和积极推动。自然资源部明确表态支持交大与海洋二所之间的强强联合，希望双方在重要领域形成"实质性、互补性"合作，并尽快讨论出双方共赢的合作方案。教育部将对"面向未来、具有引领带动性"的发展模式给以全力支持，并指出交大与海洋二所的合作，有利于凝聚长三角地区各涉海科技教育与产业力量，为面向未来的海洋工程和科学服务。

在这样天时地利人和的重大契机下，交大和海洋二所更加坚定了抢抓机遇、携手共进的决心。在双方长期的合作基础上，围绕更加全面深化的战略合作，双方进行了多次互访，讨论合作共建事项。双方怀抱海洋强国的理想，认定同样的目标，以积极的态度和务实的作风相向而行，围绕合作原则快速形成了双方共识：要目标一致，服务国家战略；要务实合作，坦诚交换建议；要换位思考，谋求共赢机制；要直面问题，积极寻求共识；要积极行动，快速推进工作。

交大和海洋二所的战略合作共建，主要包括以下内容：

在合作共建愿景方面，双方将为一起成为国家实现海洋强国战略最为可靠的支撑力量而共同努力。双方将以国家任务有力带动学科建设，以学科建设快速促进国家能力提升，力争在 2020 年，建成国内顶尖的海洋科学学科,大幅提升国家海洋科技平台的创新能力;在 2025 年,建设国家海洋科技新平台,成为国家海洋强国最重要的战略支撑力量之一;在 2030 年,成为世界领先的科学技术创新前沿、领军人才集聚高地、一流人才培养基地、国际学术交流中心。

在主要合作的内容方面,双方将以"海洋装备与海洋科学相互促进发展,实现合作共赢"为合作宗旨,合作内容包括共建交大海洋学院、共建海洋二所极地深海技术研究院、共同推动双方现有的两个国家重点实验室建设、共同策划和建设新的国家级科研基地和大科学设施。双方将按照"成熟一个、启动一个"的原则扎实推进工作,率先启动海洋学院的成立工作,同步启动极地深海技术研究院的筹建工作,积极推进其他两项工作。

围绕海洋学院的合作共建,双方将尽快建立本—硕—博完整的人才培养体系,明确学院办学地在上海交通大学闵行校区,建立海洋科学一级博士点,全球招聘世界一流的师资队伍。在分工侧重上,交大负责海洋学院的教学体系建设和日常运行保障,并提供一流的办学条件和建设资金;海洋二所全面参与海洋学院的学科建设和人才培养工作,并提供教学实习条件和科研合作平台。在师资队伍建设方面,将在融合交大高水平教师队伍和海洋二所杰出科学家队伍的基础上,进一步吸引全球优秀学者加盟。

围绕极地深海技术研究院的合作共建,双方将共同开展极地和深海资源环境前沿科技问题的探索,明确研究院设在海洋二所,建设探测技术和装备的研发体系,汇聚工程和科学的交叉学科一流人才。在分工侧重上,海洋二所负责极地深海技术研究院科技发展和日常运行保障,为研究院提供基础支撑条件、运行经费和海试条件,交大提供海洋模拟试验条件和工程技术支持,负责极地深海技术研究院技术和装备研发能力的建设。在科研队伍建设方面,将在融合海洋二所高水平研究人员队伍和交大高层次科技人才队伍的基础上,进一步吸引全球优秀科学家加盟。

在合作原则与运行机制方面,一是积极探索合作共建新体制,坚持隶属关系不变、法人地位不变、人事编制不变、资金渠道不变、干部管理不变、资产权属不变。二是积极探索科教融合新模式,充分发挥交大海洋工程与技术等综合学科和教学优势,充分发挥海洋二所承担国家重大任务业务能力和海洋科学学科的优势,实现优势互补和错位发展,共创科学与技术融合、教学与科研融合的科教融合发展新模式。三是积极探索资源共享新模式,共享人事政策,包括教师导师聘用制度、工作岗位津贴、人才计划申报通道;共享科研和教育资源,包括图书资源、信息资源、仪器设备资源、计算资源;共享学术成果,包括学术成果署名以及项目、论文、成果知识产权归属等。

交大与海洋二所合作共建,不仅是实质性的强强合作,也是互补性的双赢合作,更是部部共建的探索性合作。我们将积极探索科学与技术融合发展新机制,努力建成世界一流学科,成为引领世界海洋科技前沿的风向标;探索高水平大学与高水平研究院所的合作共建新机制,努力形成科教改革的可复制模式,成为我国科教融合发展的新典范;探索跨行政区域合作的新机制,努力建成长三角海洋研究中心,成为长三角一体化建设的新亮点。

在国家关键技术创新中如何发挥
高校科研工作者的活力

——在上海张江科技工作者座谈会上的发言

（2018 年 9 月 17 日）

尊敬的刘鹤副总理：

今天非常高兴有机会，能够作为一名从事制造技术研究的科技工作者，向您汇报一些工作上的体会。

我国是制造大国，建设制造强国是我们的努力目标。但如果继续现在的科研体系，真的难以实现这个目标。以机器人为例，我国从1986年就启动了相关的研究工作，然而三十多年过去了，工业机器人仍旧完全依靠国外，虽然近年来增加了许多机器人企业，但还难以看到哪家企业的产品能够替代国外进口。同样的情况也出现在高端数控机床、高端轴承、工业软件等许多工业产品领域。对于这种局面，刘副总理一定非常了解宏观层面的全国总体情况，那我就从基层科研工作与管理者的微观视角，谈谈体会。我认为高校与企业之所以没有发挥在关键核心技术创新中应有的活力与作用，是因为在当前我国科研体系设计上，没有充分把握以下三个客观规律。

一是核心技术成熟发展的阶段规律。一个复杂工业产品核心技术的成熟，一般要经历三个阶段：第一阶段是从 0 到 1，是技术创新阶段，所完成的大多是实验室样机；第二阶段是从 1 到 10，是技术工程化阶段，所完成的是一个产品；第三阶段是从 10 到 100，是技术成熟阶段，所完成的是一个有市场竞争力的商品。我国现有的科技计划大多支持从0到1的阶段,主要由高校承担;但由于缺少从1到10阶段的有效支持,在后端无法满足企业对工程化技术的需求,在前端也使大学研发的技术少有真正的工业应用。我的建议是各级政府要加强对第二阶段的支持,才能通过推动技术成果的实际应用,来激发高校科研工作者参与技术研发的活力。

二是教师面对科研任务机制变化的应对规律。当前,我国的科研项目大多是竞争性项目,这种机制对选拔优秀团队承接重要项目发挥了重要作用。在这种机制导向和作用下,中国大学的教师越来越擅长参与项目竞争,也导致教师的科研始终跟着项目走,到处去竞争项目,有些教师是10个手指头拿来10个马甲袋,还恨不得拿20个马甲袋,申请项目和验收项目的时间多于从事项目的时间,导致研究方向不集中,缺少研究特长和优势。我的建议是要减少竞争性项目,给大学更多专项经费,让大学能拥有统筹科研布局、进行持续性支持的自主空间。

三是企业对于生产技术的选择规律。从企业的视角来看,技术的稳定性比创新性更为重要,因此面对新技术会偏向保守,形成技术上下游企业间的合作壁垒。在担任"高端数控机床与基础制造装备"国家科技重大专项(以下简称"04专项")评估专家的过程中,我对此深有体会。2009年我国启动04专项,将汽车作为重点应用的领域之一,最后虽然取得了一批机床创新产品,但非常遗憾却未能批量应用于汽车工业。对此,汽车企业告诉我:国产机床的可靠性、精度保持性各方面差距太大,想用但不敢用,停线一次,就是上千万的损失。而机床企业告诉我:汽车企业要求太苛刻,国产机床进不去,没用应用的检验,可靠性就没有办法提高。这种局面导致我国汽车和机床工业的两败俱伤:汽车企业无法摆脱严重依赖进口加工装备,机床工业丧失了汽车工业这个最大的高端用户市场,目前高端加工装备自主创新已是我国汽车工业自主发展亟待解决的"卡脖子"问题。之所以造成当前的局面,我认为是由于机床企业缺少对汽车企业的工艺研究,汽车企业也很少参与机床企业的产品研发。要打破这一局面,我建议在发挥新型举国体制优势的过程中,应该注重发挥高校在不同领域企业间的"桥梁"作用。

20世纪90年代,我曾经为上汽汽车集团股份有限公司和上海宝钢集团公司(以下简称"宝钢")做过一次"桥梁",当时汽车车身用汽车板几乎完全被国外垄断,宝钢初步具备了汽车板的制造能力,但不被汽车企业认可。我组织双方的科研工程人员,通过三方合作,宝钢根据汽车用户的需求不断测试和改进材料的可靠性和一致性,得到了上汽大众的认可,通过五年的努力,宝钢的汽车板完全替代了进口产品。有了这次成功经验,我对搭建机床与汽车两个行业的"桥梁"更加充满信心。近年来,我与很多工业界和科学界的专家以及相关部委做了很多讨论,最终考虑围绕需求最迫切的从1到10阶段,按照汽车企业最严格的标准,建设一个"汽车动力总成高端加工装备国产化与智能制造验证"的示范平台,为企业提供从工艺规划、机床研发、产线集成到应用示范的全程技术研发支持。与当年"自带干粮"不同,这个平台的设想得到工业和信息化部、科学技术部、上海市经济和信息化委员会、上海市科学技术委员会、浦东临港地区等部门,以及上汽汽车集团股份有限公司等企业在资源、政策、技术、人才等方面的支持。经过这几年的建设,平台已经得到了一些重要企业的认可,上海通用汽车有限公司和吉利汽车集团有限公司即将成为我们的第一批用户。我想这些实践也证明了,高校有能力在关键核心技术的创新中发挥更多的积极作用。

对接需求强化创新策源　融入行业激发创新潜力
——在教育部科技司"加强高校创新能力
开放合作"座谈会上的发言

（2019 年 6 月 18 日）

　　高校作为创新主体,既是创新人才培养的高地,也要为完善国家创新体系发挥重要作用,成为创新链中不可或缺的关键环节。在国家的持续支持下,高校创新能力快速提升,科研成果涌现。但是,如何把高校的原始创新转化为对国民经济与社会发展的重要动力,还是有待破解的难题。上海交通大学始终把服务国家重大需求和创新驱动发展战略作为自己的责任和使命,近年来在加快关键核心技术自主创新和应用转化方面,做出了一些有益的探索,具体汇报如下。

　　一是完善评价和支持机制,全力对接国家重大战略需求。海上大型绞吸疏浚装备的研制事关国家安全。通过近二十年的持续奋斗,我校科研团队研制了以"天鲸号""新海旭"等为代表的 63 座海上大型绞吸疏浚装备,使该装备从完全依赖西方进口,转变为拥有完全自主研制的能力并实施出口管制,这些大型装备在我国南海岛礁建设中发挥了重要作用,为维护国家主权与领土完整作出了重要贡献。不同于一般的科研项目,这类"国之重器"的研发出于持续时间长、核心内容涉密、偏重应用技术攻关等原因,很难用学术论文、课题项目等常规的学术要件来衡量其实际的贡献。为了保障相关科研团队能够心无旁骛地开展研究工作,学校大力支持面向国家重大战略需求的科研项目,并专门设计考核评价机制和职称晋升通道,形成鼓励科研工作者强化使命意识的鲜明导向。我们也非常欣喜地看到,教育部已经于去年开始启动前沿科学中心和集成攻关大平台的建设,集中力量支持面向国家重大战略的科研攻关任务,希望相关的支持力度与覆盖面能进一步加大。

二是提升基础研究能力,充分发挥高校创新策源作用。基础研究能力不足,重大原创性成果缺乏,是我国当前很多领域被"卡脖子"的重要原因。而相比于应用研究,基础研究领域更应是高校发挥创新策源地功能的主战场。近年来,交大在基础研究方面成果丰硕,为解决关键领域的"卡脖子"问题贡献了力量。例如,我校在先进稀土镁合金、陶铝新材料等轻合金材料研制中的原始创新突破,不仅打破了国外进口材料的垄断,还在材料性能上有了显著提升,在国产武装直升机、高超声速飞行器、相关撒手锏武器等国防装备部件的制造中得到了批量应用。但是,我们也看到,高校还有很多的基础研究项目仍处于"坐冷板凳"的探索阶段,有些甚至面临无法持续推进的艰难局面。创新从来都是九死一生,而基础研究更需要持续稳定的支持与开放包容的环境。为此,我们希望进一步提高基本科研业务费在高等教育财政拨款中的比例,对高校的基础研究布局给予更多自主权,让更多从 0 到 1 的原创性基础研究成果得以涌现。

三是打通创新产业链条,全面深化与重点企业的实质合作。企业是创新创造的生力军,高校与企业加强合作,要明确各自在创新链上的定位与优势,发挥"1+1 > 2"的效果。近年来,交大通过共建联合实验室,与行业重点企业开展了融通互补、富有实效的紧密合作。一方面,坚持由企业出题,确保研究直接面向实际需求;另一方面,坚持由高校、企业共同答题,确保合作实质深入开展。学校专门设计了企业"访问学者"机制,支持教师入驻企业,与企业科研人员共同组成科研团队开展攻关。这一机制在学校与中国商飞、中船集团、华为技术有限公司等重点企业的战略合作中取得了良好成效。其中,鸿蒙操作系统的研制就是典型之一。作为学校与华为技术有限公司开展战略合作的重要内容,我校陈海波教授自 2016 年起担任华为技术有限公司操作系统内核实验室的创始主任,他发起了鸿蒙操作系统项目的研制工作,未来将面向手机、自动驾驶与 5G 等应用场景发布,并研制可替代安卓等的操作系统。

四是激发创新活力和潜力,着力提升成果转化的积极性。在学校的鼓励和支持下,交大有一批教师不仅致力于基础和应用研究,在条件成熟的情况下,还进一步探索引进市场力量,加速科研成果转化。例如,我校王宇晗研究员聚焦航空航天核心智能制造装备的自主研发与生产,于 2007 年创建上海拓璞数控科技股份有限公司。创始团队十年来坚持从技术源头做起,在高端装备的研发上突破了国外的技术"禁运",填补了多项国内空白。目前,公司主要服务中国航空工业集团有限公司、中国商飞、航天科技和中国航天科工集团有限公司等重点军工企业。总体而言,通过市场化的方式转化科研成果,不仅能提升教师的创新热情,也能为持续创新提供动力与保障。但是,当前的科研管理制度、评价机制等对于高校科研成果转化仍存在一定约束,需要进一步解放思想、深化改革。

民族复兴、国家发展赋予大学新的历史使命,交大将积极作为、主动担当,努力为探索中国特色自主创新之路作出更大贡献。

提升质量贡献　服务科技强国
——在 2021 年全校科研工作会议上的讲话

（2021 年 1 月 6 日）

一、对会议的整体评价

今天的会议组织得很好，首先通过视频简要而生动地介绍了学校 2020 年科研工作的亮点，其次给大家的工作介绍资料很是翔实，特别是会上的三个专题报告非常重要。

张全主任和大家围绕上海科创中心建设"十四五"规划讲了很多想法，我觉得其中"3+7+X"的重点领域特别值得关注，这是未来很长一段时间上海市持续重点发展的领域，包括集成电路、人工智能、生物制药三个是第一梯队，与已经启动筹建的三个国家实验室方向一致；新材料、智能网联车和新能源汽车、智能制造、航空航天、能源装备、海洋科技、新基建七个是第二梯队；X 就是若干其他更加面向未来的前沿技术领域，包括脑机接口、6G 等，这些都代表了上海市在未来若干年的重点发展路径。

毛军发副校长重点介绍了学校科技"十四五"规划和成果转化的工作思路，并做了一些动员。在报告过程中一边介绍规划，一边和大家互动，特别讲到了我们在讨论规划当中的一些细节过程。每个五年都是一个赛程，从学校整体发展来看，科研是高校间竞争最激烈的赛道，因此做好科研规划，是做好学校整体发展规划的重要组成部分。

　　文科建设处吴建南处长介绍了人文社科建设"十四五"规划，在前期讨论的基础上，总体来说今天的报告做得比较系统，但是特别要提到的是列的指标有所保守，比如学科评估指标。现在规划里说 A+学科指标为 1~3 个，我想应该至少有 3 个；A 类学科 3~5 个，A−以上的学科 5~10 个等，应该要有所提升。我想特别强调的是，通过这次学科评估工作，我们几乎对所有学科都做了一次全面"体检"，要把这次评估中发现的弱项和短板，都体现到未来的规划中，待五年以后再检查一下。

　　三位老师的交流发言质量也非常高。丁文江院士披挂上阵争取国家一等奖，为学校争了光，同时也总结了自己几十年的工作，他三十多年久久为功，坚持做高质量镁合金才取得了今天的成绩。徐剑教授围绕为治国理政咨政建言做了介绍。张欣欣老师围绕科技抗疫做了非常好的分享。

　　今天我们还首次发布了十大科技进展。总的来讲，学校的科研工作在量的方面已经不错了，但最顶尖的科研成果依旧缺乏，所以学校这次组织评选年度十大科技进展，就是希望不断产生最领先的顶尖成果。

二、对学校当前科研工作的判断

　　自然科学方面，学校在某些方面成果近几年保持在国内前列，比如自然科学基金、重点专项、科研论文、国家奖、专利等。有些方面近几年有很大的进步，例如 *Nature*、*Science*、*Cell* 三大顶级学术期刊论文，五年前我们还只是偶尔出一两篇，后面有几年第一作者和通讯作者的论文每年有四五篇，去年数量到了 9 篇，2021 年要争取超过 10 篇，如果算上合作论文，去年已经达到了一年有 29 篇，"十四五"指标为 2025 年达到一年有 60 篇，其实我觉得目标还是定低了。因为这几年学校有四面开花、团队作战的斗志，很多教授都在积极努力投稿。此外，高被引科学家的数量近年来有较大增长。

当然，有些方面还存在不足，比如国家重点实验室、国家研究中心建设等，但最大的问题还是缺少对国家、世界有重大影响的成果。今年毛军发副校长的研究项目成果获得了教育部"中国高等学校十大科技进展"称号，近年来这些荣誉很是少见，更不用说国家的十大科技进展，我们连候选项目都没有。此外，我们的科技成果转化效率不够高，觉得有些困难是国家政策制约了我们，但实事求是地讲，有些还是我们自身的努力不够。此外，我们在人才基金项目上进展不大。

在人文社科方面，总体上进步是比较快的，比如科研经费、人文社科基金、人文社科奖、上海市奖和 SSCI 论文等，都是进步比较快的。目前，主要的短板在 CSSCI 论文、人文社科基地建设、智库成果等方面。

三、2021 年科研重点工作

聚焦今年的科研工作重点，我主要围绕以下三个方面展开讲述。

第一个方面是理念上的转变。在刚召开的学校第十一次党代会上，明确将九字方针结合时代特征进行了调整，从"综合性、研究型、国际化"转变为"综合性、创新型、国际化"。这个转变非常重要，体现了学校对科学研究提出了更高的要求。在整体办学理念的转变下，科研工作也要随着时代转变。今后的科研工作，不管是学校层面，还是教师个人层面，都要提高站位，从服务国家重大需求的角度、从创新兴趣驱动的角度来组织科研，这样才能有更加创新的成果被创造出来。此外，我们的科研目标也要站在建设世界科研创新高地的角度，站在对国家作出重大贡献的角度，站在能够闯出交大世界品牌的角度来考虑。

第二个方面是要做好规划。由于受到学科评估工作的影响，"十四五"规划制订工作比计划和预想滞后了几个月，从制订规划的角度来讲,有几个关键点:一是发展目标要高,无论是在全球范围还是和国内兄弟院校相比,都要选取更高的对标对象。当然,不管是自然科学,还是人文社科,各方面的发展目标都要和学校的总体发展水平相匹配。比如说人文社科,我们希望"十四五"后期文科的整体排名要进入前十名,方方面面一定要有更高水平。二是规划内容要实,我们通过学科评估发现了很多短板,所以在学科评估工作结束后,学校要开一个评估工作总结会,把各个学科的情况系统梳理一下,总结在哪些方面有短板,而这些短板应该落实到"十四五"规划当中去。具体到科研工作上来说,我们在国家奖、人文社科奖方面,许多学科是短板,有些已经成为影响学科崛起的主要问题。

第三个方面是要明确年度重点任务,2021年要特别重视的科研工作如下:

一是成果转化工作。从去年5月启动至今,经过了七八个月的努力,得到了李克强总理的批示,得到了国务院以及国家发展和改革委员会的肯定,我们一定要把这件事情做好。

二是杰青申报工作,科学技术发展研究院务必高度重视。现在学校在科研项目数和经费上已经有了一定积累,但在人才项目上距离预期还有差距,杰青和长江学者的申报都是短板。

三是与上海科创中心的对接,包括集成电路、人工智能、生物制药三大领域和其他上海市规划中的重点方向。

四是启动人文社科重点实验室申报工作。

五是研究CSSCI论文的提升机制,从今年开始逐步提高。

六是加强原创研究布局。学校要有专门的方向发现和支持机制,而不是随机让教授们自己去发现,对于一些想清楚的方向,就应该下定决心持续给予支持。

七是积极对接国家规划。我觉得"十四五"期间国家最大的举措是解决"卡脖子"问题,我们也要把解决"卡脖子"问题放在首位。

八是提高咨询报告的数量、质量和社会影响力。

九是持续争取国家奖项。

十是强化国家基地建设。2020 年学校新增六个国家基地,接下来要全面展开建设,不能放松,不要出现"争取的时候很卖力,拿到了就放松"的现象。

最后讲一句话,毛军发副校长最后讲的六大举措讲得很实,希望这些举措在毛军发副校长的带领下,在科学技术发展研究院的具体执行下一一落实。

加强协同联动　提高基金项目申报质量

——在 2021 年国家自然科学基金申报宣讲会议上的讲话

（2021 年 1 月 6 日）

刚才,孙丽珍同志代表科学技术发展研究院介绍了 2020 年度国家自然科学基金委员会及学校科学基金对项目的资助情况,徐懿萍同志代表瑞金医院介绍了在基金申报工作中的经验,特别是对需求做了介绍,赵一新和翟广涛教授分别介绍了国家自然科学基金人才项目和重点项目的申报体会,并为与会教师提出了诸多建设性意见。我觉得翟广涛教授讲了基金项目从策划到最终成功获批的经验,我想还有失败原因和经验也可以讲,下次可以再聊一聊这些,谈谈失败的经验,这让大家听了以后也很有收获。

下面,我也简单讲三个方面。一是谈谈基金申报工作的重要性,二是简单说说我认为我们学校在基金工作上存在哪些不足,三是对后续工作的一些建议。

一、基金申报工作的重要性

关于承担基金项目的重要性,我从朴实的角度来讲两个方面的想法。

一方面,我认为承担基金项目是反映一名科技工作者学术水平的标志。从理想的角度来说,学术道路可以按先承担一个青年科学基金项目,再承担一个面上基金项目,然后再申请优青、杰青这样一个比较顺利的路来走,我想这是很多年轻教师的想法和计划。如果做一名心态平和的普通教师,在 40 岁之前能够承担 3~4 项基金项目,我会认为这名教师的学术训练是足够的。当我自己在做各种人才项目的评委时,就会拿这个标准来初步衡量青年教师的学术训练是否足够。之所以有这样的看法,是因为每次申请基金项目,其实都是一次自己不断构思、不断设计,然后再不断挖掘的过程。这样的过程有过三四次,即使没有拿到任何人才计划项目,我也会认为他是一名优秀的学者。但是经常出现有些学科、有些老师、有些团队会认为自己主要做工程,基金项目申请书好像没有时间写,或者不重要,我认为这样的想法是错误的。我经常讲我们要"荤素搭配",既有工程也要有基金项目,这样的人才才是全面的。如果说你只会做工程,而不会写基金项目申请书,那么你就是一名工程师了,即使学校在职称评定的时候放弃这个要求,也只是一种特殊倾斜的表现,并不表示对此有导向。所以,我希望今天到会的各位院长、书记,对自己学院的老师和团队都要把基金申报作为一个基本要求,哪怕遇到一些例外,也只是作为特例讨论。交大发展到今天,我们在优势学科上的基金项目数量应该达到符合学校地位的水准。当然,除了自然科学基金项目以外,其他类似的比如国防项目等也是和基金项目具有类似的定位。总而言之,作为人才就一定要承担类似的国家级基础研究项目。

另一方面,我想分享下我想象中的几个成长道路的理想状态。一是博士生的理想状态。学生在攻读博士学位期间先完成一个基金项目,这是写博士论文最理想的状态,当然这个是指做导师的基金项目。这样学生写博士论文从一开始方向就很明确,等用了四年左右时间完成了一个基金项目,经历了一次完整的训练后,就能在临毕业前,协助导师再提交一个基金的本子,如果能做到这样,哪怕后面提交本子的基金没拿到,我也觉得这是一名经过充分学术训练的优秀博士生了。因为经过一轮做基金项目和一轮基金申请的工作,就经历了一段比较完整的学术训练过程,为今后从事高校的学术工作打下了扎实基础。二是青年教师的理想状态,就是基金项目不断。更加理想的,从刚开始工作拿了个青年科学基金项目,完成了之后就拿了个面上基金项目,面上基金项目还没做完又拿了个优秀青年科学基金项目,优秀青年科学基金项目刚做完又拿了一个杰出青年科学基金项目,这个是最优秀的。三是优秀教授的理想状态。我们经常会有这样的情况,好像申请基金就是为了要升教授,好像教授拿到了就可以休息了,这在我的课题组肯定不允许,出现这样的情况一定会及时提醒。一名优秀教授应该至少承担一项重点项目或者一个仪器项目,我觉得应该把这个作为底线,以上这些内容都要在设计长聘教授的评价要素中有所考虑。四是一名优秀领军人才的理想状态,要求就更高了,那就是带领团队报个创新群体、搞个研究中心或者完成重大研究项目等。但是,我今天主要对年轻教师在基金项目方面的训练和不断争取提出表扬和肯定。

二、当前存在的不足

我们学校的主要不足是各学科之间的不平衡。从学校角度来讲,基金项目连续十一年全国第一,医学院体系在其中发挥了重大作用,但对医学院来说其实也是靠大体量撑着,存在和教师整体体量相比支持率不高的问题。今天,医学院不是我要重点讲的内容,我主要还是讲其他学科。

首先,特别讲工科的基金项目数量。各学院承担的项目数应该是专任教师数的四分之一或者五分之一。比如说一个学院有200名教师,那至少每年应该拿到40个基金项目,好一点要拿到50个基金项目,再多也不可能,但是有的学院还达不到。

其次是杰青的人数。我认为我们每年入选杰青的人数应该达到两位数。过去这么多年来,我们学校到现在为止共有 118 人获得杰出青年科学基金的资助。杰青评审从 1994 年开始,交大第一批是 1994 年物理系的郑杭,到了 1998 年才有了第二个,是马红孺,也是物理系的,一直到了 2000 年以后陆陆续续开始每年都有,但是基本上都是个位数,一开始每年两三个,后来一段时间每年四五个,稳定了一段时间。2020 年率先进入新时期,获评人数达到两位数。过去这段时间,我们优青入选数在国内排名还行,反映了学校 35 岁到 40 岁的年轻学者在国内影响力和成果方面还可以,但是再往后的发展就不行了。为什么会这样?值得我们各个学院分析和总结。是否能评上的关键在于是否有自己的核心竞争力,也就是标签。我在评审杰青的过程当中,一般把人分成 ABC 三类,进入 A 类的直接打过,那么什么样的人在我这里能排在 A 类?比如国家奖的主要贡献者,*Nature*、*Science* 论文的主要作者,重要影响力项目的负责人。我希望各学院的院长、书记围绕这几条,还要在自己学院里面进行有针对性的培养。

最后是重大科研仪器研制项目的数量。我们重大科研仪器研制项目少的原因,我自己认为反映了两个方面的问题:一是反映学校里教授们的创新性不够;二是反映科学技术发展研究院在组织性上存在的问题,因为重大科研仪器研制项目的申请不是个人的事情,是组织行为。

三、下一阶段的工作建议

1. 科学技术发展研究院层面

一是要研究基金委员会对今年项目的分类申请方式,特别是一些变化,并对学院加以指导。尤其值得注意的是今年新开设的交叉学部,工材学部里面新开设了海洋处,都要加强开展有针对性的指导。

二是希望科学技术发展研究院加强对杰出青年科学基金项目、群体申报的指导。杰出青年科学基金项目的申报是基金项目里面最头疼的事情。每年交大获得的国家杰出青年科学基金资助项目的数量不到两位数,跟学校的地位不符,即便到了两位数我们也是排在全国第五名左右。

三是希望加强2022年重大科研仪器研制项目申报的策划和组织。要面向2022年甚至2023年的项目进行申请,从这段时间就开始启动策划和组织工作。

2. 学院层面

一是要加强对项目申报书质量的指导。特别是基金项目数量不多的学院,要提前开始启动院内的多轮指导,2月底提交的话,争取在提交前能在学院里系统组织审核3~4遍,必须提高项目申报书的质量。

二是要把申请基金项目作为对新进教师的要求。要研究近五年新进教师的相关情况,相关单位要加强引进人才的把关要求。对于文科和工科都应该有类似的基本要求,新进教师必须要申请基金项目。

三是每个学院都要明确本年度杰青、优青的重点人选。针对学校给各院系的任务指标,各院系要明确有哪些候选人,且一个指标至少有两个候选人。

四是博士生名额分配机制要有所配套。可以探索研究博士生名额分配政策,让博士生名额更多集中在有创新活力的教师身上。比如若干年内、四年或五年内没有基金等国家级基础研究项目,就限制该教师的博士生名额。多出来的博士生名额可以围绕一些特殊情况开"一事一议"的渠道,比如申请中央军委科学技术委员会的项目、申请重点研发计划等。

　　五是每个学院要对上会项目答辩组织专门指导。现在是项目申请阶段,后面有函评,函评之后是上会答辩,学院要把指导书写上会答辩稿作为必须承担的任务。大的学院像电子信息与电气工程学院不一定在学院层面组织,可以在系层面组织。

　　六是各个学院必须保证项目申请实时跟进,不能做到最后稀里糊涂地出问题,希望问题越出越少。

　　总的来讲,我们后面的"追兵"还是很多,大家要有紧迫意识,希望基金项目数量连续十一年第一的成绩能继续保持下去。

推动部部共建　推进产教融合
——在推进科教融合工作交流会上的讲话

（2021 年 7 月 13 日）

今天在交大召开的教育部和自然资源部共同推进的科教融合工作交流会，非常重要。刚才听取了奚立峰副校长介绍部部共建工作的做法和经验，周朦院长介绍了交大海洋学院的建设情况，张涛研究员介绍了海洋二所极地深海技术研究院的建设情况，还听取了 11 位共建单位代表的交流发言，大家交流经验、交流思想，对推动部部共建的工作一定有重大的推动作用。我有很多收获，在此也想说三点体会，请大家批评指正。

第一，学校做科教融合的驱动力是什么？从学校角度来讲，交大愿意把海洋作为长期坚持努力的重点领域，在未来三十年的战略规划中，设立了"大海洋"战略。学校在海洋工程领域有学科优势和长期建设的实验室，也有优质的师资和优秀的学生。但是，我们还缺少参与国家重大任务的机会，总是在外围。海洋二所拥有的就是我们所缺少的，海洋二所作为自然资源部的主力科研单位，在很多方面承担了国家使命和国家任务。但是，海洋二所的规模体量不够大，所以其缺少承担任务的力量。因此，我们两者相结合是互补关系，这种互补体现在两个方面：一方面，交大强在工程科学方面，海洋二所强在海洋科学方面，我们强的它们弱，它们强的我们弱，因此双方完全是一种互补关系。另一方面，交大也想在海洋科学领域开花结果，海洋二所可以很好地带领我们海洋科学的学科发展,这是我们合作的动因,也是合作的基础。

第二,如何发挥教育部和自然资源部在管理体制机制上的优势。从自然资源部来讲,海洋二所等科研机构代表国家,有责任、任务、使命,同时在很多科研条件方面都有优势。但是,我觉得由于海洋二所是事业单位,在人员编制和聘用方式、研究生培养数量、科研经费管理等方面也有一定的弱势,不利于发挥科研人员的积极性。就大学来讲,教育部给了大学比较多的办学自主权,在人员聘用、资金使用方面还比较灵活,因此我们两者结合就能很好地发挥优势。

奚立峰副校长和周朦院长在他们的发言中都提到了我们学校设立了"深蓝基金"支持交大和海洋二所的合作。我们利用教育部给学校的专项科研业务费,每年有八千万,我们拿出三千万来设立"深蓝基金"。基金支持的研究课题由海洋二所提出,我们双方组队、双方评审,双方来做命题研究。我们希望课题是在海洋研究过程中实际存在的关键难题,通过我们的研究,能够帮助海洋二所提高其在海洋科学领域的综合研究能力。

此外,与科研院所相比,大学有多学科、综合性强的优势,对科研院所来说大学中的每位教师开展研究的创新性,都是一个宝库。我代表大学真诚地邀请科研院所的专家们,当你们在工作中碰到难题的时候,到大学来找办法,一定能使双方受益。

第三,在合作过程中,我们要充满信任和理解,这样才能做得好。虽然合作双方签有协议,但这不是一种商业协议,而是在自愿的基础上积极往前走,只有这样才能把合作做好。所以,在过去的时间里,我们都能互相理解,互相为对方考虑,只有这样才能做得好。

上面是我谈的三点体会。借此机会,从我自己实践的角度出发,也综合11位共建单位代表发言中给出的意见,提三点建议。

第一,希望教育部和自然资源部给予更实质性的政策支持,在大家特别关注的研究生名额、人员聘用方式与许可等方面，希望得到更多的支持。

第二，建议会务组写一个简报，报给各相关部门和单位，让参会各单位的领导更多地知晓会议思想。

第三，恳请教育部和自然资源部，把我们部部共建的一些要点，发给科学技术部和其他部门，让它们对我们的合作给予实质性的支持。

立足新起点 加快建设世界一流研究机构
——在李政道研究所所长宣布任命会上的讲话

（2021 年 11 月 30 日）

首先，祝贺李政道研究所乔迁之喜。2016 年 11 月，李政道研究所在上海交通大学正式成立；2017 年 9 月，我在闵行校区为 Frank Wilczek 教授颁发了所长聘书；2018 年 8 月，我参加了李政道研究所实验楼建设启动会；今天，李政道研究所的首批师生员工已经完成进驻，我们在新的大楼里齐聚一堂。

回顾过去的五年，是李政道研究所艰苦创业的五年，也是快速发展、日新月异的五年。在所长 Frank Wilczek 的带领下，在全体师生的共同努力下，李政道研究所已经汇聚了若干学术大师领衔的研究团队，吸引了一批极具科技创新活力的青年才俊，开展了多个前沿领域原创性的基础研究，初步形成了"有团队、有基础、有成果"的发展格局。今年 9 月，我参加了李政道研究所青年学者徐东莲筹划的国际大科学计划"海铃计划"探路者项目的出征仪式，我被大家对科研工作的热忱和干劲深深打动，也为李政道研究所拥有这么一批踏实肯干的年轻学者倍感欣慰。这些都与 Wilczek 所长为李政道研究所发展倾注的心血密不可分，在这里，我代表学校，对 Wilczek 教授表示最衷心的感谢！

今天我们所在的李政道研究所实验楼，它的建设也走出了一条"前无古人，后无来者"的道路：在立项、开工、资金筹集、用地审批、运行等各个方面，我们都没有任何先例可以参考，但是通过我们的努力，得到了中央和国家相关部委、上海市各级政府部门和委办局的鼎力支持，以及学校的全力保障。11 月 18 日，李政道研究所整建制搬迁入驻张江实验楼。在这一座源于李先生"以天之语，解物之道"的理念设计而成的新大楼中，希望各位老师同学能够秉承李先生的初心，仰望星空明方向，脚踏实地做科研，敢于啃基础研究的"硬骨头"，实现更多从 0 到 1 的突破，力争取得贡献国家、影响世界的原创性成果！

随着李政道研究所正式入驻张江科学城，李政道研究所的发展迎来了关键阶段。创始所长 Frank Wilczek 教授的聘期于今年 11 月底期满，学校考虑到中美关系的大背景，以及 Wilczek 教授本人的实际情况，经与 Wilczek 教授本人沟通后，学校开启了李政道研究所新任所长的聘任工作。学校征求了李政道先生的意见，充分听取海内外同行建议，同时与李政道研究所的核心学术骨干做了充分交流，经研究，我们向张杰院士发出了邀请，希望他能够担任李政道研究所的第二任所长。我们非常高兴地看到，他选择接受这一挑战。

张杰院士在 2006 年至 2017 年任上海交通大学校长，在大学管理和高等教育方面作出了卓越贡献。同时，张杰院士作为物理学家，主要从事高能量密度物理、等离子体物理领域的研究，在 X 射线激光饱和输出、激光核聚变快点火过程和高时空分辨高能电子衍射成像等方面拥有重要学术成就，他被选为中国科学院、德国科学院、世界科学院、英国皇家工程院、美国国家科学院等国家和科学组织的院士，曾在德国马克思·普朗克研究所、英国卢瑟福·阿普尔顿实验室、牛津大学工作十年，是国际知名的顶尖物理学家。近期，张杰院士刚刚荣获 2021 年度"未来科学大奖"的"物质科学奖"，在这里，让我们再次向他表示祝贺！

张杰院士是李政道研究所建设初期的重要参与者，具有战略眼光、国际视野，熟悉中国国情、对科教事业充满感情，善于争取各方资源，支持李政道研究所的建设。学校相信在他的带领下，李政道研究所将会焕发出更加蓬勃的朝气,凝聚起更加强大的力量,把李政道研究所早日建设成为国际一流的研究机构!

同时,学校也将邀请 Wilczek 教授担任李政道研究所首席科学家,主要在李政道研究所的科研规划、重要研究方向和重大科学计划组织方面发挥积极作用。

老师们、同学们,李政道研究所的这五年,是蓬勃发展的五年,同时,我们也要看到,李政道研究所在推进顶尖人才集聚、加强前沿学术研究方面还需持续发力,距离习近平总书记的期望与李政道先生的嘱托,仍有较大的提升空间。我希望李政道研究所进一步加强顶层设计,加快引进顶尖科学家的步伐;不断探索建立专注基础研究的考核评价机制;引导科研人员对接世界科技前沿,瞄准国家战略需求,以更加强烈的责任感、更加紧迫的使命感、更加宽广的视野和更加自信的姿态,在迈向世界一流研究机构的道路上加速前行!

怎样炼成战略科学家

——在学校 2021 年战略科技人才培训班上的报告

（2021 年 12 月 18 日）

我很高兴受邀来为各位同志做报告,我今天报告的题目是《怎样炼成战略科学家》。

一、中国为何重视战略科学家

当前,我们正面临百年未有之大变局。从全面建成社会主义现代化强国的全局看来,要坚持创新在我国现代化建设全局中的核心地位,把科技自立自强作为国家发展的战略支撑。百年未有之大变局中主要有三个方面:一是新一轮科技革命和产业变革,基础科学领域的多学科交叉融合催生了新的科学革命,生命科学与物质科学、工程学等跨界融合,人工智能等信息科技发展孕育了新的技术革命,材料科技的前沿进展为诸多领域的发展提供重要机遇。二是国际力量对比深刻调整,大国竞争成为推动重大技术变革的重要动力。三是新冠疫情全球蔓延,全球布局的创新链和产业链加速调整。

新一轮科技革命也有一些新态势:美国依靠"全球顶尖科技人才聚集"产生的红利,确保其科技创新势头不减;科学家和科创中心向东亚移动的态势明显,科学家流动的重心正在以每十年 700 千米的速度向东方迁移,科学知识生产的重心正在以每十年 1 300 千米的速度向东方国家迁移。国际科技组织的数量增加,蓬勃发展。1991—2020 年,全球层面的科技组织数量增加了 374 个,科技组织的全面增加意味着全球化的进程进一步加深。新兴国家经济体正在经历科技"跨越式"的发展。

在国家关系当中,竞争是本质,合作是手段。在中美两国的对比中,我们可以看到,美国联邦政府提供公共财政支持的比重下降,更多倚赖私营企业研发;中国政府高度重视科技研发,国企成为主力军之一。民用产品为军事行动提供信息与情报,呈现"民"转"军"的流向。美国自第二次世界大战以来积聚的国际顶尖科学家和科技研发重地的红利正在逐步减少。中国规模庞大的国内市场成为高科技应用的试验场,在一定程度上遏制了美国的"先发优势"。中美贸易摩擦实质上是科技战,对方精确瞄准我国的技术短板。2020 年 10 月 15 日,美国白宫国家安全委员会发布《美国政府关键和新兴技术国家标准战略》,旨在确保美国在 20 个领域的世界领先地位。

我国科技自立自强的需求急迫。根据有关资料,我国关键基础材料 32%国内空白! 52%依赖进口! 绝大多数计算机和服务器通用处理器的高端专用芯片 95%依赖进口! 智能终端处理器 70%以上、存储芯片绝大多数依赖进口! 装备制造领域,高档数控机床、高档装备仪器、运载火箭、大飞机、航空发动机等关键件精加工生产线上制造及检测设备逾 95%依赖进口! 以集成电路为例,中国每年花费巨资进口。2020 年中国进口集成电路价值 3 500 亿美元(同年进口石油 1 760 亿美元);高端芯片基本依赖进口。2020 年 5 月,美国商务部宣布全面限制华为购买使用美国软件和技术生产的半导体产品。从设计[电子设计自动化(EDA)工具]、材料(光刻胶)、加工[极紫外(EUV)光刻机],到测试(100 GHz 矢量网络),全面被封锁! 目前,我国科技的发展还有局限,能把产品做得更好更便宜,但是许多都是跟随,缺少自己原创的科技成果。我们缺少战略研究,缺少具有战略意义的布局,导致被动挨打。

二、中央对战略科学家的定义

党的十九届五中全会对科技创新进行了重大部署,提出坚持创新在我国现代化建设全局中的核心地位,把科技自立自强作为国家发展的战略支撑,目标是在"十四五"时期显著提升创新能力,到2035年实现科技实力大幅跃升,关键核心技术实现重大突破,进入创新型国家前列。而高校作为科技创新的重要力量,要充分认识大学在创新型国家建设中的地位和作用。

从人类历史上来看,科技和人才总是向发展势头好、文明程度高、创新最活跃的地方集聚。16世纪以来,全球先后形成了5个科学和人才中心。党中央历来高度重视人才工作,人才工作在战略科技力量建设中占据核心地位。2020年10月,党的十九届五中全会明确将建成"人才强国"确立为2035年远景目标。2021年9月,习近平总书记在中央人才工作会议上,提出要大力培养使用战略科学家。

战略科学家是科技人才中的"帅才",是战略家与科学家的复合与叠加。战略科学家要科技造诣深厚,具有深厚科学素养、长期奋战在科研第一线;要具有战略眼光,较好把握世界科技发展的趋势和国家战略需求,勇于站在时代和理论的最前沿,敏锐地把握世界科技发展的大势和规律,敢于快速出击,勇于出奇制胜,开拓新的领域或方向;要心怀"国之大者",始终胸怀祖国、服务人民,把祖国的需要作为自己的研究方向,把为国分忧、为国解难、为国尽责作为自己的毕生追求;要有前瞻性判断力,能够以富有前瞻和远见的眼光,开展具有引领性、战略性、颠覆性的研究;要有跨学科的理解能力,能够突破技术层面,突破行业视野,通过跨界复合、跨学科融合和跨地域融合,为国家谋划雄伟大略;要有大兵团作战的组织领导能力,具有一流的组织协调能力和战略实施能力,能够带领团队协同作战,在众多科研人员中发挥领导作用;要有应急处置能力,在国家需要、民族危难时,能够置个人利益和安危于不顾,挺身而出、大显身手。

我校1934届机械工程系校友,钱学森就是战略科学家的杰出代表。他刚回国就向中央提出《建立我国国防航空工业的意见书》,同年受命组建我国第一个火箭、导弹研究机构。他的毅然回国将中国导弹、原子弹的研发至少向前推进二十年。他提出应该发展导弹技术而不是其他;赞同发展更高的空间科技——航天,倡导了系统工程和系统科学的研究,引导了中国系统学研究的大潮,此大潮至今未退。

三、我对战略科学家的认识

我认为战略科学家应该具备以下几方面的素质。

一是视野与格局。观全球之势,集百家之长。审视自身的研究方向、目标是不是与世界科技前沿、祖国重大需求相契合。交大徐光宪学长便是这方面的典范。他的研究领域——稀土是隐形战斗机、超导、核工业等高精尖领域必备的原料,提炼和加工难度极大。为响应国家部署的紧急军工任务,量子化学出身的他"半路出家",创造出一套新的串级萃取理论,并打破世界纪录,将稀土纯度提高到99.99%!直到今天,他的研究成果依然是我国稀土工业的基础。

二是创新与魄力。冲破惯性思维的枷锁,比别人想得早、做得早。这里不得不提到我国著名核物理专家——于敏。我国的氢弹研制是与原子弹研制同期启动的,当时所有的人力、实验、计算资源全都扑在原子弹上,按照西方国家采用的以实验为基础的研制路线对我国行不通。作为研制队伍中唯一的"国产土专家",他创造性地提出了以计算作为基础的研制路线，填补了我国原子核理论的空白，创造了从原子弹到氢弹最短研制时间的世界纪录，且他设计的氢弹更加适合实战。中国氢弹在诞生之初就已经接近甚至完成了小型化应用，让世界为之震惊！

三是专注与果决。把精力和资源投入到一件事情上。选择不做什么比选择做什么更困难、更重要。中国电子科技集团公司第三十八研究所围绕"无人预警机"这个国家战略需求，持之以恒，培养出土小谟、吴曼青、陆军、吴剑旗四位院士。坚定道路自信、坚持技术自主、坚决实干自强，用实际行动践行着研制"大国重器"的责任和担当。

四是执念与激情。科研的核心动力不是旁人的认可，而是自己骨子里对科学的热爱与追求。不达目的，誓不罢休，一做到底。屠呦呦说："科研不是为了争名夺利。"1973 年，正值"文化大革命"的高潮，屠呦呦一刻不停歇地坚守在实验室，片剂室没人了，她就改胶囊方案，药理毒理实验室没人了，她就自己亲口试验药物，直至患上中毒性肝炎。经过 191 次实验，终于萃取出古老文化的精华，深深植入当代世界，帮人类渡过一劫。2015 年，她获得诺贝尔生理学或医学奖。

五是勤奋与好学。充足的时间精力投入研究，有对知识和信息的渴望与好奇心，善于汲取新的知识养分和火花。李政道先生是"累极才睡，醒则干"。1957 年，年仅 31 岁的李政道获得诺贝尔物理学奖。他认为勤奋是做科研的基础素质，每天只睡 5 个多小时，86 岁高龄的他还在发表研究论文。

大家熟知的欧拉，也富有孜孜不倦的奋斗精神。以欧拉的名字命名的公理超过 2 000 个，他一生出版书籍和发表论文达 886 本（篇），涉及力学、分析学、几何学、变分法、建筑学、弹道学、航海学、人口学等多个领域。他与不同领域的科学家做朋友，从与他们的研讨中汲取知识养分并进行总结归纳，不错过身边每个研究对他的启发。

六是大兵团领导力。学术造诣在细分领域、新兴学科被大家公认。

关键时刻站得出,具有人格魅力,善于团结人、调动人。运载火箭与卫星技术专家孙家栋院士是"只要国家需要,我就去做"。航天是一项复杂的系统工程,卫星、火箭、发射场、测控通信、应用等多个系统都有总设计师或总指挥,而孙家栋被尊称为"大总师"。从"东方红一号"到"嫦娥一号",从"风云"气象卫星到"北斗"卫星,六十余年间,他带领万人科技大军,实现了中国航天屹立于世界之巅的愿望。2018年6月5日,"风云二号"系列最后一颗卫星发射,作为工程总设计师,89岁高龄的孙家栋再次出现在西昌卫星发射中心。

吴文俊、徐光宪、王振义、黄旭华、顾诵芬这五位国家最高科学技术奖得主,是交大人身边的战略科学家,也是所有交大人的骄傲。

四、学校怎样培养战略科学家

高校亟须发挥基础研究的优势,支撑科技自立自强。2020年9月11日,习近平总书记主持召开科学家座谈会,指出要发挥高校在科研中的重要作用,发挥人才济济、组织有序的优势,形成战略力量。2020年9月22日,习近平总书记在教育文化卫生体育领域专家代表座谈会上强调,要支持"双一流"建设高校加强科技创新工作,依托高水平大学布局建设一批研究设施,推进产学研一体化。2021年4月29日,习近平总书记考察清华大学时指出,要完善以产生一流学术成果和培养一流人才为目标的大学创新体系,勇于攻克"卡脖子"的关键核心技术。2021年5月28日,在两院院士大会上,习近平总书记指出要深入实施科教兴国战略、人才强国战略、创新驱动发展战略,完善国家创新体系,加快建设科技强国,实现高水平科技自立自强。

新时期国家战略科技力量有新的模式特点。习近平总书记在2021年两院院士大会的讲话中指出,国家实验室、国家科研机构、高水平研究型大学、科技领军企业都是国家战略科技力量的重要组成部分，要自觉履行高水平科技自立自强的使命担当。高校是提升自主创新能力和突破关键核心技术的前沿阵地，在国家科技创新能力建设中责无旁贷、使命光荣。"因图强而生，因改革而兴，因人才而盛"的上海交通大学，科技工作始终坚持以服务创新需求为己任，围绕"四个面向"，不断向科学技术的广度和深度进军。

高校承担突破国家科技战略任务的核心瓶颈。高校大多数的科研工作是跟着项目走、围着经费转，项目结束科研方向调整，科研成果停留在实验室阶段，科技成果转化的效率低；科技显性指标(论文、项目、经费)国内领先，而科学重大发现和技术重大发明不多，缺少具有原始创新的研究工作；在开创新的学科方向、推动科技重大进步、解决国家"卡脖子"难题等方面贡献不显著。没有真解决问题！没有解决真问题！

面对存在的问题，我们主要采取以下三项新举措。

一是深化科技体制改革，营造科技创新文化。优化创新成果考评体系，建立重大成果激励制度，提高科研管理运行效率，营造科技创新文化氛围。营造创新氛围要弘扬创新精神，要真心热爱创新、敢于创新、善于创新；要有科技自信，有学术抱负；通过"自然大师课堂""咖·沙龙""未来科技论坛""未来科技沙龙"等学术活动营造学术氛围与创新文化。

二是布局"双十"计划，研究解决"真问题"。布局培育 10 个重大基础研究成果，追求从 0 到 1 的原始创新和变革性技术，在若干领域引领学科发展，为人类科技进步作出重要贡献。布局培育 10 个"卡脖子"关键技术，围绕国家重大战略需求和"卡脖子"瓶颈，布局一批战略性、前瞻性技术研发项目，进行核心技术攻关，打造国家战略科技力量，促进国家科技自立自强。"重大基础研究"问题可以遴选自国际学术前沿情报分析、领军科学家建言献策、125 个科学问题、青年教师学术沙龙、专题研讨会、国际同行学术评议等。解决"卡脖子关键技术"问题可以对接国家核心部门,了解"卡脖子"清单目录、研究西方科技政策与技术封锁情报;对接国家核心企业,了解关键技术需求、出台全新体制机制,助力校企深入合作、共同攻关。

成立学校重大科技问题专家组,负责遴选若干重大科技问题,希望在未来三至五年取得一些重大突破,为人类科技进步、为国家解决"卡脖子"问题作出重要贡献。各专家组成员在各自领域组织征集基础科学问题或国家"卡脖子"技术问题,并组织进行遴选,然后向专家组推荐3~5个遴选出的重大科技问题,也可以分批推荐。专家组召集组织评审专家组(并可适当邀请问题相关领域的专家),对各专家组成员推荐的重大科技问题进行评估,在基础研究和"卡脖子"技术领域各遴选出若干重大科技问题。针对评审专家组遴选出的重大科技问题,组织工作组负责进行攻关,包括组织团队(可采取揭榜挂帅制)、配置资源(人力、物力)、建立考评机制等。对每个重大科技问题,由推荐该问题的专家组成员担任责任专家,并配置一位管理服务人员。

三是培养战略科学家及顶尖学者后备人才。在青年教师方面,加强统筹,制定分梯队的培育计划,为人才发展提供有力支撑。包括领军人才计划,面向冲刺院士的学科领军人才;致远育才计划,面向具有十年内冲击院士潜力的人才;优才培育计划,面向冲击国家重要人才计划的骨干人才;启航培育计划,面向新入职青年教师。在学生方面,围绕超前专业布局、持续模式创新、着力课程改革、聚焦队伍建设、加强资源保障五大方面发力,持续改进学生培养体系。

五、建设顶尖大学的未来展望

世界一流大学应该要对人类科技进步作出重要贡献,为国家解决

"卡脖子"的核心技术问题。这里我们以诺贝尔奖为例,做一些分析。目前,有 621 位科学家、390 项成果获得诺贝尔奖,其中大学占比 73%,分布在全球 26 个国家。

经过分析,我们可以发现,诺贝尔奖成果的技术发明属性(而非科学发现)越来越突出。现代科学大厦的基础理论早在一百年前就已基本建立,近几十年纯基础科学的发现处于低谷。哈佛、剑桥、麻省理工等超一流大学也没有什么重大的科学发现。有些验证性的发现有机会,如引力波、暗物质,但需要尖端、复杂的设备和团队协同攻关。牛顿看到苹果从树上掉下来即发现万有引力定律的时代已经过去了。此外,近几十年的技术发展很迅速,发明创造日新月异。一大批改变了人类生活的重大发明获得诺贝尔奖。这些重大发明的共同点是基于科学原理,技术路线新颖,研发过程十分艰辛,很多需要自制设备;对科技进步、产业发展或日常生活产生重大影响;申请专利成为常规动作,通过创办公司,促进成果转化。

诺贝尔奖成果的代表性研究模式:一是推动学科交叉融合的斯坦福模式,将交叉平台管理置于学校层面,以问题为导向,以项目为抓手,以空间和仪器设备为支撑条件,在传统纵向院系结构之外组成横向的研究团队。二是依托国家实验室的伯克利模式,依托美国劳伦斯·伯克利国家实验室开展的多领域前沿研究成为斩获诺贝尔奖的最有力支撑。加利福尼亚大学伯克利分校的 15 位诺贝尔奖得主中,12 位都和劳伦斯·伯克利国家实验室有关,占总数的八成。三是促进产学官联动的名古屋模式,通过产学官合作让基础研究成果快速走向应用,产生广泛的社会影响力。名古屋大学的 3 位获奖者(2 项成果),均为产学官合作的成功典范。

上海交通大学经历了从"跟跑"到"并跑"并向"领跑"努力的科技发展路线。"十一五"和"十二五"期间是跟跑,指标驱动,数量提升;

"十二五"到"十三五"期间是并跑,目标驱动,数质并重;"十四五"期间是力争领跑,重点突破,引领发展。

　　展望 2035 年,我们希望学校在四大世界大学排名的名次保持在第20～第 30 名,博士生学术就业单位可以是世界所有的高校,引进青年教师以 Top10～Top20 的博士或者博士后为主,高水平科研论文的发表数量与世界顶尖大学相当。产出若干具有世界影响力的重大科研成果,学校培养出多个世界顶级的科学家,专注于多个推动人类进步的科研工作(诺贝尔奖级),为国家提供一大批关键的核心技术,对国家和地区经济发展具有重要的推动作用。

紧密对接国家需求　稳步推进"大海洋"行动计划

——在"大海洋"推进工作领导小组会议上的讲话

（2021 年 12 月 31 日）

今天是 2021 年的最后一天，我们今天来开"大海洋"的推进工作会，体现了对这项工作的重视程度。通过今天的几个报告，特别是奚立峰副校长的报告，我的体会跟大家一样，那就是"大海洋"工作越来越有样子了。最开始我们提出"大海洋"的时候，没有人知道它能发展成什么样子。就在我们不断地、反复地讲"大海洋"的过程中，态势越来越好，事情越来越多。在四大专项行动计划中，"大信息"有抓手，"大健康"也有抓手，只是抓的事情不一样。在"大信息"方面，我们要考虑如何与三个国家实验室对接好，包括张江实验室、浦江实验室、合肥实验室，这些都是国家战略；"大健康"也有"大健康"的特点。如果每个战略都像"大海洋"一样努力来做，都能逐渐发展起来。总的来说，通过这项工作，把多个学院的积极性都调动起来了。

下面我再说以下几点。

第一，2021 年成绩突出。刚才奚立峰副校长讲了很多，我在此稍微提几点：一个是大科学设施的立项。虽然跟工业界的大项目不能比，但从科研项目的角度来说，这已经是一个超大项目，而且我们要和中船集团紧密合作来做这件事。除此以外，我们还有一些项目有重大进展，包括葛彤教授的项目苦战了好几年，虽然没有做万米级深海试验，但是完成了 8 000 米级深海试验也很让人高兴；还有杨建民教授的采矿船，也完成了 1 300 米级深海试验；还有"海铃计划"，肖湘教授团队与他人合作进行了万米水下科学实验，刚才还在说从海底拿了好多东西回来，只有针对拿回来的东西开展好的科学研究才是真的成果。为此，奚立峰副校长还专程代表学校去三亚迎接，说明了学校的重视。除了这些直接与项目相关的，还有上海长兴海洋实验室的成立，上海市将其作为一个特殊的研究机构来支持；还有长兴岛基地的开工建设、上海海洋装备前瞻技术研究院的正式成立等。童所长和邢所长也都加入了，这是一个非常好的桥梁，他们可以慢慢了解学校能干什么、了解企业需要什么，然后进行更多的组合和整合。这些我们原来梦寐以求的事情都在逐渐地落地、推进。

中船集团的总部也搬到了上海，这更是一件大事情。还有海洋装备研究院，大家愿意到这里来工作，也是对"大海洋"工作的肯定。去年年底，我也走访了海洋装备研究院，那个时候科研团队和后勤保障人员已经入驻，但是还不能叫全面运行；今年，还只能说是基本上运行起来了，还没有热火朝天。其他我就不再一一说了。总的来讲，今年取得的成绩非常好。

第二，明年的任务非常多。刚才汇报中列举了十大任务，我从自己的角度关注了以下几个任务：第一个是海上核动力，关于这个问题我们昨天在中国船舶及海洋工程设计研究院已经讨论过了。这件事说了好多年，现在我们要大力推进，因为对于我们国家而言，搞海上核动力是必然的。中国船舶及海洋工程设计研究院已经在落实这件事情了，他们在项目推进上也有很大的难度。我们在过去十多年中，和中国船舶及海洋工程设计研究院展开了相关的合作研究，可以分享这些经验，对中船集团的科研工作将是一个很大的支持。第二个是液化天然气（LNG）船，上次去沪东造船厂看了之后，我的心情非常沉重。因为我们造了这么多年，产品居然还不如韩国的，还要给欧洲交高昂的专利费，这也从侧面反映了我国科研体制中存在弊端。这个技术瓶颈问题说到底就是制冷专业和材料专业两大学科的结合问题。如果我们全力支持，早就可以突破了。只要能把这两个学科组合好就不复杂。第三个是上海长兴海洋实验室的全面建设、大科学设施的全面启动、遥控潜水器(ROV)要做万米级深海试验，以及与中国船舶集团海舟系统技术有限公司合作共建。重点任务很多，任何一件事情做成了，都值得我们骄傲。

第三，还有需要进一步关注的工作。第一个就是，我期盼的我校在海洋方面的研究成果能够发表 *Science*、*Nature* 论文。现在我们一般说人类对海洋的认识还不足5%，那么可以认识的事情就还有很多，我们应该在世界舞台上占领这个领域的高地。相关专家就要去发表 *Science*、*Nature* 论文，学校在这个顶级学术期刊的发表数据里，海洋科学领域要占有一定的比例，要有最好的论文发表出来。第二个就是，要有雄心解决一批国家"卡脖子"问题。刚才我讲的，包括 LNG 船、海上核动力等都是"卡脖子"的重大问题；还有海洋传感器技术，这也是一个难点，因为我们总说到了海里就变成"瞎子"了。在这方面，我们要多和中国船舶集团有限公司第七〇四研究所合作，共同做一些技术上的研究；还有海洋材料，对于海洋养殖来说，长期泡在海水里，防腐蚀是个大问题。最后还有海洋战略的研究，这个我们要坚持发声。今年我们发表了蓝皮书，很好。

第四，我们还有一些其他方面的工作要持续推进。部部共建这项工作，周朦院长做得好，会动脑筋，不然我们海洋科学方面发展不了这么迅速。他是两手一起抓，一手抓海洋二所，一手抓中国极地研究中心，把它们的力量用起来。我们还要多花心思，进一步用好部部共建。还有就是要持续提升我们在上海的海洋装备和海洋科学研究领域的地位及影响力。如今在上海，认可交大在海洋研究方面具有独特地位基本上没有什么异议了;在行业领域里,别人很长一段时间都认为我们往综合性方面发展了,与船舶海洋这个行业离得远了,因此在这个方面我们的影响力还不够,虽然做了一些事情,但还要多宣传。

第五,我们后续的一些工作还要加强推进。一是要组建完整的工作班子,没有干部什么都做不下去。二是各个学院在各方面都要对这项工作大力支持,要把这项工作不仅当成是学校的工作,也是自己的工作。机械与动力工程学院要更积极,我作为该院的教授,也经常在想机械与动力工程学院在海洋装备领域能做什么。其实,海洋领域需要大量的装备,但好像没有人系统地来抓这个事。三是我们今天讨论的东西,后面要制订成年度工作计划,这个计划要可检查、可考核,说了十大方面,要落实每个方面的具体内容。只有这样抓,才能一抓到底。反过来讲,四大专项行动计划里面要走出一个样板来,要把"大海洋"做成样板,其他计划照此推进。现在,我们说一张蓝图绘到底,画清楚、干到底,"大海洋"先来,其他的跟上,只有这样,才能不断发展下去。

我基本上讲完了。最后,我借此机会对"大海洋"在若干年后的发展,做一点展望。

软科世界大学学术排名把我们的船舶与海洋工程学科排到世界第一。我认为,我们名不副实。因为我们没有哪件事情在全世界有重大影响,没有哪个人是全世界公认的。没有这样的人和事怎么能说是全世界第一? 所以,我们今后一定要有让全世界认可的事情,有让全世界认可的人。当然,做成这件事情的人,做的都是海洋方面的事情,他可能在学校的任何一个学院里。

从国内角度来说,当国家各部委考虑海洋方面的重大事情时,都会想要听听交大的意见,国家有任务首先想到交大;中船集团遇到重大事情时,都是先来找交大商量看看能不能做。能做到这样,对于一个大学来讲才是不错的。从国际角度来说,就是要像麻省理工学院和伍兹霍尔海洋研究所一样,美国的重大战略都是它们提的,我们在国际上也要具备这种举足轻重的作用。只有像这样硬实力和软实力都行,再过二十五年到 2046 年,当我们学校成为世界一流顶尖大学的时候,把我说的这几条都实现了,那就可以当之无愧地说我们在海洋领域做得最好。

切实推进基金工作　提升综合创新能力和活力
——在2022年国家自然科学基金申报宣讲会议上的讲话

（2022年1月6日）

今天，我们通过线上线下相结合的方式召开2022年国家自然科学基金申报宣讲与交流会，虽然很多老师在线上参会，但气氛依然热烈，说明各学院领导、科研教师都很重视基础研究、重视基金申报工作。

2021年，经过学校、学院的共同努力，学校的国家自然科学基金工作取得一系列好成绩，项目数、经费数创历史新高；重大项目有2项，毛军发院士、樊春海院士分别获得基础科学中心项目资助；优秀青年科学基金项目数首次跃居全国第一，32项获资助；稍有遗憾的是今年杰出青年科学基金申报未能保持以往成绩。希望科学技术发展研究院能够好好总结，加大组织策划的力度。

孙丽珍同志代表科学技术发展研究院做了学校国家自然科学基金总体工作的汇报，我们学校获资助的项目数已连续十二年位居全国第一，而且还保持着较大幅度的增长，非常不容易。但是，与此同时我们也要看到差距，杰出青年科学基金、优秀青年科学基金项目的总量与北大、清华、中科大、浙大的差距很大，同时也缺少大项目的资助，比如重大科研仪器研制项目一直未有新的突破。未来，我们将在继续保持优势的基础上，着重在大项目及人才类项目的组织策划上推进工作。因此，在这里我给各单位提四点要求。

一是要重点关注人才类项目。各学院应结合自身特点，建立杰出青年科学基金项目、优秀青年科学基金项目申报的组织和管理工作体系，充分发挥学院领导和专家的优势，助力青年人才的成长。有些学院面临杰青、优青等人才后备不足的问题，学院领导应进一步研究策略，加大力度扶持和培养年轻人，为青年教师提供良好的科研氛围，让优秀的青年教师能够沿着国家自然科学基金委的人才项目体系稳步成长。

二是提前布局、组织策划大项目。充分发挥学校高层次人才及有学术领导地位的优势，积极对接国家自然科学基金委相关学部，提前布局、组织策划，提升大项目的承接能力，在重大项目、重大科研仪器研制项目（部委推荐）、基础科学中心项目等大项目上取得新的突破。

三是进一步优化基金结构，提高项目资助率。作为以工科见长的综合性大学，学校在工程与材料科学部和信息科学部项目所占的比例偏低，不能够体现交大的水平。工科相关院系要进一步加强基金申报项目的组织，提高申报率和资助率。

四是高度重视和提前谋划交叉科学部项目。国家自然科学基金委新成立的交叉科学部，2021 年学校获得 1 项基础科学中心项目、5 个优秀青年科学基金项目的资助，成绩还是不错的。未来，希望各优势学科围绕重大战略需求和新兴科学前沿交叉领域进行布局，凝练基础科学问题，开展协同交叉攻关。希望各院系高度重视、积极谋划，争取成为我们另一个优势领域和新的增长点。

这几年的工作实践表明，科研工作仅仅依靠学校、依靠科学技术发展研究院是远远不够的，充分发挥学院的作用显得越来越至关重要。院系领导是否重视、科研办的同志是否认真负责、是否能够与科学技术发展研究院形成有效联动，对于我们是否能取得的成绩都是至关重要的。

最后，希望各院系领导能够充分重视基金工作，引导科研人员在国家自然科学基金的资助下，从事真正有意义的创新性研究，在提升自身及交大影响力的同时，为国家高水平科技自立自强作出贡献。

加快服务海洋强国建设　实现高水平科技自立自强
——在 2022 年科教协同领导小组会议
暨高校校长座谈会上的发言

（2022 年 2 月 17 日）

　　海洋事业是国之大计。习近平总书记高度重视海洋事业的发展和海洋强国建设，强调指出：海洋事业关系民族生存发展状态，关系国家的兴衰安危；海洋力量的强弱，归根到底是海洋装备的强弱。

　　我国是造船大国，2021 年全世界的造船订单量有近 50% 在中国。但还不是强国，在核心关键领域，如海洋装备设计软件、海洋运输船舶和海洋资源开采高端配套装备、海洋科学研究仪器等均依靠进口，这给我国海洋科学研究、深远海资源开发、海洋防务安全、海洋经济带来全方位的影响，制约了国家的国际竞争力。以高水平科技创新改变我国海洋装备大而不强的态势，是当前国家赋予我们的迫切任务和光荣使命。

　　上海交通大学是我国船海学科的发源地，培养了海洋装备领域最多的杰出科技人才，拥有全球高校范围内最强的船舶与海洋工程研究设施群，坐落于我国海洋装备产学研创新链最完整的上海，交大有能力也有责任承担支撑我国海洋高端装备研发体系的重任。近年来，学校为支撑我国在海洋领域高水平科技自立自强，举全校之力实施"大海洋"战略，以有组织的科研打造海洋领域国家战略科技力量。

　　上海交通大学长期承担国家海洋装备"卡脖子"的攻关任务，牵头研发了海上大型绞吸疏浚装备，为南海造岛发挥了重要作用，获得国家科学技术进步奖特等奖；研究开发了巨型舱段智能对接合拢技术，为我国大型舰船建造发挥了重要作用；研发了推进系统振动与噪声控制技术，为我国潜艇的减振降噪发挥了不可替代的作用。这些科技成就都为维护国家安全、保障国家利益作出了突出贡献！

教育部长期重点支持上海交通大学船舶与海洋工程学科的发展，先后支持建立了高新船舶与深海开发装备协同创新中心、深海重载作业装备集成攻关大平台。上海交通大学按照工程与科学贯通、技术与产业结合、科研与育人融合的整体思路，以高质量服务海洋强国建设为目标，在学科建设、任务实施、资源配置等方面统筹布局，打好中国特色高水平研究型大学国家战略科技力量建设的"组合拳"。

上海交通大学与中船集团加强紧密合作。近年来，我们全面深化与中船集团的战略合作，与落户上海的中船集团总部联动，共同成立上海海洋装备前瞻技术研究院，聘请中船集团资深专家担任负责人，近期重点开展核动力破冰船、LNG 船的货舱围护系统等研发工作，重点布局工业软件、智能船舶、深海矿产资源开发三大攻关任务，围绕前沿引领技术、产业共性技术发布联合基金，组建协同攻关团队，推动高校科研人员到企业中解决真问题、真解决问题。学校在上海市的大力支持下，依托我国最大的海洋装备制造业基地长兴岛，与中船集团共同建设上海长兴海洋实验室。

狠抓做实重大创新平台的建设和布局。积极推进"深远海全天候驻留浮式研究设施"建设，实现海洋研究支撑条件跨越式发展，目前项目已纳入国家"十四五"重大科技基础设施建设规划；优化重组海洋工程国家重点实验室，聚焦国家重大需求，打造"理论探索+水池试验+实海测试"的技术研究体系；瞄准国家"卡脖子"问题，建设深海重载作业装备集成攻关大平台，引进行业专家担任攻关团队负责人，创新体制机制,支持团队以"十年磨一剑"的精神进行核心技术的攻关。

上海交通大学是教育部与自然资源部的共建试点单位,正在通过科教融合打造创新人才引育高地。学校深入推进与自然资源部第二海洋研究所、中国极地研究中心的合作,利用中央专项经费自主设立"深蓝基金",引导广大青年科研人员参与国家重大科研任务,提升科研人员的科研学术水平和价值追求,促进学科交叉融合,搭建科学与技术相互支撑的科教融合平台,为重大原创性成果的产出和高层次人才的培养营造良好的科研生态。

根据我们工作的体会,希望国家出台政策,支持高校与行业龙头企业高水平深层次合作攻关。在此,我具体提以下两点建议:

一是支持上海交通大学与中船集团建立联合研究院,在各类办学资源方面给予支持。

二是鼓励国企的资深专家到高校工作,为高校培养人才,帮助高校了解企业的需求,进一步推动产学研合作。

聚焦原始创新贡献　打造战略科技力量
——在 2022 年全校科研工作会议上的讲话

（2022 年 2 月 21 日）

　　去年，我们参加学校科研工作大会的回忆还历历在目，转眼我们又相聚于此，总结学校 2021 年一年的科研工作进展，探讨 2022 年的工作思路，共同谋划学校的长远发展。

　　今天，我们荣幸地邀请到了闵行区委书记陈宇剑及闵行区相关单位的诸位嘉宾。交大的发展离不开地方政府的支持。交大积极对接区域建设的需求，并在各级领导的大力支持下，加强关键核心技术的攻关，加强校企联动，深化科技成果转化改革，打造新时期大学科技园的示范园区——"大零号湾"全球创新创业聚集区。交大与闵行区携手共同助力打造上海新的经济增长极，构建千亿级产值规模的环大学经济圈。

　　2021 年是"十四五"规划的开局之年。进入新时期，世界百年未有之大变局正在加速演进，国际形势和力量对比发生了深刻复杂的变化，科技创新的重要性日益凸显，党和国家也将科技创新提升到了前所未有的高度。党的十九届五中全会明确提出，"把科技自立自强作为国家发展的战略支撑"。习近平总书记在 2021 年 5 月 28 日召开的两院院士大会上指出，世界科技强国的竞争，比拼的是国家战略科技力量，并突出强调要强化国家战略科技力量，全面提升国家创新体系的效能。

　　在科技创新中，高水平研究型大学是强化科技战略力量的重要抓手,像交大这样的高水平研究型大学,是我国基础研究的主力军和重大科技突破的生力军。前几天,我在北京参加了科学技术部、教育部共同组织召开的"2022年科教协同领导小组会议暨高校校长座谈会",会议的重要内容就是深入学习习近平总书记关于科技创新和教育的重要论述,认真贯彻落实习近平总书记在两院院士大会、中国科学技术协会第十次全国代表大会和中央人才工作会议上的重要讲话精神,探讨如何引导高水平研究型大学充分发挥在国家创新体系中的重要作用,进一步强化国家战略科技力量,加快实现高水平科技自立自强。

会上,科学技术部部长王志刚指出,要充分发挥高水平研究型大学的独特优势,加强高水平研究型大学在国家创新体系中的能力建设,在关键战略领域取得重要突破。高水平研究型大学要发挥好在国家实验室建设中的重要作用,加强基础研究和交叉学科研究能力建设,积极开展有组织的科研,力争关键核心技术攻关取得更大突破。科学技术部、教育部也会予以一定支持,助力高水平研究型大学的科技创新。

近年来,学校围绕科技自立自强,推进了几项重要工作。我们深化科研体系改革,推进大科研体系建设。打造全链条全口径科技项目管理体系,实施净化科技生态环境、促进科研创新文化、优化科研成果考评等改革举措。建立校院联动交叉融合的响应机制,加强科研创新生态建设,营造自由探索的研究氛围,鼓励"十年磨一剑""久久为功",提升科技策源组织能力,推动大项目、大团队、大平台、大成果产出。此外,通过政策梳理、管理效率提升、探索新型机制体制、试点培育和成果转化试点工作的推进,完善项目管理,激活研究和转化活力,打造政产学研全链条研究体系。依托"大海洋""大健康""大信息""大零号湾"等专项行动,面向国际学术前沿,提高学术前瞻的引领能力和影响,强化使命担当,大力提升自主创新能力,服务国家和区域发展的重大战略。

我们也请科学技术发展研究院研究创新机制的体制,通过对世界级重大原创性成果的培育机制研究和与兄弟高校、研究院所的交流,启动"交大2030"计划,并将在近期组织实施。这个计划围绕"真解决问题、解决真问题、问题真解决"这个核心,旨在提升学科的科研内涵、能力、品质,推动我校在"十四五""十五五"期间取得若干重大研究成果与突破,稍后朱新远副校长会对计划做详细的介绍。我也希望后续各位能积极关注,认真思考,在学校提供的各种交流平台中与不同领域的学者多探讨交流,寻找"真问题",寻找你们研究的"兴奋点",也寻找学科交叉的增长点,然后扎扎实实开展研究。大家有好的想法可以随时联系相关领域的专家和科学技术发展研究院的老师,与他们多交流。

在2022年科教协同领导小组会议上,部委领导也反复强调,高水平研究型大学要发挥好在国家实验室建设中的重要作用。交大已经与张江国家实验室、浦江国家实验室、合肥国家实验室签约,并即将和临港国家实验室签约,在其建设中提供交大的智慧和智力支持。交大应该发挥基础研究深厚、学科交叉融合的优势,围绕立德树人这一根本任务,通过交叉融合的基础研究和对关键核心技术的突破,为科技自立自强提供战略科技力量和战略前沿科技创新成果。另外,我们在未来的工作中,要强化建设同国家战略目标、战略任务的对接,进一步深化创新成果的转移转化,大胆探索科技成果转化的新模式,以新技术的产生地为圆心,催生与汇聚高科技双创企业,打造创新创业集聚区,全面升级创新创业的生态链。我希望未来在市科委、闵行区的统筹协调和整体规划下,进一步激活"大零号湾"区域生态价值,为闵行区的产业升级转型发展引入新鲜血液,同时也盘活了区域的土地、人才、资金等资源,推动促进城市产业的转型升级。

未来,我们将继续把科技创新摆在学校发展全局的核心位置,学校也会不遗余力地支持建立多学科交叉联合研究攻关的新机制,推动区域产业升级,助力科创中心建设。希望全体交大人要不忘初心,同心协力,再接再厉,共同向着建设中国特色世界一流大学的目标不断前进,为中华民族伟大复兴不断作出新的更大贡献!

再次感谢各位的到来! 预祝大会圆满成功!

三手联动　建设"大零号湾"科技创新策源功能区
——在"大零号湾"专题工作会议上的讲话

（2022 年 11 月）

在市科委、闵行区、上海交大三方联席会议上的讲话
（2022 年 11 月 11 日）

今天的会议让我们大家都做了很好的交流，会后还需要各个部门跟进落实。下面我做个概括。

一是要构建更加畅通的工作机制。对此，我们几方都在努力开展工作，但还是希望常态化地采取这种"1+1+1"的模式，我们和闵行区更多地实干，合适时机请市科委一并参与，后面根据我们的工作需要再"+X"。做好这件事情不仅是为了交大、闵行区的发展需要，更是为了给上海市和国家作贡献。我们作为一所以工科见长的学校，我希望能够助力当地的经济发展，产生经济效益，我们所对标的是斯坦福大学和硅谷的模式。总的来说，希望形成合力。

二是要构建一个运营平台。目前来讲，我们在这方面还需要进一步共同努力。例如，可以集合我们大家的力量，组建一个运营公司，不仅要做好资产、空间等管理的外围工作，也要做好科技成果转移转化的核心业务。

三是加强建立沟通机制。把我们过去工作中的缝隙填补得更好，让我们几方可以及时沟通各自的工作进展情况，这样不仅有利于工作

的开展,也能有效整合与利用我们几方的资源。

最后,还要请市科委多发挥作用,如果我们真的要把"大零号湾"建成上海市具有重要影响力的区域,还需要经常性地向市里汇报。

在上海市政府副秘书长尚玉英同志
专题调研座谈会上的发言
（2022 年 11 月 16 日）

上海科创中心建设,应该是科技、产业、金融三者最佳组合的主要发力点,这更加贴合上海市的特点,这也应该成为科创中心建设的重要内容。

为什么我们学校对建设"大零号湾"这件事这么积极,第一个原因是我认为交大要建设成为世界一流大学,最终的发展模式将和斯坦福大学的模式相仿,我们的科技成果要能够带动经济发展,大量的科技成果要能够转化为生产力。在此前与上海市、闵行区的交往过程中,学校更多地被视为消耗资源的单位,科研工作是把资源变成纸,但是以后我们要把这些纸变成更多的资源,带动地方经济的发展,这是我们的未来展望。第二个原因是我们学校有大量的科技成果,在全国各地进行转化。这里面不成功的是多数,成功的是少数。因为距离太远的话,双方契合的成本就比较高,学校也比较难给予相应的帮助。如果是在学校的周边,学校也能够帮助协调解决一些困难。

但是,对于大学来讲,教书育人是比较有经验的,在市场化、产业化等工作方面并没有太多的经验。我认为,应该要成立一个闵行区和交大共同组建的实体单位来负责"大零号湾"区域的运营,如果只有市场化的运营,则会导致以经济利益为重,而且要客观地认识到,交大在"大零号湾"的建设方面发挥的作用是独特的,所以应该由交大和闵行区共同成立运营实体。

第三个原因是我们要有什么样的吸引力。因为教授在对其成果转化落地前会在多个地方对比条件，我们的长远目标是吸引学校的教授优先在"大零号湾"进行成果转化。我们这里有一个天然的优势，就是距离很近，缺点就是资源和空间有限，别的地方在资金和空间上是数倍优越于此地，因此我们必须要有特点，才能够吸引大家留在此地。所以，我们需要一系列的举措和政策来支持，当然也是分阶段的，在现在这个阶段，是让大家先进来，再帮助大家成长，我相信我们这里做好之后，肯定也将会成为上海科技成果转化的新高地。

通过这次尚副秘书长的调研，给我们面对面的指导，我相信我们肯定能做得好，因为我们科技的硬实力强，几个月以后我们就将迎来一个新的发展景象。

布局建设"交叉创新之园"
助力上海科创中心建设
——在吕志和科学园捐赠签约仪式上的致辞

（2022 年 12 月 20 日）

尊敬的吕志和博士，

尊敬的林郑月娥女士、沈炜书记、周亚军副主任，

各位嘉宾们、老师们、同学们：

大家好！

今天，我们相聚沪港两地，共同见证吕志和科学园的捐赠签约及命名。香江之畔，群贤毕至，浦江相望，共襄盛典。在此，谨向吕志和博士及其家族致以诚挚的敬意，向沪港两地的各位嘉宾表示衷心的感谢！

我们即将命名并揭幕的吕志和科学园，是上海交通大学积极响应"加快创新型大学及科研机构向张江集聚"的有力号召而兴建的前沿科学创新园区。从 2018 年打下第一根基桩，到 2022 年 7 月竣工验收，9 月迎来首批学生入驻，科学园现已形成总建筑面积 10 万余平方米，八个单体建筑，七中心一平台的雄浑之势。同时，科学园与上海同步辐射光源已开启共享之门，两者强强合作，会不断吸引来自海内外的顶尖科学家和研究者。吕志和科学园已成为最具潜力的全球交叉创新之园。

在科学园的成长过程中，得到了吕志和博士及嘉华工作团队、浦东新区、上海市的大力支持。广大建设者、参与者和科学家们，面对疫情的挑战，共同奋斗，让这片热土充满了生机。

吕志和博士及其长女、我校校董吕慧瑜女士，一直关注学校的发展。早在 2018 年初，姜斯宪书记就赴香港与吕博士会面，介绍学校在科技创新和前沿发展等方面的情况。吕博士对上海交通大学布局张江的举措非常赞赏，并对交大的科研力量充满信心。他当即指派团队具体对接，并数次亲自听取科学园建设进展的汇报，往来信函，细心叮嘱，令人感动。吕志和博士对园区的设计格局提出了通达大气、中轴对称等指导性意见，并提出要打通与上海同步辐射光源的通道。这些具有前瞻性的建议，为吕志和科学园的长足发展打下了良好的基础。此次，吕博士慷慨捐赠 2.5 亿元，助力科学园引才聚才、探索未来，也体现了吕博士的高瞻远瞩、无私奉献！为弘扬慈善精神，铭记吕志和博士的兴学义举，学校决定将科学园命名为"吕志和科学园"，以为纪念。

今天的命名揭幕，标志着吕志和科学园进入了新的发展阶段。年轻的科学家可以秉承"大胆假设、严谨求证"的科学精神，让无数的科学遐想在此变为现实，不断产出颠覆性、变革性、引领性的原始创新成果，成为国家科学中心人才的培育摇篮。我们相信，吕志和科学园将为助力实现高水平科技自立自强、建设科技强国、人才强国作出重要贡献。

下面，我宣布：吕志和科学园正式命名！

第六部分　饮水思源

重返母校畅叙深情　共庆闵行校区扬帆三十年
——在"闵行校区扬帆三十年"晚会上的致辞

（2017 年 9 月 16 日）

今天晚上很高兴来参加由 1987 级到 1991 级的闵行"首四届"校友们发起的"闵行校区扬帆三十年"校友晚会，刚刚见到很多曾经一起在闵行工作、生活的老领导和老同事，很多多年未见的老同学、老朋友，不禁也让我想起过去四十年在交大学习、工作、生活的点点滴滴，感到格外亲切！首先，我代表学校向今天专程回到母校参加闵行校区办学三十年纪念系列活动的老领导代表、当年的建设者代表、"首四届"校友代表们表示热烈的欢迎，欢迎大家回家！同时，也要向精心策划和组织今天系列纪念活动，特别是今晚演出的校友们表示衷心的感谢，谢谢你们对母校的深情厚谊！

我本人也是闵行校区建设和发展变化过程的亲身经历者和见证人。今年 1 月，宣布我担任校长的时候，我在发言中曾概括自己是一名土生土长的交大人，很有幸，从 1977 级入校至今，我在交大学习工作了四十年，也完整见证了闵行校区的发展：我还记得 1985 年闵行校区动工，1987 年启用，2001 年再次向东、向北新征土地 2 600 亩开始闵行校区二期建设等重要时刻；1989 年完成博士学业后，我留校工作，也是闵行校区最早一批的使用者之一，伴随着学院、学校工作的开展，经历了各个学院和部处从最初在闵行设立基础部、二部办公室，到办学重心逐步转移到闵行；我也经历过搭乘拥挤的"巨龙车"往返闵行、徐汇校区，一起拿着饭盆、使用塑料饭票去食堂打饭等，与大家一起走过那些艰苦却开心的岁月。

经过三十余年的建设，如今闵行校区已经是一个占地 5 000 余亩的美丽校园，这里环境优美、设施先进，不仅有海洋深水试验池等顶尖科研实验场所，还有环绕校区的塑胶健步道、最好的室内游泳健身馆等生活设施，能让最顶尖的人才在交大安心工作、学习，这在全国高校中也是首屈一指的。在此，我要代表学校再次感谢各位老领导、各位建设者、各位学长们，在你们的努力下，交大高瞻远瞩地建设了闵行新校区，为后来的飞速发展奠定了坚实基础，这里是你们当年挥洒青春、梦想起航的地方，也是你们永远的家园，期待大家常回家看看！

扎根行业领域　为祖国建设添砖加瓦
——在湖北校友座谈会上的讲话

（2018 年 5 月 4 日）

大家好！很高兴能来湖北参加今天的座谈会，这也是我自任校长以来，第一次离开上海和青年校友交流。首先，我代表学校向湖北省委、省政府对交大的支持表示感谢，向在湖北工作的校友们表示亲切的问候。今天，适逢五四青年节，在此，我也向在湖北工作的交大青年校友们致以节日的祝贺！

刚刚听了省委组织部领导和相关单位同志关于交大校友在鄂工作情况的介绍，我很受鼓舞，也很受启发。几位校友的发言，也讲得情真意切，作为你们的校长和学长，我非常欣慰你们用实际的行动践行了"选择交大，就选择了责任"的爱国情怀与使命担当。在交大的湖北校友中，既有德高望重的著名科学家、国家大型企业高管和自主创业的企业家，也有一批默默无闻在自己的工作岗位上为国家和社会作贡献的交大人，其中有不少是处于人生奋斗期、正在努力拼搏的青年校友。各位校友都在湖北这片土地上生根发芽，不断成长，在各自岗位上为国履职、为民尽责。

上海交通大学因图强而生、因改革而兴、因人才而盛，一百二十二年来，学校始终把人才培养作为办学的根本任务，为国家和社会培养了逾 30 万优秀人才。校友是学校的宝贵财富，在我担任校长以后，给学生工作指导委员会就业中心、校友会布置了一项任务，就是在我到各地出差时,只要条件允许,就要安排我与当地校友的交流座谈会,我特别期待与校友们分享学校的发展,也特别期待聆听校友们分享自己的成长经历与心得体会,并就学校的发展提出宝贵建议。最近,学校启动了教育思想大讨论,目的是聚焦人才培养,深入推进"立德树人、学在交大",希望能通过大讨论来更大范围地凝聚共识、更加全面深刻地剖析问题、更为有力有效地推动改革发展。我也希望广大校友能积极通过网络等平台一起参与到大讨论中,为学校的发展出谋划策。

自 1977 年来到交大学习,我已经在这里学习工作了四十多年,也见证了四十多届校友的成长与发展,这让我对"扎根"这个词有了一些自己的理解。今天,借此机会,我想围绕怎么"扎根",跟各位青年校友做一些交流分享,与各位共勉。

一是要扎根中国大地。前天,习近平总书记在北京大学考察时讲到:"当代青年是同新时代共同前进的一代。我们面临的新时代,既是近代以来中华民族发展的最好时代,也是实现中华民族伟大复兴的最关键时代。广大青年既拥有广阔发展空间,也承载着伟大时代使命。青年是国家的希望、民族的未来。"这对青年提出了殷切的希望和明确的要求。我认为,当代青年要与时代共进步、与祖国同奋进,首先就是要有"扎根"精神,"扎根中国大地是青年的使命"。只有扎根中国大地,了解国情社情民情,在实践中苦干实干,才能在为实现中国梦的伟大奋斗中实现人生价值,才能为实现中华民族伟大复兴贡献源源不断的青春力量。

二是要扎根湖北热土。上周(4 月 24 日至 28 日),习近平总书记在湖北待了 5 天,先后到宜昌、荆州、武汉等地,深入科技企业、生产车间、社区农村,考察长江经济带的发展和经济运行情况,并发表了一系列的重要讲话,提出了许多重要论断。可以说,习近平总书记对湖北是具有很深感情的,寄予了极大期望的。中部地区是我国经济中高速增长的重要引擎,湖北正在加快建成中部地区崛起的重要战略支点,争做中部经济发展的领头雁、改革创新的先行区。可以说,荆楚大地,大有可为。我为大家能选择到湖北来工作、投身湖北的建设而自豪,希望你们能够扎根湖北,在湖北这片天地中做出一番事业。

三是要扎根行业领域。长期以来,有一个话题讨论很热烈,那就是"年轻人该丰富自己的工作经验,还是该扎根一个行业?"我从一个过来人的角度讲,年轻人有丰富的工作经验与扎根一个行业是不矛盾的,积累工作经验不一定需要经常跳槽或者转行,应该是在扎根一个行业中不断提升学习能力,随着行业的发展而成长,在扎根行业领域的过程中积累工作经验。每一项事业,不论大小,都是靠脚踏实地、一点一滴干出来的。我特别希望你们能向湖北的老交大校友学习,向黄旭华院士、赵梓森院士、朱英富院士学习,干一行、钻一行、爱一行,在一点一滴促进行业进步的过程中,成就自己的非凡人生。

最后,再次感谢湖北省委、省政府和各有关单位对交大校友的关心和指导;希望交大的青年校友们能牢记母校"饮水思源,爱国荣校"的校训,为祖国的建设添砖加瓦,为实现湖北的腾飞贡献力量!

筑梦三湘　思源致远
——在湖南校友会成立大会上的致辞

（2018 年 5 月 6 日）

　　我非常高兴能够来到长沙，与各位校友共同见证上海交通大学湖南校友会的成立。首先，我谨代表学校向湖南校友会的成立，以及"筑梦三湘、思源致远"校友论坛的顺利召开，表示热烈的祝贺，向广大湖南校友表示诚挚的问候！感谢校友们在湖南校友会筹备过程中的辛勤付出，感谢各位校友对母校始终如一的关心与支持！

　　三湘大地、人杰地灵，湖南源源不断地为交大输送了大量青年才俊。也有越来越多的湖湘学子秉承"饮水思源，爱国荣校"的校训，学成归来，建设家乡。除此之外，湖南也吸引了大量非本地的校友定居工作，例如我们的刘友梅院士，他在 1961 年从交大毕业后，同 20 多位同学一起来到被誉为"中国电力机车摇篮"的株洲电力机车厂工作，这一扎根就是近六十年，成长为我国著名的轨道电力牵引动力专家，成为电力机车发展的奠基人之一。近十年来，在湖南就业的交大毕业生中，硕士研究生占比近 50%，博士研究生占比近 30%，在三湘大地的交大人精勤进取、锐意创新，已在各行各业崭露头角，为湖南的社会、经济、文化、政治的发展贡献了自己的力量。

　　借此机会，我也向各位湖南校友简要介绍一下母校的发展情况。2017 年学校被确定为国家"双一流"建设高校，认定的学科数位列全国第四；在第四轮学科评估中，有 25 个学科成为进入全国前 10% 的 A 类学科,排名也同样位列全国第四;学校的国际排名稳步提升,2004 年以来,ARWU 排名由世界第 461 名上升至第 130 名;国家自然科学基金项目总数连续八年全国第一。就在不久前,上海交通大学张江科学园正式奠基,由李政道先生担任名誉所长的李政道研究所也在加快建设中,依托张江科学园区和李政道研究所,学校将全力参与到上海创建全球有影响力的科创中心的整体布局中。

　　一所大学是否真的能称之为一流,关键在于是否能培养出一流的人才。为了进一步提升人才培养的质量,学校时隔十年再一次启动了教育思想大讨论,结合新时期学校的办学使命和时代特点,聚焦人才培养这一根本使命,广纳谏言,深入讨论如何更好地培养堪当民族复兴大任的时代新人,为全面建成社会主义现代化强国作出新贡献。在这里,也非常欢迎各位校友为母校的人才培养工作积极建言,母校需要你们的声音。

　　近年来,学校也在不断加强校友工作,按照地区、行业、学院三个维度构建全球校友的组织网络;2017 年,我们在徐汇校区有百年历史的老建筑——盛宅设立了"校友之家",在过去一年中,盛宅举办了 200 多场校友活动,已经成为校友们回母校的必到之处,也欢迎各位校友在任何时候去那里坐坐。在刚刚举行的一百二十二周年校庆中,有 3 000 多名校友回到母校,我们举办了校友音乐会、"校庆杯"校友系列体育赛事、杰出校友讲座等各种活动,进一步加强了校友与母校的联系,促进了校友与母校的共同发展。

　　今天,我们的湖南校友会正式成立,相信这里将成为在湘交大人的共同家园,成为母校与湖南校友联系的重要桥梁。在此,我也代表学校,对湖南校友会的发展提出三点期望:首先,希望湖南的校友带着独特的湘文化以及交大人特有的品质为湖南的发展乃至中国的发展作出贡献;其次,希望湖南校友做好纽带工作,加强校友与校友之间、校友与母校之间的联系和交流,凝聚校友资源,助力校友的事业、生活发展;最后,母校还希望校友成为交大声誉和品牌的传播者,扩大母校在湖南的影响力,交大的声誉和品牌在于我们所有交大人的言行表现,在于我们所有交大人的作为与贡献。我衷心希望交大人能够团结起来,为把交大建成世界一流大学,共同努力、不懈奋进!

最后,再次祝贺我们今大的成立大会和校友论坛取得圆满成功,祝愿湖南校友会越来越好,祝愿各位校友事业兴旺、身体健康!

与母校共青春　与家国同奋进

——在上海交通大学1977、1978级校友入校四十周年纪念庆祝大会上的讲话

（2018年6月9日）

各位1977、1978级同学们、校友们：

大家上午好！首先，我代表学校，欢迎大家回到母校，共同纪念入校四十年，共叙同窗情谊！

看了刚刚的暖场视频，我相信大家的心情都很激动。四十年过去了，当年风华正茂的我们，都已是两鬓斑白。故地重游，看着母校芳华如故的一景一物，回忆当年学生时代的点点滴滴，我们不由得感慨万千。我们的交大生涯从一张录取通知书开始，纸张虽已泛黄，但还记载着那曾经最难忘的喜悦。作为恢复高考后的第一批学生，我们来自五湖四海的工厂、农村、部队、学校，大家都对知识充满了极度的渴望：上课时，我们总是抢占阶梯教室的前排座位，认认真真地做好每一堂课的笔记，还利用课余时间补充知识，校门口小书店的吉米多维奇《数学分析》习题集总是非常抢手。正如戴建生校友发自内心的感慨一样，经过交大的历练，"我们不怕其他的任何考试，不怕人生中的任何困难。"我们要特别感谢我们的老师们，他们在重返讲台之后，把对教学的热情全部喷发了出来，倾注于我们，在我们身上投入了大量心血。他们不但在课堂上讲课极其认真，晚上还常常到我们的自修教室进行辅导。朱物华、张煦、张钟俊、杨槱、周志宏、范绪箕、翁史烈、陈铁云、孙璧媄、盛振

邦、程极泰等一批名师在我们的心中永远扎根。除了学习，我们的大学生活也多姿多彩，我们一同在大操场和体育馆挥洒汗水，一起观看露天电影，分赴全国各地的工厂生产实习。我们携手共度美好时光，在红太阳广场合影留念、依依惜别，从此母校成为我们经常想念的故乡！

时代造就了我们，我们与时代共进！当年怀着理想与激情出发的我们，用奋斗与创造书写壮丽的青春，在政府、行业、学界、商界，在祖国建设的各个岗位上都作出了自己的贡献，为母校增光添彩，并一直关注、支持母校的发展。其中，有担任国家领导人的严隽琪学姐，有执掌过中核工业和国家电投的钱智民同学，有打造国之重器的胡可一、徐青同学，有在学界赫赫有名的冯大淦、顾敏、倪军同学，有在商界打拼出一片天地的刘共庭、袁怡同学。当然，还有更多在祖国最需要的地方默默耕耘的同学们，用行动诠释交大人的责任与担当，比如在云南、四川为国防工业尽心工作二三十年的王云、谭言华同学等。我想，无论我们身处何种岗位，从事什么工作，只要怀着饮水思源、报效祖国的初心，都是母校的骄傲！

作为同学，姜斯宪和我跟大家一样，在进校之时都为加入交大这样的百年名校而骄傲。回过头来看，当时的交大，历经1952年的院系调整，1956年的西迁，再经十年动乱的艰难岁月，办学实力已大大削弱，曾经的"东方麻省理工"盛名难副。改革开放以来，母校紧抓机遇、不断超越、再创辉煌！时至今日，我们可以自豪地向国家、社会，也向广大校友、全体交大人交出满意的答卷：上海交通大学已经建成一所"综合性、研究型、国际化"的国内一流、国际知名大学，并且正在加速向世界一流大学迈进！

改革开放以来，我们形成了综合性大学的办学格局。大家应该还记得，在我们就读期间，学校恢复理科、重建管科和文科，进行了以工科大类为基础的专业设置调整。到20世纪90年代初，基本完成了从以船为主、机电见长的工科大学转向以理、工、管科为主,兼有人文社会学科的综合性大学发展的战略调整。此后,我们学校与上海农学院和上海第二医科大学合并,再次实现跨越式发展,形成了综合性学科布局。交大不仅学科门类齐全,而且抓住了历史性的发展机遇,学科建设水平日益彰显。继20世纪90年代首批跻身国家"211工程"和"985工程"重点建设高校行列后,去年我们又成功入选了国家首批"双一流"建设高校,17个学科入选"双一流"建设学科;在教育部的新一轮学科评估中,有25个学科进入A类,位居全国第四。

改革开放以来,我们实现了向研究型大学的全面提升。学校在1978年召开了向科学技术现代化迈进的誓师大会,明确提出"要把上海交大办成既是教育中心,又是科研中心;既出人才,又出成果"的目标,但是,当时学校的办学条件比较困难,全校的科研经费只有700多万,正教授40余人,硕士研究生150多人,科研方向也落后于学科前沿。交大人借力改革春风、融入国家发展,勇立潮头、锐意进取,率先探索高校人事和分配制度改革、率先开辟闵行新校区,为学校赢得了发展先机;持续推进"人才强校"主战略,营造"近者悦而尽才,远者望风而慕"的文化氛围,通过人才引进和培育并举的机制,建设世界一流的人才高地。目前,学校的专任教师中,有教授近千名,院士40多名,长江学者和杰青等优秀中青年学者200多名;更为可喜的是,多名诺贝尔奖、"图灵奖"的获得者等世界顶尖专家扎根交大。各类人才在交大得其所、尽其才,为交大早日建成世界一流大学作出了贡献。目前,交大全日制学生37 000多人,其中本科生16 000多人,硕士研究生14 000多人,博士研究生7 000多人。学校财政总收入超过115亿,到校科研经费突破32亿,学校的创新能力位居全国前列。

改革开放以来,我们取得了国际化办学的长足进步。国际化是交大与生俱来的特质。20世纪二三十年代,交大就借鉴西式课程的设置,延揽中外名师,引进原版教材。20 世纪 70 年代末、80 年代初,我们首派教授代表团访美、首受海外巨额捐赠,引领国内高校风气之先。近年来,学校在坚持扎根中国大地办大学的同时,坚持推进国际化战略。我们与 150 余所国际著名大学建立合作交流关系,不断拓展国际合作的内涵与深度。学校的中欧国际工商学院、密西根学院、巴黎卓越工程师学院、上海高级金融学院等已成为名扬中外的国际化办学典范。校园的国际化氛围愈发浓厚,已经吸引了一些普林斯顿大学、斯坦福大学、康奈尔大学等世界一流大学的学生,来校攻读研究生学位。

如今的交大,是国内最优秀学子所向往的顶尖学府之一,各省高考前千分之一的学生,才有机会进入交大,“学在交大”的优良传统蔚然成风！如今的交大,为国家的创新发展、社会文明进步贡献卓著,南海造岛的“天鲸号”、锦屏山的暗物质探测,攻克凶险难测的白血病、探索超大城市的治理模式等研究成果捷报频传！如今的交大气象万千,徐汇校区古朴庄重,典雅怡人,闵行校区美丽现代、开阔包容,医学院校区紧凑有序、成果涌现,多个校区遥相呼应,校园活动多彩、师生教学相长,一批又一批交大人从这里走出,奔赴远方、建功立业！

四十年沧桑巨变,学校的办学规模和水平大幅提升,而坚持立德树人、为国家培养“一等”人才的根本使命始终不变！学校的国内地位和国际声誉显著增强,而与国家同向同行、矢志奉献的崇高追求始终不变！学校的办学格局日新月异、环境条件日益优良,而交大人登高望远的胸怀、敢为人先的勇气始终不变！

面向未来,在国家强盛、民族复兴的伟大征程中,母校将再攀高峰:到 2020 年,交大将跻身世界一流大学行列;到 2035 年,将进入世界一流大学前列;到 2050 年,将建成顶尖的世界一流大学。要实现这样的梦想,还需要我们共同努力、再接再厉,也需要广大校友继续不遗余力地支持母校发展,让交大之名、交大人的功绩印刻在祖国山河和世界之巅。

同学们,交大是天下交大人共同的精神家园! 我们这一代人与母校共青春、与国家同奋进,把人生中最美好的岁月留在了母校,把一腔的青春热血写在了改革开放事业的宏伟卷轴上。"饮水思源"的精神传统和我们无悔奉献的人生风采在历史长河中将永远闪耀光芒! 母校也永远和大家在一起! 欢迎各位校友常回家看看! 最后,祝愿各位校友身体健康,阖家幸福,万事如意!

扎根行业基层　成就非凡人生
——在宁夏年轻校友座谈会上的讲话

（2018 年 9 月 15 日）

　　我很高兴能来银川参加今天的座谈会。首先,我代表学校向宁夏区委给予交大的一贯支持表示感谢,向在国家重点单位工作的校友表示衷心的问候!

　　刚刚几位校友的发言,讲得都非常好,作为你们的校长和学长,我非常欣慰,你们用实际行动践行了"选择交大,就选择了责任"的爱国情怀与使命担当。蔡力宏书记是扎根西部为国家作出突出贡献的交大人的代表,可以说他把人生最宝贵的时光献给了煤制油化工事业。希望各位向蔡力宏书记学习。刚才,宁夏区委组织部的领导也介绍了有关情况,我听了很受启发。

　　校友是学校的宝贵财富。在座的各位,都是我校在宁夏的杰出校友,都为宁夏回族自治区的建设和国家发展贡献出宝贵的力量,为母校赢得了声誉。举行以年轻校友为主的座谈会是交大的优良传统,通常我们去地方重点单位走访的同时,都会和当地的校友们见面交流,听听大家的工作经历和心得体会。

　　近年来,学校大力推进就业引导工程,鼓励更多的毕业生前往国家重要行业的关键领域建功立业。今年的校领导班子务虚会、学校的全委会以及学校的干部大会都对就业质量提出了更高的要求。我想,我们就是要通过这样的引导措施,推动更多的优秀毕业生到国家急需的地方,到基层单位去贡献力量!我们国家发展到今天这个阶段,我们民族到了这个阶段,我们学校到了这个阶段,我们越发感觉到,我们培养的人就是要为国家、为地方作贡献和服务。

今天,借此机会,我向各位年轻的毕业生提三点期望,与大家共勉。

一是坚定理想信念,深入学习贯彻党的十九大精神。党的十九大,确立了习近平新时代中国特色社会主义思想是我们党必须长期坚持的指导思想,提出了中国特色社会主义进入新时代。新时代、新气象,呼唤新作为。每一代人的命运都与国家和时代紧密相连。在上海交通大学一百二十二年奋斗历程中,无数的优秀毕业生,始终与国家发展同心同向,自觉把个人的理想追求融入国家和民族的事业中,在推动国家前进的浪潮指引下,我们不断前行。作为今日交大校友的你们,更有责任有义务,传承好这份责任与担当,增强"四个意识"、坚定"四个自信",积极做习近平新时代中国特色社会主义思想的坚定信仰者和忠诚实践者。

二是不断学习,弘扬"学在交大"的优良传统。习近平总书记在《之江新语》中曾经引用过一段话:"学所以益才也,砺所以致刃也",也就是说要想增长才干,就要学习;要想刀刃锋利,就得勤加磨砺。在如今信息化的时代,知识的更新迭代非常快,不学习,思想就会僵化,能力就会退化。时代要求大家有迅速掌握新知识的能力。我希望你们始终秉持交大优良的校风、学风,牢固树立终身学习的理念,把读书学习作为一种政治责任、一种工作要求、一种精神境界、一种自觉追求。

三是扎根行业,在推动基层工作的进步中实现人生价值。各位校友,我为你们选择投身宁夏重点单位和基层单位而感到非常自豪。人生需要有一个方向,我相信,你们的选择,会使自己不断地成为学校引以为荣的交大人,既在事业上为国家作出贡献,同时也会被社会、被你们所在的单位、被母校,引以为骄傲。我希望你们能以老一辈杰出的交大人为榜样,干一行、钻一行、爱一行,扎根行业、扎根基层,一点一滴积累,一步一步前进。你们在一点一滴地促进中国各项工作进步的过程中,也必然能成就自己非凡的人生。

各位年轻的毕业生们,"交大人"是我们共同的标签,无论何时,请大家务必谨记"饮水思源、爱国荣校"之校训精神,心里要怀着国家强盛的使命感。在此,母校祝福你们,希望你们未来一帆风顺,也期待你们常回校看看!

磨炼意志　不断奋斗

——在广西选调生座谈会上的讲话

（2019 年 7 月 12 日）

刚才，大家发言的质量都很高。从大家的发言中，我体会到，绝大多数同学过去可能不是广西人，但是大家来了，工作了一段时间以后，都融入了广西，爱上了广西。

我还有一个体会，你们从读中学到进入大学，自己都没有做太多的选择，但是大学毕业以后的就业就是你们自己的选择，而且选择非常多。大家在无数的选择中，自己选择来到广西，选择了选调生这个职业。

选调生是一个艰苦的职业。你们在社会的最基层，要去解决许多基层的实际问题，通过这些工作的历练，我觉得你们都在快速成长，都有了很强的能力，都能去破解很多难题。我感到特别高兴的是，我们在座不管发言时间长或者短的同学，都朝气蓬勃，意气风发，表现出了有抱负、有信心、也有决心做好这个职业的态度。在大家的发言中多次提到了我们交大党委书记在你们入校的第一课中，给大家讲的"选择交大，就选择了责任"这句话，一直激励着大家不断奋斗。

我们在各种场合都讲交大要重视立德树人。党委书记的第一课讲"选择交大，就选择了责任"，这个责任的含义非常丰富。就像我们校训"饮水思源"一样，非常丰富。我还要特别感谢大家能够记住我过去在毕业典礼上的发言，你们能够从不同角度记住一句两句，我就感到非常欣慰了。我每次准备毕业典礼上的发言都很为难，因为我不知道讲什么，能够对即将离开学校的你们有所帮助。从我发言的初衷来讲，觉得作为你们的校长也好，老师也好，总是希望你们离开学校以后能记住点什么，能够对你们的人生道路，工作过程有所帮助。

我们学校的党委非常重视选调生，为什么？我借这次的机会讲一讲。你们选择到广西做选调生，学校对你们特别鼓励和关心，要长期跟踪你们的成长。在座的各位，跟你们同班的同学相比，跟你们的师兄师弟们相比，不仅收入上面要比他们少，而且工作要比他们辛苦，要到第一线去处理各种各样的问题。但是，你们都是一群有抱负的人，选择了向难而行。选调生这条道路是我们国家培养治国英才的重要举措，也是组织部门的高度重视之路。希望大家通过努力，把自己磨炼得更有能力。我有一次毕业典礼主题演讲的标题就叫"人生无捷径，坚守成大器"！我想每个年轻人都希望自己能够成就一番事业，那就一定要通过若干年的努力，让自己的意志得到磨砺，自己的能力得到加强。没有人愿意荒废人生。

广西从某种程度上讲是不发达地区，但是广西有很多独特的条件，粤港澳大湾区就靠在边上，机会很多。就对国外出口而言，这也是个与东盟接壤的地方，有很好的地理优势。同时，也享受了一定的特区政策，这都是很好的。我相信几年以后，广西的发展会非常好。通过你们的手去把广西发展起来，不管你在乡村工作也好，在地级市工作也好，还是在区政府工作也好，都是大有可为的，你们一定能够做出不平凡的工作业绩。

我作为你们的师长，想对大家提几点希望。

一是要坚持学习，提高自己的人生品位。我相信你们现在每个人都是信心满满，每个人都是想把自己的一生变成一个比较好的一生。但是，你是否一直有后续的能量，要靠不断学习。学习就是一个人一直保持很好的状态。人不学习就会空虚,空虚以后就会出问题。学习使人充实,学习使人的品位提高。我希望你们年轻人能够记住这一点,在2018年的一次毕业典礼讲话中,我专门讲了学习。

二是要注重锻炼自己在基层岗位工作的能力。在工作当中,每个人都要注重锻炼自己在基层岗位工作的能力,在基层工作中解决实际问题,才能够真正锻炼能力。方才几位同学的发言,让我想起了我当知青的时候,比你们更深入一线。我17岁就到了农村,当地的农民很信任我,让我当计分员、保管员、副队长等,管了生产队的很多事,帮助解决农民之间的矛盾。虽然我年纪不大,但是他们信任我,经历过无数次的克服困难,我就一次一次地锻炼了自己。

三是要不断磨砺自己的意志。我相信在工作当中一定会有很多让自己感到要打退堂鼓的时候,一定会有很多工作不顺利的时候,希望我们的同学们要能够把这样的场合当作对自己意志的锻炼。你们一定要有克服困难的意志和决心,不能当逃兵。我做思政教师时,有一些同学不愿意学习机械工程专业,因此缺乏学习的积极性。我对他们说,你们在大学里面要经历近百次的考试,不管你们对学习的课程是否感兴趣,每一次考试你都要争取胜利,而不能以不感兴趣为由,以逃兵的心态混过考试。如果你每一次考试都成了逃兵,到最后你一定会对自己的人生失去信心。我希望你们能够直面困难,把解决每次困难都当作磨炼自己意志的考试。

四是在工作中要有智慧。大家刚才都提了很多,希望学校提供支持。我觉得学校都有责任和义务帮助你们,但是要靠你们去策划出能够支持的事情。学校里面有许多工作需要校长支持,我从原则上讲都支持,但是你们要把它变成一个可执行的事情。今天下午,广西校友会的一位同志对我讲,希望交大来广西办研究院。我说原则上都可以,但是研究院是干什么的? 哪个方面既是广西有需求,又是交大有长处的地方,你们要去研究,研究了以后,变成一件事,然后又找到能做事的人,这样才能把事情做成。

最后,我还特别要感谢区委组织部、公务员局对我们交大校友的关心、厚爱和培养。我也希望我们各位校友的表现,不辜负区委组织部对大家的关心。

投身基层治理　绽放青春风采

——在宁夏选调生及校友座谈会上的讲话

（2021年9月30日）

2018年,我来银川见过2017年和2018年来宁夏的选调生,大概十来个人,那次的交流给我留下了深刻印象。回去以后,我在学校讨论工作时,多次提到宁夏选调生的工作情况,包括沙烨同志,所以他也做了一些工作。沙烨同志作为一名成功的企业家,我发现他在有些方面比我更了解宁夏的情况。

我们学校是一个全国性的大学。在办学过程中,我们碰到的一个大问题就是太多的同学在上海就业,大概占到了70%。所以,我们特别鼓励同学们能到全国各地工作,我做了校长以后,也在积极推动这项工作,这也是积极响应国家的号召。今天在座的各位,不管是像杨农这样早期就到宁夏工作的校友,还是近几年到宁夏工作的选调生同学,都可以说是"逆行",你们来到了基层,来到了艰苦的地方干事创业,这一点我觉得特别值得肯定,我代表学校向大家表示感谢。我和杨书记,还有分管校友工作的张安胜副校长,我们最近到各地方,尤其是一些艰苦的地方,包括云南、贵州、江西等地,我们都会挤出时间来看望我们的选调生,并把它当作一项硬任务在做。

你们对国家和社会承担了自己的责任,作出了自己的奉献,在这个过程中,你们也有所得。其他人只是在物质生活上舒服一点,你们的精神生活却更加富足,因为艰苦的地方更能够锻炼自己的精神品格。我觉得，在这样一个地方坚守，能够为自己的成长积累丰厚的人生财富。一个有成就的人，还是要经历一些艰苦和磨难。听了你们的发言，我们都特别感动，好多人的发言都讲得特别好，甚至比我的毕业典礼发言讲得还好。不知道你们当时听我讲毕业典礼发言是什么样的感受和想法，但今天你们通过自己的语言讲出了自己对学校教育的感恩，让我十分感动。你们身上不仅体现了学校的期望，也体现了你们在过去这一段时间里的收获和成长。

大家来的时间长短不一，有的是今年来的，有的是 2017 年来的，在过去不长的时间里，大家都投身于国家和宁夏的发展建设。听了你们的发言，我归纳了一下，你们主要是参与了国家的脱贫攻坚战。今年 7 月 1 日，习近平总书记宣布我们历史性地解决了绝对贫困问题，而你们都是亲身经历者，不管大小都是贡献者。投身这样一个伟大的事业，你们应当感到自豪。现在，你们还年轻，像我们年纪大一点的就很有感触。在以前，吃饱穿暖这么朴素的需求就是大多数中国人的追求，而现在我们已经实现了这个目标。经过这些年的努力，现在我们做到了吃饱穿暖，这是中国历史上的一个伟大功绩。在这个功绩里面，有你们大大小小的贡献，就像众人推一辆大车，每个人都伸出了一双手，所以你们一定要感到自豪和自信。等你们再长大一些，再回去农村一线看看，回想起你们当年参与了脱贫攻坚战，可能就像我们看红军长征一样，会有特别的感受。也就像我这个年龄，再回想起知识青年上山下乡一样，虽然比较辛苦一点，但也很有意义。

除了脱贫攻坚，你们还碰上了疫情防控，就像大家刚刚谈到的一样，疫情防控工作不好做。但是，大家都在自己的工作岗位上，按照中央、上级组织的要求，一点一点地做好工作，其中也遇到了很多麻烦，甚至还要穿上防护服去做工作。在这个过程中，你们为保一方平安，作了自己的贡献，这也是人生一次难得的经历和体验。刚刚所讲的是两个大的方面,还有很多小的方面,比如乡村厕所改造,这是走向文明的过程,经过你们的努力,也在不断往前推动,最终实现了目标。我觉得这些都非常有意义。

在基层工作,对你们工作经验的积累非常重要。归纳来讲,工作长的四年、短的两年,还有刚刚下基层的同志,你们都增加了工作责任心,增加了社会责任感,增加了对群众的感情,都适应了社会,实现了从"象牙塔"到"大熔炉"的转变。你们当学生时,受到学校和家长的关爱,而当你们踏入社会时,要关心别人、帮助别人,还要带着别人发展,这是一个很大的转变。刚才童部长说,你们还学会了群众的方言。通过两年的工作,你们积累了宝贵的经验,我觉得更重要的是,你们身上体现了对国情、民情的了解和感情,这些都非常珍贵,希望你们能够坚持下去。尤其要讲的是,年轻一代人不管做什么工作,不管事业有多大成就,脑袋里要有一个清醒认识,那就是对中国人民的感情最珍贵,你们在这里工作就是要培养这个感情。一个人如果对国家没有感情,何谈为人。你们都是年轻人,随着你们的发展,之后会有一定的社会地位,但这一点要深深地扎在脑子里,这是一条底线。

以上是我的一些感受。接下来,我提四点希望。

一是希望我们校友,特别是年轻校友,要扎根宁夏、建设宁夏,把宁夏作为自己的奋斗之地,并且坚持学习,树立正确的人生观。尤其要有正确的政绩观,不贪不腐,严格要求自己。很多人想得太多,要得太多,最后让自己走到了绝境。你们要有正确的人生观,现在我们讲要不敢腐、不能腐、不想腐,真的希望大家要永远严格要求自己,做一个问心无愧的人。

二是希望大家与学校保持联系,把你们的喜讯告诉学校,有困难也要找母校。现在,彭志科同志除了是宁夏大学的校长,还有一个身份,就是我们学校的大使。因此,大家有事情可以直接找他。说实话,我和学校党委的同志们，也是下了决心才把彭志科同志送来的，我们也舍不得。他是中共中央组织部2018年来我们学校选拔出来的两个年轻干部之一，是我们学校领导干部的后备力量。所以，宁夏教育厅的李书记来跟我们谈，我们也是思想斗争了一番，才把彭志科同志送了过来。

三是大家现在都离开了学校，我希望你们把自己在学校期间学习生活的体会，也可以结合工作当中的体会，对母校的发展提出意见、建议，并及时告诉我们。你们的建议不一定都是对的，也有可能是片面的，但都是真诚的、善意的。这些意见、建议都要告诉母校，我们不一定都能够做到，但肯定都会认真对待，认真研究。

四是宁夏组织部把我们选调生安排到基层锻炼两年很好，让他们能够真正了解基层一线的情况，让他们能够真正了解社情、民情。我高中毕业的时候，在四川农村插队待过两年半，后来在工作中遇到一些困难的时候，就会想，我连知青生活的苦都吃过了，没有什么苦不能吃。所以，我觉得这个安排很好，可以锻炼他们。当然，我想宁夏组织部可以更多地关心我们交大的选调生，帮助他们，提醒他们，让他们成长得更快、更好。

艰苦奋斗干事业　初心不改育桃李
——在翁史烈院士学术思想暨九十岁华诞座谈会上的讲话

（2021 年 5 月 20 日）

尊敬的翁院士，各位领导、各位来宾，老师们、同学们：

大家上午好！

今天我们齐聚一堂，共同庆祝翁院士九十华诞。刚刚听了学校老领导，以及校友代表们的发言，其中的很多话语让我十分有感触。回想起来，翁校长 1984 年开始做校长，那个时候我还是研究生，翁校长 1997 年卸任的时候，我开始担任机械与动力工程学院的副院长。在这个过程中，我得到了翁校长很多的关心和指导，对我帮助很大。翁校长一直是我心目中非常敬重的老校长，是我们这些晚辈后学的楷模。

翁校长学术造诣高，是我国新一代热力涡轮机的开拓者之一。他把信息科学和计算机技术引入热力发动机，建立了数字模拟实时仿真和并行计算仿真工作站，首先提出并主持了我国大型电站汽轮机性能仿真监管的国家攻关项目。他率先研制成功我国第一台陶瓷绝热涡轮增压复合柴油机，完成了我国第一批陶瓷涡轮转子设计与实验，为我国燃气轮机的发展作出了重要贡献。

翁校长担任校长期间，高瞻远瞩、锐意进取，用极具发展的战略眼光为学校奠定了坚实的发展基础。其中，启动建设闵行校区具有突出的代表性。20 世纪 80 年代初期，我们学校徐汇校区仅有 300 多亩土地，已经不能满足学校快速发展的需要。在翁校长、王宗光书记的领导下，老一辈交大人攻坚克难，奋发努力，克服了各个方面的困难，以极大的热情把当时一片荒凉的农田，规划建设成了现在我们所处的这片既现代化又美丽的校园。这为学校的发展开辟了新的战略空间，赢得了历史机遇。此外，还有创建中欧国际工商学院、管理体制改革等诸多的重要事件都是翁校长对学校的发展作出的重要贡献。

时至今日，翁校长的精神仍在感染着我们：在学术上，强国之梦不灭，动力之心未泯，翁校长始终牵挂着国家科技的自立自强；在育人上，为党育人初心不改，为国育才立场坚定，翁校长桃李天下，春晖四方。这些都值得我们继承和发扬，我们一方面要记住老一辈交大人干事创业的艰辛，要珍惜今天事业发展良好局面的来之不易；另一方面更要发扬光大老一辈交大人艰苦奋斗干事业的精神，要继续求真务实、努力拼搏，要继续敢为人先、与日俱进，争取事业发展更上一层楼。

最后，再次衷心祝愿翁校长生日快乐，福寿安康，阖家幸福！谢谢大家！

牢记建馆使命　大力弘扬科学家精神

——在纪念钱学森一百一十周年诞辰
专题展开幕式上的致辞

（2021 年 12 月 7 日）

各位来宾，老师们，同学们：

今天，我们在这里隆重举行纪念上海交通大学的杰出校友、人民科学家钱学森一百一十周年诞辰专题展开幕暨《文物有话说》等新书的首发仪式，以此纪念这位科学巨擘的一百一十周年诞辰，也为进一步弘扬"两弹一星"精神和科学家精神提供了新的丰富滋养。首先，我代表学校向莅临本次活动的各位领导和来宾表示热烈的欢迎，向长期以来关心和支持学校以及钱学森图书馆发展的社会各界人士表示衷心感谢。

2011 年 12 月 11 日，国家级科学家纪念馆——上海交通大学钱学森图书馆在钱老百年诞辰之际建成开馆。开馆前夕，时任中共中央政治局常委、国家副主席的习近平同志专程到国家博物馆参观"人民科学家钱学森"的事迹展览，并对展览给予了高度评价。他说："这是一部爱党、爱国、爱社会主义教育的生动教材，对于弘扬以爱国主义为核心的民族教育和以改革创新为核心的时代精神，推动社会主义精神文明建设具有重要意义。"开馆十年来，钱学森图书馆紧紧围绕中央确定的"一个基地、三个中心"的发展定位，积极探索科学家纪念馆的专业化发展之路，开展了大量卓有成效的工作，基本建成了全国钱学森生平事迹和精神宣传展示中心、钱学森文献和实物收藏保管中心、钱学森学术思想研究中心。

作为学校唯一的全国爱国主义教育示范基地，钱学森图书馆十年来一直发挥着不可替代的重要作用。它既是学校文化育人的阵地，也是校园文化建设的名片，还是弘扬科学家精神的重要窗口。新时期，党和国家对进一步弘扬科学家精神和加快培养战略科学家都提出了新的要求。培养更多钱学森式的杰出科学家，也是上海交通大学建设世界一流大学的重要责任。我希望钱学森图书馆发挥自身独特优势，在全社会，特别是在青少年群体中培育科学精神、培养创新意识等方面发挥更大作用。2020年钱学森图书馆被评为国家二级博物馆，作为一座专业博物馆，未来更要注重专业能力建设，要进一步明确"人才是关键，藏品是基础，学术是支撑，服务是目的"的办馆思路，力争更上一层楼。作为中国科学家纪念馆的排头兵，钱学森图书馆还应对标世界一流，继续加强内涵建设，不断提升学术研究和国际交流能力，向全世界讲好中国科学家的故事。

不忘初心、牢记使命。学校将牢记国家的建馆使命，充分发挥钱学森图书馆文化育人的独特作用，为在全社会弘扬科学家精神、为学校落实立德树人根本任务提供不竭动力，也为实现第二个百年奋斗目标和中华民族伟大复兴的中国梦作出应有的贡献。

研究历史　学习先贤
汲取推动学校发展的智慧力量
——在纪念邓旭初同志百年诞辰座谈会上的发言

（2021 年 12 月 30 日）

　　我是交大 1977 级的本科生,在邓旭初书记任职期间我还是一个学生。作为学生,我对邓书记充满了尊敬,但说不上认识和了解。工作以后,特别是我转到学校的管理岗位以后,看了一些邓书记的文章和资料,对邓书记有了更多的了解。我刚才听了王宗光书记的发言,觉得她讲得非常好、非常全面,通过王书记的发言,我对邓书记有了更深入和更全面的了解。我认识到,在那个时候,以邓书记为班长的一班领导,对交大的发展做了很多开创性的工作。这些开创性的工作,直到今天还是我们经常宣传的几个"率先",刚才王书记都点到了。比如第一个访美代表团,找到了我们学校与国际一流大学之间的差距;第一个接受海外企业家的巨额捐赠;第一个办新校区,解决了我们办学空间的问题;第一个率先开展人事制度改革,优化了我们的师资队伍。那时候的这些决策,对后来学校的发展都发挥了非常大的作用。

　　除了这些以外,我还有一个特别深刻的体会,我在学校负责学科建设,对建设综合性大学的意义有更加深刻的认识。我们回顾交大的办学历史,1949 年之前就是综合性大学,1952 年学科调整,我们学校变成了一个工科大学,1956 年西迁以后,我们学校变成了一个以造船为主的单科性工科大学。改革开放以后,从工业部门回到教育部系统,我们逐渐又变为综合型大学,这件事情意义重大。正是那个时候学校领导的正确决策,为我们后来的长远发展奠定了基础。

我经常想,我们现在的哪些决策会对今后十年、二十年、三十年、四十年学校的发展产生根本性的、决定性的影响。我觉得,我们刚才讲的几个"第一"也好,几个"率先"也好,几个"变化"也好,都对学校未来的发展产生了非常深远的影响。我们今天办这样一个活动,一方面是纪念先贤,体现交大人对先贤的尊敬;另一方面是研究先贤,促使交大人对怎么办好交大,有更深入、更智慧的思考。这两者是相辅相成的。

第七部分 科教兴国

对我国工科教育的认识与思考

——在第十一届中国产学研合作创新大会上的发言

（2017 年 11 月 12 日）

我一直在大学工作，从事的也主要是工科的教育工作。我国的工科教育经历了一百多年的发展，在不断学习、再学习的过程中，规模和水平已经处于世界领先地位，同时也为国家的发展作出了巨大贡献。但在新的时代背景下，面对世界科技的发展，面对建设世界强国和提升国家创新能力的需求，中国的工科教育需要进一步改革。这种改革没有现成的模式，既不能照搬美国、英国模式，也不能照搬德国、日本模式，而是需要创造出属于我们自己的中国模式。下面，我将从三个方面对我国工科教育的认识与思考进行分享。

一、我国工科教育的贡献与成就

1. 我国工科教育的模式转变与规模发展的历程

我国的工科教育起步于 20 世纪 20—40 年代，我国的很多大学都是在那段时期建立起了工科教育。在那段起步期，我国的工科教育以向欧美国家学习为主，无论是学制、教科书，还是教学方法，都基本是直接照搬西方模式，很多课程的任课教师也是直接从西方聘请的，赴欧美留学的学子也较多选择学习工科。

20 世纪 50—60 年代，中国的工科教育进入了调整期，为了尽快构建独立和较为完整的国家工业体系,我们在工科教育上借鉴了苏联模式。该模式的主要特点就是专业划分非常细。因此,在 1952 年,中国的大学根据专业细分进行了大规模的院系调整,中国工科教育的格局与模式也发生了重大变化。通过院系调整,形成了综合大学、多科性工业大学和单科专门学院三种类型高校。配合当时计划经济条件下的毕业生计划分配,虽然专业面较窄,但针对性很强,在当时的时代背景下也产生了积极的效果。

改革开放以来,中国的工科教育进入了快速发展期。在这个时期,中国工科教育再次开始全面学习美欧西方国家的,在培养模式上也发生了很多变化,其中特别要提到的变化有两点:一是逐渐建立起了规范完整的学位制度;二是在 20 世纪 90 年代后,随着计划经济向市场经济的转变,大学生就业也从计划分配制进入了双向选择阶段。为了应对这一变化,大学普遍实行宽口径培养,这既有利于学生的就业,也有利于学生的学术培养。进入 21 世纪以来,中国的高等教育逐渐从精英教育转向大众教育,其中工科人才培养的规模迅速上升。以 2016 年为例,在 430 万本科以上应届毕业生中,工学学位的本科毕业生数达到123 万人,工学学位的研究生毕业生数约为 20 万人,工科学生约占学生总数的三分之一。如今,我国每年培养的工科学生人数已经相当于美国、俄罗斯与欧洲培养的工科学生人数之和。

2. 我国工科教育人才培养的重要成就

在中华人民共和国成立以后的近七十年里,我国培养了数千万的工科毕业生,这些工科毕业生为我国的工程建设作出了重要贡献。

在航空航天领域,中国已建成完整的培养航空航天技术人才的教育体系,并成为世界上继俄罗斯、美国之后第三个能自主培养航天技术人才的国家。特别是近年来,中国从事航天研制的科技人员中 90% 以上毕业于国内的高等院校。中国"神舟"飞船的总设计师、总指挥以及各分系统的设计师全部是由中国高校自己培养的。

在汽车制造领域,中国培养的工程人才在汽车设计、制造等各个阶段发挥着积极作用。从 2009 年到 2016 年,中国汽车产销量已经连续八年排名全球第一,相比其他国家具有绝对的优势,是排名第二的美国的两倍。

在桥梁建造领域,中国自己培养了大批土木工程学专家、桥梁专家,在该领域发挥了重大作用。如今,世界十大悬索桥、十大斜拉桥、十大跨海大桥,中国分别占据了半壁江山或一半以上;在十座世界最高的大桥名单当中,除了第七和第八外,其余八座桥梁都是中国的;港珠澳大桥更是被誉为"现代世界七大奇迹"之一。

在高速铁路领域,中国的工科教育为中国高铁的自主研发提供了有力的人才保障。目前,中国高速铁路里程达 1.9 万千米,居世界第一;中国自主研发的高铁已经出口到世界多个国家,成为"行走的中国名片"。

中国自主培养的一大批能源领域的专家活跃在新能源领域,作出了重大贡献。目前,中国新增风电装机连续五年领跑全球,光伏发电累计装机容量全球第一,核电在建规模全球最大,水电装机容量和年发电量均居世界首位,新能源汽车的产销量连续两年居世界第一。

除此以外,中国的工科教育还为船舶、电信、建筑、材料等其他工程领域输送了大批工程人才,如今活跃在国家多个重点建设领域的,都是我们自己培养的学生,在这一点上,我们感到特别自豪。

3. 我国工科学科建设水平率先跨入世界先进行列

近年来,各类统计结果表明,相较于其他学科,我国的工科已经率先达到了世界领先水平。

从全球大学 ESI 学科排名来看,在表征学科水平的百分之一学科、千分之一学科、万分之一学科中,我国高校学科分别占到了 9.8%、

15.7%和20.8%,清华大学、上海交通大学、中国科学院大学、哈尔滨工程大学已分别有相关的工程学科跻身世界前万分之一行列。

从工程学科论文的发表情况来看,在数量上,自2011年起,我国工程学科的论文发表总数已经开始超过美国,2016年已经达到美国的1.4倍;在质量上,我国工程学科论文的篇均被引用数在2013年起超过了世界的平均值,在2016年首次超过了美国。此外,我国工程学科论文的高被引论文数也在2016年首次超过了美国。

从国内学科大类间的横向比较来看,以大家非常关注的"双一流"建设的一流学科认定标准为参考(包括2012年一级学科评估前2名或参评博士点的前10%、QS等国际权威学科排行榜的前50名、ESI排名前千分之一、国家自然科学奖二等奖或国家技术发明奖/科学技术进步奖一等奖四项认定标准),最终有465个学科入选,其中工科学科有188个,占总数的四成。

二、我国工业界与教育界对工科教育的观点与共识

从历史发展的维度来看,在工业界,经历了四次工业革命,分别是蒸汽技术革命、电力技术革命、信息技术革命和智能技术革命。在教育界,工科教育也经历了四次范式革命:第一次是技术范式的革命,重视工程实践,强调技术应用和实践操作,以培养现场工程师为目标,以应用手册和公式为主;第二次是科学范式的革命,高度重视数学和科学、强调工程科学和理论分析,工程师的培养模式与科学家的培养模式趋于雷同;第三次是工程范式的革命,强调工程教育的系统性和整体性,努力平衡理论和实践,实现知识、素质、能力的均衡发展,追求工程教育利益相关者的最佳满意度;目前,工科教育面临第四次范式革命,为了应对社会与经济的高速发展,培养面向未来的创新型工科人才,教育界

有必要分析工业界对工科教育的需求与认识。

1. 工业界对工科教育的认识

下面我将从四个方面来谈工业界对工科教育的评价。

从供需关系来讲,总体上我们国家的工科教育供大于求,但与此同时,大部分企业都希望聘用"双一流"大学("985"大学、"211"大学)的毕业生,普通院校的毕业生就业比较困难。造成这种局面的一个重要原因在于,"双一流"大学的毕业生具有更强的数理基础和学科交叉能力,能够面对新的工业革命的挑战,而普通院校的毕业生在这方面则缺少竞争力。以汽车行业为例,从业人员既需要有扎实的数学、力学、机械、动力、电学等基础知识,又需要能在面对新的发展与挑战时,具备融合多学科知识的综合能力。

从知识能力来讲,大多数企业希望毕业生到岗以后上手快,而对高校目前培养的毕业生在任职表现上不够满意,认为刚毕业的学生缺乏专业性和实践的能力。对于造成这种局面的原因,有一种观点认为,当前工科教育的专业知识体系未能与时俱进,未能与工业界的发展同步。在当今时代,随着无人驾驶、人工智能、量子通信等一大批新技术的井喷式发展,新的科学技术知识大约每两年就会翻一番,面对这样的知识更新速度,高校传授给学生的知识往往是滞后的。

从适应能力来讲,越是引领性的企业,就越希望毕业生不仅能够适应新经济、新技术的飞速发展,还能够引领未来、创造未来。相对而言,当前的工科教育更重视学生的基础理论与专业的学习,而缺乏对学生的开拓精神、创新能力和终身学习能力的培养。21世纪发展将会面临更多重大工程的挑战,要迎接这些重大挑战,不仅需要能适应新经济的工科人才,还需要面向未来的工科人才。

从实践能力来讲,目前一线生产的技术含量越来越高,需要大量的有知识的技术人才在生产一线,如数控机床等。而目前高校与企业在科研方面的合作互动较多，但在教学方面缺乏深度融合。在这方面，国外的一些顶尖大学已经开展了较好的教学改革，比如斯坦福大学有一门新生研讨课，要求每12个学生为一组，利用2周的时间来搭建一台航空发动机。虽然国内的很多高校在工科学生实践能力培养上也开展了一些教学改革，但目前还是远远满足不了企业的实际需求。

2. 教育界对工科教育的改革

近年来，在教育界对工科教育进行改革的过程中，工科教育逐渐形成了以下特点。

一是注重宽口径教育，加强通识教育，而淡化专业教育。这种培养导向产生了两方面的结果：一方面，宽口径教育和通识教育使得学生的思考能力、沟通能力、判断能力和认知能力得到了提升；另一方面，由于增加通识课程的学分，适当压缩了专业课程，学生的专业能力不足，很难适应企业的需求。不可否认的是，过去的一段时间里，教育界对专业教育的淡化与工业界对工科教育的需求是背道而驰的。因此，如何使基础教育、通识教育、专业教育三者相辅相成、相得益彰，是目前工科教育改革的重要目标。

二是知识体系不断更新，基础性知识学习持续减少。为了适应新的科技发展，过分追求专业性知识的更新，导致基础性知识学习的减弱。然而，夯实基础性知识，实际上更有利于学生快速适应多变的知识更新情况。对于基础科学的重要性，丘成桐院士曾这样讲过："没有基础科学，就没有经济的长远发展。我们用的大多是国外的成熟技术，知识产权也大都掌握在发达国家手里，形势不容乐观。如果基础科学水平上不去，国家的核心竞争力也不会强起来。比如，IT产业的发展，几乎全部依靠数学。如果数学水平上不去，IT产业就难以形成核心竞争力。"除此以外，航空、大型建设工程、采矿、医疗诊断、人工智能等方方面面的国民经济重要领域的发展，都需要扎实的数学基础来做支撑。

三是由于社会组织方式的变化，实践教学持续减弱。工科教育最早的技术范式，强调实践的重要性，强调技术应用和实践操作，以培养现场工程师为目标。然而，随着社会的发展，与科学范式、工程范式的改革相比，实践教育有所减弱，不能很好地满足工业界的要求。当然，现在很多高校在工科教育改革中都在做一些努力和尝试，在实践教学方面正在逐渐有所进步。

四是各个学科和专业不断发展，但缺少多学科的交叉融合。工科教育按学科与专业进行划分，各个专业得到了很好的发展，但这也带来了新的问题，例如专业壁垒制约了学科之间的交叉融合。然而，新技术的产生，往往需要多学科的交叉，既需要有工科内部的各个学科交叉，也需有理工交叉、医工交叉，目前来讲我们的改革力度还不够。

3. 教育界与工业界对工科教育的新共识

可喜的是，目前教育界与工业界都认识到了上述问题，已经达成工科教育新共识，主要包括以下三个方面。

从学生知识体系的构建来讲，当前产业技术提升快，产业应用技术发展快，教材落后于技术、学校培养的知识落后于产业的发展已是无法回避的事实。因此，有必要通过新工科教育建立新课程体系，以适应科技的新发展。

从学生综合能力的培养来讲，我国产业创新不够的原因，关键还在于学校培养的毕业生创新意识和能力不够。因此，新工科教育不仅需要培养具有专业技能的专业人才，更需要培养具有领导才能、创新能力、终身学习能力等综合能力的领袖型工科人才。

从学生价值引领的导向来讲，当前我们存在这样一个问题，一流大学的工科学生，普遍不愿意在生产一线就业，缺乏脚踏实地、勇于实践的精神。因此，新工科教育特别应该强调以价值为引领，培养学生的家国使命、行业情怀和社会责任等素养。

三、新工科人才培养新模式的思考

21世纪的工业发展速度是20世纪的上百倍甚至上千倍,因此工业的发展呼唤创新型工科人才。现代技术发展对多学科交叉融合的需求日益迫切,因此技术的发展呼唤创新型工科人才,需要工科学生不仅具有坚实的本专业基础知识,还应具备跨学科领域的整合能力和终身学习能力。随着社会的发展逐渐转向可持续发展的道路,工业、创新和基础设施的建设,以及生产体系的建立等成了新的发展目标,因此社会的发展也在呼唤创新型工科人才。在此背景下,教育部总结了"卓越工程师教育培养计划"的建设成果,分析了新经济与未来发展的需要,通过对高校、企业的充分调研,提出了新工科建设思路,建设目标包含五个"新"——新理念、新结构、新模式、新质量、新体系。2017年2月,教育部在复旦大学召开了高等工程教育发展战略研讨会,正式提出新工科,并形成共识;2017年4月,教育部在天津大学召开了新工科建设研讨会,围绕工程教育改革的挑战、机遇与路径进行了深入研讨,形成新工科建设的行动计划;2017年6月,教育部在北京成立新工科研究与实践专家组,发布《新工科研究与实践项目指南》;随后,三类高校(工科优势高校、综合性高校以及地方高校)分别根据各自的特点制订了新工科建设计划和目标;2017年10月,上海交通大学举办了新工科人才培养国际论坛。我们组织这个论坛的目的是聚焦工科教育的机遇与挑战,共同探讨工科人才培养的新范式。我们邀请了十所国内高校,十所国外高校,还有十家跨国企业共同进行研讨,从更广泛的视角来探讨新工科未来的发展之路。

那么,新工科具体是什么? 我认为在现阶段可以从两方面来讲。第一方面从理科优势高校的角度来讲,重点在于将应用理科向工科主动延伸,孕育形成新兴的交叉学科专业,逐渐形成新兴工科,乃至促进新兴产业的诞生与发展。第二方面从工科优势高校的角度来讲,重点在于同时加强工科学习的宽度和深度,在宽度上要学习更宽泛的基础知识,在深度上也要加强专业知识学习和工程实践,既要注重通过传统工科的融合,产生适应新产业的新工科,又要重视理科与工科的融合,产生引领未来发展的新工科。

下面简单谈一下上海交通大学对新工科建设的一些思考与做法。

在建设愿景方面,上海交通大学的工科教育兼顾面向新经济、新行业与未来创新能力的培养,加强基础与理工交叉、鼓励工科的课程创新、加强校企合作培养、并努力布局专业新方向,最终形成以学生为中心,通过价值引领、知识探究、能力建设、人格养成"四位一体"的人才培养模式,培养面向未来的创新型工科人才。

在课程改革方面,提出"夯实基础、注重交叉"的人才培养模式,构建工科创新人才的培养平台。在学制的前1.5年,对船舶海洋与建筑工程学院、机械与动力工程学院、电子信息与电气工程学院、材料科学与工程学院等工科学院的学生进行平台培养,统一培养计划,加强数理化基础与专业基础课程的学习;在学制的后2.5年,注重交叉融合,包括专业融合、课程融合、教师融合、学生融合。以课程融合为例,我们十分重视交叉课程模块的建设,理工交叉课程模块有量子模块、电化学新能源模块、智能药物模块、微纳光电子集成模块等。工科交叉课程模块有机器人与人工智能模块、智能制造模块、大数据与机器学习模块等。以量子模块为例,其核心课程是理科的量子物理,通过与工科各专业的交叉融合,形成了不同的交叉模块:量子力学、量子密码、量子芯片、量子药理学、量子信息、量子计算机、量子通信、量子生物学等。

在实践改革方面,不断加强与工业界的紧密联系。一是实践课程,邀请相当批量的企业界高级技术人才来学校讲授最新科技发展与成果。二是实践项目,在学生的课程设计和毕业设计中引入企业的实际项目。三是实践竞赛,积极引导和鼓励优秀的学生参加企业竞赛和国际大赛。四是国际化实践,加强与国外高校及企业的紧密联系,组建国际化产学研教学平台。

在新的时代背景下,我们经常问自己,如何培养面向未来的"一等"工科人才,使他们具有家国情怀、领袖才能、国际视野和创新精神？我想,这项使命需要教育界与工业界深度融合、协同完成。上海交通大学愿意和兄弟院校及企业一起,为建立中国特色的工科教育新范式而努力!

谢谢大家!

自信从容才能办好中国大学

——在 2018 年全国两会教育新闻联组会上的发言

（2018 年 3 月 4 日）

进入 21 世纪以来，特别是党的十八大以来，中国高等教育质量快速提升，有力支撑了我国社会主义现代化建设各项事业的快速发展。一是大学的国际影响力显著提高，于 2003 年发布的全球首个世界大学排名显示，2003 年我国仅有 9 所世界 500 强大学，没有一所进入 200 强。2012 年，有 28 所大学进入 500 强，4 所进入 200 强。2018 年，有 45 所大学进入 500 强，位居全球第二；进入 200 强的大学数量增至 9 所，其中 2 所跻身世界百强。二是学科建设的水平大幅跃升，根据 ESI 学科分析，2012 年以来我国高校的一流学科和顶尖学科均实现了倍增，分别达到 81 个和 4 个。整体学科的实力进入世界前百分之一的高校从 125 所增加到 209 所。三是人才自主培养的能力持续增强，我国高等教育的总规模占全球的五分之一，位居世界第一。四是自主创新和服务国家战略的能力大幅增强，在光学成像、量子隐形传态、干细胞等领域，取得了一批领跑世界的原创性研究成果。航天工程、高铁工程、水力发电、桥梁建设等一大批我国基础设施成就占领世界高地，我们培养的大批毕业生已经在各行各业成为国家建设的中流砥柱。

中国大学取得了显著的进步，但是我们的观念、相应的政策仍需要及时改变，尤其是以下几个问题需要我们特别重视。

一是中国高水平大学对自己培养的博士水平信心不足。这个信心不足主要表现在，许多高水平大学招聘教师时都优先选择国外一流大学的博士毕业生，对国内毕业的博士则要求有三年以上的海外经历，造成了"土博士"低人一等的现象。

二是优秀的学生把出国作为第一选择。由于国内高水平大学过分看重国外一流大学的学习经历，年轻学生认为要想在国内得到重视，必须出国拿学位，于是，越是拔尖的学生越是想要到世界顶尖的学校学习。这样就造成了恶性循环，一流的学生大批量地流到国外，国内大学没有足够多的一流学生，更加难以超越国外一流大学。我在20多个国外一流大学访问的时候，了解到它们的留学生中，约50%来自中国，这是一个可怕的数据。

三是最优秀的学术成果优先发表在海外期刊上。当前，我国的学术水平评价，大多是以国际期刊论文的发表为标准，造成几乎所有重要的研究成果都在英语体系的期刊上发表。其主要原因是我们的学术评价仍然是遵循美欧主导的游戏规则，不同于日本和俄罗斯等国家。我国目前有5 000多种科技期刊，但由于缺乏优秀稿源，期刊的质量、水平和国际的影响力进一步弱化。

四是缺乏原创性基础研究的文化氛围。学术浮躁也是中国大学较为普遍存在的问题。在现行的学术评价机制下，教授们缺乏"十年磨一剑"的耐心，急于发表论文，急着转化应用，缺乏鼓励潜心钻研的学术氛围，愿意挑战前沿问题的人少，愿意长期攻关科技难题的人少。长此下去，中国难以有自己首创的产品和技术。

美国是高等教育的强国，世界排名前100的大学中，50%在美国；前20的大学中，80%在美国。中国的高等教育想要赶超美国，就必须以自信从容的姿态，改变急功近利的心态。我有以下几点建议。

一是高水平大学要率先建立同轨引育的人才体系，重视本土人才的培养和使用。中国的高等教育百余年来，一直倚重国外，我们现在到了必须改变观念,坚信我们能够与世界一流大学同台竞争的新时代。中国高等教育与世界一流大学在人才培养方面的最大差距主要是博士生培养质量的差距,因此我们要特别重视对博士生的高质量培养,大学一定要吸引一流的学生攻读博士学位,也要给优秀的本土博士毕业生同等条件的发展机遇。

二是建立中国自身的学术话语体系,建设符合中国发展需求的学术数据库,形成具有中国特色的学术评价标准和体系,大力扶持中国期刊发展。

三是营造宽松包容、允许失败的学术环境,鼓励教师以更加从容的心态啃"硬骨头",勇攀科学高峰。探索长周期评价体系,改变简单量化的评价方式,确立以学术贡献和创新价值为核心的评价导向。

我们必须从容自信地解决上述问题,教育强国梦才可能实现。我国的高水平大学站在世界领先地位,中国才可能成为科技强国。

办好人民满意的高等教育

——2018年4月《解放日报》约稿文章

　　改革开放四十年来,我国高等教育发展迅速,越来越多的学生可以通过高等教育改变人生的轨迹,实现自己的理想。党的十九大的胜利召开宣告了中国特色社会主义进入了新时代,习近平总书记指出,当前社会的主要矛盾已经转化为人民日益增长的美好生活需要和不平衡不充分的发展之间的矛盾。如今,让人民满意的高等教育,已经不仅仅停留在上大学的机会层面,而是对进一步能够上好大学的渴望。面对人民群众对高等教育质量越来越强烈的要求,大学必须认真地做出回应。

　　什么是高质量的高等教育? 通俗地讲就是我们的孩子不出国门也能享受到全球最好的大学教育。近十年来,我国出国留学生的低龄化趋势日趋明显,优秀的大学生把出国深造作为首选,优秀的高中毕业生以被海外名校录取为荣,有些家长为了方便孩子到海外就学,在中学阶段就早早将他们送出国门。与四十年前相比,大学办学的条件今非昔比,老师的学术水平不可同日而语,大学排名的指标扶摇直上。为什么我们的办学水平大幅提升了,但是老百姓对大学教育的满意度反而不如以前了? 这一现象非常值得我们反思。

　　办好人民满意的高等教育,就必须重视立德树人,努力提高人才培养质量,让人民群众重新树立起对中国大学教育的信心。

　　要让走上大学讲台成为高校教师的荣耀。目前,教师重科研轻教学的现象还没有从根本上扭转过来。有些老师一门心思搞科研,在育人方面从不上"前线";有的教授上课只"挂帅"不"出征";学生在课堂之外想见老师不是那么容易。必须让育人回归大学教育的本位,实施教学激励计划,既要明确教师上课的职责本分,又要让教学更有地位、更受尊重,能够获得更大的发展。营造"只有好老师才能上讲台""上讲台必须上好课"的氛围和机制。

要让最前沿的学术成果进入课堂、进入教材。课程知识更新过慢、教材内容落后于时代发展,一直是大学教育的痛点之一,直接的后果就是让学生"吃不饱""吃不好"。因此,必须加强科研与教学的深度融合,要通过有效的机制鼓励老师把最前沿的学术成果带进课堂、写进教材。对高校科研成果的验收应该同时考核其是否及时转化为教学成果以及产生的育人效果。

要让科研活动伴随学生共同成长。大水漫灌式的教育已经不适应新时代的要求。必须开展问题导向学习,强化培养学习兴趣,更加注重学生的知识探究和能力建设。探索设计不同方向的培养方案,引导学生早期介入科研项目,构建"学习+学术"的育人模式,实现"转身遇见大师"的学术环境和"随处可见讨论"的学习氛围,积极培育具有科学激情和创新能力的优秀学生。

要让最优秀的导师培养出更优秀的学生。与世界高等教育强国相比,博士生培养质量是我国的最大短板,必须下大力气解决。博士生培养的关键在于导师,只有博学广闻的导师才能循循善诱,为博士生打下坚实宽广的知识基础;只有目光深邃的导师才能拨云见日,将博士生带到学术领域的最前沿;只有锐意创新的导师才能以身垂范,指导博士生攻克科技难题。因此,学校需要创造更多的机会,让学术最活跃、培养效果最好的导师能指导更多的学生,鼓励导师培养出更多超越自己的学生。

最近，上海交通大学启动了以"立德树人、学在交大"为主题的教育思想大讨论，正在围绕着"学在交大"的目标愿景以及"立德、好学、乐教"三大主题，开展广泛而深入的讨论。我们直面问题，积极寻找对策，相信在不远的将来，中国的孩子们在家门口就能享受到全球最优秀的高等教育。

主动应对全球疫情挑战　加快推动教育变革创新
——在 2021 年全国政协跨界座谈会上的发言

（2021 年 2 月 24 日）

　　这两天，政府工作报告和中国人民政治协商会议全国委员会常务委员会工作报告让大家倍感振奋，凝聚起向第二个百年奋斗目标进军的更大合力。过去的一年，在党中央、国务院的坚强领导下，按照教育部"停课不停教、不停学"的工作部署，全国大中小学经受住了疫情的大考，在做好校园防控工作的同时，成功开展了世界最大规模的在线教学，确保了教育教学正常运行、同质等效。

　　工作中，我们深切体会到，疫情防控既带来了挑战，又蕴含着机遇。广大师生合力破解教学理念、内容和方式滞后于信息化发展等瓶颈问题，为学校加快数字化转型，提供了重要契机；全球疫情严重影响了学生赴海外深造，但给我们引才聚才带来了历史机遇；亲身经历这场惊心动魄的抗疫大战，广大青年学子更加由衷地坚定"四个自信"，是我们加强思想政治教育的大好时机。在这里，我想提出以下三点建议。

　　一是加快推进信息技术与教育教学的深度融合。充分总结"混合式"教学的经验与不足，针对瓶颈问题，开展专题研究。要让信息技术不仅成为工具，还成为学校运行的"血液"。既要加强教育专网、校园网等信息基础设施的建设，也要加强教育教学大数据平台的建设，助力解决当前的知识结构和传授方式相对固化、跟不上行业的快速发展和需求的紧迫问题，创新变革现有的学科体系、知识体系、课程体系，用数字化方式对教育教学进行场景再造、管理再造、服务再造。同时，我们也要警惕，当前使用的直播平台、会议软件、科研仿真软件、信息设备等对国外仍有较大的依赖性。例如，去年我们一直使用 Zoom 软件直播教学，而 Zoom 已逐步减少对中国提供服务支持，因此我们已提前转向应用国产的信息技术平台。建议以此为契机，加强国产软件、设备的研发与应用，加快推进国产替代计划。

二是加强全球优秀青年人才战略储备。客观而言，近二十多年来，国内一流大学前 20% 的优秀本科毕业生，优先选择留学欧美，毕业后归国率不到一半。而随着中国的制度优势在抗击全球新冠疫情中充分彰显，建议国家抓住窗口期，瞄准第二个百年奋斗目标，加快启动优秀青年人才储备计划。为高水平研究型大学提供更多的博士研究生名额，提升直升研究生比例，让更多的优秀学生有机会在国内一流大学学习深造，并为因疫情仍在国内"借读"的一批海外顶尖大学的优秀学子，提供转至国内一流大学完成学业的渠道。

三是以战疫为教材，厚植家国情怀。建议要牢牢抓住全民战疫"现场教学"的大好时机，更加系统深入地向广大青年学子讲好抗击疫情这堂生动、深刻的"大思政课"。理论结合实践，加大内容供给，将伟大抗疫精神及其背后的鲜活案例及时融入教材、形成案例库，通过讲好中国故事、彰显制度优势，有效提升思政课的针对性和说服力。

加快向创新型大学转变

——2021年全国两会期间观点文章

  1949年以来,我国的高等教育走过了从小到大、从精英到普及的不平凡历程。特别是改革开放四十多年来,高等教育的发展进入了快车道,取得了令世界瞩目、让国人自豪的巨大成就。我们建立了中国特色社会主义高等教育制度,建成了世界规模最大的高等教育体系,培养造就了数以亿计的高素质专门人才,为我国建立起全球最完整、规模最大的工业体系,成为过百万亿GDP的世界第二大经济体发挥了重要支撑作用。我国进入新的发展阶段,对中国高等教育提出了新的要求和期待。作为研究型大学,我们也在积极探索,如何更加紧密地对接国家和社会需求,加快向新型研究型大学——创新型大学转变,关键在于"创新人才培养"和"创新服务国家"。

  第一,要为实现第二个百年奋斗目标培养创新人才。对此,有三点建议:一是要乘势而上,在争夺优秀人才的国际竞争中赢得主动。客观而言,很长一段时间以来,我们培养的最优秀的本科毕业生,大多将赴海外一流大学深造作为首要选择。但是,随着中国的制度优势在抗击全球新冠疫情中充分彰显,越来越多的优秀学子选择留在国内。建议国家抓住机遇,提供更多的研究生学位供给,创造更加有利的条件,让更多的优秀学生在国家发展、民族复兴中成长成才。我们高校也应加倍努力,加快提升教育质量和水平,让广大学子不出国门就能享受世界一流的教育。二是要突破传统,加强高校与行业在创新人才培养上的深度合作。不可否认，由于当前高校人才培养的知识结构和传授方式相对固化，很难跟上行业的快速发展和现实需求。因此，我们既要加快知识更新的速度，还要打破传统学科设置的限制，创立新的学科体系、知识体系。建议进一步加强高校与行业的紧密合作、深度对接，推动以问题和需求为导向的人才培养模式变革。例如，智慧能源是能源产业的重要发展方向，对国家实现"碳达峰""碳中和"的中长期目标意义重大，但传统的能源学科无法满足能源与信息产业交叉融合发展的需要，因此需要国家大力支持高校和行业骨干企业联手，重新设计人才的培养方案，开辟一条引领未来技术发展的创新型、复合型、应用型人才培养新路。三是要厚植家国情怀，合力培养造就能担当民族复兴大任的创新人才。要实现第二个百年奋斗目标，关键靠人才。从教育救国、教育兴国到教育强国，都需要一大批像钱学森这样矢志报国的栋梁之材。高校以及全社会都要旗帜鲜明地树立服务国家、服务人民的导向，我们共同努力，让青年一代把个人发展融入中华民族伟大复兴的征程中，把事业之根、人生之根牢牢扎在祖国大地上。

第二，要让高校加快成为国家创新发展的重要战略力量。在2020年的科学家座谈会上，我现场聆听了习近平总书记的重要讲话，习近平总书记提到要发挥高校在科研中的重要作用，形成战略力量。这让高校科研工作者备感鼓舞与振奋。对于高校如何更好地发挥战略力量作用，我有以下两点认识和建议：一是要通过深化产教融合，为高校参与解决"卡脖子"问题提供更多机会。在国家的大力支持和重点建设下，中国高校的科技创新能力显著提升，也积累了很多科研成果。但总体而言，这些科研成果对于破解"卡脖子"问题仍有一段距离，主要原因之一在于，高校的科研创新与企业的实际需求还没有很好地衔接。要解决这一问题，一方面，需要高校和企业各自向前迈出一大步。高校要有更加主动为企业服务的意识，企业也要对高校承担重大任务给予更多的信任。另一方面,也需要国家相关主管部门加强对校企深度合作、破解"卡脖子"问题的引导与支持。值得一提的是,2020年,在教育部的大力支持下,上海交通大学与中船集团建立了战略联盟,瞄准制约海洋高端装备发展的"卡脖子"问题开展前瞻技术研究,共同推进深远海领域的"十四五"重大科技基础设施等项目建设,这让我们能够在参与国家重大工程中发挥更大作用、体现更大价值。二是要进一步支持高校挑战最前沿的问题,力争产出推动人类社会进步的标志性成果。高校在前瞻性基础研究、引领性原创成果突破、颠覆性技术创新等方面,具有独特优势,也承担当仁不让的责任。对此,高校要树立更加远大的目标,聚焦抢占全球科技战略制高点,开展引领世界科技发展、关系"卡脖子"技术根源问题的基础理论研究。同时,也希望国家对高校给予更大的支持,为高校科研创新的前瞻布局、长远规划创造更好的条件,包括让一批高水平研究型大学能够更加自主地使用和支配科研经费等。

第三,要瞄准世界前沿,积极融入全球创新网络。中国的科技创新和发展越来越离不开世界,世界的科技进步也越来越需要中国。坚持面向世界科技前沿、面向经济主战场、面向国家重大需求、面向人民生命健康,为国家的创新驱动发展提供人才和科技战略支撑,这是世界一流大学的重要内涵和必由路径。一要提前谋划布局高层次人才培育工作。持续推进"领军人才培育计划",完善长聘体系和学术荣誉体系建设。进一步加强对海外优秀人才的引进,优化人才入口把关的协同工作机制。全力支持青年教师成长,推动教师发展支持体系更加健全,管理评价制度更加科学,待遇保障机制更加完善,持续激发教师队伍的创新活力。二要把科技自立自强与开放合作有机结合起来。要增强自主创新能力,打好关键核心技术攻坚战,以全球视野谋划创新事业,积极融入全球创新网络,不断深化各领域的交流合作。坚持把服务国家、造福人类作为价值追求,坚定不移推动国际化办学,在开放合作中提升自身的实力和创新能力。三要更加瞄准世界科技前沿，强化基础研究。一方面，要实现前瞻性基础研究、引领性原创成果重大突破，为核心关键共性技术、前沿引领技术、现代工程技术、颠覆性技术创新提供重要战略支撑。另一方面，要下大气力鼓励一批科技攻关团队，持之以恒、久久为功，在科技攻关的征程中培养造就一大批战略科技人才、领军人才、青年创新人才。

推动上海科创中心建设
在国家经济发展中发挥更大作用
——在上海市经济形势座谈会上的发言

（2021年9月17日）

尊敬的各位领导和专家：

我是上海交通大学的林忠钦，非常荣幸能够参加本次经济形势座谈会，与在座的各位一起学习交流。

当前，在全球新冠疫情持续肆虐的大背景下，国际国内经济下行压力不断加大，上海市经济运行与发展也受到一定影响。我想，要从两个方面来看待上海当前经济发展的态势：一方面，上海GDP总量仍然处在不断增长的过程中，但在全国各省（自治区、直辖市）中的排名在不断下降，20世纪80年代的上海排名为全国第二，目前排在全国第十。这与上海市有限的自然资源相关，一些兄弟省份的人口是我们的几倍，土地面积是我们的几十倍，随着时间的推移，他们的GDP总量将自然而然地逐渐超过上海。另一方面，上海的财政收入始终维持在较高水平。从20世纪80年代以来，上海的财政收入在全国各省（自治区、直辖市）的排名长期处于全国前三。这也说明了上海的经济密度和经济质量在全国范围内都处于领先地位，是我国经济社会发展的高地。

在国内外环境显著变化的情况下，上海积极响应国家构建新发展格局的重大战略部署，着力打造成为国内大循环的中心节点和国内国际双循环的战略链接点。我就上海在国家经济发展中要发挥更大作用，谈以下三点体会。

第一，上海在中国产业经济发展中的作用正发生变化。以前，上海的经济总量在国内名列前茅，在快速发展的同时，用自己的财政支持了国家和其他地方的经济发展。在那个年代，上海以这种方式为全国经济发展大局作出了自己的贡献。到现在，创新驱动发展成为国家战略，科技创新摆在了全国发展的核心位置。我认为，上海在中国产业经济发展全局中的作用要发生改变，要以向全国提供科技活力的支撑，把科技成果转化为生产力为定位，积极推动科创中心的建设，使得上海的科技活力覆盖长三角、辐射全中国，并同步建好成果转化高地，把科技成果转化为经济发展的强劲动力。这样才能迸发出持续不断的蓬勃科技活力，将科技成果转移转化源源不断地"溢出"、并辐射到全国各地，推动全国经济实现高质量发展，这才是这个时代上海对国家经济发展作贡献的体现。

以高端海洋装备为例。上海是我国海洋装备技术能力最雄厚的地区：研发方面，拥有上海交通大学、同济大学、复旦大学、华东师范大学、上海大学、中船集团下属科研所、中国极地研究中心等海洋装备研发集成优势单位，研发集成了"蛟龙"号、"雪龙"号、"海洋石油981"等重大海洋装备及核心技术。海洋领域国家大科学装置"深远海全天候驻留浮式研究设施""海底观测网"和国际大洋钻探计划中国基地均位于上海，还形成了用于维护南海权益的海上大型绞吸疏浚装备设计集成技术等一大批重大成果。

在产业方面，上海拥有最完整的海洋装备产学研创新链，位于长江出海口的长兴岛已成为国际领先的集研究、设计、建造、维护于一体的军民融合海洋装备研发总装基地，集聚了一批总装建造优秀企业。江南造船厂、沪东造船厂在航母、大型驱逐舰、两栖攻击舰等海军主战装备、大型集装箱船与 LNG 船的总装建造水平方面处于国际先进，外高桥造船厂的超深水油气开采装备、上海振华重工（集团）股份有限公司的南海造岛系列大型疏浚装备及大型港机装备的总装建造水平已经达到国际领先。

在区域方面，上海将加强与长三角地区其他相关海洋科研机构的一体化合作，构建以国家战略需求为导向的海洋高端装备技术自主研发体系。可以说，上海在高端海洋装备领域的科技高地正在加速形成，设计研发、总装建造、生产应用等一系列上下游产业正在加速融合。在可预见的未来，这将成为上海经济新的增长点，并带动全国海洋装备相关产业快速发展。

根据中央的要求，近期多个国资大集团总部正在离开北京，各地方政府都在积极吸引。集团总部的所在地将加强该产业的集聚，中船集团已经明确年内迁到上海，这是上海加强海洋装备产业快速发展的重要机遇。

第二，推动上海高质量发展，必须抢抓机遇，产生世界级科技成果造福人类。目前，我国的科学技术发展经过了长期的积淀，积蓄了很多力量，也具备了以前开展科学研究所不具备的条件，使得我们的科技人员有能力去挑战世界科学的前沿。当下，上海要以科技创新推动经济社会高质量发展，就必须要以前沿科技为牵引，要在重大科技成果上取得突破，不仅要积极主动服务国家重大战略，更要瞄准为全球人类谋福祉、为人类社会进步作贡献的定位，才能真正产生世界级科技成果，成为具有全球影响力的科创中心。

纵观世界科技发展史，西方强国占据了几乎全部工业文明的成果和具有国际影响力的科技奖项，这取决于他们几百年的技术积累和学术话语权的垄断。进入新世纪新时代，世界经济格局和科技创新范式正发生着深刻变化。我们研究发现，以近百年，尤其是近二十年诺贝尔奖级的科技创新成果而言，传统的以自由探索为主的理论研究和科学发现的基础研究范式,已经逐步转向学科交叉、大科学组织、产学研结合等重大的技术发明与应用。例如,借助尖端复杂的设备和团队协同攻关,寻找验证引力波、暗物质的存在;如华裔科学家高锟因"有关光在纤维中的传输以用于光学通信方面"的突破性技术发明,并且在成果产业化中得到广泛应用(如今光纤传输了90%的信息),荣获2009年诺贝尔物理学奖。

上海高等学府和科研院所林立,科研条件优越,科研实力雄厚,具有巨大的人才技术和创新需求的优势,为我们将来实现新模式下取得具有世界影响力创新成就提供了重大的战略机遇。上海要进一步营造吸引全球人才的环境,在环境造成的人才回流的历史性机遇中,成为中国吸引全球人才的桥头堡。同时,以旨在产生世界级重大科技成果为导向,加大对基础研究的投入。我对高校的情况更加熟悉,在过去相当长的时间里,中国的高校,都走过了一条跟踪模仿、资源驱动和指标激励的发展探索之路。在取得巨大进步的同时,我们也进行了深刻思考——面向未来,如何建设成为高水平的研究型、创新型大学,才能无愧于国家和上海的支持与期望。高水平研究型大学首先在于做出具有世界影响力的基础研究创新成果,站在人类科技进步和文明发展的高度去发现和解决问题,这是我们大学的使命。

第三,上海要有制度、有政策、有保障留下高附加值产业,汇聚总部经济。在科技成果转化落地的过程中,有的落地在了上海,有的则转移到了其他地方。与兄弟省份比起来,上海的自然资源,包括人口、土地等,是十分有限的,不可能承接所有的科技成果转化。所以上海应该在制度、政策、保障方面做出突破,提升资源配置能效,吸引并留下高附加值、高科技含量的产业,汇聚总部经济,打造全国制度高地。

我们科技成果转化的现状并不能令人满意,这当中既有政策的原因,也有观念的原因。上海要发扬敢为人先的精神,先行先试,形成表率,在产业发展中下好先手棋、赢得主动权、打好科技牌,积极寻求关键技术的创新发展和成果转化"最后一公里"的突破。在这方面,我认为大学科技园可以发挥"试验田"的作用。

大学科技园是高校、地方、企业互动的活跃地带。由地方提供空间、资金,高校提供技术、模式,企业带来需求、市场。对于高校而言,大学科技园可以在科技成果转化的初期,帮助教授把实验室的成果搬到校外去,接受市场检验、通过市场驱动,将成果转化为一个中小企业,逐步成长。同时,大学科技园可以把大企业引到这里来,围绕它的创新需求,与高校共生互动,组织学术力量,打破原有的学科界限,推动工程技术攻关与策源,使它能够更加蓬勃地成长。最终,这也盘活了区域的土地、人才、资金等资源。这样的发展模式,就不仅仅是人才培养、科技创新,而是对于区域发展整体实力的提升,也将为城市点亮一个又一个产值上规模的环大学经济圈。这也将创造出中国高校与城市发展共生互动的历史性、标志性的实践模式,是实现高校、地方、企业"三赢"局面的现实路径。

以上就是我的发言,谢谢大家!

打响上海制造新品牌　再创上海制造新辉煌

——2018 年 2 月《文汇报》约稿文章

　　制造业是立国之本、兴国之器、强国之基。制造业也是一个城市的命脉,决定着一个城市在国家和世界的竞争地位。增强制造业,有助于形成经济增长新动力,塑造国际竞争新优势。发达国家纷纷实施制造业再回归的战略表明,制造强则国家强,制造强则城市强。在我国迈入经济新常态和供给侧结构性改革的关键时期,国家提出了"中国制造2025"宏大计划,部署全面推进实施制造强国战略。上海,应该在制造强国的新征程中发挥关键的作用。

　　上海制造,曾有着辉煌的历史,在中国制造乃至世界制造的版图上扮演过十分重要的角色。20 世纪 90 年代以来,上海的产业结构发生了深刻变化,特别是进入 21 世纪以来,上海面向新形势和建设国际大都市的新需求,逐渐转向以服务型经济为主的产业结构。产业结构的调整是形势所需,但也造成了制造业的整体下滑,产生了产业创新能力和发展动力不足,生产性服务业和制造业的融合度差等问题。面对经济新常态的新形势,上海制造可谓内外夹击,对外发达国家凭长期技术的优势实施制造再回归,对内则面临其他城市的低成本竞争优势,上海制造必须以更大的力度,再升级、再提质、再增效,为迈向全球城市提供强大支撑。为此,上海市委书记李强在 2017 年 12 月召开的市委学习讨论会上指出,要全力打响包括上海制造在内的四大品牌。在上海建设全球有影响力的科创中心和迈向全球卓越城市的关键时期,上海提出打响上海制造品牌,恰逢其时,这是重构战略优势的举旗定向之举。打响上海制造品牌,必须精准把握以下六个方面的着力点,攻坚克难,探出一条适合上海发展的新路径。

第一,正确认识和补好上海制造的短板。上海经过多年的结构调整,目前已经形成了在全国处于领先地位,且有着核心技术的电子信息、汽车、钢铁、成套设备、石化、生物医药六大支柱产业。但也要看到,在一些战略性新兴产业领域,如工业机器人、新材料、新能源等领域,上海制造并不具备显著优势。上海制造的传统优势是消费品,当前的上海制造主要以资本品为主,需要补好消费品,尤其是热点消费品领域的短板。另外,我们也要看到,上海制造区域间、行业间、国有与民营、大型企业与中小企业的发展不平衡和不充分的矛盾依然十分突出,部分制造业存在"卡脖子"的问题。上海制造在产业链的制高点还不够高,企业的科技创新能力、战略性新兴产业动能还不够强劲。上海制造受制于环境、资源等约束还十分突出,支撑中小企业和民营企业的生态环境还需要进一步改善。

第二,强化创新驱动。创新是发展生产力的第一要务,是城市竞争能力的最核心要素。制造业大和强的本质区别在创新。当前,上海正在全力建设有全球影响力的科创中心,上海制造,应该是创新的主战场之一。一方面,通过创新可以提升上海制造的核心竞争力;另一方面,又可以反哺上海以生产性服务业为主的上海服务。纵观制造强国,无不在创新上做足功夫,据美国智库布鲁金斯学会发布的《美国的先进产业》报告,美国制造业所占的比重只有11%,却集中了美国大部分的创新研发活动。从近日公布的"2017年全球企业研发投入"数据看,上海制造的研发投入与制造强国相比,还有不少差距,如上海汽车集团股份有限公司的研发投入为12.84亿欧元,远低于德国大众汽车公司136.72亿欧元、美国通用汽车公司76.84亿欧元等汽车巨头的研发投入，也远低于中国华为 103.63 亿欧元的研发投入。做强上海制造，还要提高创新投入的效率，激发以企业为主体的创新意识，要充分利用上海的创新人才资源优势，推动大数据、人工智能与制造业的深度融合，集中力量构建全球研发中心。通过创新，重建上海制造新优势，让上海制造具备引领行业发展的能力，保持规则制定者的地位。

第三，聚焦高端和战略性新兴产业，占据价值链的制高点。上海制造强大的主要发力点是高端制造。美国的高端产业共包括 50 个行业，涉及先进制造业 35 个，占比 70%。高端制造主导产业创新，支撑服务业输出的优势。上海制造，需要对标发达经济体，实施动力变革，以高端发展为导向，聚焦突破战略性新兴产业，形成新能源与智能网联汽车、新一代信息技术、智能制造装备、生物医药与高端医疗器械、新材料等大的产业集群。必须始终聚焦高附加值产业环节，关注制造中的"微笑曲线"的两端，增强产品研发设计的能力和服务能力。对技术的革新和发展，要始终保持一种高度敏感性，不断抢占产业的制高点。要更好地在国家高端制造战略中发挥重要作用，这是上海科创中心建设和四个中心建设的重要目标，同时也会形成和确立上海中高端制造业的发展空间和潜力。

第四，加大质量提升力度，实施质量和效率变革。制造大而不强的关键在质量。当前，质量为先成为"中国制造 2025"的基本方针，"质量第一"也被写进党的十九大报告，2017 年发布了《中共中央　国务院关于开展质量提升行动的指导意见》，2018 年 1 月 17 日上海市委、市政府也发布了《开展质量提升行动的实施方案》，擂鼓已经全面敲响，质量提升需要真抓实干，解决好"最后一公里"问题，来一场彻底的品质革命。上海制造历来有追求卓越的优良传统，要有把上海制造做到极致的胸怀，从研发设计、生产流程、过程把控、标准制定、品牌营销等方面着手，全方位、全产业链提升质量。优质制造，是将中国产品从良提升至优的制造模式,实施优质制造将会奠定国家和城市的优势,上海有必要先行先试,率先实施优质制造,一个领域一个领域进行破题。在提升质量的同时,需要关注效率与效益。上海制造,要对标新加坡市、香港、东京等国际大都市,在利润率、城市每万人和每平方千米创造的制造业增加值等方面形成优势,以提升效率和提高效益来对冲成本上升和经济下行带来的压力。

第五,发挥上海产品的品牌效应。品牌和技术标准已经成为发达国家保持行业竞争力、在全球范围内占据产业链高端的重要手段。上海,曾经是制造的品牌重镇,从上海牌手表、上海牌汽车到凤凰、永久自行车等。在新的时期,上海制造品牌的优势不再。从世界品牌实验室(WBL)近几年公布的"世界品牌500强"及《财富》杂志"世界500强"数据看,上海制造品牌进入"世界500强"和"世界品牌500强"的数量与上海的地位极不相称。打响上海制造新品牌,核心在重塑上海制造品牌的新形象。要集中打造一批具有世界影响力的上海制造名企,培育一批有核心技术优势的全球知名品牌公司,形成一批世界级的先进制造集群。通过打造一批有影响力的上海知名品牌,树立上海制造的新形象,提升上海制造的竞争力。

第六,建立适合上海优质制造的生态系统。首先,是产业生态系统,要把握新一轮科技革命和产业变革的机遇,培育包括研发、制造、服务、消费等在内的大产业生态体系,构建新型制造业体系。其次,要营造适合多种经营模式共存的市场环境,巩固区域核心竞争力,既要有顶天立地的大企业引领,也要有铺天盖地的中小企业支撑,尤其是科创型中小企业。上海的制造业不缺国有和外资等大树,但大树多了,就会导致众多的中小企业这些小树吸收不到充足阳光,很难成长。必须给小树留点成长空间,小树多了,才会源源不断产生新生的力量。众所周知,德国制造的基础是大量中小企业,它们才是支撑德国制造的关键力量。日本东京都市圈，主导的也是广大中小企业。另外，要营造适合民营企业发展的生态。民营企业和中小企业，均应是创新主体，是创新发展的强大内在动力源。政策上要对民营企业和中小企业进行定制，如发展和完善以中小企业和民营企业为对象的金融服务，积极提供信用担保和融资，推进垄断行业民营化改革，促进生产性服务业的发展等。要营造人才发展生态，激发各类人才创新的活力和动力，既要揽住全国一流高端科技人才，也要健全技术工人保障机制。要建立优质优价的生态系统，让企业有足够的激情制造优质产品。

上海制造，承载着上海在未来城市竞争中取得持续优势的重任和使命，重振上海制造的冲锋号已经吹响。打响上海制造新品牌，要有新担当、新使命、新格局。一方面，要有足够的定力和服务国家的自觉，承担起国家赋予的重任，破解国家战略布局的难题，聚集和配置全球要素资源，代表国家参与全球合作竞争；另一方面，要主动辐射带动区域经济发展。打造上海制造新品牌，必须集中力量猛攻制约上海制造乃至中国制造发展的瓶颈问题，如新材料、新工艺、基础零部件等突出问题，敢于和勇于啃"硬骨头"。打造上海制造新品牌，要有一股敢为人先，敢闯敢试的锐气，保持强烈的危机意识，增强灵敏的市场嗅觉能力，在发展中增强纠错能力，增强上海这座卓越城市的综合竞争力和国际影响力。

建设质量强国　构筑新型国家质量体系

——2023 年第 4 期《时事报告》刊登文章

如果说中华民族的伟大复兴是一场薪火相传、接续奋斗的接力跑,那么,从 1996 年《质量振兴纲要(1996 年—2010 年)》到 2012 年《质量发展纲要(2011—2020 年)》,再到近日中共中央、国务院印发的《质量强国建设纲要》(以下简称"《纲要》"),则是一场迈向质量强国的接力跑。当前,中国质量发展的挑战与机遇并存,亟须重构中国质量发展的新体系,描绘中国质量发展的新蓝图。《纲要》的发布,不仅为新时代中国质量发展举旗定向,也为质量强国建设指路引航。《纲要》不仅提出了面向新时代的新思想、新目标,更系统化设计了迈向质量强国的新路径,标志着中国质量迈向新时代的新体系已经形成。

《纲要》确立了新时期质量工作的全新方位。贯穿整个《纲要》,这一新型国家质量体系主要涵盖了质量供给体系、质量基础设施体系和质量治理体系三大体系。更适配的质量供给体系要靠质量竞争力强的产业体系来支撑。质量发展的核心动力源自创新,离不开基础设施体系的重要支撑,更离不开支持与保障体系,从这个意义上来说,这一新型国家质量体系又涵盖了产业、创新和保障这三大体系。其中,质量竞争力强的产业体系是质量强国建设的根本,高效协同的质量发展创新体系是质量强国的核心动力和重要支柱,全方位的支持和保障体系是质量强国的必然要求和重要基础。

一、质量竞争力强的现代产业体系是质量强国的根本

质量兴则产业兴,产业兴则国家兴。质量强国建设,关键在于把实体经济特别是以制造业为核心的产业做优、做强。加快推动产业质量升级,推进新型工业化,建设现代化的产业体系,尽快形成产业的国际比较优势,是质量强国的重要使命。《纲要》对产业体系覆盖面齐全,涵盖了产业基础、传统制造业以及数字经济等新兴产业。同时,针对产业体系的发展目标明确,表现在着力增强产业质量的竞争力,质量竞争型产业规模显著扩大,建成一批具有引领力的质量卓越的产业集群。

一是要着力提高质量效益和竞争力。产业竞争力的形成,关键是质量和效益,是品牌影响力和比较优势。质量和效益是产业的核心竞争力,品牌影响力和比较优势则决定了在全球市场的主导地位。两者相互影响,相互制约,质量不好效益必受影响,效益不好则难以获得持续的研发投入,实现质量升级。要牢牢抓住质量和效益这两个关键变量,加快把产业从价值链中低端向中高端转移,通过产业质量升级和效益提升,全面提升竞争能力,形成具有核心竞争力的现代产业体系,这既是建设质量强国的重要路径,也将为全面建设社会主义现代化国家、实现中华民族伟大复兴的中国梦提供质量支撑。

二是要强化以制造业为核心的产业质量提升。以制造业为核心的实体产业是国家的命脉,任何时候中国都不能缺少制造业。一方面,要实施倾斜支持的方式,重点支持数控机床、高端检验检测仪器等装备制造业,以及关键零部件、元器件、工业软件等量大面广的产业基础提质增效,做到核心技术完全自主可控;另一方面,要尽快完善收入分配制度,缩小制造业与金融、互联网等行业的利润差距,增强民营企业家投资制造业的信心。力争在质量强国建设期,不断强化以制造业为核心

的产业质量提升,打造完全自主可控、安全可靠的制造产业链和供应链,形成一批强大的世界级制造企业,更好保障产业和国家安全。

三是要突出差异化与协同化发展的路径。对于传统制造业,要以实现质量技术的突破创新为核心,通过提升质量和效益,驱动产业转型升级。针对战略性新兴产业,要以实现产业技术占据国际领先地位为核心,提升对产业链高附加值端的控制力,通过标准领跑,带动产业链整体质量的升级。现代产业体系的构建,一方面,要求建立质量优良、结构合理、配置有效的科技、金融、人才等相关优质要素,强化要素之间的协同机制,提高要素效率;另一方面,要加强对全产业链各节点质量效益发展水平的监测,通过产业链协同化形成链式反应,打造一批具有引领力的质量卓越产业集群,实现全产业链质量协同发展,提升产业链整体的质量水平。

二、高效协同的质量发展创新体系是质量强国的重要支柱

我国经济社会的高质量发展,产业质量竞争力提升,关键核心技术完全自主可控,均离不开创新。作为质量发展的核心动力,创新这一关键词贯穿于全部《纲要》。《纲要》中有两个条款专门讲创新,分别是"增强质量发展创新动能"和"加快质量技术创新应用",彰显了变革与创新在质量强国中的重要作用。构建高效协同的质量发展创新体系,将为质量强国建设提供重要支撑。

科技创新与管理创新深度联动。评价产品的质量,靠的是性能、功能、可靠性、安全性等固有特性,决定产品的关键固有特性主要取决于技术水平,靠的是科技创新。而这种科技创新是否持续,根基是否牢靠,则离不开管理创新,管理创新决定了运行效率和效益。一方面,要通过关键、重点产业的基础性、原创性技术研究,打通产业链和供应链

中的质量瓶颈,弥补质量短板,做大做强质量长板;另一方面,要通过管理创新,提高企业的运行效率,形成对技术创新的良性支撑。通过科技创新与管理创新强强联动,合力打造中国质量新优势。

新技术、新方法赋能质量创新。当前,新一轮科技革命正在加速演进,人工智能、大数据、物联网等新技术、新应用、新业态方兴未艾,为加快质量科技创新与管理创新提供了新的途径。深度融合大数据和人工智能等新技术、新方法,以数据要素赋能系统性、革命性、群体性的质量技术突破和产业变革,成为驱动质量强国建设的关键要素。要深入拓展大数据驱动的质量管理技术在产品全生命周期的应用,通过大数据和人工智能方法与传统制造的融合,推动传统制造工艺能力的提升,建设数据驱动的全面高效质量管理决策的支持能力,实现需求精准感知、系统精益优化、过程精确控制和要素精细管理,形成质量创新的合力。

构建持续迭代的协同创新机制。螺旋上升是产品质量产生、形成、实现的客观规律,产品质量的创新发展,需要久久为功。一方面,要通过不断循环迭代,构建正向反馈闭环,促进多样化、高附加值产品的创新和服务模式的创新。另一方面,扩大创新发展与质量提升的协同进程,将"0 到 1"的创新和"1 到 N"的质量提升紧密衔接,实现"0 到 N"的贯通,推动质量链与创新链、价值链的对接。另外,要加强政产学研用的深度协同,重视科技成果的转化,激活质量改革创新源动力,加快技术研发、标准研制等质量创新成果的产业应用落地,以创新质量的提升推动质量创新。

三、全方位的支持和保障体系是质量强国的重要基础

建设质量强国,推动经济质量效益型发展,增强产业竞争力,实现产品质量提档升级等关键工作,均需要以全方位的支持和保障体系为

基础。推进质量治理现代化,着力构建质量社会共治的新格局,需要在质量文化建设、质量制度创新、全民质量素养的提升等多要素方面不断强化,以营造政府重视质量、企业追求质量、社会崇尚质量、人人关心质量的良好氛围,筑牢质量强国的发展环境基础。

增强国货意识,营造"愿用、敢用"的市场氛围。质量文化是参与质量实践活动的个人、群体乃至整个社会在长期实践活动中形成的一种价值取向和精神追求。新的时代,要将宣传国货、重视国货的情怀与质量文化紧密关联起来。尽管近年来中国制造产品质量的整体水平提升很快,在高铁、通信设备、特高压输变电装备等领域甚至全球领先,但是"不敢用、不愿用"国产品牌的现象依然大量存在。好的产品,往往都是在"不断用、反复试"的过程中,实现从量变到质变的跨越。因此,要多措并举,营造"愿用"和"敢用"的市场氛围,面向广大消费者和工业企业,树立支持国产品牌的强烈民族意识,对国产品牌多一分信心、耐心和包容心,让我们的内循环市场成为培育发展国产品牌的沃土。

创新多维度质量制度,优化质量发展环境。制度建设是优化市场环境、支撑创新体系构建、建立现代化产业体系和推动质量强国战略落地的最重要保障。面对宏观经济下行导致的市场主体活力不足等问题,新时代质量强国建设更加强调通过制度创新强化公平竞争的市场环境。要通过覆盖供给侧和需求侧的质量法治建设保安全,通过融合质量分级、政府采购、融资增信体系等多形态的政策制度创新树标杆。同时,健全跨地区跨行业、线上线下一体化的质量监管机制,提升技术、金融、物流等配套服务的专业化水平,为质量发展的迭代创新构建良好环境,支撑企业对接现代化产业发展的需求,实现高质量转型升级。

打造质量人才新红利优势,为质量强国提供发展动能。经济高质量发展和建设质量强国,离不开高素质的质量人才,在人口红利优势逐渐丧失的当下,壮大质量人才队伍,提升质量人才素养,将会为质量强国建设提供源源不竭的发展动能。为此,要加快健全开放包容、科学规范、运行高效的多层次质量人才建设体系。一方面,要通过完善收入分配制度,吸引优质人才流向制造业;另一方面,对接国际化高端质量人才培养的需求,高校、科研院所、工业企业等多方联合,共同构建涵盖质量专业化人才与"质量+"复合型人才的多层次、多元化人才教育体系与职业培训制度,着力培养质量专业技能型人才、科研人才和经营管理人才,打造质量人才新优势。

质量强国建设,贵以恒、重在行、强于新。为加快质量强国建设,必须立足于我国高质量发展的新阶段,围绕《纲要》中明确的新思想、新目标、新路径,坚持贯彻落实新时代质量强国建设的各项举措,构筑新型国家质量新体系,在实践中随时代发展不断丰富其内涵,汇聚全社会各方力量,共同推动我国尽快迈向质量强国,为我国经济由大向强的转变注入强大动力。

发展海洋核动力装备技术　构筑海洋强国核心力量
——在"大海洋"工作专题研讨会上的报告

（2023年2月6日）

拓展核能在深远海资源开发、偏远岛礁供电等方面的多元应用,既符合国际能源转型的趋势,又紧贴海洋强国、"碳减排"等国家战略需求。我国虽在海洋核动力平台方面取得了一定研发进展,但距实现海洋核动力装备的示范应用仍有很长的路要走;亟待加强顶层规划、法规标准、管理机制等方面的软实力建设,提升海洋核动力装备技术安全性、稳定性等方面的硬实力支撑。

一、海洋核动力装备的优势特性与应用场景

海洋核动力装备是船舶海洋工程与核动力技术有机融合的、极其复杂的高端海洋装备。其优势特性主要表现在以下几方面:第一,核动力装置功率密度大,运行周期长,几乎可以不间断、满负荷地运行,提供持续可靠的能源供应,其不需要空气助燃的技术特点特别有利于在海洋装备领域的应用,可以保证海洋开发活动所需的装备长时间在水下稳定运行;第二,核能作为清洁零碳能源被视为进行能源结构优化、减少温室气体排放的重要途径之一,据研究,与传统燃料动力系统相比,核动力船舶可减少98%的二氧化碳排放;第三,海洋核动力装备可在海上移动,应用不受场地限制,不需要考虑受地震、地质、居民稠密区

等各种因素的影响,可根据用户需求迁移到需要的海域位置,为海洋钻井平台、深海水下装备提供持久动力供给等应用。

从应用场景来看,首先,海洋核动力装备可用于舰船的动力推进,核动力在海洋领域的早期应用主要体现在核动力航母、核动力潜艇等军事武器装备领域。近年来,在航运脱碳的趋势下,将核动力作为船用燃料的选项再次获得国际社会的关注,民用领域的核动力破冰船、海上浮动核电站应用成为现实。其次,海洋核动力装备可提供移动式海上商业用电,通过在不同海域灵活部署移动式的海上核电站可帮助解决深远海油气钻井平台的持久电力供给、偏远岛屿的稳定用电、沿海城市和欠发达沿海小岛的应急用电等问题。比如,俄罗斯首个民用浮动核电站"罗蒙诺夫号"在 2020 年投入商业运行,实现了对沿海地区的供电供热服务。最后,通过海洋核动力装备运行产生的电能、热能还能在海水淡化、工业制热、沿海城市供暖领域发挥重要作用。

二、我国发展海洋核动力装备的战略意义

首先,发展海洋核动力装备是解决我国深远海资源开发持久性动力供给问题的重要途径。目前,我国海上油气开采主要采用原油和油田伴生气发电的动力供给方式,存在海洋环境污染、资源浪费、供电成本高等问题,长远来看不可持续。深海矿产资源勘探开发方面,由于其特殊的作业环境,目前燃料电池、电缆供电、柴油动力等常规的动力能源存在功率密度小、运行周期短等劣势,无法满足装备全寿期无维护、持续稳定的动力供给等需求,若采用核动力供电,则可实现深海装备在水下"待得更久、走得更远、作业能力更强"的动力能源需求。

其次,发展海洋核动力装备可助力海洋绿色动力能源转型,成为拉动高端装备发展的新引擎。目前,海运排放的二氧化碳、二氧化硫、氮

氧化物分别占全球排放量的 2%、4%～6%、10%～15%,航运业的"碳减排"任重道远。在国际海事组织日益严苛的船舶"碳减排"规制下,我国航运业发展面临严峻的船舶绿色动力能源转型需求。海洋核动力装备作为各种高精尖技术和科技创新的集大成者,是核能在海洋这一特殊乃至极端环境下的应用,其对新材料、新工艺、设备小型化、高可靠性等方面提出的高要求都将引领高端装备的发展,可将其作为高端装备技术输出,服务"一带一路"沿线的沿海国家,彰显国家海洋科技创新的实力。

最后,发展海洋核动力装备可保障我国偏远岛礁开发所需的电力供给,帮助支撑沿海城市的应急用电。我国海岛开发一直受制于水、电资源的可持续供给问题。目前,采用柴油或原油发电支撑海岛生产生活的电力需求存在诸多弊端,一是用油轮运输补给柴油供应,一旦遭遇恶劣海洋气候环境变化影响海上运输,可能发生燃油断供的现象;二是发电成本高且需要建造燃油储罐占用海岛陆地空间;三是燃油发电会造成海洋环境污染,不符合绿色低碳的发展理念。若通过海上浮动核电站为海岛供能,则可同时实现持久稳定供电、节省海岛陆地空间、保护海洋环境、淡水和热能同步供给、为沿海城市提供紧急用电等目标。

三、我国海洋核动力装备发展实践与面临的问题

我国在核电和海洋装备领域的产业优势可以为发展海洋核动力装备提供重要保障条件。虽然我国还未建成民用海洋核动力装备,但已实现了核潜艇的自主研制,具有相对成熟的舰船建造技术,形成了完整的设计、建造、试验和运行体系,积累了丰富的工程实践和运行经验;成熟的三代核反应堆技术"华龙一号"的应用推广和"国和一号"的研发及示范工程建设,实现了核电自主品牌技术的历史性突破,并已形成从

设计研发到相关设备成套建造的完整产业链,培育了一批优质的核电装备制造供应商;以中船集团为龙头企业的完整产业链条实力较强,具备了核动力船舶平台的设计研发和建造的能力。

为突破海上浮动核动力平台的关键技术,从 2011 年起,国家先后发布了 863 研究项目"核动力船舶关键技术及安全性研究"、国家科技支撑计划"小型核反应堆发电技术及其示范应用"等科研任务;2015 年国家发展和改革委员会同意将 HHP25 海洋核动力平台示范工程项目列为国家能源重大科技创新工程;将 ACPR50S 实验堆、ACP100S 反应堆纳入《能源技术创新"十三五"规划》,以满足海洋核动力平台发展对反应堆多元化发展等需求。目前,国内相关单位都正在围绕小堆研发需求,对不同功率的小堆型号开展全面布局,例如 ACPR50S、HHP25、ACP100S 等,促进小堆的谱系化发展及海洋堆的关键技术突破。

近年来,虽然国家出台了一系列政策措施鼓励安全发展陆上核电,积极探索核能的多样化应用,在小堆研发、海上核动力平台方面也取得了一些进展,但与国际先进水平的差距还较大,面对示范应用还有很多问题有待解决。

第一,海洋核动力装备安全发展的配套法规和标准规范尚未形成。国内已形成的较为完整和成熟的陆基大型核电机组及舰船配套法规、监管体系无法直接适用于海洋核动力装备的设计、评审、选址、建造、运行、监管、应急、安保、退役等方面的工作,影响相关研发的进度和工作效率。第二,推动海洋核动力装备示范落地还面临小堆在海洋核动力装备上的适用性、安全性等技术策源问题,以及建造船厂缺乏核设施有关设计、制造和验证条件,缺乏专用维修和停靠码头,存在发电成本高、目标用户不明确等阻力;第三,受制于相关资源投入分散、单位之间信息资源无法共享,甚至封闭竞争等因素的影响,国内涉核、涉海领域的优势资源并未得到有利整合,举国体制下的协同效应并未得到有效发挥,导致核反应堆与海洋平台的适配性、小堆燃料更换等工程技术问题尚未得到有效攻关。第四,海洋核动力装备技术的发展并未完全受制于技术问题,社会和商业推广的可行性也是重要影响因素。目前,海洋核动力装备应用场景和用户不明确,船东等海洋活动主体对核能安全性始终存有疑虑,担心核辐射、核泄漏等危害的发生,缺乏实践应用的主动性和驱动力。

四、对我国发展海洋核动力装备的建议

首先,阻碍海洋核动力装备发展的因素中,相对于技术而言,国家层面的政策导向与相关体制机制问题反而更难解决。因此,面向国家未来发展需求的海洋核动力装备发展规划亟待建立,只有国家层面的指挥棒明确了,职能分工捋顺了,体制机制形成了,海洋核动力装备发展相关的技术、标准规范、公众认可、人才培养等一系列问题才能得到解决。建议加快制定海洋核动力装备发展的中长期规划,瞄准为离岸岛礁供电、供热、制淡水,为深远海资源开发装备供能,为沿海城市供电、供热等需求体量较大的应用场景,制定发展路线,并推进相关装备平台的示范落地。

其次,保障核安全是全面推广海洋核动力装备应用的工程实践基础。只有在核安全可以得到有效保障的前提下,海洋核动力装备才能被人们所接受,公众对核安全的疑虑才能消除。纵观美国、俄罗斯等国家民用核动力船舶的发展,均采用军转民路线,依托成熟的军用舰船核动力技术,有效地缩短研制周期,规避技术风险。我国军用舰艇核动力技术经过几十年的发展,积累了丰富的运行管理经验,可为海洋核动力装备的安全发展提供有力保障。另外,充分吸收借鉴和掌握国外民用核动力船舶的核安全技术,参考成熟的商用陆地核电站工程经验可为

海洋核动力装备安全水平的提高提供有力支撑。

最后,需充分发挥举国体制优势,高效协同涉海、涉核领域的优势资源,集中开展海洋核动力装备技术攻关。在研发布局上,建立既有竞争又有扶持的良性格局,有序释放海洋核动力装备的发展潜能。在市场用户尚未明确的情况下,建立政府统筹指导、行业协会和产业联盟协同推进、相关企业和科研院所各有分工的攻关模式,避免各企业院所基于自身需求与投入力度只解决局部问题,导致设备不兼容、信息交互滞后、经济成本增大等负面结果。还可通过寻求与俄罗斯等国的技术合作,加速研发示范。有条件的地方政府可结合本地需求,从项目推进模式上进行创新突破,联合相关企业单位自下而上先行开展海洋核动力装备发展的资本筹集、应用场景论证、研发设计、反应堆系统和核动力平台建造等工作。

后 记

这本文集是我任职校长六年的部分工作记录。我在学校学习、工作、生活四十余年,亲历和见证了学校发生的许多重要变化,其中有一些记忆深刻的、大家都很有感受的事情,借此书出版之际,汇集成册,与大家分享。

一是博士生培养的规模。学校从 20 世纪 80 年代初开始培养博士生,每年招收 50 名左右。1994 年,学校进行"211 工程"评审,评审组指出了学校在博士生培养上存在的不足,主要体现在博士生培养规模小、导师承担博士生培养任务的积极性不高等方面。学校认识到这个问题之后,立即制定了奖励博士生导师的政策,提高教师的积极性。如今,经过三十年的发展,学校每年的博士生招生规模已经超过 3 000 人,当初制定的用以引导鼓励教师指导博士生的政策经过多次调整后也已成为历史。时过境迁,当年招不满的博士生名额,今天对教师们来说已经成了最紧缺的资源。

二是博士生的生源。上海交通大学一直都是优秀学子向往的高等学府,但是在很长的一段时间内,我们自己培养的最优秀的毕业生往往都优先选择到国外攻读博士学位。随着国家改革开放和社会主义现代化建设取得巨大成就,学校整体办学实力也不断提高,越来越多的优秀学生选择在我们学校攻读博士学位。这个变化背后的意义非常重大,一所大学如果没有一流的博士生,是不能够成为世界一流大学的。这些年来,在有志于进一步深造的毕业生中,把出国留学作为优先选择的情况也在慢慢发生变化,愿意留在本校继续深造的尖子学生也越来越多了。

　　三是师资队伍。改革开放之后的一段时间内，伴随着市场经济的蓬勃发展，充满商机活力的社会市场与相对清冷的校园从教生活形成鲜明对比，加之当时学校整体办学的底子薄弱、教师收入水平不高等原因，学校的教师队伍建设面临很大挑战。许多教师离开学校另行谋职，或出国寻求发展机会，毕业生也很少愿意留在学校任教。2000 年前后，这个情况开始逐渐发生变化。先是陆续有博士生愿意留校任教，继而学校能够在愿意留校的博士生中择其优者留任，再到后来，我们可以以国际水准选择最优秀的博士来校任教。现在，学校已经可以在全球范围内选聘世界一流的人才来校任教了。这也意味着，在交大担任教师，已经是一件很不容易的事情了。

　　四是高水平论文的发表。在 2000 年时候，学校每年发表的 SCI 论文只有百余篇，这是我们当时创建世界一流大学面临的最大短板。为了鼓励教师们发论文，学校制定了激励政策，对教师发表 SCI 论文予以奖励。五年后，学校 SCI 论文的数量迅速增长到每年逾千篇。2006 年，论文奖励政策做出调整，不再奖励一般的 SCI 论文，只奖励高水平的 SCI 论文。再后来，这项论文奖励政策就被取消了。近年来，学校每年发表 SCI 论文过万篇，从论文的数量来看，学校已经进入世界大学前列。如今，片面追求论文发表数量的时代已经过去，我们现在更加注重论文的质量，鼓励发表顶尖的高水平论文，以及具有原创性的科研成果。

　　五是办学经费和科研经费。办学经费是办好一所大学最重要的保障之一。国家经济社会快速发展，是一个国家的大学实现快速发展的根基，而大学则要努力，使自身办学经费的增长速度与国家经济发展的速度同步，甚至更快。交大在 1981 年、2000 年、2010 年、2020 年的收入分别是 0.14 亿、15 亿、50 亿、150 亿，增速高于国家整体经济的增长速度；学校的科研经费在 1980 年、2000 年、2010 年、2020 年分别是 0.01 亿、2 亿、20 亿、50 亿，以此来考量学校为国家服务的能力，其提速又高于学校的收入增长速度,从中也体现了学校创新驱动发展的巨大动能。

六是国家自然科学基金。国家自然科学基金是体现一所大学创新能力的主要表征。在大学,可以说每位教师都把争取自然科学基金作为一项非常重要的工作。不断提升国家自然科学基金入选数量与质量的过程,对我们来说是一段极不容易的发展历程。记得1998年工程与材料科学部来校评审基金,我所在的机械学科颗粒无收。这对我们的触动很大,学校各级领导、各个学科、全体教师对此都非常重视,学校、学院层面出台各种政策,调动教师积极性,教师们奋发图强迎难而上。在全校上下的共同努力下,从2010年开始,学校的国家自然科学基金项目数已经连续十四年位居全国第一。这既是学校创新能力的反映,也是全体教师努力构筑起的创新基础的集中呈现。

七是校园建设。交大开办之初就在当时城市郊外的徐家汇,300多亩地在当时看来是挺大的校园。随着上海的发展,徐家汇成为城市的中心地带,学校的办学规模也从开始的数百人发展到上万人,校园面积成为制约发展的关键瓶颈。学校从1983年开始研究启动闵行新校区的建设,1987年闵行新校区正式投入使用。三十七年过去了,我们的闵行校园已经成为能够媲美诸多世界一流大学的一流校园。闵行校园之外,我们还有医学院的黄浦校园和即将使用的浦东校园,还有已经投入使用的张江高等研究院(吕志和科学园)、李政道研究所等,以及正在建设的闵行北校区、长兴岛基地和崇明校区。当然,最为人津津乐道的还是我们的徐汇校园,那里是我们的历史根脉所系。

八是学校的教学科研条件。二十多年前,我们到国外去学习和访问的师生,无不对国外大学的教学环境、办公及实验室条件非常羡慕。经过国家"211工程""985工程"和"双一流"等一系列重大项目的持续支持,我们的教学与科研条件都发生了巨大变化,分析测试中心、网络信息中心的超级计算能力和各个学院的专业实验设备都已是世界一流；闵行校园的教学楼条件和学生创新中心的设施、学生住宿、教师办公等条件也已达到了世界一流水准。这些硬件条件的支撑为我们创建世界一流大学提供了坚实的保障。

中国高校的快速发展得益于国家的快速发展，交大的快速发展，则是诸多中国高校与祖国同呼吸、共命运的一个缩影。二十年前，我们学校在各个世界大学排行榜的位次都是400多名，其时中国高校能够进入前100名的非常少。如今，我们国家已经有多所大学在各大排行榜进入世界前100名，部分高校已进入前20名。展望二十年后，一定能有更多的中国高校会进入百强榜，并有若干所大学成为世界顶尖大学。到那个时候，我们培养的人才是世界上各所一流大学招聘教师的主要来源，我们的学校是世界各地优秀青年向往的留学之地，我们的一批教师已成为世界级大师，我们的研究成果为建设世界科技强国发挥不可替代的作用，我们的科技创新能够转化为推动人类社会前进的成果，我们的大学成为世界最有影响力的大学。

在当前纷繁复杂的国际环境和日新月异的科技发展大背景下，学校要抢抓机遇，主动作为，响应国家的需要，回应时代的呼唤，为国家发展和人类进步作出新的贡献。

最后，我要感谢学校党政办公室各位同事的帮助，特别要感谢李智和王牧之两位老师，他们花了许多时间帮助我整理本书的内容；还要感谢张逸阳和陈中润两位老师，他们对此书的出版给予了许多有益的建议，使得本书得以顺利出版。

望以此书与大家共勉。

林忠钦

2024 年 3 月